Peter Bernholz
Friedrich Breyer

Grundlagen der Politischen Ökonomie

Band 1: Theorie der Wirtschaftssysteme

3., völlig überarbeitete Auflage

J. C. B. Mohr (Paul Siebeck) Tübingen 1993

Peter Bernholz, Diplom-Volkswirt, Dr. rer. pol., ist ordentlicher Professor für Wirtschaftspolitik, Geld und Kapital und Außenwirtschaft an der Universität Basel.

Friedrich Breyer, Diplom-Volkswirt, Dr. rer. pol., ist Professor für Volkswirtschaftslehre an der Universität Konstanz

---

Die Deutsche Bibliothek – CIP-Einheitsaufnahme

Bernholz, Peter:
Grundlagen der politischen Ökonomie / Peter Bernholz ; Friedrich Breyer. – [Ausg. in 2 Bd.]. – Tübingen : Mohr
NE: Breyer, Friedrich:
[Ausg. in 2 Bd.]
1. Theorie der Wirtschaftssysteme. – 3., völlig überarb. Aufl. –
   1993
   ISBN 3-16-146124-X

---

1. Auflage 1972, 1975, 1979 (in 3 Bänden, Uni-Taschenbücher, Nrn. 192, 493, 815)
2. Auflage 1984 (völlig neu gestaltet)
3. Auflage (in 2 Bänden) Band 1: 1993

© J. C. B. Mohr (Paul Siebeck) Tübingen 1972, 1984, 1993
Alle Rechte vorbehalten. Ohne ausdrückliche Genehmigung des Verlages ist es auch nicht gestattet, das Buch oder Teile daraus auf photomechanischem Wege (Photokopie, Mikrokopie) zu vervielfältigen.
Printed in Germany.
Satz und Druck: Gulde-Druck GmbH, Tübingen.
Einband: Großbuchbinderei Heinr. Koch, Tübingen.

Vorwort zur dritten Auflage

Bedeutende Entwicklungen in den neun Jahren seit Erscheinen der zweiten Auflage der „Grundlagen der Politischen Ökonomie" machten in unseren Augen eine umfangreiche Überarbeitung des Werkes erforderlich. Auf der realen Ebene war es der politische und ökonomische Zusammenbruch der kommunistischen Herrschaftssysteme in Mittel- und Osteuropa, der uns dazu bewogen hat, Probleme der Transformation von Plan- zu Marktwirtschaften ausführlich in einem eigenen Kapitel zu erörtern. Andererseits hat auch die Theorie vor allem auf dem Gebiet der „Neuen Politischen Ökonomie" im vergangenen Jahrzehnt eine recht stürmische Entwicklung genommen, so daß wir uns entschlossen haben, diesen zweiten Teil des Werkes erheblich auszubauen.

Der dadurch gegenüber der zweiten Auflage beträchtlich angewachsene Umfang des Werks machte es unumgänglich, von der einbändigen Konzeption wieder abzugehen und damit diese „Grundlagen" bei der dritten Auflage zum dritten Mal in einer geänderten Anzahl von Bänden herauszugeben. Diese Vorgehensweise hat allerdings auch den Vorteil, daß die beiden Teile jetzt genauer auf den Stoffumfang bestimmter gängiger Lehrveranstaltungen in der Theorie der Wirtschaftspolitik zugeschnitten sind:

- Der vorliegende Band 1, „Theorie der Wirtschaftssysteme" deckt den Bereich ab, der an vielen wirtschaftswissenschaftlichen Fakultäten im deutschsprachigen Raum unter dem Titel „Ordnungspolitik" gelehrt wird.
- Band 2, „Ökonomische Theorie der Politik" ist demgegenüber auch als abgeschlossenes Lehrbuch für Spezialvorlesungen in der „Außermarktlichen Ökonomik" einsetzbar.

Von der Aufspaltung in zwei Bände wird die Gesamtkonzeption, vor allem die integrierte Betrachtungsweise wirtschaftlicher und politischer Zusammenhänge, in keiner Weise berührt. Dem Leser wird diese auch weiterhin durch die zahlreichen Querverweise zwischen den Kapiteln beider Bände deutlich gemacht.

Die Überarbeitung des gesamten Werkes hat neben der Einfügung der genannten neuen Lehrinhalte auch zur Änderung der Darstellungsweise in einigen Teilen geführt. So werden die allokationstheoretischen Zusammenhänge in den Kapiteln 2 und 4 jetzt nicht mehr in der recht speziellen Modellwelt linear-limitationaler Produktionstechnik abgeleitet, sondern für beliebige Produktionsfunktionen. Wir haben uns dabei bemüht, zwischen der Allgemeingültigkeit der Aussagen und der Anschaulichkeit der Interpretation die Balance zu halten. Ob uns dies gelungen ist, muß allerdings der Leser entscheiden.

Unser Dank gilt allen denen, die uns bei der Neufassung diese ersten Bandes unterstützt haben. Von Herrn lic. rer. pol. Patrick Wettstein erhielten wir wertvolle kritische Anregungen. Frau Dipl.-Vw. Martina Hahn erfaßte den gesamten Text der zweiten Auflage mit einem modernen Textverarbeitungssystem, Frau Pauline Baumgartner gab den neuerstellten Text ein und Herr cand. rer. pol. Joachim Schwerin erstellte die Abbildungen. Die Fahnenkorrekturen und das Anfertigen des Registers besorgten Herr cand. rer. pol. Bodo Hilgers, Herr stud. rer. pol. Marco Hornung und Herr stud. rer. pol. Ashok Kaul. Ohne ihre sorgfältige Arbeit wäre eine so zügige und reibungslose Fertigstellung des Bandes nicht möglich gewesen.

Basel und Konstanz, im Mai 1993
                       Peter Bernholz
                        Friedrich Breyer

Inhalt

Vorwort zur dritten Auflage III
Einleitung 1

Kapitel 1

Probleme und Ziele der Politischen Ökonomie 12
1.1 Von der Nationalökonomie zur Politischen Ökonomie 12
1.2 Die Notwendigkeit der Einbeziehung politischer Faktoren in die Betrachtung 13
    1.2.1 Politische Aspekte des ökonomischen Kernproblems in einer Marktwirtschaft 14
    1.2.2 Politische Lösungen des ökonomischen Kernproblems in einer Zentralverwaltungswirtschaft 15
1.3 Die Bedeutung der Berücksichtigung gesellschaftlicher Zusammenhänge 16
1.4 Werturteile in der Politischen Ökonomie 17
1.5 Einige exemplarische Ziele 20
    1.5.1 Reichliche und wachsende Güterversorgung 20
    1.5.2 Freiheit 21
    1.5.3 Gerechtigkeit 22
    1.5.4 Sicherheit 23
    1.5.5 Zielkonflikte 24
1.6 Ideologie als Gefahr für die wissenschaftliche Analyse 24
1.7 Aufgaben 26
1.8 Literatur 27

Kapitel 2

Das statische Allokationsproblem 29
2.1 Die optimale Verwendung der Produktionsmittel bei gegebener Zielfunktion 30

	2.1.1	Beschreibung des Modells	31
	2.1.2	Die Ableitung des optimalen Verbrauchs- und Produktionsplans	34
	2.1.3	Die Dezentralisation der Produktionsentscheidungen	40
	2.1.4	Erste Bemerkungen zur Organisation der Produktionsseite der Wirtschaft	48

2.2 Die Bestimmung der gesellschaftlichen Zielfunktion und die Verteilung der Güter auf die Mitglieder der Gesellschaft 51

	2.2.1	Die Dezentralisierung der Nachfrageentscheidungen auf die Haushalte	53
	2.2.1.1	Dezentralisierung und Pareto-Optimalität	53
	2.2.1.2	Deutung der dezentralisierten Nachfrageentscheidungen der Haushalte über den Markt als politisches Wahlverfahren	58
	2.2.2	Bestimmung der zu produzierenden Menge der Konsumgüter und ihre Verteilung auf die Bevölkerung durch Einstimmigkeit oder Mehrheitswahlrecht	61
	2.2.2.1	Gütermengenzuteilung und Pareto-Optimalität	62
	2.2.2.2	Das Ergebnis des Abstimmungsprozesses	65
	2.2.3	Schlußfolgerungen für die Organisation der Wirtschaft	68

2.3 Aufgaben 70
2.4 Literatur 72

Kapitel 3

Optimale Güterversorgung über die Zeit 73
3.1 Beschreibung des Modells 74
3.2 Eigenschaften des Planungsoptimismus 79
3.3 Schlußfolgerungen für die Organisation der Wirtschaft 82
3.4 Aufgaben 84
3.5 Literatur 85

Kapitel 4

Die Bedeutung der sogenannten klassischen Ausnahmen für eine möglichst gute Güterversorgung 86
4.1 Zunehmende Skalenerträge in der Produktion 87
4.2 Öffentliche Güter 95

	4.2.1	Die Versorgung mit öffentlichen Gütern bei dezentralen Nachfrageentscheidungen	96
	4.2.2	Die Pareto-optimale Versorgung mit einem öffentlichen und einem privaten Gut bei vollständiger Information	98
	4.2.3	Besteuerung der Abstimmenden zur Entdeckung der wahren Präferenzen	105

4.2.4	Die Versorgung mit einem öffentlichen Gut in einer Demokratie mit zwei Parteien	111
4.2.4.1	Grundannahmen des Modells	111
4.2.4.2	Das Gleichgewicht bei vollständiger Information	114
4.3	Externe Vorteile und Nachteile	121
4.3.1	Externe Effekte in der Produktion	122
4.3.2	Durch die Produktion bei den Verbrauchern hervorgerufene externe Nachteile	127
4.4	Interdependenzen und Abhängigkeiten der Ziele der Haushalte	131
4.4.1	Einige grundlegende Einwendungen gegen die Nutzentheorie	132
4.4.2	Die Beeinflussung der Haushalte durch Reklame und Propaganda	134
4.4.3	Interdependenzen zwischen den Zielen der Haushalte	136
4.5	Aufgaben	138
4.6	Literatur	141

Kapitel 5

	Probleme der Informationsvermittlung	144
5.1	Das Informationsproblem in Wirtschaften mit zentraler Planung	146
5.1.1	Die benötigten Aufnahme-, Abgabe- und Verarbeitungskapazitäten für Informationen unter einfachen stationären Bedingungen	146
5.1.2	Die Informationsproblematik bei komplexeren Bedingungen in einer sich wandelnden Umwelt	149
5.1.3	Ein informationssparendes adaptiv-dynamisches Planungssystem	152
5.1.3.1	Der Modellansatz	152
5.1.3.2	Grundzüge der adaptiven Planung	155
5.1.3.3	Formale Darstellung des Adaptionsmechanismus	159
5.1.3.4	Ergebnisse und Bewertung anhand eines Zahlenbeispiels	163
5.1.3.4.1	Die optimale Lösung	164
5.1.3.4.2	Die Regeln der adaptiven Planung im Detail	165
5.1.3.4.3	Ausgangslage und Entwicklung des Systems	166
5.2	Das Informationsproblem in Marktwirtschaften	170
5.2.1	Informationserfordernisse unter statischen Bedingungen und bei Abwesenheit von Unsicherheit	170
5.2.2	Koordination der einzelwirtschaftlichen Pläne über die Zeit	172
5.2.2.1	Informationserfordernisse für intertemporale Pläne	172
5.2.2.2	Terminmärkte – ihre Wirkungsweise und die Ursachen für ihre geringe Verbreitung in der Realität	173
5.2.3	Koordination der einzelwirtschaftlichen Pläne bei Unsicherheit	175
5.2.3.1	Konditionalmärkte, Kreditmärkte, Versicherungs- und Terminmärkte	177
5.2.3.2	Gründe für das Fehlen vieler Versicherungsmärkte in der Realität	178

5.3 Aufgaben 179
5.4 Literatur 181

Kapitel 6

Probleme der Motivation in der Zentralgeleiteten Verwaltungswirtschaft 184
6.1 Die Frage der Motivation und ihre Bedeutung für Güterproduktion und Investitionen 185
    6.1.1 Informationsverhalten und Reaktionen der Betriebe bei zentraler Mengenplanung 185
    6.1.2 Das Verhalten der regionalen Behörden und der Industrieministerien bei zentraler Mengenplanung 189
    6.1.3 Reaktionen der zentralen Planungsstelle auf das Verhalten der Betriebe, regionalen Behörden und Industrieministerien 190
    6.1.4 Das Verhalten der zentralen Planungsstelle als untergeordneter Behörde . . 192
6.2 Probleme des technischen Fortschritts und der Innovationen . . . 193
    6.2.1 Zentrale Planung und Innovation 194
    6.2.2 Eigentumsrechte, Motivation und Innovation 197
6.3 Probleme der Vermeidung von Umweltschäden 199
6.4 Probleme des Arbeitsangebots 201
6.5 Mitbestimmung und Entfremdung in der Zentralgeleiteten Verwaltungswirtschaft 203
6.6 Aufgaben 204
6.7 Literatur 205

Kapitel 7

Probleme des Übergangs von einer Planwirtschaft zu einer Marktwirtschaft 207
7.1 Ursachen für eine Änderung des Wirtschaftssystems und zu überwindende Widerstände 208
    7.1.1 Einige Bemerkungen zur historischen Entwicklung sozialistischer Planwirtschaften 208
    7.1.2 Widerstände von Funktionären, Managern und Betriebsangehörigen gegen Reformen 210
    7.1.3 Ursachen für Versuche, die Wirtschaftsordnung zu ändern 213
7.2 Für den Übergang zu einer Marktwirtschaft erforderliche Reformen 215

7.3 Finanzielle und monetäre Gegebenheiten in Planwirtschaften vor Reformen 217
7.4 Probleme bei der Durchführung der Reformen in Richtung Marktwirtschaft 219
    7.4.1 Probleme der Privatisierung 220
    7.4.2 Monetäre und fiskalische Probleme während des Reformprozesses 222
7.5 Art und zeitliche Folge erfolgversprechender Reformen 226
7.6 Reformen und politisches System 228
7.7 Aufgaben 230
7.8 Literatur 231

Kapitel 8

Marktsozialismus und die arbeiterselbstverwaltete Firma 232
8.1 Ordnungsprinzipien der sozialistischen Marktwirtschaft 233
8.2 Analyse des Marktverhaltens selbstverwalteter Firmen bei statischer Betrachtungsweise. 235
    8.2.1 Das Grundmodell: Feste Arbeitszeit – variable Mitarbeiterzahl 238
        8.2.1.1 Kurzfristiges Unternehmensgleichgewicht 238
        8.2.1.2 Langfristiges Unternehmensgleichgewicht 241
        8.2.1.3 Auswirkungen auf den Arbeitsmarkt 245
        8.2.1.4 Kritik an den Annahmen des Grundmodells 248
    8.2.2 Variable Arbeitszeit und feste Mitarbeiterzahl 251
8.3 Eigentumsrechte, Kreditnachfrage und Eigenfinanzierung von Investitionen 255
8.4 Längerfristige und indirekte Auswirkungen der Gestaltung der Eigentumsrechte und Korrekturmöglichkeiten 262
8.5 Institutionelle und organisatorische Änderungen zur Beseitigung der Mängel der sozialistischen Marktwirtschaft 264
8.6 Aufgaben 266
8.7 Literatur 267
Sachregister 269

Einleitung

In der vorliegenden Arbeit wird versucht, die Grundlagen der Politischen Ökonomie nach dem heutigen Stand des Wissens darzustellen. Ein solcher Versuch stellt unter verschiedenen Gesichtspunkten ein Wagnis dar. Einmal ist es naheliegend, daß heute niemand, geschweige denn die Verfasser, den gegenwärtigen Stand des Wissens überblicken kann. Das Risiko, wesentliche Erkenntnisse und Fragestellungen zu übersehen, muß daher in Kauf genommen werden.

Ein weiteres Wagnis bedeutet die Wahl der Darstellungsart. Der so umfassende und komplizierte Gegenstand der Politischen Ökonomie kann auf vielfältige Weise dargestellt werden. Diese Aufgabe entspricht ein wenig dem Problem, einen Reiseführer zu entwerfen, mit dessen Hilfe sich ein Fußgänger ein Bild von einer unbekannten Stadt machen soll. Da dem Fußgänger die Möglichkeit der Vogelschau fehlt, mit der er sozusagen auf einen Blick ein Bild von der Stadt gewinnen könnte, ist er auf die Zusammenfügung vieler Einzeleindrücke vor seinem geistigen Auge angewiesen. Um diese Einzeleindrücke zu gewinnen, muß er sich geduldig durch das Wirrwarr der vielen Gassen und Straßen einen Weg bahnen, Gebäude, Plätze und Flußufer studieren und vielleicht hie und da von einem erhöhten Punkt oder von einem Kirchturm einen Teilüberblick zu gewinnen suchen. Einen Gesamteindruck wird er erst am Ende seiner Spaziergänge und Besichtigungen besitzen. Dabei wird es viele Stellen in der Stadt geben, an denen er seine Wanderung beginnen kann und viele verschiedene Möglichkeiten, die Gassen und Straßen nacheinander zu durchstreifen.

In ähnlicher Lage wie der Besucher einer fremden Stadt befindet sich derjenige, der sich einen Überblick über die Politische Ökonomie verschaffen will. Es gibt keine Möglichkeit, sich mit einem Blick ein Bild des Ganzen zu machen. Vielmehr ist die Verbindung vieler nacheinander zu gewinnender Einzeleindrücke zu einem Gesamtbild erforderlich. Eine ganze Reihe von Ausgangspunkten und viele verschiedene Wege stehen dabei zur Auswahl.

Dieses zweibändige Werk soll ein Versuch sein, so wie ein Reiseführer den Besucher durch die Stadt führt, den Leser von einem festen Ausgangspunkt aus einen bestimmten Weg durch die Politische Ökonomie zu führen, um ihm auf diese Weise allmählich einen Gesamtüberblick zu verschaffen. Dabei müssen wir den Leser um viel Geduld bitten, besonders, wenn ihm am Anfang manches an den vorgetragenen Überlegungen sehr bruchstückhaft vorkommt und vieles zu fehlen scheint. Die Einzeleindrücke werden sich erst im Laufe des Kennenlernens der übrigen Teile des Werkes mehr und mehr zu einem Gesamteindruck verbinden. Ziel der vorliegenden Arbeit ist es, dem Leser so weit ein Bild von der Politischen Ökonomie zu verschaffen, daß er sich schließlich selbständig wie der Besucher einer unbekannten Stadt besser als mit jedem Führer zurechtfindet und Probleme und Zusammenhänge entdeckt, die in diesem nicht enthalten sind. Diesem Zweck dienen auch die Aufgaben am Ende eines jeden Kapitels, die gewissermaßen zu Ausflügen auf eigene Faust in bereits bekanntere Stadtteile einladen sollen.

Die Einleitung dieses ersten Bandes soll einen Überblick über den zu gehenden Weg bieten. Sie legt gewissermaßen einen Plan vor, in dem die im Führer beschriebene Route eingezeichnet ist.

Zunächst, um welches Gebiet handelt es sich bei der Politischen Ökonomie? Die Nationalökonomie der 50er und 60er Jahre war durch zwei Eigenschaften gekennzeichnet. Sie verzichtete meist auf die Analyse von politischen und soziologischen Zusammenhängen, die in der Regel nur als festgefügter Datenkranz berücksichtigt, aber nicht erklärt wurden. Ferner kam es außer in grundlegenden Erörterungen in der Theorie der Wirtschaftspolitik nur selten zu einer Verwendung expliziter Werturteile. Eine Wende zeichnete sich zu Beginn der 70er Jahre mit dem Entstehen der „Neuen Politischen Ökonomie" ab.

Die Politische Ökonomie läßt die erwähnten Beschränkungen fallen, bezieht explizit Werturteile in ihre Analysen ein und legt besonderes Gewicht auf die Untersuchung des Zusammenhangs von politischen und soziologischen Faktoren mit ökonomischen Gegebenheiten. Eine Erforschung von Gesamtzusammenhängen ist ihr wichtiger als die spezialisierte Auseinandersetzung mit Teilaspekten. Auf diese Weise vermeidet die Politische Ökonomie z. B. eine Begrenzung, die den Staat als deus ex machina auffaßt und den Politikern diese und jene Maßnahmen zur Verwirklichung von Zielen vorschlägt, die die Politiker selbst zwar angegeben haben, ohne jedoch auf die Frage der politischen Durchführbarkeit der Vorschläge auch nur einzugehen.

Eine ähnlich umfassende Fragestellung, wie sie von uns der Politischen Ökonomie zugeordnet wird, ist in den letzten Jahrzehnten überwiegend von der marxistischen Politischen Ökonomie behandelt worden. Tatsächlich hat die marxistische Theorie den Staat nie als über der Gesellschaft schwebenden deus ex machina aufgefaßt, sondern deutlich auf die Möglichkeit des Mißbrauchs der staatlichen Macht zum Zwecke der Unterdrückung einer Klasse durch eine andere (etwa der Proletarier durch die Kapitalisten) hingewiesen. Politische und gesellschaftliche Prozesse werden in engem Zusammenhang mit der Organisation der Wirtschaft gesehen, und die Demokratie wurde nie unabhängig von wirtschaftlichen Machtfaktoren in abstrakter Idealisierung für sich betrachtet.

Das sind beachtliche Leistungen der marxistischen Politischen Ökonomie, und es wird daher in der folgenden Analyse auch manches Ergebnis marxistischer Autoren zu berücksichtigen sein. Den genannten Vorzügen der marxistischen Theorie stehen jedoch gewichtige Nachteile gegenüber, die zu einer Ablehnung der marxistischen Politischen Ökonomie als Gesamtsystem führen müssen. Die Arbeitswertlehre mitsamt Mehrwert- und Ausbeutungstheorie als Grundlage des marxistischen Lehrgebäudes ist nicht tragfähig genug, da sie weder in der Lage ist, Preise und Zins einer kapitalistischen Marktwirtschaft zutreffend zu erklären, noch die für eine möglichst gute Versorgung mit Gütern in einer Planwirtschaft zu einer Steuerung erforderlichen optimalen Verrechnungspreise zur Verfügung zu stellen.

Ein ebenso wichtiger Mangel ist in der Beschränkung der Fragestellung durch die marxistische Lehre zu sehen, die wahrscheinlich von der Tatsache herrührt, daß Marx die historische Entwicklung als einen deterministischen Prozeß auffaßte, der der menschlichen Entscheidungsfreiheit nur wenig Raum läßt und mit unaufhaltsamer Kraft zur Beseitigung des kapitalistischen Systems führt. Solange man von einer solchen Konzeption ausgeht, hat es offenbar wenig Sinn, sich nach Alternativen zu einer überwiegend kapitalistischen Organisation der Wirtschaft umzusehen und zu prüfen, welche Vorteile und Nachteile diese alternativen Systeme besitzen.

Vertritt man jedoch umgekehrt die Auffassung, daß es eine recht weitgehende menschliche Freiheit zur Gestaltung der verschiedensten Wirtschafts- und Gesellschaftssysteme gibt, so wird man die Frage nach den Eigenschaften, den Vor- und Nachteilen von alternativen Systemen stellen, um auf diese Weise angesichts der vorgegebenen Ziele relativ beste Alternativen auswählen und gestalten zu können.

Sieht man die Zusammenhänge in diesem Licht, so bemerkt man bald, daß, zumindest in den Standardwerken der marxistischen Politischen Ökonomie, äußerst wichtige Fragen nicht gestellt, vernachlässigt oder aber nur Teilaspekte von ihnen beantwortet werden. Dazu gehören etwa die folgenden Fragen:

1. Welche Gesellschaftsmitglieder sollen mitentscheiden, welche Güter, wann diese Güter und für wen diese Güter hergestellt werden sollen? Wie sollen die mitentscheidenden Gesellschaftsmitglieder bestimmt werden? Wie und von wem wird z. B. festgesetzt, wer Mitglied des Politbüros werden soll, wenn dieses die wichtigsten Entscheidungen zu fällen hat?
2. Wie sollen die Regeln aussehen, nach denen sich die Entscheidenden zu richten haben?
3. Wie und von wem werden die Entscheidenden kontrolliert? Wie und von wem werden z. B. die Mitglieder einer zentralen Planungsstelle in einer sozialistischen Wirtschaft oder die Angehörigen des Politbüros der kommunistischen Partei kontrolliert, wenn diese die grundsätzlichen Entscheidungen zu treffen haben? Können sie überhaupt zur Rechenschaft gezogen werden?

4. Welche Ziele sollen von den verschiedenen Wirtschaftssystemen und Entscheidungsverfahren so weit wie möglich erreicht werden? Welche Maßstäbe gibt es, um festzustellen, wie weit die gewählten Ziele verwirklicht worden sind?
5. Ist es möglich und wie ist es möglich, bei zentraler Planung der Wirtschaft eine gute Versorgung der Bevölkerung mit Gütern zu erreichen?
6. Lassen sich neue Entscheidungsverfahren, Organisationsformen und Institutionen finden, die die Entwicklung von Wirtschaftssystemen ermöglichen, die eine bessere Verwirklichung der vorgegebenen Ziele erlauben würden?

Dies alles sind offenbar Fragen, die eine Politische Ökonomie nicht vernachlässigen sollte, auf die jedoch die marxistische Theorie keine ausreichende Antwort geben kann. Es ist daher notwendig, die Politische Ökonomie auf tragfähigeren Grundlagen und aus einer umfassenderen Sicht her aufzubauen, als sie die marxistische Politische Ökonomie zu bieten hat.

Wenden wir uns nun einer Skizze des Aufbaus des vorliegenden zweibändigen Werkes „Grundlagen der Politischen Ökonomie" zu. Zunächst ist festzustellen, daß unsere Überlegungen im Verlauf der Untersuchung im allgemeinen vom Abstrakteren zum Konkreteren, vom Normativen zum Positiven, vom Teilsystem zum Gesamtsystem und von der Betonung ökonomischer zur Betonung politischer Faktoren führen werden. Gemäß dem zuletzt genannten Gliederungsprinzip haben wir auch für den vorliegenden ersten Band (Kapitel 1 bis 8) den Untertitel „Theorie der Wirtschaftssysteme" und für den zweiten Band (Kapitel 9 ff.) den Untertitel „Ökonomische Theorie der Politik" gewählt.

Im 1. Kapitel beginnen wir damit, zu zeigen, warum es notwendig und zweckmäßig ist, politische Zusammenhänge bei der Untersuchung wirtschaftlicher Probleme zu berücksichtigen und explizit gemachte Werturteile in die Analyse einzubeziehen. Andererseits wird betont, daß sich normative Aussagen nicht in gleicher Weise wie positive Sätze überprüfen lassen. Eine Diskussion der von einem politisch-ökonomischen System anzustrebenden Ziele bildet den Abschluß des Kapitels.

Nachdem im 1. Kapitel die Ausgangsposition geklärt worden ist, beginnt in Kapitel 2 die Untersuchung einzelner Probleme. Gleich am Anfang wird das Kernproblem der Politischen Ökonomie erörtert: Wie kann bei gegebenen Zielen bezüglich der Güterversorgung und bei bestimmten Beständen an Produktionsmitteln wie Arbeitsmengen, Maschinen und Anlagen, Bodenmengen und Naturschätzen eine möglichst gute, eine optimale Versorgung mit Gütern erreicht werden? Ein Blick auf die Skizze einiger der wichtigsten Zusammenhänge des ökonomischen Gesamtsystems in Abb. 1 kann dieses Vorgehen verdeutlichen. Die in dem Schema durch die Pfeile aufgezeigten Beziehungen zwischen den Elementen des Systems dürften ohne weitere Erklärung verständlich sein. Im ersten Teil von Kapitel 2 werden die Zusammenhänge innerhalb der schraffierten hausförmigen Figur in Abb. 1 herausgegriffen, und es wird gefragt, wie sie optimal organisiert werden können.

Dabei wird zunächst die Frage behandelt, welche Bedingungen erfüllt sein müssen, damit in einer Planwirtschaft in einer Periode eine möglichst gute Verwirklichung der Ziele der Gesellschaft bezüglich der Güterversorgung erreicht wird. Anschließend wird gezeigt, daß die gleichen Bedingungen auch von einem System der vollständigen Konkurrenz erfüllt werden. Nach der Ableitung dieser Bedingungen kann diskutiert werden, welche Organisations-

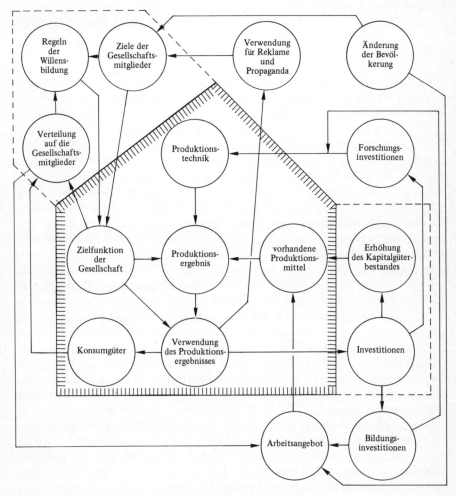

Abb. 1
Die wichtigsten Zusammenhänge des ökonomischen Gesamtsystems

formen der Wirtschaft zur möglichst guten Realisierung der gesellschaftlichen Ziele geeignet sein könnten. Vier idealtypische Wirtschaftssysteme werden zur Diskussion gestellt: Die Zentralverwaltungswirtschaft mit optimaler Mengenplanung, der Konkurrenzsozialismus mit Lenkung durch die von einer Planungsstelle festgesetzten Preise, die sozialistische Marktwirtschaft und die kapitalistische Marktwirtschaft mit Privateigentum.

Im zweiten Teil von Kapitel 2 greifen wir die Frage auf, wie die Ziele der Gesellschaft (die Zielfunktion) unter Verwendung von bestimmten Regeln der Willensbildung aus den Zielen der Gesellschaftsmitglieder gewonnen werden können und wie die Verteilung der erzeugten Konsumgüter auf die Angehörigen der Gesellschaft erfolgen kann und soll. Wir behandeln also die Zusammenhänge, die in Abb. 1 in dem gestrichelten „Anbau" links oben dargestellt sind.

Wir beginnen dabei mit der Diskussion der Möglichkeit, die Haushalte bei vorgegebenen Einkommen dezentral über den gewünschten Güterbezug und Güterverbrauch entscheiden zu lassen und eine Koordination dieser vielen Einzelentscheidungen mit Hilfe des Marktes vorzunehmen. Anschließend wird bewiesen, daß dezentralisierte Entscheidungen durch die Haushalte und Koordinierung durch den Markt einem optimalen politischen Wahlverfahren entsprechen, bei dem jedoch die Haushalte unterschiedliche Stimmenzahlen besitzen, wenn die Einkommen verschieden groß sind. Anschließend wird geprüft, ob durch Mehrheitsbeschlüsse eine befriedigende Lösung der Frage erzielt werden kann, welche Güter in welchen Mengen produziert und wie sie auf die Gesellschaftsmitglieder verteilt werden sollen. Auch hier ist der Abstraktionsgrad noch sehr hoch, da von den Kosten politischer Entscheidungsverfahren ganz abgesehen wird.

In Kapitel 3 wird die im ersten Teil des 2. Kapitels behandelte Fragestellung auf die intertemporalen Aspekte des Problems ausgedehnt (vgl. den gestrichelten „Anbau" im rechten Teil von Abb. 1). Anhand eines Zwei-Perioden-Modells einer Planwirtschaft werden diejenigen Gesichtspunkte erörtert, die für die Aufteilung der produktiven Ressourcen auf gegenwärtigen Konsum und Investitionen zur Erhöhung des Konsums in der Zukunft maßgeblich sind. Gleichzeitig werden Bedingungen dafür abgeleitet, daß auch in einem planwirtschaftlichen System ein positiver realer Zinssatz herrscht. Eine erneute Diskussion der für eine möglichst gute Versorgung mit Gütern denkbaren Organisationsformen der Wirtschaft schließt das 3. Kapitel ab.

Das 2. und 3. Kapitel zeichnen sich durch ein hohes Abstraktionsniveau aus. Sie haben die Aufgabe, einen ersten Maßstab für eine optimale Verwirklichung beliebiger Ziele zu setzen und damit einen Hinweis auf mögliche Organisationsformen der Wirtschaft zu liefern. Diese Organisationsformen sind alle in gewisser Hinsicht idealtypisch. So wird einem etwaigen autonomen Verhalten der untergeordneten Akteure (Betriebe und Behörden) in einer Planwirtschaft bei der Verwirklichung der Pläne keine Beachtung geschenkt.

Gleichzeitig decken die Untersuchungen in diesen beiden Kapiteln wichtige und für die Marktwirtschaft wohlbekannte Zusammenhänge auf. Wir gehen jedoch immer von den Problemen einer Planwirtschaft aus, um festzustellen, ob und wie weit diese Zusammenhänge auch für andere als für marktwirtschaftliche Organisationsformen bestehen.

In den Kapiteln 4 und 5 lassen wir verschiedene vereinfachende Annahmen der Kapitel 2 und 3 nacheinander fallen und prüfen, welche Folgerungen sich daraus für eine möglichst gute Organisation der Wirtschaft ergeben. Es handelt sich dabei in Kapitel 4 um die „klassischen" Probleme, bei denen ein befriedigendes Funktionieren des Marktes gar nicht oder nur dann möglich ist, wenn gewisse zusätzliche Rahmenbedingungen mittels anderer Entscheidungsverfahren gesetzt werden. Als Stichworte seien zur Bezeichnung dieser Probleme zunehmende Skalenerträge in der Produktion, Interdependenzen der Ziele der Haushalte, ihre mögliche Abhängigkeit von Reklame und Propaganda, öffentliche Güter und externe Effekte genannt.

In Kapitel 5 wird die Frage untersucht, welche Probleme entstehen, wenn die Annahme vollständiger und kostenloser Information aufgehoben und außerdem davon ausgegangen wird, daß die Wirtschaftssysteme sich keineswegs von Anfang an in der erwünschten günstigsten Position befinden. In diesem Fall kommt der Frage der dynamischen Stabilität der betrachteten Systeme besondere Bedeutung zu.

Dabei wenden wir uns zunächst der Zentralgeleiteten Verwaltungswirtschaft zu und argumentieren, daß eine optimale Planung bei vollständiger Information unmöglich ist, da die zentrale Planungsstelle nicht die Kapazitäten zur Aufnahme, Speicherung, Verarbeitung und Abgabe der erforderlichen gewaltigen Informationsmengen besitzt. Aber selbst wenn die erforderlichen Kapazitäten vorhanden wären, würde wegen der entstehenden Informationskosten eine optimale Planung bei vollständiger Information nicht rational sein. Es stellt sich aus diesem Grunde die Frage, ob die Informationserfordernisse nicht durch die Verwendung von dynamisch-adaptiven Systemen genügend vermindert werden können, die gleichzeitig befriedigende Ergebnisse im Sinne einer Annäherung des Systems an die optimale Lösung bei vollständiger Information liefern. Ein Modell dieser Art wird beschrieben und die Ergebnisse mit Hilfe eines Zahlenbeispiels erläutert. Dabei wird allerdings von einer statischen Umwelt ausgegangen, und neben den Mengen werden auch Preise zur Steuerung des Systems verwendet. In diesem Sinn ist das betrachtete System also gewissermaßen eine Mischung der Zentralen Verwaltungswirtschaft mit Mengenplanung und des die Preisplanung benutzenden Konkurrenzsozialismus.

Im zweiten Teil des 5. Kapitels werden die Probleme untersucht, die sich in einem marktwirtschaftlichen System bei unvollständiger Information und den damit für die Wirtschaftssubjekte verbundenen Risiken ergeben und die besonders bei zukunftsorientierten Entscheidungen wie beim Kauf dauerhafter

Güter oder bei Investitionen bedeutsam sind. Dabei wird geprüft, ob und inwieweit Einrichtungen wie organisierte Märkte, die die Informations- und Transaktionskosten vermindern, oder wie Termin- und Versicherungsmärkte die bestehenden Schwächen des Systems beseitigen können.

In den Kapiteln 6 bis 8 wird der Abstraktionsgrad der Untersuchung noch weiter reduziert, und die Betrachtungsweise wird geändert. Während in den Kapiteln 2 bis 5 der Ausgangspunkt stets ein bestimmtes Problem des Wirtschaftens ist, das in allen Systemen irgendwie gelöst werden muß, wählen wir jetzt den umgekehrten Zugang: Wir konzentrieren die Betrachtung auf die Gesamtschau jeweils eines Wirtschaftssystems mit seinen speziellen Eigenheiten und Problemen.

Kapitel 6 beschäftigt sich mit der Zentralgeleiteten Verwaltungswirtschaft. Dabei wird der Frage der Motivation der Betriebsangehörigen zur Planerfüllung, zur richtigen Informationsübermittlung an die zentrale Planungsstelle und zur Innovation besonderes Interesse geschenkt. Daneben wird auf die mögliche Neigung zur Verursachung von Umweltschäden und die Möglichkeit der Mitbestimmung und der Entfremdung in der Zentralgeleiteten Verwaltungswirtschaft eingegangen.

Kapitel 7 behandelt die Probleme des Übergangs von einer Planwirtschaft zu einer Marktwirtschaft, die durch die politischen und ökonomischen Umwälzungen in den Staaten des ehemaligen Ostblocks seit 1989 besondere Aktualität gewonnen haben. Dabei gehen wir zum einen auf die normative Fragestellung ein, welche Reformschritte in welcher zeitlichen Abfolge ein erfolgreicher Übergang erfordert. Zum anderen untersuchen wir die positive Problematik, welche Widerstände sich aus systembedingten Gründen gegen derartige Reformen erheben.

In Kapitel 8 wird die sozialistische Marktwirtschaft und das in der Realität (im früheren Jugoslawien) mit ihr verbundene Prinzip der Arbeiterselbstverwaltung in den Unternehmungen behandelt. Es wird gezeigt, daß sich mit der für sie kennzeichnenden Gestaltung der Eigentums- und Verfügungsrechte über die Produktionsmittel besondere Folgen für die Güterproduktion, die Arbeitslosigkeit und die Investitionstätigkeit ergeben.

Der kapitalistischen Marktwirtschaft ist in diesem Zusammenhang kein eigenes Kapitel gewidmet, jedoch wird sie in den Kapiteln 6 bis 8 an verschiedenen Stellen als Vergleichsmaßstab herangezogen, so daß aus den Überlegungen in diesen Kapiteln bereits erste Vermutungen über die relative Leistungsfähigkeit der verschiedenen Systeme abgeleitet werden können.

Während in den Kapiteln 2 bis 8 Koordinationsmechanismen innerhalb des Wirtschaftssystems im Vordergrund stehen, wird die Betrachtung im zweiten Band auf das politische System ausgedehnt.

Dazu wird zunächst die grundsätzliche Frage geklärt, ob und wann eine Notwendigkeit für die Existenz politischer Institutionen mit Zwangsgewalt besteht. In diesem Zusammenhang wird auch erörtert, ob der Marktmechanismus oder politische Entscheidungsverfahren geeigneter sind, für eine gerechte Einkommensverteilung zu sorgen.

Hat man einmal die Notwendigkeit politischer, also kollektiver Entscheidungen akzeptiert, so stellt sich die Frage, nach welchen Abstimmungsregeln die Entscheidungen getroffen werden sollen. Dieser Frage wird im ersten Teil des zweiten Bandes zunächst in dem abstrakten Zusammenhang einer direkten Demokratie nachgegangen. Damit wird von konkreten Institutionen einer repräsentativen Demokratie wie politischen Parteien oder Interessengruppen noch abgesehen.

Die Suche nach einer „idealen" Entscheidungsregel wird unter zwei verschiedenen Kriteriensystemen beschrieben: Zum einen wird gefragt, welche Regeln bestimmte für wünschenswert gehaltene theoretische Eigenschaften aufweisen. Zum anderen werden als Maßstab für Optimalität die Kosten verwendet, die dem einzelnen Gesellschaftsmitglied durch die kollektiven Entscheidungen entstehen. So treten einerseits bei den überstimmten Staatsbürgern durch die Verwirklichung einer beschlossenen Maßnahme externe Nachteile auf, andererseits verursacht auch die Entscheidungsbildung selbst Kosten, und zwar umso höhere, je größer die Zahl der am Entscheidungsprozeß Beteiligten wird. Im Anschluß an diese allgemeine Betrachtung werden die Vor- und Nachteile einer speziellen, aber weit verbreiteten Abstimmungsregel, der Mehrheitsregel, diskutiert.

Während bis dahin immer unterstellt wird, daß die Teilnehmer am Entscheidungsprozeß mit ihrem Abstimmungsverhalten unmittelbar ihren Präferenzen Ausdruck verleihen, werden im folgenden die Probleme erörtert, die sich ergeben, wenn sie sich – einzeln oder aufgrund von Absprachen mit anderen Teilnehmern – strategisch verhalten. Die Betrachtung der direkten Demokratie wird mit der Analyse einiger weiterer ausgewählter Abstimmungsregeln abgeschlossen, die teilweise auch in der Realität angewendet werden (wie die Einstimmigkeitsregel), teilweise jedoch hauptsächlich wegen interessanter theoretischer Eigenschaften in der Literatur diskutiert worden sind.

In einem zweiten Teil des zweiten Bandes wird das Abstraktionsniveau weiter gesenkt. Angesichts der in Kapitel 4 aufgezeigten Unmöglichkeit, eine befriedigende Versorgung mit öffentlichen Gütern durch dezentrale Nachfrageentscheidungen der einzelnen Haushalte zu erreichen, ist es naheliegend, die Versorgung mit einem öffentlichen Gut mittels politischer Entscheidungsprozesse zu untersuchen und auf diese Weise gleichzeitig ein Bild vom Funktionieren konkreter politischer Prozesse zu gewinnen. Dabei werden zunächst unter recht speziellen Annahmen über die Verteilung der Wählerpräferenzen Aussagen getroffen, die für eine beliebige Anzahl miteinander konkurrierender Parteien gelten. Anschließend werden das Zweiparteiensystem und das Dreiparteiensystem einer detaillierteren Analyse unter weniger strengen Annahmen unterzogen. Dabei wird z. B. von der Annahme vollständiger Information der Parteien und Wähler abgegangen und die Existenz von Wählerloyalitäten gegenüber den Parteien berücksichtigt.

Dieser Komplex der Behandlung politischer Entscheidungen schließt mit der Analyse des Einflusses zweier spezifischer Institutionen ab, nämlich der staatlichen Bürokratie und der Interessenverbände. Dabei wird zunächst gezeigt, welche Auswirkungen die Tatsache hat, daß eine mit der Bereitstellung öffentlicher Güter beauftragte Behörde kein bloßes Ausführungsorgan der Regierung ist, sondern daß ihre Leiter und Mitarbeiter eigene Ziele verfolgen. Ähnlich werden dann die Mechanismen diskutiert, mit denen Interessenverbände die Berücksichtigung ihrer Anliegen in den Programmen der politischen Parteien auch dann durchsetzen können, wenn ihre Mitglieder nicht die Mehrheit der Wähler stellen.

Die isolierte Betrachtung von Wirtschaftssystem (in den Kapiteln 2 bis 8) und politischem System (in den besprochenen ersten beiden Teilen des zweiten Bandes) wird im darauffolgenden dritten Teil von Band 2 durch das Studium der Wechselwirkungen beider Systeme ergänzt. Dabei wird eine Zusammenschau des politisch-ökonomischen Gesamtsystems der marktwirtschaftlichen Demokratie versucht, und es werden Tendenzen zu einer immer weiteren Ausdehnung der Staatstätigkeit und einer Einschränkung der Freiheit des einzelnen abgeleitet. Zunächst werden typische Eingriffe wirtschaftspolitischer Instanzen in das Marktgeschehen aufgezeigt, die regelmäßig nicht durch ein „Versagen" des Marktes gerechtfertigt werden können. Anschließend wird versucht, das empirisch beobachtbare Phänomen einer immer weiteren Ausdehnung der Ausgaben und Einnahmen des Staates und der von ihm kontrollierten Sozialversicherung zu erklären. Schließlich beschäftigen wir uns mit den als „Globalsteuerung" bekannten Versuchen der Stabilisierung der wirtschaftlichen Aktivität durch den Staat und dabei speziell mit der Frage, ob diese die zugrundeliegenden Konjunkturschwankungen vielleicht sogar verstärken können.

In einem weiteren Kapitel zum Abschluß dieses dritten Teils werden wir erklären, warum auf zentraler Planung basierende Wirtschaftssysteme in der Realität regelmäßig nicht mit einer demokratischen Struktur des politischen Systems verbunden sind.

Während es uns in dem vorliegenden Werk zunächst einmal auf die Analyse der Wirkungsweisen und Probleme der verschiedenen politisch-ökonomischen Systeme ankommt, soll eine wertende Beurteilung in erster Linie dem Leser selbst überlassen bleiben. Dies ist schon deshalb ratsam, weil die dabei anzuwendenden Beurteilungskriterien sich wegen ihres normativen Charakters einer wissenschaftlichen Analyse entziehen und daher nicht als für jeden Leser verbindlich vorgegeben werden können. Daher ist die von uns versuchte Bewertung auch nur als Hilfestellung zu interpretieren. Sie erfolgt zum einen durch einen relativen Vergleich der Systeme anhand der im 1. Kapitel postulierten Ziele, zum anderen durch eine Einschätzung der Fähigkeit, bestimmte als drängend empfundene Gegenwartsprobleme zu lösen.

Schon dieser Versuch einer Beurteilung zeigt, daß weder die besprochenen politisch-ökonomischen Systeme noch die in ihnen verwendeten Entscheidungsverfahren alle bestehenden Probleme befriedigend lösen können. Da außerdem eine wertende Beurteilung auch von dem Grad unseres Wissens über die Funktionsweise der Systeme abhängt, kann diese wie jede andere Beurteilung nur provisorisch gültig sein. Andererseits zeigt die Erörterung der ungelösten Probleme zwingend die Notwendigkeit von gesellschaftlichen Innovationen. Es ist daher naheliegend, daß im Schlußkapitel des 2. Bandes auch die Rolle gesellschaftlicher Innovationen aufgegriffen wird und einige zur Lösung bestimmter Probleme geeignete, aber bisher nicht verwendete institutionelle Änderungen vorgeschlagen werden.

Die „Grundlagen der Politischen Ökonomie" schließen mit der Ableitung einiger Postulate, die ein politisch-ökonomisches System nach Ansicht der Verfasser erfüllen muß, wenn es innovationsfähig und zur Lösung bisher ungelöster oder neu auftauchender Probleme fähig sein soll. Die Arbeit endet daher mit der Forderung nach einer Gesellschaft, in der das Postulat der Offenheit für die Entdeckung und Einführung neuer Problemlösungen erfüllt ist und die nicht in einen Absolutheitsanspruch für bestehende Einrichtungen, Verfahren und Überzeugungen verfällt. Das abschließende Urteil über die politisch-ökonomischen Systeme lautet also, daß es kein absolut bestes Entscheidungsverfahren, keine besten und daher ein für allemal wünschenswerten Institutionen und Organisationen und kein für immer bestes politisch-ökonomisches System gibt. Alle Vorstellungen, die angeblich endgültige Ideallösungen bieten, sind abzulehnen.

Zum Schluß noch ein kurzer Hinweis auf die Gebiete, die in diesem Werk nicht behandelt werden können. Alle Fragen der Geld- und Kredittheorie können nur am Rande berührt werden. Die internationalen Beziehungen müssen einschließlich der Außenwirtschaftsbeziehungen ebenfalls außer Betracht bleiben. Obwohl nicht verkannt wird, daß eine Berücksichtigung der entsprechenden Probleme sowohl unter ökonomischen als auch unter politischen Gesichtspunkten höchst wünschenswert wäre, läßt sich eine Beschränkung des Stoffes nicht vermeiden, wenn das behandelte Gebiet auch nur einigermaßen überschaubar bleiben soll.

Kapitel 1
Probleme und Ziele der Politischen Ökonomie

„The economist studies the disposal of scarce means. He is interested in the way different degrees of scarcity of different goods give rise to different valuations between them... Economics is the science which studies human behaviour as a relationship between ends and scarce means which have alternative uses."

Lionel Robbins[1]

„Politics is the authoritative allocation of value."

David Easton[2]

1.1 Von der Nationalökonomie zur Politischen Ökonomie

Die Nationalökonomie beschäftigt sich mit der Art und Weise, in der angesichts einer Vielzahl unterschiedlicher menschlicher Ziele oder Wünsche über knappe Mittel zur Erfüllung dieser Ziele oder Wünsche verfügt wird. Könnten alle Bedürfnisse unterschiedslos erfüllt werden, so bestünde keine Notwendigkeit zum Wirtschaften. Eine Bewertung der Mittel, die der Befriedigung menschlicher Wünsche dienen, wäre sinnlos; alle Güter stünden im Überfluß zur Verfügung und wären daher freie Güter. Die Nationalökonomie müßte jedermann als nutzlose Wissenschaft, ja als Zeitverschwendung erscheinen.

Leider leben wir nicht im Schlaraffenland. Damit stehen aber jedes Individuum und jede Gesellschaft vor einem Auswahlproblem. Sie müssen entscheiden, welche der konkurrierenden Bedürfnisse angesichts der Begrenztheit der Mittel befriedigt und – im Falle der Gesellschaft – vor allem wie die produzierten Güter und Leistungen auf die einzelnen Gesellschaftsmitglieder aufgeteilt werden. Das damit umschriebene Problem kann geradezu als das *Kernproblem des Wirtschaftens* bezeichnet werden. Es kann anhand der folgenden drei Fragen konkretisiert werden:
1. Welche Güter sollen in welchen Mengen hergestellt werden? Wieviel soll gearbeitet werden?

---

[1] An Essay on the Nature and Significance of Economic Science. London 1949, S. 16.
[2] The Political System. New York 1953.

2. Soll jetzt oder in der Zukunft mehr an Konsumgütern erzeugt werden? Wie hoch sollen, anders ausgedrückt, die Ersparnisse und Investitionen sein?
3. Wie sollen die produzierten Güter und die erforderliche Arbeit auf die Mitglieder der Gesellschaft verteilt werden? Wie soll die Einkommensverteilung geregelt werden?

Die in Geschichte und Gegenwart zu beobachtenden unterschiedlichen Wirtschaftssysteme können als bewußte oder unbewußte Versuche zu einer Lösung des ökonomischen Kernproblems aufgefaßt werden. Mit ihren oft stark voneinander abweichenden Institutionen geben sie Regeln dafür an, wie die gestellten Fragen 1. bis 3. beantwortet werden. Abstrakt betrachtet, stellt jedes Wirtschaftssystem implizite Anworten auf die beiden folgenden Fragen dar, die den drei erstgenannten übergeordnet sind:
4. Wer entscheidet bei der Lösung der unter 1.–3. angegebenen Fragen mit?
5. Wie sehen die Entscheidungsregeln aus, die dabei angewendet werden?

Die Nationalökonomie hat durch Untersuchungen, wie in verschiedenen Wirtschaftssystemen die ökonomischen Kernfragen 1. bis 3. beantwortet werden und welche Gesetzmäßigkeiten die dabei erreichten Lösungen aufweisen, nicht nur wesentlich zum Verständnis dieser Systeme, sondern auch zur Erkenntnis der Folgen unterschiedlicher Handlungen und Maßnahmen innerhalb derselben beigetragen.

1.2 Die Notwendigkeit der Einbeziehung politischer Faktoren in die Betrachtung

Die wissenschaftlich fruchtbare Begrenzung auf „rein ökonomische" Probleme, die sich die Nationalökonomen in den letzten Jahrzehnten meist auferlegt haben, indem sie sich auf das ökonomische Kernproblem bei gegebenen Zielen der Wirtschaftssubjekte konzentriert haben, besitzt jedoch auch große Nachteile. Selbst in einer Marktwirtschaft mit Privateigentum, bei der man sich zunächst vorstellen könnte, daß der Wirtschaftsprozeß säuberlich getrennt von allen „politischen" Einflüssen in einem durch politische Entscheidungen gegebenen Rahmen abläuft, kann von einer solchen sauberen Trennung nicht die Rede sein. So wird ein Wirtschaftszweig wie die Landwirtschaft oder der Kohlebergbau sich organisatorisch zusammenschließen und versuchen, den politischen Entscheidungsprozeß zu seinen Gunsten zu beeinflussen, wenn die durch den Markt erzielten Ergebnisse für unzureichend gehalten werden.

Umgekehrt kann es vorkommen, daß der Entscheidungsmechanismus Markt durch die Bildung von Kartellen in seinen Regeln derart umgewandelt wird, daß er eine möglichst gute Güterversorgung der Konsumenten nicht mehr wie beabsichtigt leisten kann. Aufgrund dieser Entwicklung mögen sich dann die politischen Instanzen zu einer Neuordnung des Marktes mittels einer gesetzlichen Kartell- und Fusionskontrolle veranlaßt sehen. Man sollte auch nicht vergessen, daß bestimmte ökonomisch bedeutsame Ereignisse wie die Tatsache, daß in demokratischen Marktwirtschaften mit Privateigentum seit Jahrzehnten eine Tendenz zur Behinderung der Importe, nicht aber der Exporte besteht, ohne Einbeziehung von politischen Entscheidungsprozessen in die Analyse gar nicht erklärt werden können. Schließlich kann die Lösung bestimmter wirtschaftlicher Probleme, wie die Versorgung mit den „öffentlichen" Gütern „Sicherheit", Sauberkeit der Luft und des Wassers gar nicht oder nur schlecht über den Marktmechanismus gelöst werden.

1.2.1 Politische Aspekte des ökonomischen Kernproblems in einer Marktwirtschaft

Kann die Versorgung mit öffentlichen Gütern und damit die Erfüllung entsprechender Wünsche der Individuen mutmaßlich nur unter Verwendung politischer Entscheidungsprozesse gelöst werden, so zeigt sich, daß bereits die Beurteilung grundlegender Maßnahmen zur Verminderung der Knappheit nicht auf die Analyse politischer Prozesse verzichten kann. Aber selbst wenn man von der Existenz öffentlicher Güter absieht, erkennt man leicht, daß die Lösung des ökonomischen Kernproblems untrennbar mit politischen Aspekten verbunden ist, denen man ganz unabhängig von der Organisation des Wirtschaftssystems nicht ausweichen kann.

Betrachten wir den Extremfall einer Marktwirtschaft, in der Haushalte und Unternehmungen innerhalb ihrer finanziellen Möglichkeiten über alle Güter verfügen und insbesondere beliebige Mengen von Konsumgütern und Produktionsmitteln kaufen und verkaufen können. Selbst in einer solchen Wirtschaft muß zunächst einmal geregelt sein, wem die verschiedenen Grundstücke, Gebäude, Maschinen und sonstigen Güter gehören, welche Verfügungsrechte der Eigentümer oder Besitzer der verschiedensten Dinge ausüben kann, durch welche Handlungen Güter abgegeben und erworben werden können und wer bei einem Todesfall an die Stelle des bisherigen Eigentümers oder Besitzers tritt. Das Funktionieren einer reinen Marktwirtschaft setzt also die Existenz eines Eigentumsrechtes, Erbrechtes usw. voraus.

Weiterhin ist offensichtlich, daß die erforderliche Rechtsordnung Vorschriften gegen Verletzungen ihrer Normen wie durch Diebstahl oder Betrug enthalten muß, wenn sie funktionieren soll. Die Entwicklung eines Strafrechts, das Vorhandensein von Polizei und Gerichten oder anderer, ihre Funktion wahrnehmenden Institutionen ist also ebenfalls notwendig.

Die geschilderten Voraussetzungen einer Marktwirtschaft können ihrerseits kaum durch den Markt geschaffen und unterhalten oder finanziert werden. Ist das aber der Fall, so müssen die erforderlichen Regeln und Institutionen durch andere Entscheidungsprozesse als den Markt, und zwar mit Hilfe von politischen Entscheidungen geschaffen und erhalten werden.

Zusammenfassend läßt sich also sagen, daß zwar die Marktentscheidungen selbst keinen politischen Akt darstellen, daß jedoch politische Entscheidungen zur Errichtung und Bewahrung eines Marktsystems erforderlich sind.

1.2.2 Politische Lösungen des ökonomischen Kernproblems in einer Zentralverwaltungswirtschaft

lm Gegensatz zur Marktwirtschaft kann man sich eine totale Planwirtschaft vorstellen, in der sich alle Produktionsmittel in öffentlichem Eigentum befinden und in der alle ökonomischen Entscheidungen von der Regierung und ihren untergeordneten Behörden gefällt werden. Diese bestimmen, was und wieviel jeder arbeiten muß, welche Maschinen, Anlagen und Grundstücke zur Produktion welcher Güter verwendet werden und wieviel von den hergestellten Konsumgütern jeder einzelne erhält. In einem solchen Wirtschaftssystem existieren keine Preise, oder es kommt doch den Preisen ebensowenig wie dem Markt irgendeine Bedeutung zu. Alle Entscheidungen werden durch politische Instanzen, mit Hilfe von politischen Entscheidungsprozessen getroffen.

Diese Tatsache führt nun dazu, daß eine Nationalökonomie, die die Analyse von politischen Entscheidungsprozessen ablehnt, nicht in der Lage ist zu verstehen, wie in der total zentralgeleiteten Planwirtschaft das Problem der Knappheit gelöst wird. Sie müßte in diesem Fall auf jedes Verständnis, warum bestimmte Entscheidungen so und nicht anders ausgefallen sind, von vornherein verzichten. Schon gar nicht wäre es ihr möglich, den Ausgang oder die Auswirkungen von Entscheidungsprozessen in der Zentralverwaltungswirtschaft vorauszusagen. Die Nationalökonomie wäre in ihren Aussagen über wirtschaftliche Zusammenhänge auf die konkreten Wirtschaftsordnungen beschränkt, die das ökonomische Kernproblem wenigstens teilweise mit Hilfe von Märkten lösen. Eine solche Einengung der nationalökonomischen Disziplin scheint jedoch systematisch durch nichts gerechtfertigt, würde wichtige Zusammenhänge der Realität zerreißen und die Lösung des ökonomischen Kernproblems in vielen konkreten Wirtschaftsordnungen willkürlich außer acht lassen. Die Nationalökonomie kann ihren Aufgaben also nur gerecht werden, wenn sie als „Politische Ökonomie" politische Entscheidungsprozesse, die für die Lösung ökonomischer Probleme verwendet werden, in ihr Forschungsgebiet einbezieht.

1.3 Die Bedeutung der Berücksichtigung gesellschaftlicher Zusammenhänge

> „It seems obvious that... the economist avoids a systematic exploration of those social relations which are so universally regarded as having a relevance to economic problems that they are deeply imbedded in the everyday speech of the business world. And it is even more obvious that the basic point of view which modern economics has adopted unfits it for the larger task of throwing light on the role of the economic element in the complex totality of relations between man and man which make up what we call society."
>
> Paul M. Sweezy[3]

Die traditionelle Nationalökonomie hat zumindest in ihrer expliziten Formulierung nicht nur politische Fragen, sondern auch die durch das Wirtschaften bedingten menschlichen und gesellschaftlichen Beziehungen weitgehend vernachlässigt. Die moderne Wirtschaft mit ihrer Arbeitsteilung in und zwischen einer Vielzahl von Betrieben, Haushalten, Verbänden und öffentlichen Stellen ist jedoch eine gesellschaftliche Organisation, in der die zwischenmenschlichen Beziehungen, ja die Prägung der Menschen selbst, in hohem Maße von der Art der gewählten Organisation, also von dem jeweils herrschenden Wirtschaftssystem abhängig sind. Werden diese Zusammenhänge übersehen oder nicht explizit erörtert, so besteht die Gefahr, daß wesentliche Faktoren unberücksichtigt bleiben, die für die Beurteilung der Entwicklungstendenzen und der Qualität verschiedener Wirtschaftssysteme bedeutsam sind. Es ist daher Aufgabe der Politischen Ökonomie, die zwischenmenschlichen und gesellschaftlichen Aspekte des Wirtschaftens zu berücksichtigen und ihre Bedeutung herauszuarbeiten.

Die Vernachlässigung gesellschaftlicher Zusammenhänge sollte jedoch in ihrer Bedeutung andererseits nicht überschätzt werden. In fast allen Fällen lassen sich die von der traditionellen Nationalökonomie entwickelten Theorien in einer Weise deuten oder ergänzen, daß gesellschaftliche Faktoren einbezogen werden können. So sucht die Grenzproduktivitätstheorie die Faktorpreise von Arbeit, Kapital und Boden zu bestimmen.[4] Dabei wird die personelle Einkommensverteilung und damit die Verteilung der produzierten Güter auf verschiedene Gruppen oder Klassen der Bevölkerung vernachlässigt. Die Beziehungen und möglichen Konfliktsituationen zwischen diesen Klassen bleiben verborgen.

Berücksichtigt man nun jedoch zusätzlich den Umstand, daß Boden und Kapital, daß also die Produktionsmittel sich z. B. in einer Marktwirtschaft mit Privateigentum überwiegend in den Händen eines kleinen Teils der Bevölke-

---

[3] The Theory of Capitalist Development, London 1946, S. 7.
[4] Wir diskutieren hier nicht die Frage, ob, wieweit und unter welchen Bedingungen diese Theorie zutreffend ist.

rung befinden, so sieht man sofort mit Hilfe der Grenzproduktivitätstheorie, warum und in welchem Maße arbeitslose Einkommen dieser Klasse zufließen. Da andererseits die Masse der Bevölkerung als Arbeitnehmer nur Arbeitseinkommen bezieht, die ebenfalls von der Grenzproduktivitätstheorie erklärt werden, wird bei Berücksichtigung der Eigentumsverhältnisse die Frage nach der Gerechtigkeit der Einkommens-und Vermögensverteilung, den Beziehungen und den möglichen Konflikten zwischen den Klassen in den Vordergrund gerückt. Wir sehen also, daß die Grenzproduktivitätstheorie durchaus dazu verwendet werden kann, gesellschaftliche Beziehungen zu erklären, sobald sie durch zusätzliche Annahmen bezüglich der Eigentumsordnung und der Besitzverhältnisse ergänzt wird.

Die Abstraktion der „reinen Theorie" von den gesellschaftlichen Verhältnissen hat neben den skizzierten Nachteilen auch ihre Vorteile, wird diese doch gerade dadurch in die Lage versetzt, Zusammenhänge, Probleme und mögliche Lösungen aufzudecken, die verschiedenen Wirtschaftssystemen gemeinsam sind. Umgekehrt wird eine Theorie, die sich von vornherein auf ein bestimmtes Wirtschafts- und Gesellschaftssystem konzentriert, um in erster Linie die gesellschaftlichen Beziehungen herauszuarbeiten, Gefahr laufen, Phänomene der Realität, die in verschiedenen Wirtschaftssystemen vorhanden sind, fälschlich für Folgen gesellschaftlicher Bedingungen des gerade betrachteten Systems zu halten. So sind z. B. Marx und seine Nachfolger in diesen Fehler verfallen, als sie den Zins (oder allgemeiner: den Profit) einzig als Folge des Privateigentums an Produktionsmittel mit Hilfe der Arbeitswertlehre und der Ausbeutungstheorie zu erklären suchten. Tatsächlich läßt sich zeigen, daß auch in einer Planwirtschaft mit Kollektiveigentum, in der eine optimale Güterversorgung angestrebt wird und in der die Preise als Lenkungsmittel verwendet werden, ein Zins berechnet werden muß (vgl. Kapitel 3). Unterschiedlich nach Wirtschafts- und Gesellschaftssystem ist in diesem Fall nur die allerdings wichtige Frage geregelt, wer über die Produktionsmittel verfügen darf und wem die arbeitslosen Einkommen zufließen.

1.4 Werturteile in der Politischen Ökonomie

Die Theorie der Wirtschaftssysteme beschäftigt sich mit unterschiedlichen Antworten auf die oben (in Abschnitt 1.1) gestellten Fragen 4. und 5. Sie analysiert, wie in verschiedenen Wirtschaftssystemen das Problem der Knappheit gelöst wird, mit welchen Folgen bei unvorhergesehenen Ereignissen wie Mißernten, Zunahme der Bevölkerung oder technischem Fortschritt zu rechnen ist und welche Konsequenzen Maßnahmen öffentlicher Stellen wie Vermehrung der Geldmenge, Haushaltsdefizit, Preisfixierung oder Rationierung nach sich ziehen. Dabei braucht sie sich nicht auf bestehende Systeme, Institutionen und ihre Maßnahmen zu beschränken, sondern kann auch die Art der

Lösung der ökonomischen Probleme in bisher noch nicht realisierten Wirtschaftssystemen mit bislang unerprobten Institutionen zu prüfen suchen.

Hier wird man jedoch sofort fragen: Hat es denn viel Sinn, die Auswirkungen noch nicht verwirklichter Systeme zu überdenken, wenn nicht gleichzeitig geprüft wird, ob sie das Knappheitsproblem „besser" lösen, also zu einer „besseren" Güterversorgung führen? Gesteht man die Berechtigung der Fragestellung bezüglich noch nicht realisierter Wirtschaftsordnungen und Institutionen zu, so wird man sie auch in bezug auf bereits realisierte Ordnungen zulassen müssen. Die Theorie der Wirtschaftssysteme hätte also auch zu untersuchen, ob und wieweit verschiedene konkrete Wirtschaftsordnungen und Institutionen das Problem der Knappheit besser oder schlechter lösen.

Um eine Lösung als besser oder schlechter bezeichnen zu können, wird offenbar ein Maßstab, eine Norm benötigt, an der man die Güte einer Situation ablesen kann. Nun sind viele verschiedene solcher Maßstäbe oder Normen denkbar, und jede Auswahl einer Norm, als eine von der Nationalökonomie für die Beurteilung von Wirtschaftssystemen hinsichtlich ihrer Eignung zur Lösung des Knappheitsproblems zu verwendende Norm stellt ein Werturteil dar. Jeder Vergleich von Wirtschaftssystemen und Institutionen bezüglich ihrer Güte müßte also notwendigerweise ein Werturteil einschließen.

Nun hat jedoch die überwiegende Zahl der Nationalökonomen – sieht man einmal von der Wohlfahrtstheorie ab – sich in den letzten Jahrzehnten nicht ohne gute Gründe der Verwendung von Werturteilen enthalten. Lassen sich doch Aussagen, die Werturteile enthalten, keineswegs in gleicher Weise wie „positive" Aussagen beweisen.

Betrachten wir zur Verdeutlichung ein Beispiel. Der

Satz 1: „Eine Erhöhung der Geldmenge hat bei sonst unveränderten Bedingungen eine Erhöhung der Inflationsrate zur Folge"

ist eine positive Aussage über die Realität, die falsch oder richtig sein kann. Und zwar falsch oder richtig in dem Sinne, daß sie die tatsächlichen Zusammenhänge wiedergibt oder nicht. Nun ist es zwar nicht immer leicht festzustellen, ob ein Satz wie der oben angegebene zutrifft oder nicht. Jedoch ist es prinzipiell möglich, durch Experimente oder Beobachtungen der Ereignisse der Realität eine positive Aussage zu widerlegen und damit als falsch zu erweisen. Beobachtet man z. B., daß nach Geldmengenerhöhungen bei sonst unveränderten Bedingungen die Inflationsrate nicht größer wird, so ist die oben angegebene Aussage falsch.

Wichtig ist es noch, auf eine bedeutsame Tatsache hinzuweisen. Als richtig kann eine positive Aussage endgültig nie erwiesen werden, da immer in der Zukunft Ereignisse auftreten können, die sie widerlegen. So mag unser Satz sich 99mal bei den Beobachtungen der Realität als richtig herausstellen, während schließlich bei der 100. Überprüfung die Inflationsrate nicht größer wird. Wissenschaftliche Urteile, Theorien und Modelle sind demnach immer nur vorläufig, sozusagen provisorisch, nie aber endgültig bewiesen. Die Möglichkeit einer Widerlegung und der deshalb notwendigen Änderung und Verbesserung der Theorie besteht folglich immer.

Kontrastieren wir die oben angegebene positive Aussage mit dem ein Werturteil enthaltenden

Satz 2: „Die Geldmenge soll nicht erhöht werden, weil eine solche Erhöhung bei sonst unveränderten Bedingungen eine Erhöhung der Inflationsrate zur Folge hat."

Läßt sich diese Aussage in gleicher Weise als richtig oder falsch erweisen? Man erkennt sofort, daß das keineswegs der Fall ist. Der Satzteil „Die Geldmenge soll nicht erhöht werden" kann nicht wie eine positive Aussage dadurch widerlegt werden, daß man Ereignisse der Realität beobachtet, die ihm widersprechen. Bestenfalls ist es möglich, den gesamten ein Werturteil enthaltenden Satz aus einer übergeordneten Norm, einem Ziel und der oben angegebenen positiven Aussage 1 logisch richtig abzuleiten. Akzeptieren wir etwa das

Werturteil 3: „Eine Inflation soll vermieden werden",

so folgt aus diesem Satz 3 und aus Satz 1 logisch die Richtigkeit von Satz 2. Man beachte übrigens, daß 2 nur dann „richtig" ist, wenn nicht nur die Norm oder das Postulat 3 akzeptiert wird, sondern auch die positive Aussage richtig ist. Das bedeutet, daß Anweisungen für eine Beeinflussung oder Änderung der Realität für ihre Richtigkeit nicht nur von den vielleicht allgemein gebilligten darin enthaltenen Werturteilen, sondern auch von der richtigen Erkenntnis der tatsächlichen Zusammenhänge abhängig sind.

In der Tat ist die wissenschaftliche Analyse weder dafür prädestiniert, Werturteile zu „beweisen", noch ist sie darauf angewiesen, sich mit Werturteilen zu beschäftigen. Stattdessen eignet sie sich dazu, Wirtschaftsordnungen und wirtschaftspolitische Eingriffe anhand bestimmter Leistungsmerkmale zu charakterisieren. Als Beispiel mag das Merkmal der „Effizienz der Faktorallokation" dienen: Eine Allokation wird bekanntlich als effizient bezeichnet, wenn es bei gegebenem volkswirtschaftlichen Ressourceneinsatz nicht möglich ist, den Ausstoß eines Konsumgutes zu erhöhen, ohne den wenigstens eines anderen zu senken. Eine Aussage wie „Die Subventionierung der Produktionskosten bei (nur) einem von vielen Gütern führt zu einer ineffizienten Allokation der Faktoren" hat wissenschaftlichen Gehalt, da sie sich prinzipiell – z. B. durch Vergleich zweier ansonsten identischer Wirtschaften mit und ohne den entsprechenden Staatseingriff – empirisch überprüfen und damit auch falsifizieren läßt.

Dabei hängt die Richtigkeit der Charakterisierung in keiner Weise davon ab, ob Politiker dem Merkmal „Effizienz der Faktorallokation" einen normativen Wert zumessen, entweder weil sie es als Ziel an sich oder als Mittel zur Erreichung übergeordneter Ziele wie Pareto-Optimalität begreifen. Der Wissenschaftler braucht also selbst die *Bewertung* der von ihm zur Charakterisierung verwendeten Leistungsmerkmale als *Gütekriterien* nicht zu teilen oder zu vertreten. Dies gilt auch, wenn er (bedingte) wirtschaftspolitische Handlungsempfehlungen abgibt. Da diese regelmäßig die Form haben: „wenn ein Ziel *A* angestrebt wird, dann sollte Mittel *B* ergriffen werden", braucht er selbst sich nicht mit der Verfolgung des Ziels *A* zu identifizieren, ja er braucht die Werthaftigkeit des Ziels *A* nicht einmal zu teilen.

Dem widerspricht keineswegs die Erkenntnis, daß die Tätigkeit des Wissenschaftlers dann als besonders nützlich angesehen wird, wenn die von ihm zur Charakterisierung verwendeten Merkmale von Wirtschaftsordnungen oder Maßnahmen von Politikern und anderen Gesellschaftsmitgliedern als werthaltig angesehen werden. Der mit einer Bewertung und Auswahl betraute Politiker wird angesichts der Flut von Informationen, mit denen er ständig überschüttet wird, die Aussagen besonders schätzen, die sich auf Kriterien beziehen, denen er selbst (positiven oder negativen) Wertgehalt beimißt. Andererseits wäre es angesichts der Vielfalt der Ziele (s. u., Abschnitt 1.3) ohnehin ein Zufall, wenn sich Wissenschaftler ausschließlich genau mit denselben Kriterien beschäftigen würden, denen die Politiker Wertgehalt zumessen, und bei einer etwa notwendigen Abwägung verschiedener Kriterien auch noch die gleiche Gewichtung vornähmen.

1.5 Einige exemplarische Ziele

Im folgenden wollen wir einige Ziele auflisten, deren Erfüllung in der späteren Analyse zur Charakterisierung der Leistungsfähigkeit verschiedener Wirtschaftssysteme und Maßnahmen verwendet werden sollen. Die Auswahl gerade dieser Ziele erfolgte aufgrund der Vermutung, daß sich in ihnen Grundwerte widerspiegeln, denen von vielen Gesellschaftsmitgliedern ein positiver Wertgehalt zugemessen wird. Viele dieser Kriterien sind in ihrer Bedeutung nicht genau abgegrenzt. Einige lassen sich nicht gleichzeitig voll verwirklichen; einige Ziele möge sich gegenseitig widersprechen oder sogar ausschließen, so daß es – wollte man sie zur Grundlage einer Bewertung machen – zu Zielkonflikten kommen kann. Während auf die damit angedeuteten Probleme hier wenigstens kurz einzugehen sein wird, kann eine genauere Erörterung jeweils erst bei einer Anwendung der Kriterien auf genau umschriebene Sachverhalte erfolgen.

1.5.1 Reichliche und wachsende Güterversorgung

In der angegebenen Formulierung ist dieses Ziel noch verhältnismäßig vage. Ist eine reichliche Güterversorgung schon gewährleistet, wenn eine große Menge von allen Gütern hergestellt wird, ganz unabhängig davon, daß vielleicht einige Personen sehr wenig Konsumgüter und andere sehr viel erhalten?

Wir werden es jedoch vorziehen, die Verteilung der Güter durch das Ziel der Gerechtigkeit zu berücksichtigen und die reichliche Versorgung mit Gütern mit Hilfe des folgenden Begriffs zu prüfen:

Pareto-Optimalität: Kein Wirtschaftssubjekt kann besser gestellt werden, ohne daß wenigstens ein anderes Wirtschaftssubjekt schlechter gestellt wird.

Eine wachsende Güterversorgung setzt – sieht man von internationalem Handel ab – eine größere Güterproduktion, also wirtschaftliches Wachstum voraus. Dieses wiederum macht gewöhnlich bei effizienter Produktion mehr Investitionen und damit eine knappere Konsumgüterversorgung in der Gegenwart und nahen Zukunft notwendig, so daß hier das Merkmal der Gerechtigkeit im Bezug auf eine intertemporale oder sogar intergenerationelle Verteilung der Güter bedeutsam wird.

Eine reichliche und wachsende Güterversorgung bezieht sich nicht nur auf die Versorgung mit Dingen, die erwünscht und knapp sind, sondern ebenso auf die Beseitigung und Vermeidung von Übeln, von unerwünschten Dingen, sofern diese die Verwendung von knappen Produktionsmitteln oder eine verminderte Produktion von Konsumgütern erforderlich machen.

Zur Klärung der Begriffe sei schließlich darauf hingewiesen, daß unter Gütern keineswegs nur materielle Güter zu verstehen sind. Auch alle sogenannten immateriellen Güter wie Gedichte oder Klavierkonzerte gehören zu den knappen Gütern, wenn sie von irgendwelchen Wirtschaftssubjekten gewünscht werden und zu ihrer Herstellung, Bereitstellung oder Beschaffung knappe Produktionsmittel wie menschliche Arbeit oder Kapitalgüter benötigt werden.

1.5.2 Freiheit

Die Freiheit eines Menschen ist umso größer, je mehr seiner Wünsche er erfüllen kann und je weniger Unerwünschtes er tun oder hinnehmen muß. Sie wird demnach beschränkt durch Gebote und Verbote, ebenso aber auch durch das verfügbare Realeinkommen, also durch die gegebene Güterversorgung. Das Ziel einer reichlichen und wachsenden Güterversorgung ist also strenggenommen dem Merkmal der Freiheit untergeordnet.

Aus der soeben gegebenen Definition folgt, daß die Freiheit nicht nur durch die Verfassung und die Rechtsordnung bestimmt wird. Vielmehr ist den Marxisten zuzustimmen, daß diese formelle Freiheit völlig bedeutungslos ist, wenn die materielle Freiheit genügend eng wird. In Abb. 1.1 beschreibe A die Menge der nach der Rechtsordnung für jedermann zulässigen Möglichkeiten. Gibt nun B (die schraffierte Fläche) die Menge der bei gegebenem Realeinkommen realisierbaren Möglichkeiten an, so sieht man, daß die formelle Freiheit für den Betroffenen völlig bedeutungslos ist. Da B vollständig in A

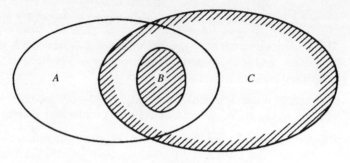

Abb. 1.1

enthalten ist, bestimmt lediglich das Realeinkommen, d.h. der Grad der Güterversorgung den Umfang seiner Freiheit. Die Rechtsordnung wird für die Freiheit in unserem Beispiel erst bedeutsam, wenn das Realeinkommen so anwächst, daß z.B. die Menge C wirtschaftlich realisierbar wird, denn nur dann verhindert die Rechtsordnung, daß ein Teil der wirtschaftlich erreichbaren Möglichkeiten verwirklicht werden darf. Es handelt sich dabei um die Teilmenge von Möglichkeiten aus C, die nicht in A liegt.

Aus dem soeben Gesagten folgt, daß das Ziel einer möglichst reichlichen Güterversorgung zusammen mit dem der Gerechtigkeit der Einkommensverteilung das Ziel der materiellen Freiheit für jedermann impliziert. Wir können daher diesen Aspekt der Freiheit hier weitgehend vernachlässigen und besonderes Gewicht auf die folgenden Aspekte des Freiheitsbegriffs legen:
a) ein großer Spielraum für jedermann, über seine eigenen Belange zu entscheiden;
b) betrifft eine Entscheidung mehrere Personen, so können diese bei der Entscheidung mitwirken,
c) die Abhängigkeit jedes einzelnen von bestimmten anderen Personen oder Gruppen ist so gering wie möglich.

1.5.3 Gerechtigkeit

Unter dem Oberbegriff der Gerechtigkeit werden im allgemeinen die folgenden Aspekte verstanden:
a) Gleiche Rechte und gleiche Behandlung unter gleichen Bedingungen für jedermann,
b) die Herstellung einer möglichst weitgehenden Chancengleichheit für jedermann;
c) Förderung der von Natur aus Benachteiligten.

Beim Ziel der Gerechtigkeit fällt es schwer, sich auf eine einheitliche Definition zu einigen. Denkt man z.B. an eine gerechte Güter- oder Einkommensverteilung, so lassen sich zumindest zwei Interpretationen denken:

1. „Bedürfnisgerechtigkeit". In dieser Deutung bleibt der Begriff des Bedürfnisses zu klären. Eine mögliche Deutung wäre z. B., daß jeder in einer Marktwirtschaft das gleiche Geldeinkommen erhält; eine andere, daß jedermann von jedem Gut die gleiche Menge bekommt. Angesichts der unterschiedlichen Wünsche der Menschen ist die zweite Charakterisierung allerdings fragwürdig.
2. „Leistungsgerechtigkeit". Diese Vorstellung kann man so deuten, daß z. B. die Geldeinkommen sich nach der erbrachten Leistung richten.

Beide Interpretationen einer gerechten Einkommensverteilung besitzen vom Standpunkt der Gerechtigkeit ihre Probleme. Beispielsweise wirft das Ziel der Leistungsgerechtigkeit die Frage nach der Messung von Leistung auf.

1.5.4 Sicherheit

Das Ziel der Sicherheit lenkt die Aufmerksamkeit auf die Frage, ob eine reichliche Güterversorgung ebenso wie Freiheit und Gerechtigkeit auch für die Zukunft gesichert sind. Wichtige Aspekte der Sicherheit werden durch die Begriffe Stabilität und Anpassungsfähigkeit umschrieben, die einander nicht notwendigerweise widersprechen müssen. Ein System, das sich bei der Verarbeitung von unvorhergesehenen Schocks und von wohlgeplanten Änderungen verhältnismäßig rasch wieder einem Gleichgewicht nähert, ist nicht nur anpassungsfähig, sondern weist auch eine erhebliche Stabilität auf. Dadurch werden längere und größere Schwankungen z. B. im Einkommen der Mitglieder der Gesellschaft, im Grad der Versorgung mit Gütern oder in der Zahl der verfügbaren Arbeitsplätze vermieden und folglich die Sicherheit erhöht.

Unter dem Postulat der Sicherheit wird folglich insbesondere zu verstehen sein, daß die Situation der Gesellschaftsmitglieder sich nicht rasch und merklich verschlechtert. Derartige Änderungen würden auch u. U. weitere Folgen wie Unzufriedenheiten und Spannungen in der Gesellschaft nach sich ziehen, die ihrerseits möglicherweise zu Unruhen oder Revolutionen führen könnten. Es würde sich in diesem Fall eine allgemeine Instabilität der politisch-wirtschaftlichen Ordnung ergeben, die eine zusätzliche Gefahr für die Sicherheit der Angehörigen der Gesellschaft bedeuten müßte.

Zusammenfassend läßt sich das Ziel der Sicherheit durch die folgenden Kriterien erläutern:
a) Keine schnelle und drastische Verschlechterung der Lage einzelner Gesellschaftsmitglieder,
b) sich selbst auf Störungen hin anpassende Systeme, die rasch einem neuen Gleichgewicht zustreben.

1.5.5 Zielkonflikte

In der Wirklichkeit bestehen zwischen den genannten Zielen teilweise negative Beziehungen, die sich darin äußern, daß sie nicht alle gleichzeitig im vollen Umfang erfüllt sein können. Denn oftmals führen Maßnahmen, die eine umfangreichere Erfüllung eines Ziels implizieren, zu einer weniger umfassenden Erfüllung eines oder mehrerer anderer Ziele.

Betrachten wir ein Beispiel. Eine völlig gleichmäßige Verteilung der Einkommen stellt – die „Bedürfnis"-Interpretation vorausgesetzt – eine perfekte Erfüllung des Ziels der Gerechtigkeit dar, führt jedoch bei Vollbeschäftigung i. a. zu einer weniger stark wachsenden Güterversorgung in der Zukunft als eine ungleichmäßigere Einkommensverteilung, da diese größere Leistungsanreize erlaubt und vermutlich in einer Marktwirtschaft mit Privateigentum auch zu höheren Ersparnissen und Investitionen führt.

Ganz analog kann die Mitwirkung aller Betriebsangehörigen und der Abnehmer und Lieferanten bei den wichtigsten Betriebsentscheidungen vielleicht die Freiheit einzelner oder vieler Beteiligter erhöhen, wird aber wegen der für die Entscheidungen benötigten Arbeitszeit höchstwahrscheinlich zu einem Rückgang der Produktion oder zu zusätzlicher Arbeit führen.

Schließlich vermag z. B. eine Erhöhung der Sicherheit zu einer weniger reichlichen Güterversorgung in der Zukunft und möglicherweise zu einer Verminderung der Freiheit zu führen. Wird etwa in einer Marktwirtschaft mit Privateigentum eine Preisstützungspolitik für Agrarprodukte betrieben, um die Einkommen der in der Landwirtschaft Tätigen zu stabilisieren, so werden viele derselben sich entschließen, weiter in diesem Wirtschaftszweig zu bleiben, obwohl ihre Arbeit in der Industrie einen größeren Beitrag zur Güterproduktion leisten könnte. Gleichzeitig nimmt die Abhängigkeit der Landwirte von der staatlichen Bürokratie zu.

1.6 Ideologie als Gefahr für die wissenschaftliche Analyse

Wir haben betont, daß die Nationalökonomie häufig auf die Berücksichtigung gesellschaftlicher und politischer Zusammenhänge ebenso wie auf die Verwendung von Werturteilen verzichtet hat, obwohl es wichtige Probleme gibt, die ohne eine Einbeziehung dieser Faktoren übersehen oder nicht adäquat behandelt und gelöst werden können.

Worin liegen nun die Ursachen für die vielfach anzutreffende Vernachlässigung wesentlicher mit dem Wirtschaften notwendig verbundener Fragen durch viele Nationalökonomen? Auf eine der möglichen Ursachen wurde bereits früher hingewiesen: Da sich normative im Gegensatz zu positiven Aussagen nicht durch eine Konfrontation mit der Realität falsifizieren lassen, hat der Wissenschaftler immerhin gute Gründe, mit der Verwendung von

Werturteilen sparsam zu sein, weil die Gefahr unqualifizierter Aussagen und damit des Dilettantismus auf diesem Gebiet naturgemäß groß ist.

Der angegebene Grund allein kann jedoch die beschriebene Abstinenz der modernen Nationalökonomie kaum voll erklären, da sich diese nicht nur auf die Verwendung von Werturteilen, sondern in hohem Maße auch auf die Analyse politischer und gesellschaftlicher Zusammenhänge bezieht. Es ist daher naheliegend, auf die Notwendigkeit der Arbeitsteilung als weitere Ursache zu verweisen. Tatsächlich hätten sich viele nationalökonomische Erkenntnisse sicherlich nicht gewinnen lassen, wenn man sich statt auf Spezialgebiete von vornherein auf das gesellschaftlich-wirtschaftliche Gesamtsystem einschließlich seiner politischen Zusammenhänge konzentriert hätte. Andererseits kann nicht übersehen werden, daß eine Analyse mancher für die Ökonomie wesentlicher Fragen unterblieb, obwohl diese Fragen auch von der Politischen Wissenschaft und der Soziologie nicht oder kaum untersucht wurden. Wir müssen uns daher fragen, ob nicht auch ideologische Gründe für die Vernachlässigung bestimmter Probleme oder Verfahren eine Rolle gespielt haben können.

Es ist eines der größten Verdienste von Karl Marx, mit Entschiedenheit auf die Möglichkeit der Beeinflussung und Verzerrung wissenschaftlicher Analysen durch ideologische Voreingenommenheiten hingewiesen zu haben. Allerdings war diese Einsicht mit Blindheit gegenüber der möglichen Anwesenheit ideologischer Elemente in seinem eigenen System verbunden.[5] Zum Beispiel scheint bei Marx eine innere Ablehnung des kapitalistischen Systems der Vorstellung Vorschub geleistet zu haben, daß der Profit und damit der Zins einzig ein Phänomen der kapitalistischen Wirtschaft sei und daher nur aus den Gegebenheiten dieses Wirtschaftssystem erklärt werden könne. Diese ideologische Verzerrung der Analyse verbaute Marx den Weg zu der Erkenntnis, daß dem Zinsphänomen tiefere Ursachen entsprechen, die den verschiedensten Wirtschaftssystemen gemein sind.

Eine ideologische Voreingenommenheit für bestimmte vorhandene oder gewünschte Züge und Gegebenheiten der Realität kann sich durch bewußtes oder unbewußtes Verhalten des Wissenschaftlers auf verschiedene Weise negativ auf die wissenschaftliche Forschung auswirken. Erstens durch die logisch falsche Ableitung von Schlußfolgerungen, die den emotionale Präferenzen des Forschenden Rechnung tragen. Zweitens durch die Ausschaltung von Fragestellungen, deren Bearbeitung ein negatives Licht auf die Gegebenheiten werfen würde, die besonders geschätzt werden. So wäre es denkbar, daß jemand die „funktionelle" Verteilung der Einkommen auf die Produktionsfaktoren Kapital, Arbeit und Boden mit Hilfe der Grenzproduktivitätstheorie erklärt, ohne jedoch die Frage nach den Ursachen der „personellen" Einkommensverteilung zu stellen. Auf diese Weise würde er der Frage nach

---

[5] Vgl. Joseph A. Schumpeter, History of Economic Analysis, London 1954, 5. Druck 1963, S. 36.

den Ursachen der Einkommensunterschiede und der Berechtigung von arbeitslosen Einkommen ebenso wie der ungleichmäßigen Vermögensverteilung besonders bei Produktionsmitteln ausweichen. Eine Ursache für dieses Verhalten könnte – aber müßte nicht die Tatsache sein, daß der betreffende Wissenschaftler selbst oder daß seine Familie arbeitsloses Einkommen bezieht.

Es ist nun durchaus möglich, daß die weitgehende Vernachlässigung verschiedener wichtiger Fragestellungen durch die traditionelle Nationalökonomie neben den bereits genannten Ursachen auch auf ideologische Voreingenommenheiten zurückgeht. Tatsächlich lebt ja jeder Forscher von Kindheit an in einer bestimmten Umwelt, die ihm gewisse, oft unbewußte Vorurteile einprägt, die sicherlich bei der Wahl seines Forschungsgebietes und daher bei seinen Forschungsergebnissen eine Rolle spielen können. Selbst bei Kenntnis der Gefahr einer Beeinflussung durch ideologische Vorurteile kann der Wissenschaftler die Wirksamkeit dieser Faktoren auf seine Arbeit höchstens begrenzen und kontrollieren, nie jedoch ganz beseitigen.

Angesichts dieser Tatsache sind zwei Feststellungen wichtig. Erstens bedeutet der Nachweis, daß jemand bei seinen wissenschaftlichen Arbeiten von ideologischen Motiven geleitet wurde, keineswegs, daß die von ihm abgeleiteten Ergebnisse falsch sind. Ein Beweis, daß die Möglichkeit der Banken, Geld zu schöpfen, die Inflation fördern kann, ist nicht deshalb falsch, weil dieser durch Abneigung oder Haß gegen die Banken oder durch den Wunsch, minderbemittelte Rentner vor den Folgen einer Inflation zu bewahren, motiviert wurde.

Zweitens können positive Aussagen falsifiziert werden. Das bedeutet, daß Hypothesen, die aus ideologischen Gründen falsch sind, im Laufe der Zeit durch empirische Überprüfung aus dem jeweiligen wissenschaftlichen Lehrgebäude entfernt werden können. Schwieriger ist die Situation bei Werturteilen. Hier kann lediglich geprüft werden, ob mehrere angegebene Werturteile logisch konsistent sind, ob sie logisch einwandfrei aus höheren Normen abgeleitet sind und ob sie als Ziele gleichzeitig verwirklicht werden können. Bei obersten Normen kann nur eine Konfrontation mit widersprechenden Werturteilen eine gewisse Analyse und Korrektur der dahinter stehenden ideologischen Vorurteile ermöglichen.

1.7 Aufgaben

1. Läßt sich die Aussage „$x=ab$ und $y=x^2$. Folglich gilt $y=a^2b^2$" im gleichen Sinne als falsch oder richtig erweisen wie die Aussage „Es herrscht Vollbeschäftigung, und die Geldmenge wird erhöht. Folglich wird das Preisniveau steigen"?

2. Der Satz „Wenn es naß wird, regnet es" wird schon durch eine einzige

Beobachtung widerlegt, daß es auch naß wird, wenn jemand einen Eimer Wasser ausschüttet. Genügt u. U. auch eine Beobachtung, um zu beweisen, daß die Behauptung „Am Roulettisch Nr. 1 des Spielkasinos in Baden-Baden ist die Wahrscheinlichkeit, daß die Roulettkugel auf die Null fällt, 1/3" nicht zutrifft? Wie kann bewiesen werden, daß die Aussage falsch ist?

3. Kann aus dem Satz „Die Anwendung bestimmter wissenschaftlicher Erkenntnisse hat verschiedentlich zu erheblichen Nachteilen für viele Menschen geführt" die Aussage abgeleitet werden „Wissenschaftliche Forschung soll nur zum Wohle der Menschen betrieben werden"?

4. Es ist eine Norm anzugeben, aus der sich zusammen mit dem in der letzten Frage angegebenen Satz die dort genannte Aussage ableiten läßt.

1.8 Literatur

Eine sehr gute Abgrenzung des Erkenntnisobjekts der positiven (nicht normativen) Nationalökonomie von denen anderer wissenschaftlicher Disziplinen findet sich bei

LIONEL ROBBINS, An Essay on the Nature and Significance of. Economic Science. London 1932.

Die Arbeit von Robbins ist jedoch unter erkenntnistheoretischen Gesichtspunkten nicht ganz befriedigend. Aus diesem Grunde ist es zweckmäßig, zur Ergänzung einen Aufsatz von Koopmans heranzuziehen:

TJALLING C. KOOPMANS, The Construction of Economic Knowledge, in: ders., Three Essays on the State of Economic Science. New York/Toronto/London 1957, S. 127–166.

Für die Frage nach der Beweisbarkeit normativer Aussagen, d. h. von Werturteilen sind nach wie vor bedeutsam:

MAX WEBER, Die Objektivität sozialwissenschaftlicher und sozialpolitischer Erkenntnis, in: ders., Gesammelte Aufsätze zur Wissenschaftslehre, Tübingen 1951 (5. Aufl. 1982),
HANS ALBERT, Das Werturteilsproblem im Lichte der logischen Analyse, Zeitschrift für die gesamte Staatswissenschaft 112 (1956), S. 410–439,
HANS ALBERT, Traktat über die kritische Vernunft, Tübingen 1968 (4. Aufl. 1980), Kapitel 3,
HANS ALBERT und ERNST TOPITSCH (Hrsg.), Werturteilsstreit, Wege der Forschung Bd. 175, Darmstadt 1971,
W. STEGMÜLLER, Wertfreiheit, Interessen und Objektivität, in: ders. (Hrsg.), Rationale Rekonstruktion von Wissenschaft und ihrem Wandel, Stuttgart 1979, S. 177–203.

Sehr eingehend beschäftigt sich A. Brecht mit den Werturteilen in der Politischen Wissenschaft. Hier wird besonderes Gewicht auf die Erörterung aller Möglichkeiten eines Beweises von normativen Postulaten gelegt:

ARNOLD BRECHT, Politische Theorie. Tübingen 1961 (2. Aufl. 1976).

Als Standardwerk zu der erkenntnistheoretischen Bedeutung der Widerlegbarkeit von positiven Aussagen über die Realität ist

Karl R. Popper, Logik der Forschung, 8. Auflage, Tübingen 1984 (1. Aufl.1935)

zu nennen. Sehr zu empfehlen ist daneben:

Hans Reichenbach, The Rise of Scientific Philosophy, Berkeley und Los Angeles 1951.

Eine Erörterung anzustrebender Ziele findet sich besonders bei

Kenneth E. Boulding, Principles of Economic Policy, New York 1958,
Herbert Giersch, Allgemeine Wirtschaftspolitik. 1. Der Gegenstand der Wirtschaftspolitik, Wiesbaden 1961, S. 59–94.

Giersch geht im Zusammenhang mit den Zielen der Wirtschaftspolitik auch auf die Frage von Zielkonflikten ein. Außerdem enthält das Buch einen Abschnitt über die Bedeutung der normativen Ökonomik für die Wirtschaftspolitik (S. 42–55). Schließlich setzt sich der Verfasser auch eingehend mit der Wohlfahrtsökonomik auseinander (S. 97–134). Ergänzend empfiehlt es sich,

I.M.D. Little, A Critique of Welfare Economics, Oxford 1950

zu lesen, um sich einen Eindruck von der Wohlfahrtstheorie zu verschaffen. Eine Darstellung der Theorie der Wirtschaftspolitik aus der Sicht der Neuen Politischen Ökonomie findet sich für die marktwirtschaftliche Demokratie bei

Bruno S. Frey, Theorie demokratischer Wirtschaftspolitik, München 1981.

Kapitel 2

Das statische Allokationsproblem

Im vorliegenden Kapitel werden die Grundlagen gelegt, auf denen viele der weiterführenden Überlegungen aufbauen, und gleichzeitig ein Bezugsrahmen für die Erfordernisse einer möglichst reichlichen Güterversorgung der Bevölkerung entwickelt, auf den in den folgenden Kapiteln zurückgegriffen werden kann. Unser Ziel ist es, Bedingungen für eine solche Güterversorgung abzuleiten und anhand dieser Bedingungen mögliche Organisationsformen einer Wirtschaft zu vergleichen. Es geht dabei darum, aus der theoretischen Lösung des Kernproblems des Wirtschaftens heraus auf Wirtschaftssysteme zu schließen, die zu einer solchen Lösung geeignet sein könnten.

Während hier zunächst von einem hohen Abstraktionsgrad ausgegangen werden muß, ist es die Aufgabe späterer Kapitel, den Abstraktionsgrad zu mindern, zusätzliche Probleme in die Analyse einzubeziehen und zu zeigen, wie sich deren Berücksichtigung auf die möglichen Organisationsformen auswirkt. Gleichzeitig werden in diesen Kapiteln die anderen Ziele wie Freiheit, Gerechtigkeit und Sicherheit bei unseren Überlegungen immer stärker in den Vordergrund treten.

Zu den in diesem Kapitel noch ausgeklammerten Problemen zählen
- zunehmende Skalenerträge,
- öffentliche Güter,
- externe Effekte in der Produktion und im Konsum,
- Informationskosten und
- Anreizprobleme.

Unsere Vorgehensweise besteht also darin, daß die Analyse und der Vergleich verschiedener Wirtschaftsordnungen zunächst unter denselben unrealistischen Annahmen vorgenommen werden. Im weiteren werden dann die unrealistischen Annahmen nach und nach aufgehoben, um zu Urteilen über die relative Leistungsfähigkeit von Wirtschaftsordnungen bei der Lösung spezifischer Probleme zu gelangen.

Zunächst gehen wir in Abschnitt 2.1 von folgenden Annahmen aus: In der betrachteten Wirtschaft hat man sich auf eine Zielfunktion geeinigt, in der die relative Bedeutung von verschiedenen Konsumgütern zum Ausdruck kommt. Eine zentrale Planungsstelle kennt alle in der Wirtschaft vorhandenen Produktionsmittelmengen und die technischen Produktionsmöglichkeiten. Sie maximiert die gesellschaftliche Zielfunktion unter den Nebenbedingungen, die ihr durch Produktionstechniken und vorhandene Ressourcen gesetzt sind. Als Ergebnis lassen sich die Bedingungen für eine optimale Verwendung der Produktionsmittel in der betrachteten Wirtschaft ableiten. Eine Erweiterung dieses Modells (vgl. Kapitel 3) auf eine Planung, die mehr als eine Periode umfaßt, liefert Aussagen darüber, von welchen Faktoren eine optimale intertemporale Bestimmung der Produktion und des Verbrauchs abhängt.

Die Ergebnisse bezüglich der Bedingungen für eine optimale Güterversorgung legen eine erste Diskussion möglicher Institutionen und Regeln nahe, die eine effiziente Organisation der Verwendung der Produktionsmittel gewährleisten können. Zentralgeleitete Verwaltungswirtschaft, Konkurrenzsozialismus, Marktsozialismus und vollständige Konkurrenz bei Privateigentum werden in diesem Zusammenhang kurz erörtert.

Die vorausgesetzte gesellschaftliche Zielfunktion stellt nur eine erste Annäherung an die gegebenen Probleme dar, verdeckt sie doch die Frage, auf welche Weise in einer Gesellschaft entschieden wird, wie die einzelnen Konsumgüter in ihrer relativen Bedeutung gewichtet und wie sie auf die Mitglieder der Gesellschaft verteilt werden. Hier sind Entscheidungsprozesse politischer Art oder mit Hilfe des Marktes erforderlich, die in Abschnitt 2.2 erstmals diskutiert werden.

Andere rigorose Vereinfachungen des in der Folge betrachteten Modells, wie die Abwesenheit von öffentlichen Gütern und externen Effekten, werden in Kapitel 4 aufgehoben.

2.1 Die optimale Verwendung der Produktionsmittel bei gegebener Zielfunktion

Wie bereits erwähnt, gehen wir davon aus, daß in dem hier zu untersuchenden Modell (Modell 2.1) eine zentrale Planungsbehörde eine vorgegebene gesellschaftliche Zielfunktion unter bestimmten Nebenbedingungen zu maximieren sucht, die durch die Mengen der vorhandenen Produktionsmittel und die technischen Produktionsbedingungen gegeben sind. In der betrachteten Wirtschaft können mit zwei Produktionsmitteln, die selbst in der Planungsperiode nicht produziert werden, zwei Konsumgüter G_1 und G_2 hergestellt werden.

Es wird vorausgesetzt, daß wir es bei der betrachteten Wirtschaft mit einer geschlossenen Wirtschaft zu tun haben, die keine außenwirtschaftlichen Beziehungen unterhält. Interdependenzen zwischen den Betrieben und dem Konsumsektor bestehen nur über die gelieferten und bezogenen Gütermengen. Alle Güter seien beliebig teilbar. Die zentrale Planungsstelle verfüge kostenlos über alle benötigten Informationen, und ihre Pläne werden tatsächlich durchgeführt.

2.1.1 Beschreibung des Modells

Wir wenden uns zunächst den Annahmen über die gesellschaftliche Zielfunktion zu. Es sei vorausgesetzt, daß diese die üblicherweise bei den Präferenzskalen oder ordinalen Nutzenfunktionen der Haushalte angenommenen Eigenschaften besitzt. Vor allem unterstellen wir, daß von der Gesellschaft jede Situation vorgezogen wird, in der gegenüber einer anderen von einem der Güter mehr verbraucht werden kann, ohne daß der Konsum des anderen Gutes dafür reduziert werden muß. Daraus folgt, daß die gesellschaftliche Wohlfahrt bei einer Erhöhung der Menge des einen Konsumguts nur gleich bleiben kann, wenn die Menge des anderen reduziert wird. Ferner soll angenommen werden, daß zur Erhaltung eines gleichen Wohlfahrtsniveaus die Menge des ersten Konsumgutes bei einer Verminderung des zweiten um eine Mengeneinheit um so mehr vergrößert werden muß, je geringer die in der Ausgangslage verfügbare Menge des zweiten Gutes ist.

Bezeichnen wir mit N_1 und N_2 die Mengen, die die Gesellschaft von den Gütern G_1 und G_2 verbraucht, und mit W den Index für die Wohlfahrt, die ihr aus dem Verbrauch erwächst, so lassen sich diese Annahmen mathematisch wie folgt ausdrücken:

(2.1) $\qquad W = W(N_1, N_2)$

(2.2) $\qquad \dfrac{\partial W}{\partial N_j} > 0 \qquad (j = 1, 2)$

(2.3) $\qquad \left. \dfrac{d^2 N_2}{d N_1^2} \right|_{dW=0} > 0$

Aus (2.1) folgt durch totale Differentiation:

(2.4) $\qquad dW = \dfrac{\partial W}{\partial N_1} \cdot dN_1 + \dfrac{\partial W}{\partial N_2} \cdot dN_2$

Für $W =$ const. ist $dW = 0$, so daß wegen (2.2)

(2.5) $\qquad \left. \dfrac{dN_2}{dN_1} \right|_{dW=0} = -\dfrac{\partial W/\partial N_1}{\partial W/\partial N_2} < 0.$

Eine zeichnerische Darstellung findet sich in Abb. 2.1, wo auf der Ordinate N_2 und der Abszisse N_1 abgetragen ist. Bei den Kurven I_1, I_2 und I_3 handelt es sich um Kurven gleicher Wohlfahrt oder Indifferenzkurven.[1] Je weiter rechts

---
[1] Wir ignorieren zunächst die gestrichelte Kurve AB.

oben eine Indifferenzkurve liegt, desto größer ist nach (2.2) die dadurch repräsentierte Wohlfahrt. Jede Kurve fällt wegen (2.5) von links oben nach rechts unten, da ihre verschiedenen Punkte sonst kein konstantes Wohlfahrtsniveau repräsentieren würden. Entsprechend sind sie wegen (2.3) konvex zum Nullpunkt, anders ausgedrückt, die Funktion W ist quasikonkav.

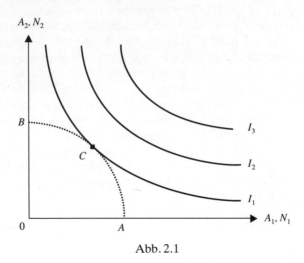

Abb. 2.1

Als nächstes beschreiben wir die Produktionsseite der Wirtschaft. Zur Vereinfachung der Schreibarbeit nehmen wir an, in der betrachteten Wirtschaft gebe es nur 2 Konsumgüter – vgl. Annahme (2.1) –, deren produzierte Mengen mit A_1 bzw. A_2 bezeichnet werden, und 2 Produktionsmittel, der Einfachheit halber „Kapital" und „Arbeit" genannt. Die Produktionstechnik läßt sich dann durch die beiden Produktionsfunktionen

(2.6a) $A_1 = f_1(K_1, L_1)$

(2.6b) $A_2 = f_2(K_2, L_2)$

ausdrücken, wobei K_j ($j = 1,2$) die in der Produktion des Gutes G_j eingesetzte Kapitalmenge und L_j die entsprechende Arbeitsmenge angibt und f_j die zugehörige Produktionsfunktion ist, d.h. die rechte Seite von (2.6a) gibt die *maximale* Menge des Gutes G_1 an, die mit den Faktormengen K_1 und L_1 erzeugt werden kann, und dito für (2.6b).

Die zur Produktion der beiden Güter verwendeten Produktionsmittelmengen dürfen die in der Wirtschaft insgesamt vorhandenen Mengen nicht überschreiten. Diese Mengen bezeichnen wir mit K bzw. L. Wir erhalten daher die folgenden Bedingungen:

(2.7a) $K_1 + K_2 \leq K$

(2.7b) $L_1 + L_2 \leq L$.

Damit sind die technischen Bedingungen der Produktion und die Begrenzung der realisierbaren Produktionsmengen der beiden Konsumgüter angegeben. Die Ungleichungen (2.6) und (2.7) bestimmen alle Wertepaare, die von den Variablen A_1 und A_2 angenommen werden können. Dabei werden solche Wertepaare (A_1, A_2) als „gesamtwirtschaftlich effizient" bezeichnet, von denen aus es nicht möglich ist, die Produktion eines Gutes noch weiter zu steigern, ohne die des anderen zu senken. Formal erhält man diese durch Maximierung der Menge des ersten Gutes, A_1, bei vorgegebener Menge A_2^* des zweiten Gutes. Die Lagrange-Funktion für dieses Maximierungsproblem lautet:

$$\text{Max } \Phi(K_1, L_1, \mu) = f_1(K_1, L_1) + \mu \cdot \{f_2(K - K_1, L - L_1) - A_2^*\}.$$

Als Bedingungen erster Ordnung für ein Maximum erhält man

(2.8a) $\dfrac{\partial \Phi}{\partial K_1} = \dfrac{\partial f_1}{\partial K_1} - \mu \cdot \dfrac{\partial f_2}{\partial K_2} = 0$

(2.8b) $\dfrac{\partial \Phi}{\partial L_1} = \dfrac{\partial f_1}{\partial L_1} - \mu \cdot \dfrac{\partial f_2}{\partial L_2} = 0,$

und durch Division der beiden Bedingungen ergibt sich

(2.9) $-\dfrac{dK_1}{dL_1} = \dfrac{\partial f_1/\partial L_1}{\partial f_1/\partial K_1} = \dfrac{\partial f_2/\partial L_2}{\partial f_2/\partial K_2} = -\dfrac{dK_2}{dL_2},$

d.h. die Grenzrate der technischen Substitution zwischen den Faktoren Kapital und Arbeit muß bei der Produktion der beiden Güter gleich groß sein.

In Abb. 2.2 ist eine Edgeworth-Box eingezeichnet, deren Seitenlängen den insgesamt verfügbaren Faktormengen L bzw. K entspricht. Alle Faktoraufteilungen, die die Bedingung (2.9) erfüllen – d.h. der geometrische Ort der Tangentialpunkte von je zwei Isoquanten – bilden die Kontraktkurve $0_1 0_2$. Jeder Punkt dieser Kurve entspricht einer gesamtwirtschaftlich effizienten Produktmengen-Kombination (A_1, A_2). In Abb. 2.1 übertragen, bilden diese Mengenkombinationen die Transformationskurve der betrachteten Wirtschaft, die dort als gestrichelte Kurve eingezeichnet ist. Sie umfaßt die Menge aller effizienten Produktionspläne. Die Menge aller realisierbaren Produktionspläne wird durch die Fläche unter der Transformationskurve angegeben.

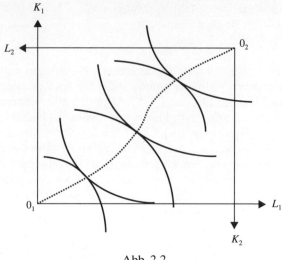

Abb. 2.2

Wegen der in Gleichung (2.2) ausgedrückten Eigenschaft der gesellschaftlichen Zielfunktion werden bei deren Maximierung als gesamtwirtschaftliche Konsumpläne nur effiziente Produktionspläne gewählt.

Bevor wir uns der Lösung des Problems der optimalen Güterversorgung in unserer Modellwirtschaft zuwenden, sind noch die letzten Voraussetzungen des Modells anzugeben. Nennen wir eine beliebige Mengenkombination von Konsumgütern (N_1, N_2) einen gesamtwirtschaftlichen Verbrauchsplan, so ist offensichtlich, daß ein Verbrauchsplan nur realisierbar ist, wenn die darin für den Verbrauch vorgesehenen Mengen beider Güter höchstens so groß sind, wie sie nach dem gleichzeitigen Produktionsplan verwirklicht werden sollen. Folglich gilt:

(2.10a) $N_1 \leq A_1$

(2.10b) $N_2 \leq A_2$.

2.1.2 Die Ableitung des optimalen Verbrauchs- und Produktionsplans

In diesem Abschnitt soll die Lösung der Aufgabe angegeben werden, einen gemäß der vorgegebenen Zielfunktion (2.1) optimalen Konsum- und Produktionsplan zu finden. Allerdings ist es zweckmäßig, vor der Wiedergabe der allgemeinen Lösung ein mögliches Ergebnis herauszugreifen, um die ökonomische Deutung der ersteren später klarer hervortreten zu lassen.

Wird davon ausgegangen, daß die Menge der realisierbaren Produktionspläne durch die Fläche $0AB$ in Abb. 2.1 beschrieben wird, so ergibt sich der optimale Konsumplan durch den Berührungspunkt der am weitesten rechts oben liegenden Indifferenzkurve mit der Fläche, da diese Indifferenzkurve die höchste realisierbare gesellschaftliche Wohlfahrt angibt. In Abb. 2.1 bezeichnet folglich der Tangentialpunkt C den optimalen Konsum- und damit Produktionsplan. Bei einem anderen Verlauf der Indifferenzkurven könnte auch jeder andere Punkt auf AB zum Optimum werden. Im optimalen Punkt C ist der Anstieg der Transformationskurve, dA_2/dA_1, der auch als Grenzrate der Transformation in der Produktion bezeichnet wird, gleich dem Anstieg der dort tangierenden Indifferenzkurve, der auch Grenzrate der Substitution im Verbrauch genannt wird, also

$$(2.11a) \qquad -\frac{dN_2}{dN_1} = -\frac{dA_2}{dA_1}$$

Der Ausdruck $-dN_2/dN_1$ gibt in C das Verhältnis an, in dem die Gesellschaft im Optimum Gut 2 für Verbrauchszwecke gegen Gut 1 eintauschen würde. Entsprechend bezeichnet $-dA_2/dA_1$ das gesellschaftlich optimale Austauschverhältnis in der Produktion. Wir können daher $-dN_2/dN_1 = -dA_2/dA_1$ als den relativen Wert der beiden Güter im Optimum auffassen. Für dA_2 Einheiten des 2. Gutes will und muß die Gesellschaft $-dA_1$ Einheiten des 1. Gutes hergeben. Definiert man nun p_1 und p_2 als die Preise der beiden Konsumgüter G_1 und G_2, ausgedrückt in einer beliebigen Recheneinheit, so läßt sich das Austauschverhältnis oder Wertverhältnis, in dem man das 2. für das 1. Gut erhalten kann, auch als relativer Preis p_1/p_2 ausdrücken. Wird diese Definition der Preise berücksichtigt, so folgt aus (2.5) und (2.11a):

$$(2.11b) \qquad \frac{\partial W/\partial N_1}{\partial W/\partial N_2} = \frac{p_1}{p_2} = \frac{dA_2}{dA_1}.$$

$\partial W/\partial N_j$ bezeichnet aber die zusätzliche gesellschaftliche Wohlfahrt (den zusätzlichen Nutzen), die (der) durch eine kleine zusätzliche Menge des Konsumgutes G_j gestiftet wird. Folglich besagt (2.11b) nichts anderes, als daß die Grenzwohlfahrten (oder die Grenznutzen) der beiden Konsumgüter sich wie ihre Preise verhalten, und daß das Preisverhältnis wiederum der Grenzrate der Transformation zwischen beiden Gütern entsprechen muß, wenn das Optimum realisiert ist.

Man beachte, daß es sich bei den angegebenen Preisen nicht um Markt-, sondern um Verrechnungspreise handelt. Da ferner durch (2.11b) nur der relative Preis der beiden Güter bestimmt wird, handelt es sich bei den Preisverhältnissen um die relative Bewertung der Güter durch die Gesellschaft im Optimum der Güterversorgung. Ferner ist zu beachten, daß bisher der relative Preis nicht aus der Lösung abgeleitet, sondern durch Definition eingeführt wurde. Es stellt sich daher die Frage, ob eine optimale Lösung des Planungsproblems zwangsläufig die Verrechnungspreise (als Schattenpreise) mitliefert und ob diese die angegebenen Werte besitzen.

Zur Beantwortung dieser Fragen wenden wir uns der allgemeinen Lösung unseres Planungsproblems zu. Zu maximieren ist die Zielfunktion (2.1) unter Berücksichtigung der angegebenen Nebenbedingungen (2.6), (2.7) und (2.10). Daher definieren wir als nächstes die Lagrange-Funktion:

(2.12) $\quad \Phi = W(N_1, N_2) + p_1 \cdot \{f_1(K_1, L_1) - N_1\} + p_2 \cdot \{f_2(K_2, L_2) - N_2\}$
$\quad\quad\quad + p_K \cdot \{K - K_1 - K_2\} + p_L \cdot \{L - L_1 - L_2\},$

wobei es sich bei p_1, p_2, p_K und p_L um Lagrange-Multiplikatoren handelt, die wir mit dem Symbol p bezeichnen, weil diese Größen in der Lösung, wie sich sofort zeigen wird, als Preise der Konsumgüter bzw. Produktionsmittel zu deuten sind. Da die Lösung die optimalen Werte aller Variablen angibt, kennzeichnen wir diese mit dem Symbol ^{0}. Als Lösung des formulierten Problems erhält man nach dem Theorem von Kuhn und Tucker:[2]

(2.13a) $\quad \dfrac{\partial \Phi^0}{\partial N_1} = \dfrac{\partial W^0}{\partial N_1} - p_1^0 \leq 0$

(2.13b) $\quad \dfrac{\partial \Phi^0}{\partial N_2} = \dfrac{\partial W^0}{\partial N_2} - p_2^0 \leq 0$

(2.14a) $\quad \dfrac{\partial \Phi^0}{\partial K_1} = p_1^0 \cdot \dfrac{\partial f_1}{\partial K_1} - p_K^0 \leq 0$

(2.14b) $\quad \dfrac{\partial \Phi^0}{\partial K_2} = p_2^0 \cdot \dfrac{\partial f_2}{\partial K_2} - p_K^0 \leq 0$

(2.15a) $\quad \dfrac{\partial \Phi^0}{\partial L_1} = p_1^0 \cdot \dfrac{\partial f_1}{\partial L_1} - p_L^0 \leq 0$

(2.15b) $\quad \dfrac{\partial \Phi^0}{\partial L_2} = p_2^0 \cdot \dfrac{\partial f_2}{\partial L_2} - p_L^0 \leq 0$

---

[2] Eine relativ einfache Ableitung des Theorems findet sich bei R. Dorfman, P. A. Samuelson and R. M. Solow, Linear Programming and Economic Analysis, New York u.a. 1958, S. 189–201. Daneben sei besonders auf G. Hadley, Nonlinear and Dynamic Programming, Reading (Mass.) u. a. 1964, Kap.6, S. 185–212, hingewiesen. Deutsch: Nichtlineare und dynamische Programmierung, Übersetzung von H. P. Künzi, Würzburg/Wien 1969.

(2.16) $\quad N_1^0, N_2^0, K_1^0, K_2^0, L_1^0, L_2^0 \geq 0$

(2.17) $\quad p_1^0, p_2^0, p_L^0, p_K^0 \geq 0.$

In jeder der Bedingungen (2.13) bis (2.15) ist das Ungleichheitszeichen „≤" durch „=" zu ersetzen, falls der optimale Wert der Variablen, nach der differenziert wird, strikt positiv ist. Mathematisch lassen sich die daraus folgenden Fallunterscheidungen in den folgenden Gleichungen zusammenfassen:

(2.18) $\quad \left\{\dfrac{\partial W^0}{\partial N_j} - p_j^0\right\} \cdot N_j^0 = 0 \qquad (j = 1,2)$

(2.19) $\quad \left\{p_j^0 \cdot \dfrac{\partial f_j}{\partial K_j} - p_K^0\right\} \cdot K_j^0 = 0 \qquad (j = 1,2)$

(2.20) $\quad \left\{p_j^0 \cdot \dfrac{\partial f_j}{\partial L_j} - p_L^0\right\} \cdot L_j^0 = 0 \qquad (j = 1,2)$

Es folgen die Ungleichungen (2.6) bis (2.9) für die optimalen Werte:

(2.21) $\quad f_j(K_j^0, L_j^0) - N_j^0 \geq 0 \qquad (j = 1,2)$

(2.22) $\quad K - K_1^0 - K_2^0 \geq 0$

(2.23) $\quad L - L_1^0 - L_2^0 \geq 0.$

Gilt im Optimum in einer der Bedingungen (2.21) bis (2.23) die strikte Ungleichung, so ist der entsprechende Lagrange-Multiplikator in (2.17) Null. Diese Aussagen lassen sich wiederum in einer einzigen Gleichung zusammenfassen:

(2.24) $\quad p_j^0 \cdot \{f_j(K_j^0, L_j^0) - N_j^0\} = 0 \qquad (j = 1,2)$

(2.25) $\quad p_K^0 \cdot \{K - K_1^0 - K_2^0\} = 0$

(2.26) $\quad p_L^0 \cdot \{L - L_1^0 - L_2^0\} = 0.$

Wie ist diese Lösung zu interpretieren? Die Ungleichungen (2.21) bis (2.23) wurden bereits eingehend erläutert. Bei den Ungleichungen (2.13) bis (2.15) gehen wir vorerst davon aus, daß die Gleichheitszeichen gelten. (2.13) besagt, daß die Preise der Konsumgüter der von diesen jeweils gestifteten Grenzwohlfahrt (oder dem gesellschaftlichen Grenznutzen) gleich sind. (2.17) gibt an, daß die Preise nicht negativ sein können.

Interpretiert man p_L^0 bzw. p_K^0 als Preise der beiden Produktionsmittel, so sagt (2.14) aus, daß das Wertgrenzprodukt des Faktors Kapital bei der Herstellung des j-ten Gutes ($j = 1,2$) im Optimum seinem Faktorpreis entspricht. (2.15) trifft die gleiche Aussage für den Faktor Arbeit. Aus allen vier Gleichungen zusammen ergibt sich, daß (2.9), die Bedingung für gesamtwirtschaftlich effiziente Produktion, erfüllt sein muß.

Als nächstes ist die Bedeutung von (2.18) bis (2.20) zu klären. Dazu müssen zunächst (2.13) bis (2.15) wieder als Ungleichungen betrachtet werden. In (2.18) ist der Ausdruck in geschweiften Klammern wegen der Ungleichung (2.13) kleiner oder gleich Null. Daraus ergibt sich, daß bei Gültigkeit der strengen Ungleichheit in (2.13) die Gleichung (2.18) nur erfüllt ist, wenn der zugehörige Wert von N_j^0 gleich Null ist. Ist die Grenzwohlfahrt des Gutes G_j im Optimum kleiner als sein Preis p_j^0, so wird es nicht konsumiert.

Entsprechende Überlegungen gelten für Gleichungen (2.19) und (2.20). Da die Ausdrücke in geschweiften Klammern wegen (2.14) und (2.15) kleiner oder gleich Null sind, folgt, daß die strenge Ungleichheit in einer oder mehrerer dieser Ungleichungen nur dann gelten kann, wenn die zugehörigen K_j^0 oder L_j^0 gleich Null sind. D.h., ist das Wertgrenzprodukt des Faktors Kapital bei der Produktion des Gutes G_j kleiner als sein Faktorpreis p_K^0, so wird er nicht zur Herstellung von G_j eingesetzt. Das entsprechende gilt für den Faktor Arbeit.

Schließlich sind die Bedingungen (2.24) bis (2.26) zu interpretieren. Dazu erinnern wir uns, daß wegen (2.21) bis (2.23) die Ausdrücke in den geschweiften Klammern jeweils größer oder gleich null sind. Das gleiche gilt wegen (2.17) auch für die jeweiligen Preise. Das Produkt kann aber nur dann den Wert null haben, wenn mindestens einer der beiden Faktoren null ist. Die ökonomische Bedeutung dieser Folgerungen ist offensichtlich. Gilt z.B. in (2.22) im Optimum die strenge Ungleichheit, so besteht ein Überangebot des Produktionsfaktors Kapital. In diesem Fall ist der Preis dieses Produktionsmittels $p_K^0 = 0$. Entsprechendes gilt für das Produktionsmittel Arbeit. „Freie" Faktoren haben also einen Preis von null.

Im gleichen Sinne sagt (2.24) aus, daß der Preis eines Konsumguts im Optimum null beträgt, wenn von ihm eine größere Menge produziert als konsumiert wird. Allerdings folgt aus (2.13) in Verbindung mit (2.2): p_1^0, $p_2^0 > 0$. Folglich gilt nach dem eben Gesagten in (2.24) das Gleichheitszeichen; produzierte und verbrauchte Konsumgütermengen sind im Optimum gleich. Daraus folgt insbesondere:

(2.27) $$p_1^0 N_1^0 + p_2^0 N_2^0 = p_1^0 A_1^0 + p_2^0 A_2^0.$$

Auf der linken Seite von (2.27) steht der Gesamtwert des Konsums in der betrachteten Wirtschaft, also das Volkseinkommen von der Verwendungsseite. Auf der rechten Seite steht der Wert der gesamtwirtschaftlichen Produktion. Dieser ist gleich dem Volkseinkommen von der Entstehungsseite, das als Summe aus Faktoreinkommen und Gewinn definiert ist:

(2.28) $\quad p_1^0 A_1^0 - p_K^0 K_1^0 - p_L^0 L_1^0$
$\quad\quad + p_2^0 A_2^0 - p_K^0 K_2^0 - p_L^0 L_2^0$
$\quad\quad + p_K^0 (K_1^0 + K_2^0) + p_L^0 (L_1^0 + L_2^0) = p_1^0 A_1^0 + p_2^0 A_2^0.$

Die Gleichung (2.27) besagt also nichts anderes, als daß das Volkseinkommen von der Verwendungsseite her gleich dem Volkseinkommen von der Entstehungsseite ist.

Nach Abschluß der ökonomischen Interpretation verdient eine Tatsache besonders hervorgehoben zu werden. Mit der Zielfunktion $W = W(N_1, N_2)$ haben wir einen ganz speziellen Wohlfahrtsindex W gewählt, der ein gegebenes Schema gesellschaftlicher Indifferenzkurven (vgl. Abb. 2.1) abbildet. Die abgeleiteten Ergebnisse bleiben jedoch erhalten, wenn der Wohlfahrtsindex W einer beliebigen monotonen Transformation V mit $dV/dW > 0$ unterworfen wird. Wählt man statt W den dadurch entstehenden Wohlfahrtsindex

(2.29) $\quad V(N_1, N_2) = V[W(N_1, N_2)],$

so bleiben sowohl die optimalen Werte A_j^0, N_j^0 ($j = 1,2$) als auch die relativen Preise

$$\frac{p_1^0}{p_2^0}, \frac{p_L^0}{p_2^0}, \frac{p_K^0}{p_2^0} \text{ usw.}$$

erhalten, da diese nicht von dem speziellen gewählten Wohlfahrtsindex abhängen. Dies ist aber sehr wohl für die absoluten Preise p_j^0 ($j = 1,2$) und p_K^0, p_L^0 der Fall (vgl. Aufgabe 1, Abschnitt 2.3).

Mit Hilfe des Ungleichungssystems (2.13) bis (2.26) können die optimalen Werte $A_j^0, N_j^0, p_j^0, p_K^0, p_L^0$ bestimmt werden, sobald die Werte der Konstanten L und K, die Produktionsfunktionen und die Zielfunktion bekannt sind (vgl. Aufgabe 2, Abschnitt 2.3).

Abschließend sei noch auf folgende wichtige Tatsache hingewiesen. Wie aus der Struktur der Lösung (2.13) bis (2.26) hervorgeht, lassen sich unsere Schlußfolgerungen auch für den Fall beliebig vieler Konsumgüter und Produktionsmittel ableiten, d. h. die Lösung läßt sich leicht für diesen verallgemeinerten Fall angeben.

2.1.3 Die Dezentralisation der Produktionsentscheidungen

Dem Leser, dem die Ergebnisse der Preistheorie bekannt sind, wird aufgefallen sein, daß verschiedene Aussagen, die sich für die optimale Güterversorgung der zentral geplanten Wirtschaft des Modells 2.1 ergaben, bekannten Resultaten des Modells der vollständigen Konkurrenz entsprechen. „Die Grenznutzen der Konsumgüter verhalten sich wie ihre Preise", „der Preis eines Faktors ist seinem Wertgrenzprodukt gleich" sind Beispiele für diese Übereinstimmung. Zu beachten ist allerdings, daß die Werte bei der vollständigen Konkurrenz mit Hilfe der Gleichgewichtspreise der Märkte, bei der optimalen Güterversorgung in der Planwirtschaft dagegen mittels der Schattenpreise bestimmt werden.

Die überraschende Analogie der Ergebnisse beider Modelle ist nicht zufällig, läßt sich doch beweisen, daß jedes Konkurrenzgleichgewicht zu einer optimalen Güterversorgung führt.[3] Folglich müssen für sie die gleichen Bedingungen gelten, die bei einer optimalen Güterversorgung in einer Planwirtschaft erfüllt sind. Es ist unsere Absicht, in diesem Abschnitt zu beweisen, daß bei Existenz eines Konkurrenzgleichgewichts unter den grundlegenden Voraussetzungen von Modell 2.1 die vollständige Konkurrenz ebenso wie die zentrale Planung zu einem Wohlfahrtsoptimum führt, die Gleichgewichtswerte also die gesellschaftliche Zielfunktion (2.1) maximieren.

Im Modell der vollständigen Konkurrenz wird angenommen, daß alle Wirtschaftssubjekte unabhängig voneinander eine eigene Zielfunktion maximieren und sich als Mengenanpasser verhalten, die Marktpreise also als gegeben annehmen und zur Maximierung ihrer Zielfunktion nur die nachgefragten und angebotenen (produzierten) Mengen der verschiedenen Güter variieren. Die Annahme wird regelmäßig bei einer großen Anzahl von Verbrauchern bzw. Unternehmungen, die das gleiche Gut beziehen bzw. anbieten, für gerechtfertigt gehalten. Handelt eine große Zahl von Marktteilnehmern, wie angenommen, in Konkurrenz, so wird der Einfluß einzelner Wirtschaftssubjekte auf die Preise bei nicht zu unterschiedlicher Größe der Haushalte bzw. Unternehmungen sehr gering sein und kann daher vernachlässigt werden.

In dem von uns betrachteten Modell wollen wir an den Annahmen einer selbständigen Maximierung der Zielfunktion und eines Verhaltens als Mengenanpasser festhalten, obwohl wir es nur mit drei Wirtschaftssubjekten zu tun haben. Die Produktion der beiden Konsumgüter erfolgt in je einem selbständigen Betrieb. Beide Unternehmungen suchen ihre Gewinne zu maximieren. Dagegen wird die Nachfrage nach Konsumgütern durch eine zentrale

---

[3] Vgl. etwa T. C. Koopmans, „Allocation of Resources and the Price System". In: Three Essays on the State of Economic Science, New York u. a. 1957, S. 46–60. Der Beweis von Koopmans bezieht sich auf eine dezentralisierte Konsumgüterbeschaffung durch viele Haushalte. Implizit folgt daraus auch die Optimalität der Konsumgüterbeschaffung durch eine zentrale Stelle, wie sie in der Folge betrachtet wird.

Stelle ausgeübt, die wir als das Ministerium für Konsumgüterbeschaffung bezeichnen können, wobei dieses Ministerium die gesellschaftliche Zielfunktion unter Berücksichtigung der Begrenzung durch das Volkseinkommen zu maximieren sucht.

Die Annahme, daß sich unsere wenigen Wirtschaftssubjekte wie Mengenanpasser verhalten, erfolgt aus methodischen Gründen. Denn erstens interessieren uns Aussagen, die bei Vorhandensein vieler Haushalte (Verbraucher) und Unternehmungen gültig sind. Nun wurde bereits im letzten Abschnitt darauf hingewiesen, daß die Ergebnisse über das Wohlfahrtsoptimum sich ohne weiteres auf den Fall vieler Güter und Betriebe übertragen lassen. Entsprechendes gilt auch bei Existenz vieler Verbraucher (vgl. Abschnitt 2.2.1 über die Dezentralisation der Verbrauchsentscheidungen). Daraus folgt, daß Ergebnisse, die bei einem Verhalten weniger Wirtschaftssubjekte als Mengenanpasser für das Gleichgewicht der vollständigen Konkurrenz zutreffen, auch richtig bleiben, wenn viele Haushalte und Unternehmungen auf jedem Markt auftreten und viele Güter produziert und verbraucht werden. Im Hinblick auf das Ziel der Verallgemeinerung ist die Annahme, daß sich die drei in unserem Modell betrachteten Wirtschaftssubjekte, nämlich die beiden Unternehmungen und das Ministerium für Güterbeschaffung, als Mengenanpasser verhalten, durchaus gerechtfertigt.

Zweitens sind wir an der Frage interessiert, ob und unter welchen Bedingungen sich bei einer Dezentralisierung der wirtschaftlichen Entscheidungen auf viele Unternehmen und das Ministerium für Güterbeschaffung die optimale Güterversorgung realisieren läßt. Es wird sich zeigen, daß das gerade dann der Fall ist, wenn die Wirtschaftssubjekte wie Mengenanpasser, also wie bei vollständiger Konkurrenz handeln.

Wir wenden uns nun der Beschreibung des Gleichgewichts bei vollständiger Konkurrenz (Konkurrenzgleichgewicht) unter den Voraussetzungen zu, die wir in Modell 2.1 bezüglich der Produktionstechnik, der Art und Anzahl der vorhandenen Produktionsmittel, der Konsumgüter und der gesellschaftlichen Zielfunktion gemacht hatten. Y wird als Symbol für das Volkseinkommen eingeführt. Dieses steht dem Beschaffungsministerium für Konsumgüterkäufe zur Verfügung. Das Ministerium hat also die gesellschaftliche Zielfunktion W unter der Bedingung zu maximieren, daß höchstens das Volkseinkommen für Konsumgüterkäufe ausgegeben wird:

(2.30) $\qquad B := Y - p_1 N_1 - p_2 N_2 \geq 0$

Im übrigen gelten für die Zielfunktion die Annahmen (2.2) und (2.3).

Der Erlös der Unternehmung j beträgt $p_j A_j$, während sich die Ausgaben für den Kauf von Produktionsmitteln auf $p_K K_j + p_L L_j$ belaufen. Der Gewinn ergibt sich als Differenz dieser Größen und ist von der Firma zu maximieren:

(2.31) $\quad p_1 f_1(K_1, L_1) - p_K K_1 - p_L L_1 = \max!$

(2.32) $\quad p_2 f_2(K_2, L_2) - p_K K_2 - p_L L_2 = \max!$

(2.31) beschreibt folglich das Optimierungsproblem für die erste Unternehmung, (2.32) das für die zweite Unternehmung.

Auf den Märkten für Konsumgüter und Produktionsmittel müssen die Bedingungen

(2.21) $\quad Z_j := A_j - N_j \geq 0 \; (j = 1, 2)$

(2.22) $\quad Z_K := K - K_1 - K_2 \geq 0$

(2.23) $\quad Z_L := L - L_1 - L_2 \geq 0$

erfüllt sein, das Angebot an Konsumgütern bzw. Produktionsmitteln muß also wenigstens so groß wie die Nachfrage nach denselben sein.

Hier wird der Leser sofort fragen: Muß denn nicht im Marktgleichgewicht immer Angebot gleich Nachfrage sein und daher in (2.21) bis (2.23) das Gleichheitszeichen gelten? Die Antwort lautet, daß das in der Regel zutrifft, und zwar immer dann, wenn Angebots- und Nachfragekurve sich schneiden. Anders liegen die Dinge jedoch, wenn es keinen positiven Preis gibt, bei dem Angebot und Nachfrage einander gleich sind. Ein solcher Fall ist in Abb. 2.3 dargestellt. Hier ist das betrachtete Gut offenbar selbst bei einem Preis Null im Überfluß vorhanden; es handelt sich also um ein freies Gut. In diesem Fall wird der Preis des Gutes so lange fallen, bis er gleich Null ist. Wir kommen daher zu folgenden zusätzlichen Annahmen für das Konkurrenzgleichgewicht:

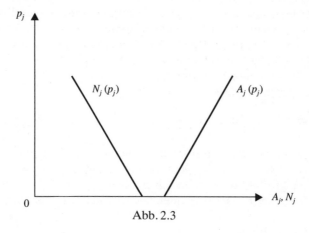

Abb. 2.3

(2.33) Ist $Z_j > 0$, so gilt $p_j = 0$ $(j = 1,2)$

(2.34) Ist $Z_m > 0$, so gilt $p_m = 0$ $(m = K, L)$.

Die Gleichgewichtspreise sind bei einem Überangebot im Konkurrenzgleichgewicht gleich Null. Liegt dagegen im Gleichgewicht kein Überangebot vor, so sind sie positiv. Es gilt daher

(2.35) $p_j, p_m \geq 0$ $(j = 1, 2; m = K, L)$.

Schließlich setzen wir voraus, daß die Einkommen aller eingesetzten Produktionsmittel und die Gewinne der Unternehmungen (vgl. (2.31) und (2.32)) als Volkseinkommen dem Beschaffungsministerium, als dem Repräsentanten der Verbraucher, zufließen. Es ergibt sich daher:

$$(2.36) \quad Y = \sum_{j=1}^{2} (p_j A_j - p_K K_j - p_L L_j) + p_K(K_1 + K_2) + p_L(L_1 + L_2)$$

$$= \sum_{j=1}^{2} p_j A_j.$$

Das Volkseinkommen entspricht also dem Wert der seitens der Betriebe geplanten Konsumgüterverkäufe.

Damit sind die Bedingungen für das Konkurrenzgleichgewicht beschrieben. Wir wollen dieses Modell als K2.1 bezeichnen. Die Werte der p_j, p_m, A_j, N_j und Y $(j = 1, 2; m = K, L)$, die die Bedingungen (2.21) bis (2.23) und (2.30) bis (2.36) erfüllen, beschreiben ein Konkurrenzgleichgewicht. In der Folge mögen die Symbole $p_j{'}$, $p_m{'}$, $A_j{'}$, $N_j{'}$, Y' usw. ein Konkurrenzgleichgewicht repräsentieren. Dagegen seien A_j, N_j usw. beliebige realisierbare Werte, die die Bedingungen (2.21) bis (2.23), (2.30) und (2.36) erfüllen.

Wir beweisen nun, daß bei Existenz eines Wettbewerbsgleichgewichts[4] dieses optimal in dem Sinne ist, daß es die gesellschaftliche Zielfunktion (2.1) unter den Nebenbedingungen (2.21) bis (2.23) maximiert. Es wird gezeigt, daß in diesem Fall die Werte der Lösung des Konkurrenzmodells $K2.1$ denen der Lösung des Modells der zentralgeleiteten Planwirtschaft von Modell 2.1 entsprechen.

Zunächst sei gezeigt, daß die Bedingungen (2.30) und (2.36) keine zusätzlichen Bedingungen gegenüber Modell 2.1 darstellen. Wir erwähnen zuerst, daß (2.36) eine reine Definitionsgleichung für das Volkseinkommen Y ist. Daraus sowie aus (2.21) ergibt sich:

---

[4] Die Existenz eines Wettbewerbsgleichgewichts läßt sich selbst unter allgemeineren Bedingungen als denen unseres Modells beweisen. Vgl. dazu die Literaturangaben in Abschnitt 2.4.

(2.37) $\quad \sum_{j=1}^{2} p_j N_j \leq \sum_{j=1}^{2} p_j A_j = Y.$

Diese Ungleichungen zeigen, daß die Ungleichung (2.30) immer erfüllt ist und keine zusätzliche Bedingung bedeutet.

Wir können aufgrund dieser Überlegungen feststellen, daß die Menge der realisierbaren Konsum- und Produktionspläne in den Modellen 2.1 und K2.1 übereinstimmt, da die Nebenbedingungen (2.21) bis (2.23) für beide Modelle identisch sind und (2.30) und (2.36) bei Gültigkeit dieser Nebenbedingungen ebenfalls erfüllt sind.

Da die Menge der realisierbaren Produktions- und Konsumpläne in beiden Modellen die gleiche ist, braucht nunmehr lediglich noch bewiesen zu werden, daß Pläne, die ein Konkurrenzgleichgewicht darstellen, gleichzeitig die gesellschaftliche Zielfunktion (2.1) maximieren.

Zur Veranschaulichung der Beweisführung bilden wir zunächst das totale Differential der Zielfunktion (2.1):

(2.4) $\quad dW = \dfrac{\partial W}{\partial N_1} \cdot dN_1 + \dfrac{\partial W}{\partial N_2} \cdot dN_2$

Dafür läßt sich als Annäherung auch schreiben:

(2.38) $\quad \Delta W = \dfrac{\partial W}{\partial N_1} \cdot \Delta N_1 + \dfrac{\partial W}{\partial N_2} \cdot \Delta N_2$

ΔW ist die Änderung der gesellschaftlichen Wohlfahrt bei einer kleinen Änderung von N_1 und N_2 um ΔN_1 bzw. ΔN_2. Fassen wir N_1^0 und N_1^0 als die Werte bei optimaler Güterversorgung auf, so ist $DW \leq 0$, da eine Abweichung von den optimalen Werten die gesellschaftliche Wohlfahrt nicht vergrößern kann. Werden die realisierbaren Konsumgütermengen, die sich durch die Änderung von N_1^0 und N_2^0 ergeben, als N_1 und N_2 bezeichnet, so läßt sich auch schreiben:

(2.39) $\quad \Delta N_j^0 := N_j - N_j^0 \qquad (j = 1, 2)$

so daß

(2.40) $\quad \Delta W^0 = \dfrac{\partial W^0}{\partial N_1} \cdot (N_1 - N_1^{\,0}) + \dfrac{\partial W^0}{\partial N_2} \cdot (N_2 - N_2^0) \leq 0$

gilt. Könnten wir nun beweisen, daß von beliebigen realisierbaren N_j und von den $N_j{'}$ des Konkurrenzgleichgewichts (2.40) erfüllt wird, so wäre damit gezeigt, daß das Konkurrenzgleichgewicht zu einer optimalen Güterversorgung führt.

Wir wenden uns nun diesem Beweis zu, wobei zunächst einige Eigenschaften des Konkurrenzgleichgewichts abzuleiten sind. Als ersten Schritt bilden wir für die Maximierungsaufgabe des Beschaffungsministeriums die Funktion $\Phi := W + \lambda B$ mit λ als Lagrange-Multiplikator. Es folgt dann nach dem Theorem von Kuhn und Tucker:

(2.41) $\quad \dfrac{\partial \Phi'}{\partial N_j} = \dfrac{\partial W'}{\partial N_j} - \lambda' p_j' \leq 0 \qquad (j = 1, 2)$

(2.42) $\quad \left\{ \dfrac{\partial W'}{\partial N_j} - \lambda' p_j' \right\} \cdot N_j' = 0 \qquad (j = 1, 2)$

(2.43) $\quad \dfrac{\partial \Phi'}{\partial \lambda} = Y' - p_1' N_1' - p_2' N_2' \geq 0$

(2.44) $\quad (Y' - p_1' N_1' - p_2' N_2') \cdot \lambda' = 0$

(2.45) $\quad \lambda', p_1', p_2' \geq 0.$

wobei der Index ' Werte bezeichnet, die die Bedingungen des Konkurrenzgleichgewichts erfüllen.

Graphisch sind die Werte N_1' und N_2', die den Wert der gesellschaftlichen Zielfunktion W bei gegebenem Volkseinkommen Y' und gegebenen (gleichgewichtigen) Preisen p_j' maximiert, in Abb. 2.4 dargestellt. Nach (2.41) han-

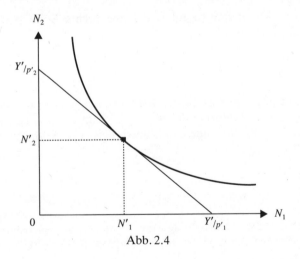

Abb. 2.4

delt es sich im Falle positiver Konsummengen um einen Berührpunkt einer Indifferenzkurve der gesellschaftlichen Zielfunktion mit der Budgetgerade des Beschaffungsministeriums.

Aus den Ungleichungen (2.41) und (2.2) ergibt sich, daß $\lambda' p'_j \geq \partial W'/\partial N_j > 0$, so daß wegen (2.45) sowohl k' als auch die p'_j größer Null sind. Ferner gilt wegen (2.33) und (2.37):

$$(2.46) \quad \sum_{j=1}^{2} p_j' N_j' = \sum_{j=1}^{2} p_j' A_j',$$

d. h. der Wert der konsumierten Gütermengen ist im Konkurrenzgleichgewicht gleich dem Wert der produzierten. Es gilt weiterhin wegen (2.31) und (2.32):

$$(2.47) \quad \sum_{j=1}^{2} p_j' A_j' - p_K' K_j' - p_L' L_j' \geq \sum_{j=1}^{2} p_j' A_j - p_K' K_j - p_L' L_j,$$

da kein Gewinn größer sein kann als der maximale. Daraus folgt:

$$(2.48) \quad \sum_{j=1}^{2} p_j'(A_j' - A_j) \geq \sum_{j=1}^{2} p_K'(K_j' - K_j) + \sum_{j=1}^{2} p_L'(L_j' - L_j),$$

Für beliebige realisierbare K_j, L_j gilt ferner wegen (2.22), (2.23)

$$(2.49) \quad \sum_{j=1}^{2} p_K' K_j + \sum_{j=1}^{2} p_L' L_j \leq p_K' K + p_L' L$$

Dagegen gilt für die K_j', L_j' wegen (2.34)

$$(2.50) \quad \sum_{j=1}^{2} p_K' K_j' + \sum_{j=1}^{2} p_L' L_j' = p_K' K + p_L' L$$

Aus beiden Überlegungen folgt, daß die rechte Seite von (2.48) nicht negativ ist. Demnach erhält man:

$$(2.51) \quad \sum_{j=1}^{2} p_j' A_j' \geq \sum_{j=1}^{2} p_j' A_j$$

Diese Ungleichung sagt aus, daß zu den Preisen p_j' das im Konkurrenzgleichgewicht produzierte Güterbündel, (A_1', A_2'), unter allen zulässigen Güterbündeln den Wert des Sozialprodukts maximiert (vgl. Abb. 2.5).[5]

---

[5] Die Aussage, daß im Konkurrenzgleichgewicht der Wert des Sozialprodukts maximiert wird, gilt immer dann, wenn – wie hier vorausgesetzt – das Faktorangebot starr ist.

Optimale Verwendung der Produktionsmittel

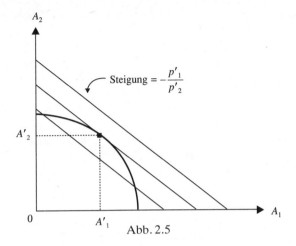

Abb. 2.5

Für beliebige realisierbare Werte A_j und N_j ergibt sich ferner aus (2.37)

(2.52) $\quad \sum_{j=1}^{2} p_j' A_j \geq \sum_{j=1}^{2} p_j' N_j$

so daß aus (2.46), (2.51) und (2.52) folgt:

(2.53) $\quad \sum_{j=1}^{2} p_j'(N_j - N_j') \leq 0$

Schließlich ist wegen (2.40) und (2.41) für $j = 1, 2$ entweder

a) $\quad p_j' = \dfrac{1}{\lambda'} \cdot \dfrac{\partial W'}{\partial N_j} \quad$ oder

b) $\quad p_j' = \dfrac{1}{\lambda'} \cdot \dfrac{\partial W'}{\partial N_j} \quad$ und $N_j = 0$.

Im Fall a) läßt sich p_j' in (2.53) durch $(1/\lambda') \cdot (\partial W'/\partial N_j)$ ersetzen. Im Fall b) ist $N_j - N_j'$ wegen $N_j' = 0$ nicht negativ, so daß sich das Ungleichheitszeichen in (2.53) nicht umkehrt, wenn man p_j' durch den kleineren Wert $(1/\lambda') \cdot (\partial W'/\partial N_j)$ ersetzt. Nimmt man diese Substitutionen vor und multipliziert (2.53) anschließend mit λ' ($\lambda' > 0$), so ergibt sich

(2.54) $\quad \dfrac{\partial W'}{\partial N_1} \cdot (N_1 - N_1') + \dfrac{\partial W'}{\partial N_2} \cdot (N_2 - N_2') \leq 0$.

Ungleichung (2.54) ist aber die notwendige Bedingung für ein Maximum der gesellschaftlichen Zielfunktion. Die Werte A_1', A_2' und N_1', N_2' des Konkurrenzgleichgewichts maximieren also die Wohlfahrt der Gesellschaft. Es gilt $A_j' = A_j^0$ und $N_j' = N_j^0$ ($j = 1, 2$).[6]

Unser Ergebnis ist bemerkenswert, zumal da sich die Beweisführung Schritt für Schritt für viele Unternehmungen, Konsumgüter und Produktionsmittel durchführen läßt. Es zeigt u.a., daß die Verfolgung eines völlig andersgearteten Ziels, nämlich der Gewinnmaximierung, durch die Unternehmungen zu einer optimalen Güterversorgung der Bevölkerung führt, wenn auf diese Weise das Konkurrenzgleichgewicht verwirklicht wird. In dem beschriebenen Konkurrenzsystem wird sogar eine starke Motivation wie das Gewinnstreben der Optimierung der gesellschaftlichen Wohlfahrt dienstbar gemacht.

Diese Tatsache verdeutlicht weiterhin, daß eine Kritik, die sich nur deshalb gegen eine Wirtschaftsordnung richtet, weil in dieser die einzelnen Wirtschaftssubjekte andere Ziele als das Ziel einer Vergrößerung der gesellschaftlichen Wohlfahrt verfolgen, mißgeleitet sein kann. Gerade die Verwirklichung der individuellen Ziele, z.B. der Unternehmungen, führt unter bestimmten Bedingungen zu einer Maximierung der gesellschaftlichen Zielfunktion.

2.1.4 Erste Bemerkungen zur Organisation der Produktionsseite der Wirtschaft

Wir waren ausgegangen von dem Problem, einen gesellschaftlichen Konsum- und Produktionsplan zu bestimmen, der unter Berücksichtigung einer gegebenen Produktionstechnik und der vorhandenen Produktionsmittelmengen, gemessen an einer vorgegebenen gesellschaftlichen Zielfunktion, eine bestmögliche Güterversorgung der Bevölkerung sichert.

Die Lösung dieses Problems lieferte uns nicht nur Ungleichungen zur Bestimmung der optimalen Mengen der zu verwendenden Produktionsmittel und der herzustellenden Konsumgüter, sondern ebenso Ungleichungen zur Ermittlung von Verrechnungspreisen für alle Güter, von Preisen also, die einen Maßstab für die Knappheit von Konsumgütern und Produktionsmitteln im Optimum darstellen. Schließlich ergab die Lösung des Planungsproblems gewisse Bedingungen wie „Das Wertgrenzprodukt eines Faktors ist dessen Preis gleich" oder „Die Grenznutzen von zwei Konsumgütern verhalten sich wie ihre Preise", die bei einer Maximierung der gesellschaftlichen Zielfunktion erfüllt sein müssen.

Unsere Überlegungen führten noch einen Schritt weiter, konnten wir uns doch davon überzeugen, daß im Rahmen unseres Modells auch eine Dezentralisierung der wirtschaftlichen Entscheidungen bei vollständiger Konkurrenz

---

[6] Da die Zielfunktion wegen (2.3) strikt quasikonkav ist, gibt es nach dem Theorem von Kuhn und Tucker nur ein globales Wohlfahrtsmaximum. Folglich müssen die Wohlfahrtsmaxima der vollständigen Konkurrenz und des optimalen Plans unserer Modelle 2.1 und K2.1 identisch sein.

oder bei einem Verhalten aller Wirtschaftssubjekte als Mengenanpasser zu einer optimalen Güterversorgung der Gesellschaft führt.

Diese Ergebnisse erlauben es, erste Schlußfolgerungen bezüglich möglicher Organisationsformen der Angebotsseite einer Wirtschaft zum Zweck einer möglichst guten Versorgung mit Konsumgütern zu ziehen.

Als denkbare Organisationsform wäre zunächst die Konzentration aller Entscheidungen bei einer zentralen Planungsstelle zu nennen. Diese beschafft sich alle Informationen über die Produktionstechnik, über die verfügbaren Mengen der Produktionsmittel sowie über die Zielfunktion. Aufgrund dieser Informationen berechnet die Planstelle diejenigen Mengen an Produkten und Produktionsmitteln, die in jedem einzelnen Betrieb bei einer Maximierung der gesellschaftlichen Zielfunktion hergestellt und verbraucht werden. Schließlich teilt sie den Betrieben die errechneten Mengen als Zielgrößen mit und weist ihnen die benötigten gesamtwirtschaftlichen Produktionsmittelmengen zu. Die Betriebe führen die ihnen vorgegebenen Produktionspläne tatsächlich aus.

Die beschriebene idealtypische Wirtschaftsorganisation wollen wir in Anlehnung an Walter Eucken als Zentralgeleitete Verwaltungswirtschaft (Zentralverwaltungswirtschaft) bezeichnen.[7] Da das Privateigentum hier keine Funktion zu erfüllen hätte, wird man sich diese Organisationsform regelmäßig als mit öffentlichem Eigentum verbunden vorzustellen haben. Notwendig ist die Abwesenheit des Privateigentums allerdings nicht, wie schon das der beschriebenen Organisation recht ähnliche System der deutschen Kriegswirtschaft der beiden Weltkriege zeigt.

Die Möglichkeit der Bestimmung von optimalen Schattenpreisen erlaubt auch eine weniger weitgehende Zentralisation der Wirtschaft. Wir können uns diese zweite Organisationsform wie folgt vorstellen. Die zentrale Planungsstelle berechnet aufgrund der von ihr gesammelten Informationen die optimalen Schattenpreise und verwendet sie als Verrechnungspreise. Diese werden den Betrieben und einem Ministerium für Konsumgüterbeschaffung zugeleitet. Die Betriebe erhalten die Auflage, so viele Güter zu produzieren, zu liefern und zu beziehen, daß sie ihre Gewinne maximieren. Das Ministerium für Güterbeschaffung wird angewiesen, durch seine Konsumgüterbezüge die gesellschaftliche Wohlfahrt (Zielfunktion) zu optimieren. Alle Wirtschaftssubjekte haben sich als Mengenanpasser zu verhalten. Alternativ könnte auch die Regel ausgegeben werden, daß die Wirtschaftseinheiten Produktion, Lieferung und Beschaffung der Güter bei möglichst großer Produktion so einrichten sollen, daß die Preise der Produkte den Grenzkosten bzw. der gestifteten Grenzwohlfahrt gleich sind. Eine in dieser Art organisierte Wirtschaft, bei der ebenfalls das Privateigentum an den Produktionsmitteln keine

---

[7] Walter Eucken, Die Grundlagen der Nationalökonomie, Bad Godesberg 1947. Vgl. insb. S. 126–140 und 199–221.

wichtige Funktion hätte, wollen wir im Anschluß an die Literatur als Konkurrenzsozialismus bezeichnen.[8]

Eine dritte denkbare Organisationsform ist der Marktsozialismus. In diesem Fall wird von der Möglichkeit der Dezentralisierung der Produktionsentscheidungen voll Gebrauch gemacht, jedoch am öffentlichen Eigentum der Produktionsmittel festgehalten. Alle Unternehmungen stehen wegen ihrer Zahl in vollständiger Konkurrenz und suchen ihren Gewinn zu maximieren. Das Beschaffungsministerium verhält sich als Mengenanpasser und maximiert durch Konsumgüterkäufe die gesellschaftliche Zielfunktion, wobei ihm das aus den Gewinnen der Unternehmungen und den Einkommen der Produktionsmittel zufließende Volkseinkommen zur Verfügung steht. Bei Zustandekommen der Preise des Konkurrenzgleichgewichts wird eine optimale Güterversorgung erreicht.

Die letzte zu erwähnende Organisationsform unterscheidet sich vom Marktsozialismus durch das Privateigentum an Produktionsmitteln. Das Privateigentum hat in diesem System (kapitalistische Marktwirtschaft) die Funktion, die Unternehmungen über die erwirtschafteten Gewinne und die Eigentümer von Produktionsmitteln über die durch den Verkauf derselben erzielten Einkommen zu einem Verhalten zu veranlassen, das die gesellschaftliche Wohlfahrt maximiert. Allerdings muß die Versorgung der einzelnen Wirtschaftssubjekte mit Konsumgütern von dem von ihnen erzielten Einkommen abhängen, wenn diese Art der Motivation wirksam sein soll. Es ist daher notwendig, entweder in der gesellschaftlichen Zielfunktion einen entsprechenden Zusammenhang von Einkommen und Verbrauch der Wirtschaftssubjekte zu schaffen oder die Nachfrage selbst zu dezentralisieren. In diesem Fall fließen die Einkommen aus Gewinnen und Produktionsmitteln den jeweiligen Eigentümern ganz oder teilweise zu und können von ihnen nach ihren Wünschen zum Kauf von Konsumgütern verwendet werden. Die angeschnittenen Fragen der Motivation der Wirtschaftssubjekte und der Dezentralisation der Nachfrage werden uns in Abschnitt 2.2 eingehend beschäftigen.

Wir stellen also fest, daß unter den eingangs dieses Kapitels genannten einschränkenden Annahmen sowohl Planwirtschaften (mit Mengen- oder Preissteuerung) als auch Marktwirtschaften mit und ohne Privateigentum an Produktionsmitteln das Problem einer reichlichen Güterversorgung auf *dieselbe* optimale Weise lösen. In diesem einfachen Modellrahmen kann also noch nicht von der relativen Überlegenheit der einen oder anderen Wirtschaftsordnung gesprochen werden. Dieses Urteil wird revidiert werden müssen, wenn (in Kapitel 4) Besonderheiten wie zunehmende Skalenerträge in der Produktion und externe Effekte berücksichtigt werden.

---

[8] Vgl. dazu Oskar Lange, On the Economic Theory of Socialism, Minneapolis 1948. Vgl. auch Herbert Giersch, Allgemeine Wirtschaftspolitik, 1. Band: Grundlagen, Wiesbaden 1961, S. 165—168. Auf die Art der Festsetzung der Preise bei unvollständiger Information der zentralen Planungsbehörde wird in Abschnitt 5.1.2 eingegangen.

Ferner weisen die zentralisierten Organisationsformen schwerwiegende Probleme auf, wenn man die unrealistische Annahme der bisher betrachteten Modelle fallen läßt, daß die zentrale Planungsstelle alle Informationen besitzt und die optimalen Gütermengen berechnen kann. Es kommt dann notwendigerweise zu Fehlplanungen und stellt sich folglich die Frage, ob Mechanismen existieren, die es den zentralisierten Wirtschaften erlauben, sich dem gesellschaftlichen Optimum schrittweise zu nähern.

Auch die dezentralisierten Wirtschaftsformen weisen gewisse Probleme auf. Zwar sind ihre Informationsbedürfnisse geringer, da Haushalte (oder Beschaffungsministerium) und Unternehmungen nur ihre Nutzenfunktionen (oder allgemeiner: ihre Präferenzen) bzw. ihre Produktionstechnik und Produktionsmittelvorräte sowie die Preise der Güter, die sie anbieten bzw. nachfragen, zu kennen brauchen. Es ist jedoch keineswegs sicher, ob das Konkurrenzgleichgewicht tatsächlich zustande kommt, solange nichts über seine dynamische Stabilität bekannt ist. Diese Informations- und Koordinationsproblematik wird in Kapitel 5 aufgegriffen werden.

Schließlich ist für alle beschriebenen Wirtschaftssysteme zu erörtern, wie die einzelnen Teilnehmer am Wirtschaftsprozeß veranlaßt werden können, sich in der für eine optimale Güterversorgung erforderlichen Weise zu verhalten. Während in einer Marktwirtschaft mit Privateigentum zwar eine entsprechende Motivation vorhanden ist, mag gerade das Gewinnstreben zu einem Zusammenschluß der Unternehmungen und damit zum Verfall der vollständigen Konkurrenz führen. Fehlt andererseits die Berücksichtigung des Eigeninteresses der Gesellschaftsmitglieder in den anderen Organisationsformen, so kann dieser Umstand dazu führen, daß die Pläne der zentralen Planungsstelle bzw. der Betriebe und Unternehmungen durchkreuzt werden. Die damit zusammenhängenden Motivationsprobleme werden uns in Kapitel 6 beschäftigen.

2.2 Die Bestimmung der gesellschaftlichen Zielfunktion und die Verteilung der Güter auf die Mitglieder der Gesellschaft

Im bisherigen Verlauf unserer Überlegungen waren wir stets davon ausgegangen, daß eine zentrale Planungsstelle oder ein Beschaffungsministerium die Wohlfahrt der Gesellschaft auf Grund einer vorgegebenen gesellschaftlichen Zielfunktion zu maximieren sucht. Dieses Verfahren erlaubte es, die grundlegenden Probleme der Organisation des Produktionssektors der Wirtschaft im Hinblick auf eine optimale Güterversorgung zu untersuchen, ohne gleichzeitig auf die Fragen der gesellschaftlichen Willensbildung eingehen zu müssen.

Mit der Verwendung einer von außen vorgegebenen Zielfunktion blieb dagegen die Frage unbeantwortet, auf welche Weise die Ziele eines Gemeinwesens gebildet werden. In der Regel bestehen ja mehr oder minder große Meinungsverschiedenheiten zwischen den verschiedenen Individuen, Gruppen und Klassen der Bevölkerung bezüglich der von der Gesamtheit anzustrebenden Ziele. Das gilt sowohl für die Frage, welche Güter in welcher Menge hergestellt werden, als auch für die Frage, welche Mengen der Güter die einzelnen Gesellschaftsmitglieder erhalten sollen.

Berücksichtigt man diese bisher vernachlässigten Fragestellungen, so wird einmal zu prüfen sein, welche Arten der gesellschaftlichen Willensbildung zur Verfügung stehen, um die widerstreitenden Ziele der Gesellschaftsmitglieder, Gruppen und Klassen auf einen gemeinsamen Nenner zu bringen, und welche Konsequenzen mit ihnen verbunden sind. Zweitens sind die Zielsetzungen des Gemeinwesens, die sich aus den jeweiligen Organisationsformen der gesellschaftlichen Willensbildung ergeben, anhand der Ziele einer möglichst reichlichen Güterversorgung, der Gerechtigkeit, der Freiheit und Sicherheit zu charakterisieren. Die angeschnittenen Probleme werden uns auch in den nachfolgenden Kapiteln noch eingehend beschäftigen. Der vorliegende Abschnitt 2.2 beschränkt sich daher auf die Analyse einiger grundsätzlicher Fragen aus diesem Problemkreis, die sich in erster Linie auf die Merkmale einer reichlichen Güterversorgung und der Freiheit beziehen.

Das Merkmal der Freiheit wurde von uns dahingehend operationalisiert, daß jede Person bei allen Entscheidungen mitwirken kann, die sie neben anderen selbst betreffen. Gleichzeitig wird es daran gemessen, daß jedem ein möglichst großer Spielraum bei der Entscheidung seiner eigenen Belange eingeräumt wird (vgl. Abschnitt 1.5.2). Aus diesem Grunde werden in diesem Abschnitt zwei Entscheidungsverfahren betrachtet, die die genannten Eigenschaften aufweisen und die gleichzeitig eine Koordinierung der unterschiedlichen Ziele der Beteiligten erlauben. Wir beginnen in Abschnitt 2.2.1 mit der Betrachtung eines Wirtschaftssystems, in dem bei vorgegebenen Einkommen die einzelnen Haushalte selbständig über die zu beziehenden Mengen der Konsumgüter entscheiden und in dem die unterschiedlichen Wünsche derselben durch die Preise und Märkte koordiniert werden. Die Festsetzung der zu produzierenden Gütermengen erfolgt daher mit Hilfe von dezentralen und durch den Markt aufeinander abgestimmten Entscheidungen der Haushalte.

Als zweites Entscheidungssystem zur Koordinierung der einander möglicherweise widersprechenden Wünsche der Haushaltungen zu gesellschaftlichen Zielen und damit zur Lösung der bestehenden Konfliktsituation wird ein einfaches politisches Verfahren betrachtet, bei dem die Haushalte sich einstimmig oder mit Mehrheit bei vorgegebenen Anteilen an der Güterversorgung für einen gesamtwirtschaftlichen Produktions- und Konsumplan zu entscheiden haben (vgl. Abschnitt 2.2.2). Der Abstraktionsgrad des betrachteten Modells ist allerdings noch sehr hoch, werden doch wichtige Gegebenheiten der Realität wie indirekte Demokratie, Parteien und Verbände vernachlässigt.

Politische Entscheidungsverfahren und Entscheidungen mit Hilfe des Marktes sind keine absoluten Gegensätze. So läßt sich beweisen, daß unter bestimmten Bedingungen die Dezentralisierung der Verbrauchsentscheidungen auf die Haushalte und ihre Koordinierung durch den Markt als politisches Abstimmungsverfahren aufgefaßt werden kann, bei dem jeder Haushalt viele Stimmen besitzt, mit denen er seine Wünsche für die verschiedenen Güter gewichten kann, und bei dem die Ziele aller, also auch von Minderheiten, berücksichtigt werden (vgl. Abschnitt 2.2.1.2). Andererseits zeigt sich deutlich, daß die Stimmenzahlen bei ungleichmäßiger Einkommensverteilung nicht gleichmäßig verteilt sind.

Mit diesem Ergebnis wird das Problem der Einkommensverteilung in verschiedenen Systemen angeschnitten. Die Behandlung dieses Problems wird in Kapitel 9 vorgenommen. Dabei wird sowohl eine inhaltliche Klärung des Begriffs einer „gerechten" Verteilung versucht als auch diskutiert, mit welchen Verteilungsergebnissen bei verschiedenen Mechanismen der Entscheidung über die Einkommensverteilung zu rechnen ist.

2.2.1 Die Dezentralisierung der Nachfrageentscheidungen auf die Haushalte

2.2.1.1 Dezentralisierung und Pareto-Optimalität

Wir wollen zunächst beweisen, daß eine Dezentralisierung der Nachfrageentscheidungen auf die Haushalte bei gegebenen, beliebigen Einkommen und voneinander unabhängigen Zielfunktionen der einzelnen Haushalte zu einer optimalen Güterversorgung in dem Sinne führt, daß kein Haushalt seine Situation verbessern kann, ohne daß sich die Lage zumindest eines anderen Haushalts verschlechtert. Die Dezentralisierung der Entscheidungen ist also bei effizienter Produktion Pareto-optimal.

Bei unserem Beweis gehen wir von Modell $K2.1$ des Konkurrenzgleichgewichts aus, wobei jedoch das Beschaffungsministerium und die gesellschaftliche Zielfunktion durch n Haushalte H_i ($i = 1, \ldots, n$) mit entsprechenden Nutzenfunktionen ersetzt werden. Die Nutzenfunktionen der Haushalte sollen sich durch folgende Eigenschaften auszeichnen:

(2.55) $\quad W_i = W_i(N_{i1}, N_{i2})$

(2.56) $\quad \dfrac{\partial W_i}{\partial N_{ij}} > 0$

(2.57) $\quad \left.\dfrac{d^2 N_{i2}}{dN_{i1}^2}\right|_{dW=0} > 0 \quad (i = 1, \ldots, n; j = 1, 2)$

N_{ij} ist die Menge des Gutes G_j, die Haushalt H_i verbraucht, W_i der Index für den Nutzen oder die Wohlfahrt des gleichen Haushalts. Die gesamten verbrauchten und nachgefragten Mengen der beiden Konsumgüter ergeben sich wie folgt:

(2.58) $\quad N_j = \sum\limits_{i=1}^{n} N_{ij} \quad (j = 1, 2)$.

Schließlich nehmen wir an, daß jeder Haushalt H_i einen Anteil α_i des Volkseinkommens Y erhält, so daß

(2.59) $\quad Y_i = \alpha_i \cdot Y \quad (0 < \alpha_i < 1) \quad$ mit

(2.60) $\quad \sum\limits_{i=1}^{n} \alpha_i = 1$

wobei Y_i das Einkommen des i-ten Haushalts bezeichnet.

Es sei angenommen, daß die Haushalte keine Kredite aufnehmen können. Jeder Haushalt kann daher höchstens im Wert seines Einkommens Konsumgüter beziehen:

(2.61) $\quad p_1 \cdot N_{i1} + p_2 \cdot N_{i2} \leq Y_i$

(2.62) $\quad N_{i1}, N_{i2} \geq 0 \quad (i = 1, \ldots, n)$.

Der einzelne Haushalt maximiere seine Nutzenfunktion:

(2.55a) $\quad W_i = W_i(N_{i1}, N_{i2}) = \max!$

unter den Nebenbedingungen (2.61) und (2.62).

Die Werte der $N_{ij}, N_j, A_j, Y_i, p_j$ und p_{mk} ($i = 1, 2, \ldots n; j = 1, 2; k = 1, 2$), die die Bedingungen für das Konkurrenzgleichgewicht $K2.1$ (außer denen für das Beschaffungsministerium)[9] und außerdem (2.58), (2.55a), (2.61) und (2.62) erfüllen, bezeichnen wir als Konkurrenzgleichgewicht bei dezentralisierten Konsumentscheidungen und kennzeichnen sie mit einem ', während die Symbole ohne diese Kennzeichnung beliebige realisierbare Werte angeben.

Im Konkurrenzgleichgewicht bei dezentralisierten Verbrauchsentscheidungen sind die Bedingungen (2.61), (2.62) und (2.55a) für alle Haushalte erfüllt. Die notwendigen Bedingungen für ein Nutzenmaximum des Haushaltes H_i erhalten wir mit Hilfe des Theorems von Kuhn und Tucker und unter Verwendung der Funktion

---

[9] Es handelt sich also um die Bedingungen (2.7), (2.10), (2.31) bis (2.34) sowie (2.36), wobei (2.36) eine Definitionsgleichung ist und $N_j, A_j \geq 0$ sowie p_j (j = 1, 2), $p_L, p_K \geq 0$ gilt.

(2.63) $\quad \Phi_i = W_i + \lambda_i \cdot (Y_1 - p_1 \cdot N_{i1} - p_2 \cdot N_{i2})$

wie folgt:

(2.64) $\quad \dfrac{\partial \Phi_i'}{\partial N_{ij}} = \dfrac{\partial W_i'}{\partial N_{ij}} - \lambda_i' p_j' \leq 0 \qquad (j = 1, 2)$

(2.65) $\quad \sum\limits_{j=1}^{2} \left\{ \dfrac{\partial W_i'}{\partial N_{ij}} - \lambda_i' p_j' \right\} \cdot N_{ij}' = 0$

(2.66) $\quad \dfrac{\partial \Phi_i'}{\partial \lambda_i} = Y_i' - p_1' N_{i1}' - p_2' N_{i2}' \geq 0$

(2.67) $\quad (Y_i' - p_1' N_i^{1'} - p_2' N_i^{2'}) \cdot \lambda_i' = 0$

(2.68) $\quad \lambda_i', N_i 1', N_{i2}' \geq 0$.

Aus (2.64) und (2.56) ergibt sich:

$$\lambda_i' \cdot p_j' > 0,$$

so daß gemäß (2.68) und $p_j' \geq 0$

$$\lambda_i' > 0$$

ist. Dementsprechend folgt aber aus (2.67) und (2.59):

(2.69) $\quad p_1' N_i^{1'} + p_2' N_i^{2'} = Y_i' = \alpha_i \cdot Y'$

für alle i. Nach (2.69) und (2.60) gilt:

$$\sum_{i=1}^{n} \sum_{i=1}^{2} p_j' \cdot N_{ij}' = Y',$$

so daß wegen (2.58)

(2.70) $\quad \sum\limits_{i=1}^{2} p_j' \cdot N_j' = Y' = \sum\limits_{j=1}^{2} p_j' \cdot A_j'$,

letzteres wegen (2.36).

Wir kommen nun zum Beweis der Pareto-Optimalität. Zunächst erhält man durch totale Differentiation von (2.55):

$$dW_i = \frac{\partial W_i}{\partial N_{i1}} \cdot dN_{i1} + \frac{\partial W_i}{\partial N_{i2}} \cdot dN_{i2}.$$

Dieser Ausdruck läßt sich für kleine Änderungen von N_{i1} und N_{i2} durch

(2.71) $\qquad \Delta W_i = \dfrac{\partial W_i}{\partial N_{i1}} \cdot \Delta N_{i1} + \dfrac{\partial W_i}{\partial N_{i2}} \cdot \Delta N_{i2}.$

approximieren.

Die Gleichung (2.71) gilt auch für das Nutzenmaximum. Folglich können wir die ΔN_{ij} als Abweichungen von den optimalen Werten N'_{ij} auffassen und sie wie folgt definieren:

(2.72) $\qquad \Delta N_{ij} = N_{ij} - N_{ij}'.$

Dabei sind die N_{ij} beliebige, in dem Konkurrenzmodell realisierbare Werte, die nicht die Bedingung (2.55a) zu erfüllen brauchen.

Aus (2.71) und (2.72) folgt:

(2.73) $\qquad \Delta W_i = \dfrac{\partial W_i'}{\partial N_{i1}} \cdot (N_{i1} - N_{i1}') + \dfrac{\partial W_i'}{\partial N_{i2}} \cdot (N_{i2} - N_{i2}').$

Berücksichtigen wir, daß wegen (2.64) und (2.65) für $j = 1, 2$ entweder a) $N_{ij}' = 0$ und $\partial W_i'/\partial_{ij} \leq \lambda_i' \cdot p_j'$ oder b) $N'_{ij} > 0$ und $\partial W_i'/\partial N_{ij} = \lambda_i' \cdot p_j'$ gilt, so läßt sich (2.73) wie folgt umformen: Im Fall b) läßt sich $\partial W_i'/\partial N_{ij}$ durch $\lambda_i' \cdot p_j'$ ersetzen. Im Fall a) ist $N_{ij} - N_{ij}' > 0$, so daß die rechte Seite von (2.73) mindestens ebenso groß bleibt, wenn man $\partial W_i'/\partial N_{ij}$ durch $\lambda_i' \cdot p_j'$ ersetzt. Division durch λ_i' läßt wegen $\lambda_i' > 0$ das Ungleichheitszeichen unverändert, so daß folgt:

(2.74) $\qquad \sum\limits_{j=1}^{2} p_j' \cdot (N_{ij} - N_{ij}') \geq \dfrac{\Delta W_i'}{\lambda_i'} \qquad (i = 1, \ldots, n).$

Wir sind nun in der Lage, den Beweis zu führen, daß die Verbesserung der Situation eines Haushalts H_h die Lage wenigsten eines anderen Haushalts verschlechtern muß, wenn zuvor das Konkurrenzgleichgewicht bei dezentralisiertem Verbrauch realisiert war.

Aus (2.21), (2.51) und (2.70) folgt:

$$\sum_{j=1}^{2} p_j' \cdot N_j \leq \sum_{j=1}^{2} p_j' \cdot A_j \leq \sum_{j=1}^{2} p_j' \cdot A_j' = \sum_{j=1}^{2} p_j' \cdot N_j',$$

so daß unter Beachtung von (2.58) gilt:

(2.75) $$\sum_{i=1}^{2} \sum_{j=1}^{2} p_j' \cdot (N_{ij} - N_{ij}') \leq 0.$$

Da die Wohlfahrt des Haushalts H_h erhöht werden soll, gilt $\Delta W_h' > 0$, so daß wegen (2.74)

$$\sum_{j=1}^{2} p_j' \cdot (N_{hj} - N_{hj}') > 0$$

ist und sich unter Verwendung von (2.75) ergibt:

$$\sum_{\substack{i=1 \\ i \neq h}}^{n} \sum_{j=1}^{2} p_j' \cdot (N_{ij} - N_{ij}') \leq - \sum_{j=1}^{2} p_j' \cdot (N_{hj} - N_{hj}') < 0.$$

Daraus folgt, daß wenigstens für einen der verbleibenden n-1 Haushalte der Ausdruck

$$\sum_{j=1}^{2} p_j' \cdot (N_{ij} - N_{ij}') < 0$$

und folglich $\Delta W_i' < 0$ nach (2.74) ist. Damit haben wir bewiesen, daß das Konkurrenzgleichgewicht bei dezentralisierten Konsumentscheidungen Pareto-optimal ist.

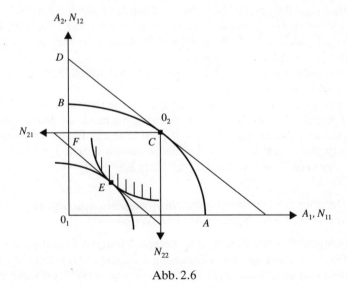

Abb. 2.6

Die Beweisführung wird in Abb. 2.6 für den Fall zweier Haushalte ($n = 2$) illustriert: AB ist die gesamtwirtschaftliche Transformationskurve, Punkt C symbolisiert das produzierte Güterbündel (A_1, A_2) und bildet damit den rechten oberen Eckpunkt der Edgeworth-Box, die sämtliche zulässigen Aufteilungen dieser Gesamtmengen auf die beiden Haushalte enthält. Die gemeinsame Steigung der beiden parallelen Geraden CD und EF entspricht dem Verhältnis der Marktpreise, p_1'/p_2'. EF ist die gemeinsame Budgetgerade der beiden Haushalte, wenn die Einkommensanteile α_1 und α_2 sich zueinander wie die Strecken O_1F zu FD verhalten. Beide Haushalte maximieren dann ihren Nutzen in Punkt E, der somit ein Marktgleichgewicht darstellt. Eine Nutzenerhöhung für H_1 würde eine Güteraufteilung in der senkrecht schraffierten Menge oberhalb der Kurve I_1 erfordern. Dies ist aber notwendig mit einer Einkommenserhöhung bei ihm und damit einer Einkommens-(und damit Nutzen-)senkung bei H_2 verbunden, da das Volkseinkommen insgesamt in Punkt C bereits maximiert ist.

Die hier benutzte Beweisführung läßt sich leicht auf viele Güter verallgemeinern. Wir können die Realisierung eines Pareto-Optimums durch die unabhängigen Entscheidungen aller Haushalte bei Existenz eines Konkurrenzgleichgewichts als Hinweis für eine optimale Güterversorgung in diesem System auffassen. Damit ist jedoch nicht gesagt, daß jeder einzelne Haushalt gut mit Konsumgütern versorgt, die Güterverteilung also gerecht ist. Die Pareto-Optimalität wird ja vom Konkurrenzgleichgewicht bei jeder beliebigen Einkommensverteilung verwirklicht. Die Verteilung könnte im Extremfall so beschaffen sein, daß eine Minderheit der Bevölkerung außerordentlich gut versorgt wäre, während der Rest sich am Rande des Existenzminimums befände. Andererseits darf nicht übersehen werden, daß ein Konkurrenzgleichgewicht auch bei einer „gerechten" Einkommensverteilung, also z.B. in unserem Modell auch im Fall gleicher Einkommen für alle Haushalte ($\alpha_1 = \alpha_2 = \ldots = \alpha_n$) Pareto-optimal ist.

Die vorausgegangenen Überlegungen machen deutlich, daß die Dezentralisierung der Nachfrageentscheidungen auf die Haushalte zwar eine Bestimmung der gewünschten Produktionsmengen der verschiedenen Konsumgüter mit Hilfe politischer Entscheidung überflüssig macht, da die Märkte die Koordination der Ziele einzelnen Haushalte vornehmen. Damit ist jedoch noch nicht das Problem gelöst, wie die Geldeinkommen auf die Haushalte verteilt werden oder verteilt werden sollen (vgl. dazu Kapitel 8).

2.2.1.2 Deutung der dezentralisierten Nachfrageentscheidungen der Haushalte über den Markt als politisches Wahlverfahren

Im folgenden wollen wir zeigen, daß die selbständigen Konsumentscheidungen der Haushalte und ihre Koordinierung durch den Markt bei vollständiger Konkurrenz einem optimal organisierten politischen Wahlverfahren entsprechen, in dem die Wähler in der Lage sind, die Intensität ihrer Wünsche für die einzelnen Güter zum Ausdruck zu bringen. Wir wollen damit klarmachen, daß die Entscheidungsprinzipien „Markt" und „Wahlen" keine diametralen Gegensätze sind, sondern daß das Marktgeschehen eine spezielle Form von Abstimmung oder Wahl darstellt.

Wir nehmen bei unseren Überlegungen die Existenz einer Wahlleitung an, die das Abstimmungsverfahren organisiert und durchführt (vgl. Abb. 2.7). Der Einfachheit halber wird wieder von zwei Konsumgütern ausgegangen. Die Wahlleitung weist zunächst jedem Haushalt eine bestimmte Zahl von Punkten (sein Einkommen) zu, die vorher auf irgendeine Weise festgelegt wurde. Die Haushaltsvorstände begeben sich nun in ein Wahllokal (analog: auf den Markt) und erfahren dort, für wie viele Punkte sie je eine Einheit der beiden Konsumgüter erhalten würden (oder anders ausgedrückt, welche Werte die Preise p_1 und p_2 annehmen). Anschließend geben sie ihre gesamten Stimmpunkte in von ihnen gewünschter Aufteilung in die beiden Wahlurnen, die jeweils eines der beiden Konsumgüter repräsentieren. Dabei halten die Wahlhelfer die von jedem Haushaltsvorstand für die beiden Güter abgegebenen Punktezahlen schriftlich fest. Die Wahl ist also nicht geheim.

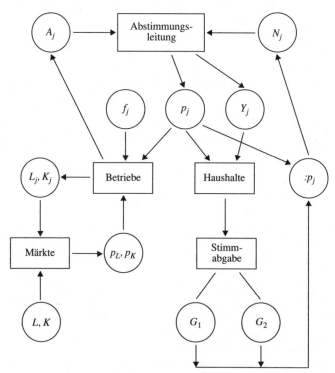

Abb. 2.7: *Deutung des Marktmechanismus als Wahlverfahren*

Nach der Wahl läßt der Wahlleiter die insgesamt in den Urnen für beide Güter abgegebenen Punkte zählen und erhält, nach Division durch die je Einheit erforderliche Punktezahl, die zu dieser für die Konsumgüter gewünschte Gesamtnachfragemenge. Parallel zur Abstimmung hat der Wahlvorstand die je Einheit der Konsumgüter festgesetzten Punktezahlen (Preise) den als Mengenanpasser handelnden Betrieben mitgeteilt. Diese berichten zurück, welche Mengen der Konsumgüter sie zu diesen Preisen anbieten wollen.

Bei dem beschriebenen Verfahren wird unterstellt, daß bei den vorgegebenen Punktezahlen (Preisen) die Haushalte ihren Nutzen und die Unternehmungen als Mengenanpasser ihren Gewinn maximieren. Sind zusätzlich Angebot und gesamte Nachfrage zu den vorgegebenen Punktezahlen einander gleich, so wissen wir, daß eine Pareto-optimale Güterversorgung erreicht wurde.

Es ist jedoch unwahrscheinlich, daß das schon bei den von der Wahlleitung zuerst festgesetzten Punktezahlen je Einheit der Fall ist. Stellt nun der Wahlvorstand eine Differenz zwischen Angebot und Nachfrage für eines oder beide der Güter fest, so wird er die erforderliche Punktezahl erhöhen, wenn die Nachfrage das Angebot übersteigt, und senken, wenn die umgekehrte Sachlage vorliegt. Dabei wird die Änderung der Punktezahl so vorgenommen, daß sie annähernd proportional zur Größe der Differenz zwischen Angebot und Nachfrage ist.

Anschließend wiederholt sich das zuvor beschriebene Verfahren: Die Haushaltsvorstände geben ihre Punkte für die beiden Güter ab, die Unternehmungen melden das beabsichtigte Angebot usw. Ergibt sich die Gleichheit von Angebot und Nachfrage für beide Güter, so ist der Wahlvorgang abgeschlossen. Ist das nicht der Fall, so wird die Prozedur in der bekannten Weise fortgeführt, bis schließlich dieses Ergebnis erreicht ist. Daraufhin erklärt die Wahlleitung die Produktions- und Konsumpläne für verbindlich; die Güter werden erzeugt, gemäß der Abstimmung auf die Haushalte verteilt und von diesen verbraucht.

Unser Beispiel hat gezeigt, daß die dezentralisierte Bestimmung des Konsums durch die Haushalte und die Koordinierung ihrer Pläne mit Hilfe des Marktes einem Abstimmungsverfahren entspricht, das es den Haushaltungen erlaubt, ihre relativen Präferenzen für die Konsumgüter genau zum Ausdruck zu bringen. Da die Haushaltsvorstände Teilmengen der ihnen zugeteilten Punkte für jedes der Güter abgeben können, sind sie in der Lage, die von ihnen bei den erforderlichen Punktezahlen je Einheit (Preise) gewünschte Mengenkombination selbst anzugeben. Andererseits erlaubt die Änderung der erforderlichen Punktezahl (Preise) eine Abstimmung ihrer Pläne aufeinander und ihre Koordinierung mit den realisierbaren Produktionsplänen der Wirtschaft. Da die Abstimmungsergebnisse jederzeit für verbindlich erklärt werden können und damit die Güterzuteilung für jeden Haushalt fixiert wird, sind die Haushalte gezwungen, verantwortlich zu handeln und ihre wirklichen Präferenzen bei der Abstimmung offenzulegen. Das ist auch der Grund dafür, warum die Wahl nicht geheim sein kann. Schließlich ist es wichtig, darauf hinzuweisen, daß es bei dem beschriebenen Verfahren keine überstimmte Minderheit gibt.

Bei aller Qualität läßt jedoch das Wahlverfahren zwei wichtige Fragen offen.[10] Einmal hat es keinen Einfluß auf die Zahl der Punkte, also auf die Anzahl Stimmen (das Einkommen), die jeder Haushalt erhält. Das Problem der Stimmenverteilung (der Einkommensverteilung) muß also vorher irgendwie gelöst werden. Zweitens ist nicht ohne weiteres klar, ob die oben beschriebene Prozedur auch tatsächlich zu einer Lösung führt, bei der Angebot und Nachfrage für alle Güter gleich sind. Das ist nur dann der Fall, wenn das beschriebene System dynamisch stabil ist. Ganz analoge Probleme gelten für dezentralisierte Entscheidungen und ihre Koordinierung mit Hilfe des Marktes. Es wird notwendig sein, auf die damit angeschnittenen Fragen später (in Kapitel 5) zurückzukommen. Schließlich ist zu erwähnen, daß in der Realität regelmäßig schon Käufe bei Preisen stattfinden, bei denen Angebot und Nachfrage noch nicht gleich sind.

2.2.2 Bestimmung der zu produzierenden Mengen der Konsumgüter und ihre Verteilung auf die Bevölkerung durch Einstimmigkeit oder Mehrheitswahlrecht

Ist die Einkommensverteilung auf die Haushalte gegeben und besitzt die Wahlleitung bereits alle Informationen über die realisierbaren Produktionspläne und die Nutzenfunktionen der Haushalte (Wähler), so kann sie die Pareto-optimale Lösung berechnen, falls die vorhandenen Rechenkapazitäten ausreichen (was in der Realität ebensowenig zutrifft wie die vollständige Information). Wird die erhaltene Lösung nun mit anderen realisierbaren Produktions- und Konsumplänen mit derselben Einkommensverteilung zur Wahl gestellt und besitzt jeder Haushalt eine Stimme, so erhält die Pareto-optimale Lösung nicht nur eine Mehrheit der Stimmen, sondern wird sogar einstimmig (genauer: ohne Gegenstimme) gewählt. Denn nach dem Beweis in Abschnitt 2.2.1.1 kann bei gegebenem Einkommen in einer Pareto-optimalen Situation kein Haushalt seine Lage verbessern.

Das gilt allerdings nur mit einer Einschränkung. Ist für die Gültigkeit der Entscheidung eine Mehrheit der Haushalte nicht ausreichend, sondern ist Einstimmigkeit erforderlich, so darf keiner der Wähler sich klarmachen, daß er durch die Abgabe seiner Stimme gegen die von allen vorgezogene Lösung die Entscheidung blockieren kann. Wäre das nämlich der Fall, so könnte der

---

[10] Wir sehen hier noch ganz davon ab, daß zur Durchführung des Verfahrens Produktionsmittel benötigt werden, daß dieses also nicht kostenlos ist.

betreffende Haushalt eine Entscheidung verhindern, falls ihm nicht von den anderen ein größeres als das vorgegebene Einkommen zugestanden wird. Da diese Möglichkeit jedoch unsere Annahme einer vorgegebenen Einkommensverteilung verletzt, soll hier auf diese Frage nicht weiter eingegangen werden.

Die geschilderte Einstimmigkeit für die Pareto-optimale Lösung ist natürlich trivial. Sie verdeutlicht aber immerhin die wichtige Tatsache, daß Wahlen, wie andere Entscheidungssysteme, häufig nicht nur die Funktion haben, eine Entscheidung herbeizuführen, sondern gleichzeitig den Beteiligten die für ihre Entschlüsse benötigten Informationen zu liefern und die Wünsche der Wähler aufeinander abzustimmen.

Besitzen weder Wahlleitung noch Wähler Informationen über die Präferenzskalen der (anderen) Haushalte und die realisierbaren Produktionspläne, so kann die Dezentralisierung über den Markt oder das im letzten Abschnitt geschilderte Verfahren weiterhelfen. Will jedoch eine zentrale Planungsstelle Preise (oder Punktezahlen je Gütereinheit) nicht benutzen, so scheint es nicht möglich zu sein, ein Pareto-Optimum mit Hilfe einer Abstimmung zu erreichen, bei der jeder Haushalt über eine Stimme verfügt und bei der jeweils die Mehrheit oder gar alle Wähler sich für eine Alternative aussprechen müssen, wenn diese angenommen werden soll.

Ein einfaches Beispiel soll die auftretenden Probleme verdeutlichen. Werden Preise nicht verwendet, so ist es nicht möglich, von einer beliebigen, vorher bestimmten Verteilung der Geldeinkommen auszugehen. Es liegt daher nahe, von vornherein eine bestimmte Verteilung der Mengen der Konsumgüter auf die Haushalte anzunehmen. Am naheliegendsten wäre dabei wohl zunächst eine Verteilung, bei der jeder Haushalt H_i einen bestimmten Anteil α_i der Gesamtmenge jedes Konsumguts erhält.

Unsere Frage ist nun erstens, ob es im Fall einer vorab festgelegten Aufteilung der (anschließend zu bestimmenden) Konsumgütermengen einen gesamtwirtschaftlichen Produktions- und Konsumplan gibt, der mit Mehrheit oder einstimmig gewählt wird, und zweitens, ob ein solcher Plan Paretooptimal sein kann. Die erste Frage wollen wir für ein spezielles Beispiel, die zweite generell zu beantworten suchen.

2.2.2.1 Gütermengenzuteilung und Pareto-Optimalität

Wir beginnen mit der zweiten Frage und vergleichen zu diesem Zweck zwei Situationen miteinander, in denen n Haushalte einmal bei gegebener Einkommensverteilung und das andere Mal bei gegebener Verteilung der Mengen der einzelnen Güter selbständig über ihre Konsumpläne entscheiden. Sowohl für die Verteilung der Einkommen als auch für die Verteilung der einzelnen Mengen auf die Haushalte seien dieselben Anteile α_i ($i = 1, 2, \ldots, n$) maßgeblich, für die (2.59) und (2.60) erfüllt sind. Es gilt also $Y_i = \alpha_i Y$ bzw. $N_{ij} = \alpha_i N_j$, ($j = 1, 2$). Die bei dieser Verteilung der Konsumgütermengen auf die Haushalte sich ergebenden Mengen werden mit dem Symbol *, die Pareto-optimalen Größen wie bisher durch das Symbol ' gekennzeichnet.

Es läßt sich zunächst zeigen, daß bei vorgegebener Einkommensverteilung im Konkurrenzgleichgewicht jeder beliebige Haushalt H_i zumindest die Mengen $N_{ij}^* = \alpha_i N_j^*$ erhalten kann, die er bei einer durch ein gleichgroßes α_i bestimmten Verteilung beliebiger realisierbarer Mengen der Konsumgüter bekommen könnte. Durch Multiplikation dieser Definitionsgleichung mit p_j' und Summation ergibt sich:

$$p_j' \cdot N_{ij}^* = \alpha_i \cdot p_j' \cdot N_j^*,$$

$$\sum_{j=1}^{2} p_j' \cdot N_{ij}^* = \alpha_i \cdot \sum_{j=1}^{2} p_j' \cdot N_j^*.$$

Bei Verwendung von (2.53) folgt daraus unter Berücksichtigung der Tatsache, daß N_j^* eines der beliebigen realisierbaren N_j ist:

$$\sum_{j=1}^{2} p_j' \cdot N_{ij}^* = \alpha_i \cdot \sum_{j=1}^{2} p_j' \cdot N_j^* \leq \alpha_i \cdot \sum_{j=1}^{2} p_j' \cdot N_j'.$$

Dieser Ausdruck läßt sich wegen (2.58), (2.60) und (2.69) umformen zu:

$$\sum_{j=1}^{2} p_j' \cdot N_{ij}^* \leq \alpha_i \cdot \sum_{j=1}^{2} p_j' \cdot \sum_{i=1}^{n} N_{ij}' = \alpha_i \cdot Y'.$$

so daß wegen (2.59)

(2.76) $\qquad \sum_{j=1}^{2} p_j' \cdot N_{ij}^* \leq \alpha_i \cdot Y' = Y_i'$

ist. Die N_{ij}^* lassen sich also bei Dezentralisierung der Konsumentscheidungen und vollständiger Konkurrenz von den Haushalten verwirklichen.

Für beliebige, von den einzelnen Haushalten realisierbare Mengenkombinationen gilt nun aber wegen (2.61) und (2.69):

(2.77) $\qquad \sum_{j=1}^{2} p_j' \cdot N_{ij} \leq \sum_{j=1}^{2} p_j' \cdot N_{ij}',$

so daß auch für die N_{ij}^* gilt:

(2.78) $\qquad \sum_{j=1}^{2} p_j' \cdot (N_{ij}^* - N_{ij}') \leq 0 \qquad (i = 1, \ldots, n).$

Berücksichtigen wir, daß wegen (2.65) und (2.66) entweder $N_{ij}' = 0$ und $\partial W_i'/\partial N_{ij} \leq \lambda_i' \cdot p_j'$ oder für $N_{ij}' > 0$ $\partial W_i'/\partial N_{ij} = \lambda_i' \cdot p_j'$ ($j = 1, 2$) ist, so ergibt sich aus (2.78) unter Berücksichtigung von (2.73):

$$(2.79) \quad \frac{1}{\lambda_i'} \cdot \Delta W_i' = \frac{1}{\lambda_i'} \cdot \left\{ \frac{\partial W_i'}{\partial N_{i1}} \cdot (N_{i1}^* - N_{i1}') + \frac{\partial W_i'}{\partial N_{i2}} \cdot (N_{i2}^* - N_{i2}') \right\} \leq 0.$$

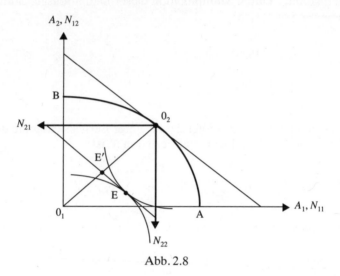

Abb. 2.8

Es gilt also $\Delta W_i' \leq 0$. Die Wohlfahrt eines jeden Haushalts H_i ist bei vorgegebener Verteilung der Gütermengen regelmäßig kleiner als in dem Fall, in dem nur die Geldeinkommen in gleicher Weise auf die Haushalte verteilt sind. Tatsächlich kann unter unseren Annahmen das Gleichheitszeichen nur für $\alpha_i N_j^* = N_{ij}^* = N'_{ij}$ gelten.

Dieses Ergebnis ist in Abb. 2.8 illustriert, die eine Reproduktion von Abb. 2.6 darstellt. Die Diagonale $0_1 0_2$ in der Edgeworth-Box entspricht der Menge aller Aufteilungen der Gütermengen (A_1', A_2') auf die beiden Haushalte im gleichen Verhältnis, und Punkt E' gibt dasjenige Verhältnis $\alpha_1 : \alpha_2$ an, in dem in der vorherigen Analyse die Einkommen aufgeteilt waren. Es zeigt sich, daß in diesem Punkt *beide* Haushalte niedrigere Indifferenzkurven erreichen als im Punkt E, dem Marktgleichgewicht bei Verteilung von Geldeinkommen.

Die abgeleitete Schlußfolgerung gilt für beliebige vorgegebene Verteilungen. Sie trifft deshalb auch für die Gleichverteilung $\alpha_1 = \alpha_2 = \ldots = \alpha_n$ zu. In diesem Fall kommt es nur dann nicht zu einem Wohlfahrtsverlust bei den Haushalten, wenn diese alle die gleichen Präferenzen bezüglich der Konsumgüter besitzen.

2.2.2.2 Das Ergebnis des Abstimmungsprozesses

Nachdem wir gesehen haben, daß eine vorgegebene Verteilung der Konsumgütermengen regelmäßig nicht Pareto-optimal ist, wenden wir uns der Beantwortung der Frage zu, ob bei Erfordernis einer Stimmenmehrheit oder der Einstimmigkeit überhaupt eine Entscheidung zustande kommt und wie diese beschaffen ist.

Die betrachtete Gesellschaft bestehe aus n Haushalten. Die Produktionsseite werde durch Modell 2.1 beschrieben, so daß sich im Produktionssektor die Restriktionen (2.6) und (2.7) ergeben. Gemäß der vorab festgelegten Verteilung der produzierten Mengen der Konsumgüter auf die n Haushalte im Verhältnis $\alpha_1 : \alpha_2 : \ldots : \alpha_n$ gilt für einen beliebigen Haushalt H_i:

(2.80) $N_{ij} = \alpha_i \cdot A_j$ $(i = 1, \ldots, n; j = 1, 2)$.

Damit kann man zu jedem Bündel gesamtwirtschaftlicher Produktion (A_1, A_2) den zugehörigen Konsumvektor (N_{i1}, N_{i2}) des i-ten Haushalts durch „Schrumpfung" im Verhältnis $\alpha_i : 1$ ermitteln. Dies wird in Abbildung 2.9 für das produzierbare Güterbündel P und den zugehörigen Konsumpunkt P' demonstriert. Mit diesem Verfahren kann man dann aus der gesamtwirtschaftlichen Transformationskurve die Konsummöglichkeiten-Kurve für den i-ten Haushalt konstruieren (vgl. die Kurven AD und $A'D'$ in Abb. 2.9).

Das für den Haushalt H_i optimale Konsumgüterbündel ist dasjenige, das seine individuelle Präferenzfunktion

(2.55) $W_i = W_i(N_{i1}, N_{i2})$

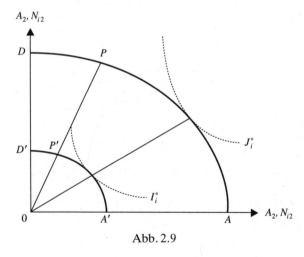

Abb. 2.9

unter den Nebenbedingungen (2.6), (2.7), (2.10) sowie (2.80) maximiert. Bei konvexen Indifferenzkurven ist ein Optimum durch den Berührungspunkt einer Indifferenzkurve mit der Beschränkungskurve $A'D'$ gekennzeichnet. Wegen der vorgegebenen Aufteilung der Produktion kann man nun aus der Präferenzfunktion des Haushalts für seinen eigenen Konsum (N_{i1}, N_{i2}) seine impliziten Präferenzen bezüglich der Gesamtproduktion (A_1, A_2) ableiten. Nennen wir die entsprechende Präferenzfunktion V_i, so ist diese definiert durch

(2.81) $\quad V_i(A_1^0, A_2^0) \geq V_i(A_1^1, A_2^1) \quad$ genau dann wenn

$$W_i(N_{i1}^0, N_{i2}^0) = W_i(\alpha_i \cdot A_1^0, \alpha_i \cdot A_2^0)$$
$$\geq W_i(\alpha_i \cdot A_1^1, \alpha_i \cdot A_2^1) =: W_i(N_{i1}^1, N_{i2}^1).$$

Folglich kann man die Schar von Indifferenzkurven des Haushalts H_i, die seine impliziten Präferenzen V_i für produzierbare Güterbündel ausdrücken, durch Aufblähung seiner Indifferenzkurven zur Präferenzfunktion W_i im Verhältnis von $\alpha_i:1$ gewinnen. Dies ist ebenfalls in Abb. 2.9 demonstriert, und zwar anhand der höchsten erreichbaren Indifferenzkurve I_i^0, aus der die Indifferenzkurve J_i^0 über produzierbare Güterbündel abgeleitet wird.

Den Prozeß der Abstimmung über den gesamtwirtschaftlichen Produktionsplan wollen wir im folgenden an einem Beispiel mit $n = 3$ Haushalten illustrieren, um später allgemeinere Schlußfolgerungen zu ziehen. Wir gehen vom Mehrheitswahlrecht aus und nehmen an, daß jeder Haushalt anfangs das

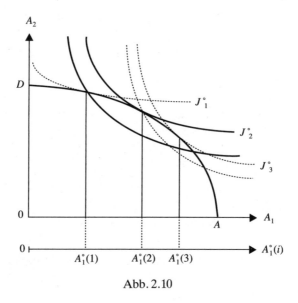

Abb. 2.10

für ihn optimale Bündel als gesamtwirtschaftlichen Produktionsplan vorschlägt. Da die Haushalte *i. a.* unterschiedliche Präferenzen haben, sind in Abb. 2.10 drei verschiedene Indifferenzkurvenscharen eingezeichnet, die zu unterschiedlichen Berührpunkten mit der für alle drei verbindlichen Transformationskurve führen, und zwar ist $(A_1^0(i), A_2^0(i))$ der Optimalpunkt für Haushalt H_i ($i = 1, 2, 3$). Die Vorschläge können vereinfachend durch Angabe der Menge des 1. Gutes, $A_1^0(i)$, charakterisiert werden, denn bei effizienter Produktion liegt $A_2^0(i)$ eindeutig fest, sobald $A_1^0(i)$ gegeben ist (untere Achse in Abb. 2.10).

Sind diese drei Alternativen zur Wahl gestellt, so erhält jede derselben eine Stimme und keine die erforderliche Mehrheit. Angesichts dieser Sachlage wird es für die Wähler notwendig, zusätzliche Alternativen in die Diskussion zu bringen, bei denen auf eine Mehrheit der Stimmen zu hoffen ist.

Bei dem auf diese Weise anhebenden Spiel befindet sich der 2. Haushalt, dessen relative Gewichtung der beiden Güter zwischen derjenigen der anderen Haushalte liegt, in einer strategisch günstigen Lage, da es für den 1. und 3. Haushalt vorteilhafter ist, mit ihm eine gemeinsame Basis zu finden als miteinander.

Die Tatsache, daß sowohl der 1. als auch der 3. Haushalt einen Kompromiß mit ihm anstreben werden, kann sich Haushalt H_2 auf folgende Weise zunutze machen: Von den ursprünglichen Vorschlägen jener beiden bewertet er den des 3. Haushalts, $A_1^0(3)$, höher als den des 1., wie aus dem Verlauf seiner Indifferenzkurven abzulesen ist. Er hat allen Grund, diese Tatsache dem 1. Haushalt mitzuteilen, um diesen zu einem neuen Vorschlag zu bewegen, der effizient ist und ihm einen höheren Nutzen verspricht als der Vorschlag $A_1^0(3)$.

Man kann sich den weiteren Gang der Dinge leicht vorstellen. Haushalte H_1 und H_3 werden sich so lange überbieten, um Haushalt H_2 bei den Wahlen für sich zu gewinnen, bis die für diesen günstigste Situation erreicht ist. Als Lösung unseres Problems kommt also eine Entscheidung zugunsten des Produktions- und Verbrauchsplans $(A_1^0(2), A_2^0(2))$ heraus. Die einzelnen Haushalte bekommen $N_{i1} = \alpha_i \cdot A_1^0(2)$ und $N_{i2} = \alpha_i \cdot A_2^0(2)$ ($i = 1, 2, 3$) zugeteilt.

Wie nach dem oben angeführten Beweis zu erwarten war, ist diese Situation nicht Pareto-optimal. Die Haushalte H_1 und H_3 können ihre Lage dadurch verbessern, daß Haushalt H_1 einen Teil seiner Zuteilung des ersten Gutes an Haushalt H_3 für eine gewisse Menge des zweiten Gutes abgibt. Dadurch würden sich beide verbessern, da ihre Grenzraten der Substitution, wie aus Abb. 2.10 ersichtlich ist, im Punkt $(A_1^0(2), A_2^0(2))$ unterschiedlich sind. Tatsächlich wäre unter den beschriebenen Bedingungen mit der Entwicklung eines Tauschhandels unter den Haushalten zu rechnen, wie die Erfahrungen während des Zweiten Weltkrieges und in der Nachkriegszeit mit ihren blühenden Tauschgeschäften und Tauschzentralen bei Rationierung der Konsumgüter gezeigt haben.

Unsere Lösung ist nicht zufällig in dem Sinne, daß sie etwa von der Zahl der

Wähler oder von den speziellen Nutzenfunktionen des Beispiels abhängt. Man überzeugt sich leicht, daß bei einer Zunahme der Zahl der wählenden Haushalte die Lösung ebenfalls bei der Alternative liegen wird, die der Wähler bevorzugt, der mit der relativen Wertschätzung der beiden Güter gerade in der Mitte liegt.[11] Dieser Wähler heißt der „Medianwähler", weil er die Medianposition in der Verteilung der Wähler entlang der unteren A_1^0-Achse in Abb. 2.10 einnimmt. Ist die Zahl der Wähler gerade, so gibt es allerdings gewissermaßen zwei „mittlere" Wähler, so daß die Lösung ein Kompromiß zwischen den von diesen beiden am meisten geschätzten Alternativen ist.

2.2.3 Schlußfolgerungen für die Organisation der Wirtschaft

Unsere Überlegungen in den vorausgegangenen Abschnitten legen verschiedene Schlußfolgerungen für eine Organisation der Wirtschaft nahe, die es erlauben soll, die bezüglich der in Kapitel 1 genannten Ziele der Freiheit und einer reichlichen Güterversorgung möglichst gut zu erreichen.

Als erstes mögliches Verfahren zur Bestimmung der Ziele einer Gesellschaft behandelten wir die Dezentralisierung der Verbrauchsentscheidungen und ihre Koordination durch den Markt. Wird von den unabhängigen Nachfrageentscheidungen der Haushalte indirekt, d.h. durch ihre Auswirkungen auf die Konsumgüterpreise auch die Zusammensetzung der Produktion in einer Wirtschaft bestimmt, so spricht man von „Konsumentensouveränität". Als Alternative dazu lernten wir ein politisches Entscheidungsverfahren kennen, bei dem jedes Gesellschaftsmitglied über eine Stimme verfügt und in dem mit einfacher Mehrheit oder mit einem höheren Anteil der Stimmberechtigten gültige Beschlüsse gefaßt werden. Ist ein solches Verfahren maßgeblich für die Zusammensetzung der Produktion, so liegt „Wählersouveränität" vor.

Wir konnten uns davon überzeugen, daß die Konsumentensouveränität der Wählersouveränität regelmäßig überlegen und niemals unterlegen ist, da erstere immer Pareto-optimale Ergebnisse ermöglicht, letztere jedoch nur in Ausnahmefällen. Diese Tatsache ist darauf zurückzuführen, daß bei Konsumentensouveränität jedermann die Intensität seiner Wünsche zum Ausdruck bringen kann und muß und es keine überstimmte Minderheit gibt, da jedermann im Rahmen seines Einkommens die von ihm gewünschten Käufe durchführen kann.

Das geschilderte Resultat legt die Schlußfolgerung nahe, daß die Dezentralisierung der Konsumentscheidungen auf die Haushalte eine zufriedenstellende Güterversorgung ermöglicht, falls nicht politische Entscheidungsverfahren, bei gleichen oder geringeren Entscheidungskosten, ebenfalls Pareto-

---

[11] Voraussetzung ist allerdings, daß die Präferenzen der Wähler eingipflig sind. Konvexität der Indifferenzkurven und der Menge der zulässigen Konsumgüterbündel ist hierzu hinreichend. Vgl. zu diesem Problemkreis Kapitel 11.

optimale Ergebnisse zu erzielen erlauben. In der Realität dürfte es allerdings unmöglich sein, die benötigten Informationen allen zugänglich zu machen, und die Entscheidungskosten (vgl. Band 2, Kapitel 10) dürften außerordentlich hoch sein. Andererseits treten bei Konsumentensouveränität die Probleme der dynamischen Stabilität (vgl. Kapitel 5) und der unvollkommenen Konkurrenz auf.

Die Aufnahme der Konsumentensouveränität als einen der wesentlichen Bestandteile in eine Wirtschaftsordnung impliziert keineswegs, daß diese durchgehend marktwirtschaftlich organisiert sein muß. Vielmehr ist es denkbar, daß in einem im übrigen nach den Prinzipien der Zentralgeleiteten Verwaltungswirtschaft oder des Konkurrenzsozialismus geordneten System die Verbrauchsentscheidungen den Haushalten überlassen werden und diese sich an den Einkommen und den Preisen für die Konsumgüter orientieren. Die zentrale Planungsbehörde würde in diesem Fall in der Zentralgeleiteten Verwaltungswirtschaft die Preise für die Konsumgüter festsetzen, bei denen die Nachfrage für jedes Gut genau der produzierten Menge entspricht. Die Produktionsmengen werden gemäß den Wünschen der Haushalte weiterhin durch direkte Anweisungen an die Betriebe festgelegt. Entsprechendes gilt für die Mengen der zu verbrauchenden Produktionsmittel. Schließlich teilt die zentrale Planungsstelle jedem Haushalt ein bestimmtes Einkommen zu, das z.B. durch eine politische Entscheidung bestimmt wurde. Die Summe der Einkommen entspricht dem Volkseinkommen.

Im Konkurrenzsozialismus könnte die Festsetzung und die Zuteilung der Einkommen an die Haushalte in der gleichen Weise erfolgen. Dagegen würde die Steuerung der Betriebe wie bisher mit Hilfe der berechneten optimalen Preise für die Produktionsmittel und der den Konsumenten in Rechnung gestellten optimalen Preise für die Konsumgüter erfolgen.

Unsere Überlegungen zeigen, daß es möglich ist, zwischen Formen der Zentralgeleiteten Verwaltungswirtschaft bzw. des Konkurrenzsozialismus mit und ohne Konsumentensouveränität zu unterscheiden. Entsprechende Überlegungen gelten für die kapitalistische und die sozialistische Marktwirtschaft. Auch in diesen Wirtschaftssystemen könnte durchaus auf die Konsumentensouveränität verzichtet werden.

Es ist ja ohne weiteres denkbar, daß die Produktionsentscheidungen dezentral von den Unternehmungen vorgenommen und durch die Produktionsmittelmärkte koordiniert werden, während ein politisches Entscheidungsverfahren die den einzelnen Verbrauchern zustehenden Mengen der Konsumgüter festlegt. Ein Ministerium für Konsumgüterbeschaffung könnte in diesem Fall bei vollständiger Information die Preise der Konsumgüter so festsetzen, daß die Unternehmungen bei Gewinnmaximierung gerade die aufgrund der politischen Entscheidung festgesetzten Konsumgütermengen herstellen würden. Gewinne und Einkommen wären von den Unternehmungen und den Besitzern der Produktionsmittel an das Ministerium abzuführen. Bei vollständiger

Konkurrenz wäre die Produktion der gewünschten Konsumgütermengen offenbar effizient.

Das Privateigentum hätte allerdings unter diesen Bedingungen in einer kapitalistischen Marktwirtschaft nur dann eine Funktion, wenn die den Konsumenten zugewiesenen Konsumgütermengen wenigstens in gewissem Umfang von den Einkommen der Produktionsmittel und den Gewinnen abhängen würden.

Wird in einem Wirtschaftssystem von dem Prinzip der Konsumentensouveränität kein Gebrauch gemacht, so stellt sich die Frage, durch wen und wie die Mengen der zu produzierenden Konsumgüter und ihre Verteilung bestimmt werden. Für die in diesem Abschnitt verfolgten Ziele reicht es aus, wenn wir von der groben Unterscheidung ausgehen, ob die genannten Entscheidungen demokratisch oder durch eine Minderheit, eine „Elite" oder einen Diktator gefällt werden, d.h. ob alle mündigen Bürger direkt oder indirekt daran beteiligt sind oder nicht und ob für eine gültige Entscheidung eine Mehrheit der Wahlberechtigten oder der von ihnen in ihren Wahlkreisen mit Mehrheit gewählten Repräsentanten erforderlich ist oder nicht. Entsprechend wollen wir von demokratischen oder elitären politischen Entscheidungen sprechen. Abschließend können wir feststellen, daß Wirtschaftssysteme mit elitären politischen Verfahren das Kriterium der Freiheit, mit dem ja auch eine Mitwirkung aller von einer Kollektiventscheidung Betroffenen gefordert wird (Abschnitt 1.6.1.2), nicht erfüllt ist.

2.3 Aufgaben

1. In Modell 2.1 sei anstelle der gesellschaftlichen Zielfunktion $W = W(N_1, N_2)$ eine Zielfunktion $V = V[W(N_1, N_2)]$ mit $dV/dW > 0$ gegeben. $W(N_1, N_2)$ besitzt die gleichen Eigenschaften wie bisher. Zeigen sie, daß
a) die gesellschaftlichen Grenznutzen sich weiter wie die bisherigen Preise der Konsumgüter verhalten;
b) alle Preise sich aus den bisherigen Preisen durch Multiplikation mit einem positiven Faktor ergeben, die relativen Preise also unverändert bleiben;
c) die optimalen Werte A_1^0, A_2^0, N_1^0 und N_2^0 unverändert bleiben.

2. In einer 2–Güter-2–Faktoren-Ökonomie seien die folgenden Produktionsfunktionen gegeben:

$$A_1 = \alpha_1 \cdot L_1, \qquad A_2 = \alpha_2 \cdot L_2 + \beta_2 \cdot K_2.$$

Die vorhandenen Produktionsmittelmengen seien L bzw. K.
a) Ermitteln Sie graphisch in einer Edgeworth-Box die Menge der gesamtwirtschaftlich effizienten Faktoraufteilungen und leiten Sie algebraisch die Transformationskurve der Ökonomie ab. Stellen Sie diese in einem (A_1, A_2)-Diagramm dar.

b) Nehmen Sie an, die Parameterwerte seien $L = 6$, $K = 1$, $\alpha_1 = 1/4$, $\alpha_2 = 1/3$, $\beta_2 = 2$. Die Zielfunktion der Gesellschaft laute $W = 2N_1 + 2N_2 - N_1^2$, und das Planungsoptimum liege im Punkt $N_1^0 = 3/2$, $N_2^0 = 1$. Lassen sich aus diesen Angaben bereits Aussagen über folgende Größen ableiten:
1. die im Optimum herrschenden Güterpreise p_1^0, p_2^0?
2. die im Optimum produzierten Gütermengen A_1^0, A_2^0?
3. die im Optimum herrschenden Faktorpreise p_{m1}^0, p_{m2}^0?

Welche der bezüglich der Zielfunktion getroffenen Annahmen sind in diesem Beispiel verletzt?

3. In einer 2-Güter-Ökonomie sei die Zielfunktion des Haushalts H_i durch $W_i = (N_{i1} + d_{i1}) \cdot (N_{i2} + d_{i2})$ mit $d_{i1}, d_{i2} > 0$ gegeben. Sein Einkommen betrage Y_i, die Marktpreise für die beiden Konsumgüter seien p_1 und p_2.

a) Bilden Sie $\dfrac{\partial W_i}{\partial N_{i1}}, \dfrac{\partial W_i}{\partial N_{i2}}, \dfrac{dN_{i2}}{dN_{i1}}\bigg|_{W_i = \text{const.}}, \dfrac{d^2 N_{i1}}{dN_{i2}^2}\bigg|_{W_i = \text{const.}}$

dieser Zielfunktion, um zu beweisen, daß sie die in (2.56) und (2.57) postulierten Eigenschaften besitzt.

b) Bestimmen Sie die von Haushalt H_i von beiden Gütern nachgefragten Mengen als Funktion der Preise und des Einkommens.

c) Zeigen Sie, daß die Nachfragemengen bei einer Verdoppelung oder Verdreifachung von Preisen und Einkommen unverändert bleiben.

4. Gehen Sie von der gleichen Zielfunktion für Haushalt H_i wie in Aufgabe 3 aus und setzen Sie $i = 1, 2, 3$. Es gelte $d_{11} = 22$, $d_{12} = 2$; $d_{21} = 10$, $d_{22} = 2$; $d_{31} = 4$, $d_{32} = 2$. Die Transformationskurve der Wirtschaft laute $A_2 = 20 - 1/3 \cdot A_1$.

a) Alle Wirtschaftssubjekte verhalten sich als Mengenanpasser; die Nachfrageentscheidungen werden dezentral von den Haushalten über den Markt gefällt. Die Einkommen betragen $Y_i = 120$ ($i = 1, 2, 3$). Welche Werte ergeben sich für die $A'_j = N'_j$ und die N'_{ij} ($i = 1, 2, 3; j = 1, 2$)?

b) Vorausgesetzt sei Gleichverteilung aller produzierten Gütermengen auf die drei Haushalte. Über das zu produzierende Güterbündel werde jedoch durch Mehrheitsentscheid abgestimmt. Wie wird die Lösung in diesem Fall aussehen?

c) Skizzieren Sie einen möglichen Tauschhandel zwischen den Haushalten, für die die in b) ermittelte Lösung nicht optimal ist.

d) Zeigen Sie, daß sich die drei Haushalte bei Dezentralisierung besser oder gleich gut stellen wie bei der durch Mehrheitsentscheidung (mit oder ohne nachträglichen Tauschhandel) gewonnenen Lösung.

5. Deuten Sie den Markt als Wahlverfahren. Beziehen Sie dabei neben den Gütermärkten auch die Faktormärkte ein, indem Sie im Unterschied zur Darstellung in Abschnitt 2.2.1.2 nicht von einer vorgegebenen Verteilung der

Geldeinkommen ausgehen, sondern davon, daß jeder Haushalt über eine bestimmte Menge von Produktionsmitteln (z. B. Arbeitszeit) verfügt.

2.4 Literatur

Einfache Beweise für die Bedingungen, die bei einer optimalen Güterversorgung erfüllt sein müssen, für die Existenz eines Konkurrenzgleichgewichts und seine Eigenschaft, eine optimale Güterversorgung zu gewährleisten, finden sich bei

T. C. KOOPMANS, Allocation of Resources and the Price System, in: Three Essays on the State of Economic Science, New York/Toronto/London 1957, S. 1–126.

Koopmans führt seine Beweise auch für den Fall abnehmender Skalenerträge in der Produktion, nicht-linearer Zielfunktionen in der Art unserer gesellschaftlichen Zielfunktion und einer Dezentralisierung der Verbrauchsentscheidungen auf viele Haushalte durch.

Auf gehobenem Niveau sind besonders zu empfehlen:

G. DEBREU, Theory of Value, New York/London 1959,
E. MALINVAUD, Lectures on Microeconomic Theory, Amsterdam u. a. 1972,
W. HILDENBRAND und A. P. KIRMAN, Introduction to Equilibrium Analysis, Amsterdam u. a. 1976.
R. R. CORNWALL, Introduction to the Use of General Equilibrium Analysis, Amsterdam u. a. 1984.

Zur Frage einer möglichst guten Organisation der Wirtschaft, d. h. zur Frage der Wirtschaftssysteme sind zu empfehlen:

H. GIERSCH, Allgemeine Wirtschaftspolitik. Wiesbaden 1961, Viertes Kapitel, S. 135–193.
F. A. v. HAYEK (Herausgeber), Collectivist Economic Planning. London 1956 (Neudruck).
O. LANGE und F. M. TAYLOR, On the Economic Theory of Socialism. Herausgegeben von B. F. Lippincott, New York 1966 (1. Auflage 1938).
W. EUCKEN, Grundsätze der Wirtschaftspolitik, 5. Aufl., Tübingen 1975.

Diese Arbeiten gehen teilweise auch auf Probleme ein, die von uns erst später erörtert werden. Neuere Standardwerke zur Frage der Wirtschaftsorganisation sind

H. LEIPOLD, Wirtschafts- und Gesellschaftssysteme im Vergleich, Stuttgart 1976.
H. J. WAGENER, Zur Analyse von Wirtschaftssystemen, Berlin u. a. 1979.

Kapitel 3
Optimale Güterversorgung über die Zeit

Wir kehren zur Leitung der Gesamtwirtschaft durch eine zentrale Planstelle zurück und erinnern uns, daß bisher nur die Probleme der Planwirtschaft betrachtet wurden, die sich angesichts der Herstellung verschiedener Konsumgüter in der gleichen Planungsperiode ergeben. Produktion und Verbrauch eines Konsumgutes in einem gegebenen Zeitraum hängen jedoch nicht nur von den Mengen der anderen Verbrauchsgüter ab, die in der gleichen Zeit hergestellt und konsumiert werden, sondern auch von den für die folgenden Perioden vorgesehenen Produktionsmengen aller Konsumgüter. Oder anders ausgedrückt: Die Verbrauchsgütermengen, die in der Gegenwart produziert werden können, sind umso geringer, je stärker die vorhandenen Ressourcen zur Erzeugung von Produktionsmitteln verwendet werden, je größer also die vorgesehenen Investitionen sind.

Die zentrale Planungsstelle sieht sich folglich vor die Aufgabe gestellt, eine möglichst gute intertemporale Güterversorgung zu erreichen. Das damit angeschnittene Problem kann offenbar nur gelöst werden, wenn die Güterversorgung in mehreren Perioden in die Planung einbezogen wird, der wirtschaftliche Horizont sich also über mehrere Perioden erstreckt.

In der Folge betrachten wir ein sehr vereinfachtes Modell, in dem die zentrale Planstelle alle benötigten Informationen besitzt und über einen Horizont von zwei Perioden („Gegenwart" und „Zukunft") plant, in denen nur ein Konsumgut hergestellt wird. Das Modell ist jedoch so konstruiert, daß es sich ohne weiteres auf viele Perioden und viele Konsumgüter ausdehnen läßt. Die Anzahl der Produktionsmittel ist beliebig. Das gleiche gilt für die Anzahl der bekannten Produktionsprozesse. Spezielle Annahmen über die Produktionstechnologie werden nicht getroffen. Folglich können die abgeleiteten Ergebnisse recht allgemeine Gültigkeit beanspruchen.

Eines der Hauptziele dieses Kapitels ist es zu zeigen, daß auch in der Planwirtschaft mit dem intertemporalen Allokationsproblem das Phänomen des Zinses untrennbar verbunden ist. Wir werden einige Bedingungen ableiten, unter denen der Zinssatz in einer Planwirtschaft mit einem Zeithorizont von zwei Perioden positiv ist.

3.1 Beschreibung des Modells

Es sei angenommen, daß die zentrale Planstelle eine gesellschaftliche Zielfunktion von der gleichen Art wie in Modell 2.1 zu maximieren sucht. Allerdings sind die unabhängigen Variablen jetzt nicht mehr die Mengen von zwei unterschiedlichen Gütern G_1 und G_2 derselben Periode, sondern die Mengen eines physisch gleichen Verbrauchsgutes G_1, dessen Konsum in den Perioden 1 und 2 die Zentrale am Anfang der 1. Periode plant. Wir bezeichnen sie mit $N_1(1)$ und $N_1(2)$, wobei sich der Index in Klammern auf die Periode der Verfügbarkeit bezieht.

Bezüglich der Zielfunktion gelten die Annahmen (2.1) bis (2.3) aus Kapitel 2 analog:

(3.1) $\qquad W = W[N_1(1), N_1(2)]$

(3.2) $\qquad \dfrac{\partial W}{\partial N_1(t)} > 0 \qquad (t = 1, 2)$

(3.3) $\qquad \left. \dfrac{d^2 N_1(2)}{d N_1(1)^2} \right|_{dW=0} > 0$

Die Annahme (3.3) gewährleistet, daß die Zielfunktion W quasikonkav bzw. jede ihrer Indifferenzkurven zum Ursprung konvex ist.

Die Annahmen über die Technologie und die verfügbaren Produktionsmittelmengen werden hier in der Weise zusammengefaßt, daß wir sofort in Analogie zu Abbildung 2.2 aus Kapitel 2 die Menge der zulässigen Produktionspläne $(A_1(1), A_2(2))$ angeben, wobei $A_1(1)$ die Ausbringungsmenge des einzigen Konsumgutes G_1 in der 1. Periode, $A_1(2)$ die in der 2. Periode bezeichnet. Die Menge zulässiger Produktionspläne ist der in Abb. 3.1 schraffierte Raum.

Ein zulässiger Produktionsplan $(A_1(1), A_1(2))$ heißt (dynamisch) effizient, wenn es keinen anderen zulässigen Plan $(A'_1(1), A'_1(2))$ gibt mit

(3.4) $\qquad A'_1(1) > A_1(1), A'_1(2) \geq A_1(2) \qquad$ oder

$\qquad\quad\; A'_1(1) \geq A_1(1), A'_1(2) > A_1(2)$.

Die Menge dynamisch effizienter Produktionspläne ist also der durchgezogene rechte obere Rand des schraffierten Raums in Abb. 3.1. Diesen Linienzug bezeichnen wir auch als intertemporale Transformationskurve. Ihre Steigung $dA_1(2)/dA_1(1)$ heißt Grenzrate der intertemporalen Transformation.[1]

---
[1] Befinden wir uns in einem Knickpunkt der Transformationskurve, z. B. Punkt C, so wollen wir

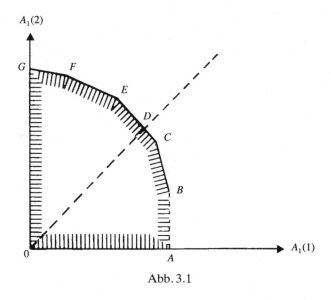

Abb. 3.1

Der konkave Verlauf der intertemporalen Transformationskurve ist damit zu erklären, daß, ausgehend von Punkt B in Abb. 3.1, eine Erhöhung der zukünftigen Konsumgüterproduktion $A_1(2)$, also eine Bewegung nach oben, eine verstärkte Produktion von Investitionsgütern in der 1. Periode erfordert und daher bei gegebenen Faktormengen einen Rückgang der gegenwärtigen Konsumgüterproduktion $A_1(1)$ bewirken muß. Aufgrund der beschränkten Verfügbarkeit einzelner Ressourcen müssen dazu nach und nach weniger produktive Investitionen herangezogen werden, so daß der Zugewinn an zukünftigem Konsum, $dA_1(2)$, im Verhältnis zum Verzicht auf heutigen Konsum, $dA_1(1)$, immer geringer wird. Während es theoretisch möglich ist, alle in beiden Perioden verfügbaren Produktionsmittelmengen für die Konsumgutproduktion in Periode 2 nutzbar zu machen (Punkt G), gilt das für Periode 1 bei effizienter Produktion nicht: Wegen der festgelegten zeitlichen Reihenfolge von Mitteleinsatz und Konsumgutausbringung läßt sich, ausgehend von Punkt B, der Konsum in Periode 1 auch dann nicht noch weiter steigern, wenn weniger für Periode 2 produziert wird, denn z.B. Arbeitsmengen der 2. Periode lassen sich nicht in die 1. Periode transferieren. Daher bricht die Transformationskurve in Punkt B ab.

Der Schnittpunkt der Winkelhalbierenden mit der Transformationskurve, Punkt D, symbolisiert den einzigen effizienten Produktionsplan, bei dem $A_1(1) = A_1(2)$ gilt, also eine stationäre Wirtschaft vorliegt. Punkte links ober-

---

die Steigung des links angrenzenden Geradenabschnitts (hier: CE) als Grenzrate der Transformation in C ansehen.

halb von D, wie etwa E, kennzeichnen eine wachsende, solche rechts unterhalb von D, wie etwa C, eine schrumpfende Wirtschaft. Dementsprechend kann man in E von einer positiven, in C von einer negativen Nettoinvestition sprechen.

Die Eigenschaften einer stationären Wirtschaft standen im Vordergrund des Interesses der von Eugen von Böhm-Bawerk (1851–1914) begründeten Österreichischen Kapitaltheorie, die sich als erste systematisch mit dem intertemporalen Allokationsproblem befaßt hat. Eines ihrer zentralen Erklärungskonzepte ist das Phänomen der Mehrergiebigkeit längerer Produktionswege, das wir mit dem effizienten stationären Produktionsplan als Vergleichsmaßstab definieren.

Ein Produktionsplan $(A_1(1), A_1(2))$ heißt gegenüber dem effizienten stationären Plan $(A'_1(1), A'_1(2))$ mit $A'_1(1) = A'_1(2)$ mehrergiebig, wenn

(3.5) $\quad A_1(1) + A_1(2) > A'_1(1) + A'_1(2)$,

d.h. wenn er in beiden Perioden zusammengenommen eine größere Konsumgüterproduktion vorsieht. Ein Produktionsplan $(A_1(1), A_1(2))$ heißt länger als $(A'_1(1), A'_1(2))$, wenn

(3.6) $\quad A_1(1) < A_1'(1) \quad \text{und} \quad A_1(2) > A_1'(2)$,

d.h. wenn nach diesem Plan in der ersten Periode weniger, in der zweiten aber mehr von dem Konsumgut produziert wird.

Setzt man beide Definitionen zusammen, so kann man die Eigenschaft der Mehrergiebigkeit längerer Produktionswege graphisch dadurch verdeutlichen, daß ausgehend vom effizienten stationären Punkt D ein Konsumverzicht in der ersten Periode in Höhe eines marginalen Betrags $dA_1(1)$ einen Mehrkonsum in der 2. Periode von $dA_1(2)$ ermöglicht, der betragsmäßig größer ist als $dA_1(1)$. Dies bedeutet, daß die Grenzrate der Transformation im Punkt D absolut größer ist als eins.

Wir kommen nun zu der in der intertemporalen Zielfunktion (3.1) ausgedrückten Zeitpräferenz. Man erkennt sofort, daß die Indifferenzkurven umso steiler verlaufen, je stärker das Konsumgut in der 1. gegenüber der 2. Periode gewichtet wird, d.h. je größer die „Minderschätzung zukünftigen Konsums" ist. Eine spezielle Definition der Minder-, Gleich- bzw. Höherschätzung zukünftiger Güter ist die folgende:

(3.7) $\quad -\left.\dfrac{dN_1(2)}{dN_1(1)}\right|_{\substack{dW=0 \\ N_1(2)=N_1(1)}} = \left.\dfrac{\dfrac{\partial W}{\partial N_1(1)}}{\dfrac{\partial W}{\partial N_1(2)}}\right|_{N_1(2)=N_1(1)} \begin{cases} >1 \text{ Minderschätzung} \\ =1 \text{ Gleichschätzung} \\ <1 \text{ Höherschätzung.} \end{cases}$

In dieser Definition wird als Kriterium die intertemporale Grenzrate der Substitution (Steigung der jeweiligen Indifferenzkurve) auf der 45°-Linie verwendet. Da es zu einer Zielfunktion unendlich viele Indifferenzniveaus gibt, können bei derselben Zielfunktion alle drei Fälle auftreten. Plausibel wäre z.B., daß bei kleinem Gegenwartskonsum $N_1(1)$ Minderschätzung vorliegt. Befindet sich nämlich die Gesellschaft am Rande des Existenzminimums, so wird sie auch dann kaum zu einem Konsumverzicht bereit sein, wenn sie dafür in der Zukunft einen überproportionalen Mehrkonsum eintauschen kann. Bei großem $N_1(1)$ ist dagegen eine Höherschätzung zukünftiger Güter möglich.

Das Maximum der gesellschaftlichen Zielfunktion in einer Planwirtschaft wird dort erreicht, wo die am weitesten rechts oben liegende Indifferenzkurve die intertemporale Transformationskurve aus Abb. 3.1 berührt.[2] Nehmen wir an, dies sei in einem Knickpunkt der Transformationskurve, z.B. in Punkt C der Fall (vgl. Abb. 3.2). Aufgrund der oben angegebenen Definition der Transformationsrate gilt dann als notwendige Bedingung für das Planungsoptimum:

$$(3.8) \qquad -\frac{dN_1(2)}{dN_1(1)} = \frac{\frac{\partial W}{\partial N_1(1)}}{\frac{\partial W}{\partial N_1(2)}} \geq -\frac{dA_1(2)}{dA_1(1)},$$

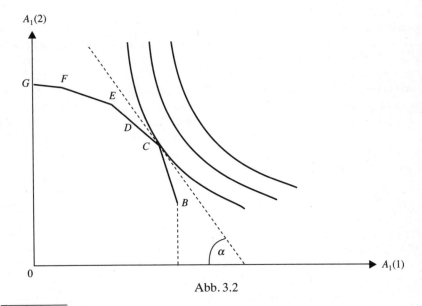

Abb. 3.2

---

[2] Das Planungsoptimum wird wegen der Nichtsättigungsannahme (3.2) stets in einem (dynamisch) effizienten Produktionsplan erreicht.

d. h. die Grenzrate der Substitution muß mindestens so groß sein wie die Grenzrate der Transformation, wobei bei einem Punkt auf einem linearen Teilstück der Transformationskurve (wie Punkt D) das Gleichheitszeichen gültig ist.

Völlig analog zum statischen Planungsproblem können wir auch hier die Lagrange-Funktion aufstellen:

$$\Phi = W[N_1(1), N_1(2)] + p_1(1) \cdot \{A_1 - N_1\} + p_1(2) \cdot \{A_2 - N_2\} + p_m \cdot g[A_1(1), A_1(2)],$$

wobei $g[A_1(1), A_1(2)] = 0$ die Formel für alle Punkte auf der intertemporalen Transformationskurve ist. Aus den notwendigen Bedingungen 1. Ordnung für ein Maximum erhalten wir unter anderem:

$$(3.9) \qquad -\frac{dN_1(2)^0}{dN_1(1)^0} = \frac{\dfrac{\partial W^0}{\partial N_1(1)}}{\dfrac{\partial W^0}{\partial N_1(2)}} = \frac{p_1(1)^0}{p_1(2)^0} = tg\,\alpha\,.$$

Hierin sind $p_1(1)^0$ und $p_1(2)^0$ die Verrechnungspreise für das betrachtete Gut G_1 in Periode 1 bzw. Periode 2.

Gegenüber dem statischen Fall müssen wir an dieser Stelle jedoch eine Besonderheit berücksichtigen: Preise müssen sich immer auf denselben Zeitpunkt beziehen, da Wertgrößen zu verschiedenen Zeitpunkten nicht vergleichbar sind. Daher ist es notwendig, $p_1(1)^0$ und $p_1(2)^0$ als Gegenwartspreise zu deuten. Das setzt voraus, daß nicht nur die Planung, sondern auch die Abwicklung aller Zahlungsvorgänge bereits zu Beginn der ersten Periode geschieht; in der zweiten Periode werden lediglich noch die dann produzierten Güter ausgeliefert. $p_1(2)$ ist also die Geldsumme, die in Periode 1 gezahlt werden muß, damit man in Periode 2 eine Einheit des Konsumgutes erhält. Daher liegt es nahe, die Austauschrate von gegenwärtigem in zukünftigen Konsum, $p_1(1)^0/p_1(2)^0$, zur Definition einer realen Zinsrate zu verwenden:

$$(3.10) \qquad \frac{p_1(1)^0}{p_1(2)^0} = 1 + r^0$$

oder wegen (3.9)

$$(3.11) \qquad -\frac{dN_1(2)^0}{dN_1(1)^0} = \frac{p_1(1)^0}{p_1(2)^0} = \frac{1 + r^0}{1},$$

d. h. die Zinsrate ist in Übereinstimmung mit der Intuition so definiert, daß die Gesellschaft zum Verzicht auf eine Konsumgütereinheit in der 1. Periode bereit ist, wenn sie $1+r^0$ Einheiten desselben Gutes in der 2. Periode zusätzlich erhält, denn nichts anderes sagt Gleichung (3.11) aus: Die Grenzrate der Substitution von heutigem in zukünftigen Konsum entspricht dem Zinsfaktor $(1+r^0)$.

3.2 Eigenschaften des Planungsoptimums

Nachdem in Abschnitt 3.1 gezeigt wurde, wie ein optimaler intertemporaler Plan abgeleitet werden kann, und die zentralen Begriffe der Österreichischen Kapitaltheorie eingeführt wurden, nämlich Mehrergiebigkeit längerer Produktionswege, Minder- bzw. Höherschätzung zukünftiger Güter, positive bzw. negative Nettoinvestition sowie (reale) Zinsrate, sollen nun die wichtigsten Beziehungen zwischen diesen Konzepten im Planungsoptimum in Form von Sätzen (oder Theoremen) formuliert werden:

Satz 3.1: Ist im Planungsoptimum die Nettoinvestition positiv (null, negativ), so ist die Steigung der Indifferenzkurve, auf der der optimale Produktionsplan liegt, an der Stelle $N_1(1) = N_1(2)$ betragsmäßig kleiner (mindestens so groß, größer) als die Steigung der Transformationskurve bei $A_1(1) = A_1(2)$.

Der Beweis von Satz 3.1 folgt unmittelbar aus der Konkavität der Transformationskurve und der strikten Konvexität der gesellschaftlichen Indifferenzkurven gemäß Annahme (3.3) und wird graphisch in Abb. 3.3(a) und (b) veranschaulicht.

Satz 3.2: Liegt Mehrergiebigkeit längerer Produktionswege vor und ist die Wohlfahrtsfunktion im relevanten Bereich durch Minder- oder Gleichschät-

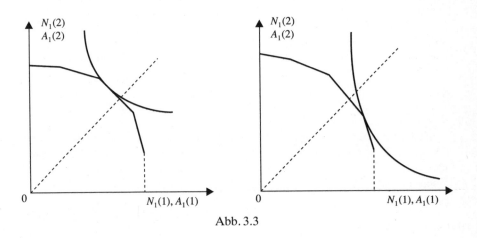

Abb. 3.3

zung zukünftiger Güter gekennzeichnet, so ist der Zinssatz im Planungsoptimum positiv.

Der Beweis dieses Hauptsatzes der Österreichischen Kapitaltheorie zerfällt in zwei Teile:

1. Aus der Voraussetzung der Mehrergiebigkeit längerer Produktionswege folgt nach Definition, daß die Transformationsrate im stationären Punkt absolut größer ist als eins. Wegen der Konkavität der Transformationskurve gilt dies auch für effiziente Produktionspläne mit negativer Nettoinvestition. Für $N_1(1)^0 \geq N_1(2)^0$ gilt daher unter Berücksichtigung von (3.8) bis (3.10):

$$(3.12) \quad 1 + r^0 = \frac{p_1(1)^0}{p_1(2)^0} = -\frac{dN_1(2)^0}{dN_1(1)^0} \geq -\frac{dA_1(2)^0}{dA_1(1)^0} > 1$$

und daher $r^0 > 0$.

2. Aus der Voraussetzung der Minder- oder Gleichschätzung zukünftiger Güter und der Annahme der strikten Quasikonkavität der Zielfunktion folgt für effiziente Produktionspläne mit positiver Nettoinvestition, also für $N_1(1)^0 < N_1(2)^0$:

$$(3.13) \quad 1 + r^0 = \frac{p_1(1)^0}{p_1(2)^0} = -\frac{dN_1(2)^0}{dN_1(1)^0} > -\frac{dN_1(2)}{dN_1(1)}\bigg|_{\substack{dW=0\\N_1(1)=N_1(2)}} \geq 1$$

und daher $r^0 > 0$. Somit ist die Richtigkeit der Behauptung für alle möglichen Werte des Planungsoptimums $(N_1(1)^0, N_1(2)^0)$ gezeigt.

Satz 3.3: Falls bei dem maximal erreichbaren Wohlfahrtsniveau Minder- oder Gleichschätzung zukünftiger Güter herrscht und der gewählte Produktionsplan durch positive Nettoinvestition gekennzeichnet ist, dann

a) ist er mehrergiebig und länger als der effiziente stationäre Produktionsplan und

b) der Zinssatz ist positiv.

Beweis:

a) Aus Satz 3.1 wissen wir, daß bei positiver Nettoinvestition gilt:

$$(3.14) \quad -\frac{dA_1(2)}{dA_1(1)}\bigg|_{A_1(1)=A_1(2)} > -\frac{dN_1(2)}{dN_1(1)}\bigg|_{N_1(1)=N_1(2)},$$

wobei die Grenzrate der Substitution für die Indifferenzkurve berechnet wird, auf der der optimale Konsumplan liegt. Unter Berücksichtigung der Minder- oder Gleichschätzung folgt weiter, daß die rechte Seite von (3.14) größer oder gleich null ist, womit Mehrergiebigkeit längerer Produktionswege bewiesen ist.

b) folgt aus a) und Satz 3.2.

In den beiden zuletzt behandelten Theoremen wurde jeweils Minder- oder Gleichschätzung zukünftiger Güter im relevanten Bereich angenommen. Dieser Fall dürfte auch in der Realität überwiegend anzutreffen sein. Dennoch soll der Vollständigkeit halber auch die Voraussetzung der Höherschätzung untersucht werden:

Satz 3.4: Falls bei dem maximal erreichbaren Wohlfahrtsniveau Höherschätzung zukünftiger Güter in Verbindung mit Mehrergiebigkeit längerer Produktionswege vorliegt, dann ist der optimale Produktionsplan durch positive Nettoinvestition charakterisiert.

Der Beweis folgt unmittelbar aus Satz 3.1, und zwar aus den oben in Klammern gesetzten Teilaussagen: Wäre die Nettoinvestition null oder negativ, so schlössen sich Höherschätzung zukünftiger Güter und Mehrergiebigkeit längerer Produktionswege gegenseitig aus.

Das Vorzeichen des Zinssatzes ist in diesem Fall wegen der Konkavität der Transformationskurve und der Konvexität der Indifferenzkurven unbestimmt, denn es kann gelten:

$$(3.15) \quad 1 + r^0 = - \frac{dN_1(2)^0}{dN_1(1)^0} \geq - \frac{dA_1(2)}{dA_1(1)} \gtreqless 1 \ .$$

Dieses Ergebnis ist insofern bemerkenswert, als in der neoklassischen Wachstumstheorie der Zinssatz bei Betrachtung eines gleichmäßigen Wachstums (d.h. bei einem proportionalen Wachstum aller realen Größen) mindestens so groß ist wie die Wachstumsrate. Hier beobachten wir – wegen der positiven Nettoinvestition – eine Situation mit positiver Wachstumsrate, und dennoch kann der Zinssatz auch negativ sein. Weiterhin ist zu betonen, daß Mehrergiebigkeit längerer Produktionswege allein noch nicht ausreicht, um einen positiven Zinssatz zu begründen.

Die in den Sätzen 3.2 bis 3.4 ausgedrückten Beziehungen werden in Abb. 3.4 zusammenfassend dargestellt.

Wir erkennen aus den abgeleiteten Theoremen, daß der Zins ein reales Phänomen ist, das mit der Allokation der Ressourcen über die Zeit untrennbar verbunden ist. Es hängt weder von der Form der Steuerung der Allokation noch von den Besitzverhältnissen an den Produktionsmitteln ab, denn auch in einer sozialistischen Planwirtschaft kann ein Zinssatz errechnet werden, sobald man die Verrechnungspreise einer optimalen Lösung ermittelt hat, wie wir es für unsere Modellökonomie angedeutet haben.

Wesentliche Voraussetzungen für einen positiven Wert des Zinssatzes im Planungsoptimum sind zum einen Mehrergiebigkeit längerer Produktionswege – eine Bedingung, die in modernen Industriegesellschaften typischerweise erfüllt ist – und zum anderen Minderschätzung zukünftigen Konsums, die ebenfalls überwiegend vorliegen dürfte.

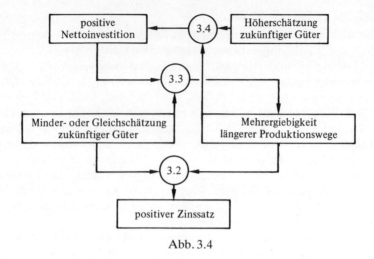

Abb. 3.4

3.3 Schlußfolgerungen für die Organisation der Wirtschaft

Ganz analog wie in Abschnitt 2.1.4 wollen wir auch hier diskutieren, wie die im Planungsoptimum berechneten Größen von Produktion und Konsum bei einer Dezentralisation der Angebotsentscheidungen einer Wirtschaft realisiert werden können. Betrachten wir hierzu eine Verallgemeinerung des in der graphischen Analyse von Abb. 3.1 und 3.2 untersuchten Modells auf zwei Perioden, aber beliebig viele Güter. Sei J die Anzahl physisch verschiedener Güter (Konsumgüter, Kapitalgüter, Produktionsmittel), so erhalten wir unter Berücksichtigung des Zeitpunkts der Verfügbarkeit $2 \cdot J$ ökonomisch verschiedene Güter und damit im Planungsoptimum $2 \cdot J$ Verrechnungspreise $p_1(1)^0$, $p_2(1)^0, \ldots, p_J(1)^0; p_1(2)^0, p_2(2)^0, \ldots, p_J(2)^0$. Folglich läßt sich nicht mehr, wie in (3.10), ein eindeutiger Verrechnungszinssatz definieren, sondern für jedes Gut G_j kann nach der Formel

$$(3.16) \qquad 1 + r_j^0 = \frac{p_k(1)^0}{p_j(2)^0} \qquad (j = 1, \ldots, J)$$

ein sogenannter „Eigenzinssatz" bestimmt werden.

In einer sozialistischen oder kapitalistischen Marktwirtschaft müßten in diesem Falle zu Beginn der 1. Periode $2 \cdot J$ Märkte abgehalten werden, nämlich J Märkte, auf denen gegenwärtige Konsumgüter, Kapitalgüter bzw. Produktionsmittel gehandelt werden, und J Märkte, auf denen die Wirtschaftssubjekte gegen sofortige Zahlung künftige Güter (genauer: Forderungen auf die Lieferung einer bestimmten Menge eines Gutes in der zweiten Periode) erwerben können. Da alle Zahlungen bereits zu Beginn der ersten Periode abgewickelt werden, ergeben sich gegenüber dem statischen Modell aus Kapitel 2 bei vollständiger Konkurrenz keine prinzipiellen Abweichungen. Hier wie dort verhalten sich die Unternehmungen als Mengenanpasser und maximieren ihre Gewinne. Diese sowie sämtliche Entgelte für Produktionsmittel fließen bereits zu Beginn der 1. Periode als Volkseinkommen dem Beschaffungsministerium zu, das damit alle Konsumgüterkäufe für beide Perioden tätigt.

Analog zu Abschnitt 2.1.3 läßt sich beweisen, daß bei Existenz eines Konkurrenzgleichgewichts in der beschriebenen Zwei-Perioden-Welt dieses zu einer optimalen Konsumgüterversorgung über die Zeit führt. Darüber hinaus läßt sich nachweisen, daß ein solches Konkurrenzgleichgewicht existiert. Wiederum ist es möglich, diese Beweise für weitreichende Verallgemeinerungen des von uns betrachteten Modells zu führen. Damit gelten die in Abschnitt 2.1.4 angestellten Überlegungen zur möglichen Organisation der Wirtschaft auch für die Lösung des Problems der intertemporalen Güterversorgung, und es ist daher nur noch notwendig, auf eine spezielle Frage einzugehen, die in diesem Falle auftaucht, nämlich die Frage nach der Existenz von Zukunftsmärkten.

Es ist bekannt, daß sich in Marktwirtschaften der Realität keineswegs Märkte dieser Art von Forderungen auf jedes beliebige Gut mit den verschiedensten Fälligkeiten entwickelt haben. Stattdessen werden in Wirklichkeit auf Geld lautende Forderungen unterschiedlicher Laufzeit verkauft, die mit einer bestimmten Verzinsung ausgestattet sind. Ferner werden in jeder Periode Märkte zur sofortigen Lieferung von Gütern (sogenannte „Spotmärkte" oder „Kassamärkte") abgehalten. Es ist daher zweckmäßig zu untersuchen, wie sich unsere Ergebnisse unter Berücksichtigung dieser Tatsache ändern.

In diesem Falle fließen dem Beschaffungsministerium zu Beginn jeder Periode die laufenden Faktorentgelte und Unternehmensgewinne als laufendes Volkseinkommen zu. Dieses muß sich jedoch nicht in jeder einzelnen Periode mit den Konsumgüterausgaben decken. Vielmehr ist es möglich, daß das Beschaffungsministerium in der 1. Periode Ersparnisse bildet, um in der 2. Periode eine größere Menge des Konsumguts beziehen zu können, als es mit dem Volkseinkommen dieser Periode möglich wäre. Umgekehrt bleiben die Einnahmen der Produktionsunternehmen in der 1. Periode hinter ihren Ausgaben für Produktionsmittel zurück, falls sie Investitionsgüter anschaffen, deren Bereitstellung natürlich bereits in der 1. Periode Produktionsmittel verbraucht, die aber erst in der 2. Periode zu einer höheren Konsumgüterproduktion und damit zu zusätzlichen Erlösen führen.

Dieses Finanzierungsdefizit der Unternehmungen kann durch Kredite gedeckt werden, die das Beschaffungsministerium aus seinen Ersparnissen gewährt und die in der 2. Periode zuzüglich eines vorher vereinbarten Marktzinses zurückgezahlt werden. Der Markt für Kredite befindet sich im Gleichgewicht, sofern die zu einem bestimmten Zinssatz r angebotene Kreditmenge der Gesamtnachfrage nach Krediten zu diesem Zinssatz entspricht. Bezeichnet man die Preise auf den soeben betrachteten Spotmärkten der 1. bzw. 2. Periode mit $q_j(1)$ und $q_j(2)$ $(j=1,\ldots,J)$, so entspricht jedem oben erwähnten Gleichgewicht von Gegenwartspreisen $p_1(1)^0$, $p_1(2)^0;\ldots; p_J(1)^0$, $p_J(2)^0$ ein Gleichgewicht von Zinssatz und Spotmarktpreisen $q_1(1)$, $q_1(2);\ldots; q_J(1)$, $q_J(2); r$. Der Zusammenhang zwischen beiden Preissystemen kann durch die Gleichung

$$(3.17) \qquad \frac{q_j(1)}{q_j(2)} = \frac{1+r_j^0}{1+r} = \frac{1}{1+r} \cdot \frac{p_j(1)^0}{p_j(2)^0} \qquad (j=1,\ldots,J)$$

hergestellt werden. Ist (3.17) erfüllt, so sind die realen Austauschraten zwischen den Einheiten der verschiedenen Güter im System der Spotmärkte identisch mit denen im zuerst geschilderten System der Zukunftsmärkte.

Unsere Überlegungen zeigen, daß die Entwicklung eines Marktes für Forderungen in der betrachteten dezentralisierten Wirtschaft unabdingbar für die zeitliche Koordination der Pläne der Unternehmungen und des Beschaffungsministeriums ist. Auch der Zinssatz taucht hier als notwendiges Marktphänomen auf. Gleichzeitig entpuppt sich die Ersetzung der gegenwärtigen Märkte für Forderungen auf jedes beliebige künftige Gut durch einen Kreditmarkt und Spotmärkte für jedes Gut als organisatorische Vereinfachung. Man kann sich leicht verdeutlichen, daß unsere Ergebnisse auch für mehr als zwei Perioden gültig sind. Allerdings wird es in diesem Falle viele Märkte für auf Rechnungseinheiten lautende Forderungen mit unterschiedlichen Laufzeiten und viele Zinssätze geben, wobei jeder Laufzeit ein bestimmter Zinssatz zugeordnet ist.

3.4 Aufgaben

1. Diskutieren Sie die Richtigkeit der folgenden Aussagen:
a) „Die Nettoinvestition ist nur dann positiv, wenn der Zinssatz positiv ist."
b) „Positive Nettoinvestition setzt Mehrergiebigkeit längerer Produktionswege voraus."

Machen Sie Ihre Antworten durch eine ökonomische Argumentation plausibel.

2. Betrachten Sie einerseits ein vollständiges System von Gegenwartspreisen $p_j(t)^0$ $(j=1,\ldots,J; t=1,2)$, andererseits ein vollständiges System von Spotmarktpreisen $q_j(t)$ $(j=1,\ldots,J; t=1,2)$ sowie den zugehörigen Marktzins für Kredite, r. Zeigen Sie, daß die realen Austauschraten zwischen Einheiten desselben Gutes in verschiedenen Perioden in beiden Systemen identisch sind, falls die Gleichungen (3.16) und (3.17) erfüllt sind.

3.5 Literatur

Eine relativ einfache Einführung in die Probleme der optimalen Güterversorgung über die Zeit findet sich bei

T. C. KOOPMANS, Allocation of Resources and the Price System, in: Three Essays on the State of Economic Science. New York/Toronto/London 1957, S. 105 126.

Weiterführend auf anspruchsvollerem Niveau sind

E. MALINVAUD, Capital Accumulation and Efficient Allocation of Resources, Econometrica 21 (1953), S. 233−268,
ders., Efficient Capital Accumulation: A Corrigendum, Econometrica 30 (1962), S. 570−573,
D. STARRETT: The Efficiency of Optimal Programs, Econometrica 38 (1970), S. 704−711.

Die Bedeutung der Mehrergiebigkeit längerer Produktionswege kommt jedoch in den genannten Arbeiten nicht zum Ausdruck. Diese durch Eugen von Böhm-Bawerk zuerst systematisch behandelten Zusammenhänge werden in einfacher Form von

R. DORFMAN, A Graphical Exposition of Böhm-Bawerk's Interest Theory, Review of Economic Studies 26 (1958/59), S. 153−158

erörtert. Das von uns verwendete Modell beruht auf

P. BERNHOLZ, M. FABER und W. REISS, A Neo-Austrian Two Period Multi-Sector Model of Capital, Journal of Economic Theory 17 (1978), S. 38−50.

Erweiterungen hinsichtlich der Länge des Planungshorizonts finden sich bei

P. BERNHOLZ und M. FABER, Technical Productivity of Roundabout Processes and Positive Rate of Interest. A Capital Model with Depreciation and n-Period Horizon, Zeitschrift für die gesamte Staatswissenschaft 129 (1973), S. 46−61,
M. FABER, Introduction to Modern Austrian Capital Theory, Berlin/Heidelberg/New York 1979,
G. STEPHAN, Preise und Zinsen in Modellen mit unendlichem Horizont, Frankfurt/M. 1980.

Als Standardwerke der Kapitaltheorie, insbesondere der neoklassischen Richtung, sind zu empfehlen:

C. J. BLISS, Capital Theory and the Distribution of Income, Amsterdam u. a. 1975,
E. BURMEISTER, Capital Theory and Dynamics, Cambridge u. a. 1980.

Bezüglich der zeitlichen Aspekte der Präferenzfunktion sei auf den grundlegenden Aufsatz von

T. C. KOOPMANS, Stationary Ordinal Utility and Impatience, Econometrica 28 (1960), S. 287−309 verwiesen.

Kapitel 4

Die Bedeutung der sogenannten klassischen Ausnahmen für eine möglichst gute Güterversorgung

Unsere Überlegungen hatten mit der Frage begonnen, welche Bedingungen bei gegebenen Produktionsmittelmengen, bei gegebener Produktionstechnik, gegebener gesellschaftlicher Zielfunktion und bei vollständiger und kostenloser Information erfüllt sein müssen, damit eine möglichst reichliche, ja eine – gemessen an einer irgendwie vorgegebenen Zielfunktion – optimale Güterversorgung gewährleistet ist. Diese Bedingungen wurden in Kapitel 2 abgeleitet. Dabei zeigte sich, daß die Lenkung des Wirtschaftsprozesses nicht nur mit Hilfe einer direkten Festlegung der berechneten optimalen Mengen durch eine Planungsbehörde erfolgen kann, sondern eine optimale Organisation auch mit Hilfe eines Preissystems und einer weitgehenden Dezentralisation der Entscheidungen auf verschiedene Wirtschaftseinheiten möglich ist.

Entsprechend diesen Überlegungen wurden die Zentralgeleitete Verwaltungswirtschaft, der Konkurrenzsozialismus und die Marktwirtschaft mit privatem oder öffentlichem Eigentum als mögliche Wirtschaftssysteme zur Erzielung einer guten Versorgung mit Gütern diskutiert. In Kapitel 3 wurde die Untersuchung mit entsprechenden Ergebnissen auf die intertemporalen Aspekte des Wirtschaftens ausgedehnt, also die speziellen Probleme erörtert, die sich aus Sparen, Investieren und Kapitalgüterproduktion ergeben.

Bei all diesen Überlegungen wurde jedoch zunächst von einer Reihe wichtiger Probleme abstrahiert, von denen nun ein großer Teil in Kapitel 4 diskutiert werden soll. Dabei handelt es sich um die sogenannten klassischen Probleme für die Verwirklichung einer optimalen Güterversorgung mit Hilfe von marktwirtschaftlichen Systemen. Unter diesem Begriff fassen wir die Möglichkeit zunehmender Skalenerträge (oder abnehmender Stückkosten) in der Produktion, die Existenz öffentlicher Güter, die Interdependenzen und die Abhängigkeiten der Ziele der Haushalte und die externen Vorteile und Nachteile, die durch Produktion oder Konsumtion bei anderen Wirtschaftseinheiten entstehen, zusammen.[1]

---

[1] Zwar können die öffentlichen Güter strenggenommen als Sonderfall der externen Vorteile oder Nachteile aufgefaßt werden, doch scheint es wegen ihrer Bedeutung ratsam, sie in einem besonderen Abschnitt zu behandeln.

Den sogenannten klassischen Ausnahmen ist gemeinsam, daß sie ein optimales Funktionieren einer voll dezentralisierten Marktwirtschaft bei vollständiger Konkurrenz behindern bzw. diese unmöglich machen. Ihre Existenz macht daher ergänzende Überlegungen zu der in Kapitel 2 behandelten Frage notwendig, welche Wirtschaftssysteme zur optimalen oder möglichst guten Versorgung mit Gütern in Frage kommen und wie sie organisiert sein sollen. Auch für die Zentralgeleitete Verwaltungswirtschaft und besonders den Konkurrenzsozialismus ergeben sich hier zusätzliche Probleme.

4.1 Zunehmende Skalenerträge in der Produktion

Wir betrachten zunächst den Fall zunehmender Skalenerträge. Zwei Betriebe stellen je ein Konsumgut her. Dabei sei der Einfachheit halber angenommen, daß zur Produktion nur ein Produktionsmittel (Arbeit) verwendet wird. Bei der Erzeugung des 2. Konsumguts wird mit zunehmender Produktmenge eine gleichbleibende Menge des Produktionsmittels zur Erzeugung einer zusätzlichen Produkteinheit benötigt (konstante Skalenerträge), während bei der Herstellung des 1. Konsumgutes eine abnehmende Menge erforderlich ist (zunehmende Skalenerträge).[2] So können etwa bei größerer Stückzahl Verfahren der Massenproduktion eingesetzt werden, die den Arbeitsaufwand je Produkteinheit reduzieren. Eine zentrale Planungsstelle hat die Produktion der betrachteten Periode so zu planen, daß unter Berücksichtigung der vorhandenen Menge an Arbeitsleistungen die gesellschaftliche Wohlfahrt maximiert wird.

Die gesellschaftliche Zielfunktion möge der in Modell 2.1 verwendeten entsprechen:

(4.1) $\quad W = W(N_1, N_2)$

(4.2) $\quad \dfrac{\partial W}{\partial N_j} > 0 \quad (j = 1, 2)$

(4.3) $\quad \left.\dfrac{d^2 N_2}{dN_1^2}\right|_{dW=0} > 0$

An Arbeitsleistungen steht der Wirtschaft insgesamt die Menge s zur Verfügung. Die technischen Bedingungen der Produktion in den beiden Betrieben werden durch die Produktionsfunktionen

---

[2] In Marktwirtschaften spricht man auch von abnehmenden Durchschnittskosten.

(4.4) $\quad A_1 = \alpha_1 \cdot L_1^\gamma \quad\quad (\alpha_1 > 0, \gamma > 1)$

(4.5) $\quad A_2 = \alpha_2 \cdot L_2 \quad\quad (\alpha_2 > 0)$

beschrieben. A_1 und A_2 bezeichnen die produzierten Mengen der beiden Güter, L_1 und L_2 die dazu benötigten Arbeitsleistungen. α_1, α_2 und γ sind Konstanten, durch die die gegebene Technologie beschrieben wird. Da zur Produktion der beiden Güter jeweils nur ein einziger Faktor verwendet wird, liegen zunehmende (konstante, abnehmende) Skalenerträge genau dann vor, wenn der Produktionsfaktor zunehmende (konstante, abnehmende) Grenzerträge aufweist. Wir betrachten daher zunächst die Grenzproduktivität des Faktors Arbeit in beiden Betrieben, nämlich die ersten Ableitungen von (4.4) bzw. (4.5) nach dem Faktoreinsatz L_j ($j = 1, 2$):

$$\frac{dA_1}{dL_1} = \alpha_1 \cdot \gamma \cdot L_1^{\gamma-1}; \quad \frac{dA_2}{dL_2} = \alpha_2 .$$

Wie man sieht, wachsen die Grenzerträge bei der Produktion des 1. Gutes mit L_1, da $\gamma - 1 > 0$ ist, während sie bei der Herstellung des 2. Gutes konstant sind. Die verwendeten Arbeitsleistungen dürfen die insgesamt verfügbare Menge nicht übersteigen, so daß

(4.6) $\quad L_1 + L_2 \leq L .$

Schließlich kann der Verbrauch der beiden Konsumgüter höchstens so groß sein wie die produzierten Mengen:

(4.7) $\quad N_j \leq A_j \quad (j = 1, 2) .$

Die gesellschaftliche Zielfunktion ist unter Berücksichtigung der Nebenbedingungen (4.4) bis (4.7) zu maximieren. Zur Ableitung der notwendigen Bedingungen für ein Maximum verwenden wir das Lagrange-Verfahren und bilden zunächst die Funktion

(4.8) $\quad \Phi = W(N_1, N_2) + p_1 \cdot (\alpha_1 \cdot L_1^\gamma - N_1) + p_2 \cdot (\alpha_2 \cdot L_2 - N_2)$
$\quad\quad\quad + p_L \cdot (L - L_1 - L_2) ,$

wobei p_j ($j = 1, 2$) und p_L Lagrange-Multiplikatoren darstellen. Durch Differentiation dieser Funktion und Nullsetzen der Ableitungen erhält man die notwendigen Bedingungen für ein Wohlfahrtsmaximum:[3]

---

[3] Der Einfachheit halber verzichten wir auf eine besondere Kennzeichnung der optimalen Werte.

(4.9) $\quad\dfrac{\partial \Phi}{\partial N_j} = \dfrac{\partial W}{\partial N_j} - p_j = 0 \qquad (j = 1, 2)$

(4.10) $\quad\dfrac{\partial \Phi}{\partial L_1} = p_1 \cdot \alpha_1 \cdot \gamma \cdot L_1^{\gamma-1} - p_L = 0$

(4.11) $\quad\dfrac{\partial \Phi}{\partial L_2} = p_2 \cdot \alpha_2 - p_L = 0$

(4.12) $\quad p_L \cdot (L - L_1 - L_2) = 0$

Die Gleichungen (4.9) sind uns wohlbekannt: Die Preise der beiden Konsumgüter sind der von ihnen bewirkten gesellschaftlichen Grenzwohlfahrt gleich, und diese ist gemäß Annahme (4.2) positiv. In (4.10) und (4.11) sind $\alpha_1 \cdot \gamma \cdot L_1^{\gamma-1}$ bzw. α_2 die Grenzprodukte des Produktionsmittels Arbeit, ausgedrückt in Einheiten der beiden Produkte. Multipliziert mit dem jeweiligen Produktpreis ergibt sich das Wertgrenzprodukt (der Grenzerlös) des Faktors Arbeit. Dies ist also im Optimum dem Faktorpreis p_L gleich, der folglich ebenfalls positiv ist.

Außerdem müssen im Optimum natürlich die Restriktionen (4.4) bis (4.6) erfüllt sein. Wegen (4.12) und $p_L > 0$ gilt dabei in (4.6) das Gleichheitszeichen. Löst man nun (4.4) und (4.5) nach den Arbeitseinsätzen L_j ($j = 1, 2$) auf und setzt diese dann in (4.6) ein, so ergibt diese Gleichung:

$$\left(\dfrac{A_1}{\alpha_1}\right)^{1/\gamma} + \dfrac{A_2}{\alpha_2} = L \;,$$

bzw. nach A_2 aufgelöst:

(4.13) $\quad A_2 = \alpha_2 \cdot L - \alpha_2 \cdot \left(\dfrac{A_1}{\alpha_1}\right)^{1/\gamma}.$

Gleichung (4.13) gibt alle Wertepaare von A_1 und A_2 an, die mit den vorhandenen Mengen an Arbeitsleistungen höchstens hergestellt werden können. Sie wird in Abb. 4.1 durch die gesamtwirtschaftliche Transformationskurve AB abgebildet. Den Anstieg von AB, d.h. die Grenzrate der Transformation erhält man bei Differentiation von (4.13) nach A_1:

(4.14) $\quad \dfrac{dA_2}{dA_1} = -\dfrac{\alpha_2}{\alpha_1 \cdot \gamma} \cdot \left(\dfrac{A_1}{\alpha_1}\right)^{(1-\gamma)/\gamma}.$

Die Kurve AB fällt also von links oben nach rechts unten. Ferner erkennt man durch Bildung der zweiten Ableitung von A_2 nach A_1:

(4.15) $$\frac{d^2A_2}{dA_1^2} = -\frac{\alpha_2 \cdot (1-\gamma)}{\alpha_1^2 \cdot \gamma^2} \cdot \left(\frac{A_1}{\alpha_1}\right)^{(1-2\gamma)/\gamma} > 0$$

wegen $\gamma > 1$, d.h. die (negative) Steigung der Transformationskurve (4.13) wird mit zunehmendem A_1 größer, die Kurve also flacher. Diese Tatsache der Konvexität der gesamtwirtschaftlichen Transformationskurve ist auf die steigenden Skalenerträge bei der Erzeugung des 1. Konsumgutes zurückzuführen.

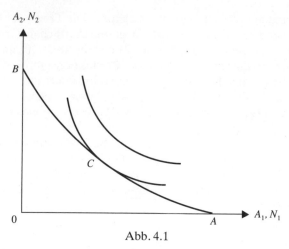

Abb. 4.1

Neben den Punkten auf AB können auch alle Punkte links und unterhalb dieser Kurve als Produktionspläne realisiert werden. Effizient sind jedoch nur die Pläne auf AB. Mit Hilfe des Lagrange-Verfahrens – Gleichungen (4.9) bis (4.11) – kann ein Tangentialpunkt einer gesellschaftlichen Indifferenzkurve an die gesamtwirtschaftliche Transformationskurve bestimmt werden. Ein solcher Tangentialpunkt gibt aber nur dann das höchste erreichbare Niveau der Zielfunktion an, wenn die Indifferenzkurven stärker gekrümmt sind als die Transformationskurve (4.21), wenn also im Tangentialpunkt gilt:

(4.16) $$\left.\frac{d^2N_2}{dN_1^2}\right|_{dW=0} > \frac{d^2A_2}{dA_1^2}.$$

Andernfalls liefert das Lagrange-Verfahren ein lokales Wohlfahrtsminimum; das Maximum befände sich entweder in A oder in B. In diesem Fall würde also nur eines der beiden Konsumgüter hergestellt und verbraucht.

Da wir uns speziell für den Fall interessieren, in dem beide Verbrauchsgüter erzeugt werden, sei angenommen, daß (4.16) erfüllt ist. Dann ergibt sich aus (4.10), (4.11), (4.4) und (4.14) für das Güterpreisverhältnis:

(4.17) $\quad \dfrac{p_1}{p_2} = \dfrac{\alpha_2}{\alpha_1 \cdot \gamma} \cdot L_1^{(1-\gamma)} = -\dfrac{\alpha_2}{\alpha_1 \cdot \gamma} \cdot \left(\dfrac{A_1}{\alpha_1}\right)^{(1-\gamma)/\gamma} = -\dfrac{dA_2}{dA_1}$.

Andererseits folgt aus (4.9)

(4.18) $\quad \dfrac{p_1}{p_2} = \dfrac{\partial W/\partial N_1}{\partial W/\partial N_2} = -\dfrac{dN_2}{dN_1}$.

Die bisherigen Ergebnisse unterscheiden sich nur wenig von den im Modell 2.1 abgeleiteten. Sie erlauben es uns jedoch, in Kürze die wesentlichen durch die zunehmenden Skalenerträge hervorgerufenen Probleme darzustellen. Zu diesem Zweck stellen wir zunächst die Gewinngleichungen für beide Betriebe für den Fall auf, daß sie die Mengen A_1 und A_2 produzieren, die dem Wohlfahrtsoptimum entsprechen, und daß die ermittelten optimalen Verrechnungspreise gelten:

(4.19) $\quad G_j = p_j \cdot A_j - p_L \cdot L_j$.

Daraus folgt für den 2. Betrieb wegen (4.5):

(4.20) $\quad G_2 = p_2 \cdot \alpha_2 \cdot L_2 - p_L \cdot L_2 = (p_2 \cdot \alpha_2 - p_L) \cdot L_2 = 0$

wegen (4.11). Dies trifft jedoch nicht für den Gewinn des 1. Betriebes zu. Wegen (4.4) und (4.10) gilt:

(4.21) $\quad \begin{aligned} G_1 &= p_1 \cdot \alpha_1 \cdot L_1^\gamma - p_L \cdot L_1 = p_1 \cdot \alpha_1 \cdot L_1^\gamma - p_1 \cdot \alpha_1 \cdot \gamma \cdot L_1^{\gamma-1} \cdot L_1 \\ &= p_1 \cdot \alpha_1 \cdot L_1^\gamma \cdot (1-\gamma) < 0 \,, \end{aligned}$

da $1-\gamma < 0$ ist und die optimale Lösung nach unseren Annahmen nicht auf einer der Achsen liegt und folglich $L_1 > 0$ ist. Der mit zunehmenden Skalenerträgen arbeitende Betrieb hat, berechnet zu den Verrechnungspreisen, einen Verlust zu verzeichnen, wenn die Güterproduktion und der Güterverbrauch gesamtwirtschaftlich optimal organisiert werden.

Wir berechnen noch die Lohnsumme LS und das Volkseinkommen Y, wobei die Arbeitsleistungen mit dem optimalen Lohnsatz p_L bewertet werden. Es gilt wegen (4.6):

(4.22) $\quad LS = p_L \cdot (L_1 + L_2) = p_L \cdot L$.

Das Volkseinkommen ist durch die Definition $Y := LS + G_1 + G_2$ gegeben und beträgt folglich unter Verwendung von (4.20) bis (4.22):

(4.23) $\quad Y = p_L \cdot L + p_1 \cdot \alpha_1 \cdot L_1^{\gamma} \cdot (1 - \gamma) + 0 < LS$.

Das Volkseinkommen berechnet zu den Verrechnungspreisen ist also kleiner als die entsprechende Lohnsumme.

Unsere Schlußfolgerungen sind für eine Zentralgeleitete Verwaltungswirtschaft ohne weitere Bedeutung, wenn die zentrale Planungsstelle vollständige Information besitzt und den Betrieben direkte Anweisungen über die zu produzierenden und dabei zu verbrauchenden Mengen gibt. Da Preise in diesem System keine Steuerungsfunktion haben, entfällt auch eine Gewinn- oder Verlustrechnung der einzelnen Betriebe.

Anders liegen die Dinge bereits, wenn eine zentrale Planung mit Hilfe der Vorgabe von optimalen Verrechnungspreisen erfolgt (Konkurrenzsozialismus). In diesem Fall erteilt die Planungsbehörde, die die Verrechnungspreise ermittelt hat, den Betrieben die Weisung, sich als Mengenanpasser so zu verhalten, daß das Wertgrenzprodukt des Produktionsfaktors gerade seinem Faktorpreis entspricht (vgl. (4.10) und (4.11)). Dies ist jedoch im Gegensatz zu dem in Kapitel 2 behandelten Fall konstanter Skalenerträge für den 1. Betrieb nicht mit gewinnmaximierendem Verhalten identisch. Aus einer Ableitung von (4.21) nach der Faktormenge L_1 ergibt sich nämlich, daß bei der nach (4.10) errechneten gesamtwirtschaftlich optimalen Menge

$$L_1 = \left(\frac{pL}{\alpha_1 \cdot \gamma \cdot p_1}\right)^{1/(\gamma-1)}$$

der Grenzgewinn,

$$\frac{dG_1}{dL_1} = p_1 \cdot \alpha_1 \cdot \gamma \cdot L_1^{\gamma-1} - p_L ,$$

null ist. Da jedoch die zweite Ableitung der Gewinnfunktion,

(4.24) $\quad \dfrac{d^2 G_1}{dL_1^2} = (\gamma - 1) \cdot p_1 \cdot \alpha_1 \cdot \gamma \cdot L_1^{\gamma-2}$

wegen $\gamma > 1$ positiv ist, kann es sich hierbei nur um ein (lokales) *Gewinnminimum* handeln. Gewinnmaximierendes Verhalten würde dagegen entweder auf eine Einstellung oder auf eine maximale Ausdehnung der Produktion hinauslaufen. Die zentrale Planstelle muß dies verhindern, wenn sie die Realisierung des oben ermittelten Wohlfahrtsoptimums durchsetzen will, und ausdrücklich auf der Einhaltung der Regel „Wertgrenzprodukt gleich Faktorpreis" bestehen.

Der sich aus diesem Verhalten für den 1. Betrieb ergebende Verlust wirft keine besonderen Probleme auf, solange keine Dezentralisierung der Nachfrageentscheidungen auf die Haushalte vorliegt; in diesem Fall könnte das Ministerium für Konsumgüterbeschaffung von den Betrieben bzw. Unternehmungen jeweils wie zuvor die Entgelte für die verwendeten Produktionsmittel erhalten, müßte jedoch die erlittenen Verluste zurückerstatten, so daß für den Bezug von Konsumgütern lediglich der Betrag Y zur Verfügung stände.

Wesentlich ungünstigere Schlußfolgerungen ergeben sich dagegen in einer kapitalistischen oder sozialistischen Marktwirtschaft, in der die Betriebe eigenständig nach dem Gewinnmaximierungs-Prinzip ihre Produktionsentscheidungen treffen. Aus unseren Überlegungen zu Gleichung (4.24) folgt, daß jede Unternehmung mit zunehmenden Skalenerträgen (sinkenden Stückkosten) versuchen wird, ihre Produktionskapazität so weit als möglich auszudehnen. Ist sie dazu in der Lage, so wird sie schließlich nicht nur marginal zum Angebot auf dem entsprechenden Markt beitragen. Es ist dann nötig, den Preis zu senken, um die zusätzliche Menge abzusetzen. Mehr und mehr der übrigen Anbieter, die ihre Kapazität nicht schnell genug ausweiten konnten, um ihre Stückkosten genügend zu reduzieren, werden dadurch aus dem Markt gedrängt werden. Die Marktform der vollständigen Konkurrenz wird durch ein Oligopol oder sogar ein Monopol abgelöst.

Wir wenden uns daher im folgenden den Auswirkungen auf die Güterversorgung für den Fall zu, daß der Markt für das 1. Gut bereits in ein Monopol übergegangen und ein Marktzutritt weiterer Anbieter ausgeschlossen ist. Eine Monopolunternehmung befindet sich bekanntlich dann in ihrem Gewinnmaximum, wenn ihr Grenzerlös ihren Grenzkosten entspricht. In Abb. 4.2 ist

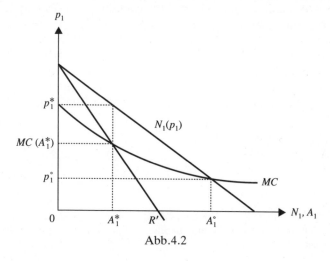

Abb. 4.2

$N_1(p_1)$ die Marktnachfragekurve nach Gut 1, die gleichzeitig die Durchschnittserlöskurve des einzigen Anbieters ist. R' ist seine Grenzerlös- und MC seine Grenzkostenkurve. Seine gewinnmaximale Ausbringungsmenge ist daher A^*; der dazugehörige Marktpreis p_1^* liegt über den Grenzkosten $MC(A_1^*)$. Das Wohlfahrtsoptimum würde dagegen eine Produktmenge A_1^0 erfordern, bei der die Grenzkosten MC dem Marktpreis bzw. der durch die Nachfragekurve dargestellten gesellschaftlichen Grenzwohlfahrt entsprechen.

Aus diesen Überlegungen ergibt sich, daß in einer Marktwirtschaft mit zunehmenden Skalenerträgen in der Produktion wirtschaftspolitische Eingriffe des Staates erforderlich wären, wenn dieser eine wohlfahrtsoptimale Situation anstrebte und über vollständige Informationen verfügte. Der Staat müßte hierzu

1. den Unternehmungen mit zunehmenden Skalenerträgen vorschreiben, nur soviel zu produzieren, daß der Produktpreis den Grenzkosten der Herstellung entspricht (bzw. die Faktorpreise den jeweiligen Wertgrenzprodukten entsprechen), und
2. die aus diesem Verhalten resultierenden Betriebsverluste durch Subventionen ausgleichen, damit die betroffenen Unternehmungen ihre Erzeugung nicht ganz einstellen.

Es liegt auf der Hand, daß die Realisierung einer solchen Wirtschaftspolitik ähnliche Informationserfordernisse mit sich bringt, wie sie in der Zentralverwaltungswirtschaft bestehen (vgl. Kapitel 5). Zum einen müßte das verantwortliche Ministerium über eine genaue Kenntnis der Produktionstechnologie und der relevanten (gleichgewichtigen) Preise verfügen, um zu überprüfen, ob die Unternehmungen sich an die erlassenen Anweisungen gehalten haben, und die richtige Höhe der Subventionen zu ermitteln. Keinesfalls dürften nämlich solche Unternehmensverluste ausgeglichen werden, die lediglich aus ineffizienter Produktion bzw. einer Verschwendung von Produktionsmitteln resultieren. Zum anderen ist es notwendig, die Mittel zur Subvention durch Steuern aufzubringen, die irgendwie auf die Haushalte verteilt werden müssen, deren verfügbare Einkommen sich dadurch verkleinern.[4] Wir werden jedoch in Kapitel 9 sehen, daß Entscheidungen, die die Einkommensverteilung betreffen, nur mit Hilfe eines politischen Verfahrens, wie z.B. einer Abstimmung nach dem Mehrheitswahlrecht, schlecht und recht gefällt werden können.

---

[4] Jede Steuer außer einer Kopfsteuer führt notwendigerweise zu einem suboptimalen Zustand. Vgl. hierzu William Baumol und David F. Bradford, „Optimal Departures from Marginal Cost Pricing", American Economic Review 60 (1970), S. 265–283.

4.2 Öffentliche Güter

Wir haben gesehen, daß im Fall zunehmender Skalenerträge bei der Herstellung eines oder mehrerer Güter eine marktwirtschaftlich organisierte Wirtschaft nur befriedigend funktionieren kann, wenn andere, z. B. politische Entscheidungsverfahren existieren, die für eine Subventionierung der betroffenen Betriebe sorgen und die dafür erforderlichen Beträge in Form von Abgaben auf die Mitglieder der Gesellschaft verteilen. Ähnliche Schlußfolgerungen lassen sich für die öffentlichen Güter ableiten.

Was versteht man nun unter öffentlichen Gütern im Gegensatz zu den bisher einzig von uns in Betracht gezogenen privaten Gütern? Ein rein öffentliches Gut ist dadurch definiert, daß bei der Anschaffung einer bestimmten Menge des Gutes durch ein Wirtschaftssubjekt alle anderen dieselbe Menge mitkonsumieren können, ohne daß der Konsum des ersten dadurch geschmälert wird – es gilt sogenannte Nichtrivalität im Konsum.[5] Wird etwa zum Schutze vor Überschwemmungen ein Deich errichtet, so profitieren davon alle in Küstennähe Lebenden. Der Schutz, den ein Bauer durch den Deich genießt, hängt nicht davon ab, wie viele andere Bauern sich ebenfalls hinter dem Deich angesiedelt haben. Jeder konsumiert gewissermaßen die volle Menge des Gutes „Deich".

Man erkennt sofort, daß rein öffentliche Güter selten sind. Eine gewisse Rivalität zeigt sich nämlich auch bei Gütern wie einem öffentlichen Schwimmbad, wo mit zunehmender Überfüllung der Genuß für den einzelnen nach und nach abnimmt. Wir werden es also in der Realität oft mit Mischformen aus privatem und öffentlichem Gut zu tun haben.

Ein Charakteristikum vieler öffentlicher Güter ist es, daß am Bezug des Gutes auch diejenigen Konsumenten nicht gehindert werden können, die nicht zu seiner Bereitstellung oder Finanzierung beigetragen haben. Man spricht hier vom fehlenden „Ausschließungsprinzip". Stellen verschiedene Anlieger einer Straße einen Wächter an, um sich einen besseren Schutz vor Diebstählen zu verschaffen, so werden auch die Nachbarn, die sich nicht an dieser Maßnahme beteiligt haben, Vorteile daraus ziehen. Gelingt es z. B. dem Wächter, einen Dieb dingfest zu machen, so erhöht sich damit auch die Sicherheit der unbeteiligten Straßenanlieger. Diese können nicht vom Bezug des Gutes ausgeschlossen werden. Weitere öffentliche Güter, bei denen sich das Ausschließungsprinzip nicht anwenden läßt, sind etwa Sicherheit gegenüber Angriffen durch das Ausland, Feuerschutz, saubere Luft, Schutz vor ansteckenden Krankheiten und Verkehrssicherheit.

Das Ausschließungsprinzip eignet sich jedoch nicht zur *Definition* eines öffentlichen Gutes, weil es in vielen Fällen nicht nur von untrennbaren Eigen-

---

[5] „Öffentliche Güter" sind also nicht gleichzusetzen mit den Gütern, die vom Staat bereitgestellt werden.

schaften des Gutes selbst abhängt, sondern auch von der Rechtsordnung. Dies erkennt man am Beispiel eines öffentlichen Parks, von dessen Benutzung nichtzahlende Bürger ausgeschlossen werden können, wenn es nach der Rechtsordnung möglich ist, ihn mit einem Zaun zu umfrieden und Eintrittsgebühren zu erheben. Das Gut selbst hat sich durch diese Maßnahme natürlich nicht geändert, die Nichtrivalität bei gleichzeitigem Konsum durch viele Spaziergänger ist weiterhin gültig.

4.2.1 Die Versorgung mit öffentlichen Gütern bei dezentralen Nachfrageentscheidungen

Die Existenz öffentlicher Güter wirft für die Verwirklichung des Ziels einer möglichst guten Versorgung mit Konsumgütern schwierige Probleme auf, die vor allem bei einer Dezentralisierung der Nachfrageentscheidungen mit Hilfe des Marktes hervortreten. Dies gilt insbesondere für diejenigen öffentlichen Güter, bei denen eine Ausschließung nicht möglich ist. Hier beziehen diejenigen, die nichts bezahlen, sogar ebensoviel von dem Gut wie derjenige, der es kauft. Das wird zur Folge haben, daß nur die Wirtschaftssubjekte, die die intensivsten Präferenzen für das fragliche Gut besitzen, dieses kaufen, während die anderen es ohne Entgelt parasitär mitbeziehen. Unter diesen Umständen kann jedoch die Versorgung der Bevölkerung über den Markt nicht Pareto-optimal sein, und die Haushalte mit intensiveren Präferenzen für öffentliche Güter werden ungerechterweise zugunsten der übrigen Bevölkerung belastet.

Um zu zeigen, daß die beschriebene Situation in der Regel nicht Pareto-optimal ist, seien in Abb. 4.3 zwei Haushalte H_g und H_h betrachtet. Die Kurven $p_{gj}(N_j)$ und $p_{hj}(N_j)$ stellen den in Geldeinheiten bewerteten Grenznutzen („Zahlungsbereitschaft") der beiden Haushalte in Abhängigkeit von der konsumierten Menge eines öffentlichen Gutes, N_j, dar. Wir nehmen an, daß das Marktangebot des öffentlichen Gutes bei einem Preis von p_j^* vollkommen elastisch sei. Wie man erkennt, hat Haushalt H_g die intensiveren Präferenzen für das öffentliche Gut und kauft die Menge N_{gj}^* zum Preis p_j^*. Haushalt H_h bezieht die gleiche Menge des Gutes kostenlos (als „Trittbrettfahrer, engl. „free rider") mit und verwendet sein ganzes Einkommen zum Kauf privater Güter.

Nun ist es jedoch durchaus möglich, daß H_h beim Preise von $\beta \cdot p_j^*$ und H_g zum Preise von $(1-\beta) \cdot p_j^*$, wobei $1 > \beta > 0$ ist, bereit wäre, eine zusätzliche Menge ΔN_j des öffentlichen Gutes zu kaufen und dafür auf einen Teil der Menge des privaten Gutes zu verzichten. In diesem Fall würde es sich für beide lohnen, gemeinsam die Menge ΔN_j des öffentlichen Gutes zum Preis p_j^* zu kaufen und die Ausgaben im Verhältnis $\beta/(1-\beta)$ zu teilen. Ist das aber der Fall, so war ihre Situation vorher nicht Pareto-optimal. Die Pareto-optimale

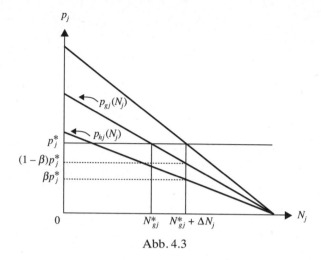

Abb. 4.3

Menge ergibt sich in Abb. 4.3 dort, wo die Summe der individuellen Zahlungsbereitschaften gerade dem Marktpreis p_j^* entspricht.

Die bei Existenz öffentlicher Güter für eine möglichst zufriedenstellende Versorgung auftretenden Schwierigkeiten werden verstärkt, wenn es sich dabei um wenig teilbare Güter handelt. Das ist in der Realität häufig der Fall. Ein Deich kann nicht in kleine Stücke geteilt werden, wenn er seine Aufgabe erfüllen soll; der Unterhalt auch einer kleinen Feuerwehr, die Entwicklung und Kontrolle eines Systems von Verkehrsregeln, ebenso wie die Finanzierung eines allgemeinen Impfdienstes in einer Gemeinde sind notwendigerweise sehr kostspielig.[6] Die unzulängliche Teilbarkeit vieler öffentlicher Güter hat zur Folge, daß die bereits in unserem Beispiel hervortretende Tendenz einer Unterversorgung mit öffentlichen Gütern noch verstärkt wird. Die einzelnen Wirtschaftssubjekte haben oft nicht die Mittel, um die kleinste mögliche Menge eines öffentlichen Gutes zu kaufen, oder sie müßten doch auf zu viele andere Güter verzichten, als daß sie sich zu einem Kauf entschließen könnten. Ohne einen Zusammenschluß mehrerer Wirtschaftssubjekte zum Kauf eines wenig teilbaren öffentlichen Gutes würde dieses folglich in der Wirtschaft überhaupt nicht zur Verfügung gestellt werden.

Nehmen wir nun einmal an, es bilde sich eine Gruppe zum gemeinsamen Kauf des öffentlichen Gutes. Auch in diesem Fall wird es in der Regel eine Reihe von Wirtschaftssubjekten geben, die keine Mitglieder der Gruppe sind und trotzdem bei fehlender oder mangelhafter Ausschließungsmöglichkeit in den Genuß des bezogenen Gutes kommen. Aus diesem Grunde ist es für das

---

[6] Die durch eine allgemeine Impfung auftretende Immunisierung ist deshalb ein öffentliches Gut, weil danach auch der Ungeimpfte einer geringeren Ansteckungsgefahr ausgesetzt ist.

einzelne Gruppenmitglied verlockend, aus der Gruppe auszuscheiden und sich ohne eigenen Aufwand von den anderen mitversorgen zu lassen, es sei denn, daß es selbst seine Mitgliedschaft für unabdingbar für das weitere Existieren der Gruppe hält. Das ist jedoch zumindest bei Gruppen mit einer hohen Mitgliederzahl unwahrscheinlich. Die Tendenz zum Zerfall von Gruppen mit vielen Angehörigen ist also groß, wenn die Zugehörigkeit zur Gruppe freiwillig ist. Andererseits ist gerade die Bildung von Großgruppen wegen der damit verbundenen Organisationskosten schwierig oder gar unmöglich. Daraus dürfte folgen, daß mit der Bildung und Erhaltung von Gruppen von Wirtschaftssubjekten zum Zwecke des Kaufs unzulänglich teilbarer Güter nur dann gerechnet werden kann, wenn die für den Kauf einer Einheit erforderlichen Mittel von wenigen aufgebracht werden können, wenn die Mitgliedschaft der Begünstigten erzwungen werden kann oder wenn ein Anreiz zum Beitritt zur Gruppe durch die zusätzliche Bereitstellung privater Güter nur für Gruppenmitglieder geschaffen wird.[7]

4.2.2 Die Pareto-optimale Versorgung mit einem öffentlichen und einem privaten Gut bei vollständiger Information

Unsere Überlegungen haben gezeigt, daß bei öffentlichen anders als bei privaten Gütern eine Pareto-optimale Versorgung bei einer dezentralisierten Organisation der Wirtschaft mit Hilfe des Marktes nicht zu erreichen ist, ja es bei geringer Teilbarkeit dieser Güter sogar dazu kommen kann, daß einzelne Güter trotz dringenden Bedarfs überhaupt nicht gekauft und erzeugt werden.

Als Ausweg scheint sich ein politisches Entscheidungsverfahren anzubieten. Allerdings ist auch ein solches Verfahren nicht ohne Probleme. Wir hatten bereits früher auf die Schwierigkeiten, ja auf die Unmöglichkeit hingewiesen, mit Hilfe von Mehrheitsentscheidungen eine Pareto-optimale Versorgung der Bevölkerung zu gewährleisten (vgl. Abschnitt 2.2.2.2). Diese Schwierigkeit nimmt bei öffentlichen Gütern noch an Bedeutung zu. Es ist bei Existenz dieser Güter notwendig, daß eine staatliche Stelle oder sonstige Institution der Gesellschaft entscheidet, wieviel von den öffentlichen Gütern hergestellt werden soll, wer einen Vorteil aus ihrem Vorhandensein zieht, wie groß diese Vorteile sind, wie diese bewertet werden sollen und wer die Güter finanzieren soll.

In einer Marktwirtschaft mit dezentralisierten Konsumentscheidungen durch die Haushalte bezüglich der privaten Konsumgüter und bei gegebener Einkommensverteilung wäre z. B. ein Beschaffungsministerium für öffentliche Konsumgüter einzurichten. Dieses hätte sich Informationen über die Präferenzen der Haushalte zu verschaffen, danach die Pareto-optimale Menge der öffentlichen Güter zu verschiedenen Preisen zu bestimmen und schließlich

---

[7] Vgl. die ausführliche Diskussion dieser Probleme in Kapitel 9 und 13.

Öffentliche Güter

diese Gütermengen zu beziehen und zu verteilen. Dabei hätte es sich, wie wir wissen, als Mengenanpasser zu verhalten. Anschließend müßte das Ministerium die Haushalte so mit Gebühren für die öffentlichen Güter belasten, daß diese ihre Zielfunktion maximieren würden und ein Pareto-Optimum erreicht wäre.

An dieser Stelle soll nun gezeigt werden, welche Bedingungen eine Paretooptimale Versorgung mit einem öffentlichen und einem privaten Gut impliziert und welche Folgerungen für die Finanzierung öffentlicher Güter daraus abgeleitet werden können.

Analog zu Modell 2.1 wird davon ausgegangen, daß ein privates Gut G_1 und ein öffentliches Gut G_2 von einer Anzahl von Betrieben hergestellt und von den n Haushalten H_i ($i = 1, 2, \ldots, n$) verbraucht werden. Die technischen Bedingungen der Produktion und die vorhandenen Mengen der beiden Produktionsmittel seien die gleichen wie in Kapitel 2. Die Produktionstechnik wird folglich durch die Produktionsfunktionen (2.6) und die vorhandenen Produktionsmittelmengen durch die Größen L bzw. K beschrieben. Die Zieloder Nutzenfunktionen der n Haushalte sind durch die Gleichungen (2.55) gegeben (vgl. Abschnitt 2.2), und es gilt:

(4.25) $\quad \partial W_i / \partial N_{ij} > 0 \quad (i = 1, \ldots, n;\ j = 1, 2)$.

Bekanntlich ist ein Pareto-Optimum genau dann erreicht, wenn das Nutzenniveau eines Haushalts nicht mehr erhöht werden kann, ohne das mindestens eines anderen Haushalts zu verringern. Anders ausgedrückt, ist im Pareto-Optimum das Maximum der Nutzenfunktion eines beliebig ausgewählten Haushalts bei konstantem Nutzen aller übrigen Haushalte erreicht. Wir wählen für den Haushalt, dessen Nutzen maximiert werden soll, den Index $i = 1$ und erhalten daher das folgende Optimierungsproblem: Maximiere $W_1(N_{11}, N_{12})$ unter den Nebenbedingungen

(4.26) $\quad W_i(N_{i1}, N_{i2}) - W_i^* \geq 0 \quad (i = 2, \ldots, n)$

für beliebige, aber fest vorgegebene Werte $W_2^*, \ldots, W_n^*$.

Als Bedingungen für die gesamte Nachfrage aller Haushalte nach dem privaten und dem öffentlichen Gut, N_1 und N_2, ergeben sich:

(4.27) $\quad N_1 - \sum_{i=1}^{n} N_{i1} \geq 0$

(4.28) $\quad N_2 - N_{i2} \geq 0 \quad (i = 1, \ldots, n)$

Die gesamte Nachfrage für das private Gut G_1 ist gemäß (4.27) wenigstens der Summe der Nachfragemengen aller Haushalte gleich. Anders liegen die

Dinge für das rein öffentliche Gut G_2. Hier ist die Gesamtnachfrage eine obere Grenze für die Nachfrage jedes einzelnen Haushalts. Ein rein öffentliches Gut kann ja von allen gleichzeitig konsumiert werden, ohne den Verbrauch anderer einzuschränken.

Die übrigen Nebenbedingungen des betrachteten Modells entsprechen wegen der angenommenen gleichen Produktionstechnik, Zahl der Güter und vorhandenen Produktionsmittelmengen den Ungleichungen (2.7) bis (2.9) in Abschnitt 2.1.2:

(4.29) $\quad f_j(K_j, L_j) - N_j \geq 0 \quad (j = 1, 2)$

(4.30) $\quad K - K_1 - K_2 \geq 0$

(4.31) $\quad L - L_1 - L_2 \geq 0$

Man beachte, daß $N_{i1}, N_{i2}, N_1, N_2, A_1, A_2 \geq 0$ $(i = 1, 2, \ldots, n)$ ist.

Die Lagrange-Funktion für das beschriebene Problem des Auffindens einer Pareto-optimalen Versorgung mit einem privaten und einem öffentlichen Gut lautet daher

$$\Phi = W_1(N_{11}, N_{12}) + \sum_{i=2}^{n} p_{wi} \cdot [W_i(N_{i1}, N_{i2}) - W_i^*]$$

$$+ p_{N1} \cdot [N_1 - \sum_{i=1}^{n} N_{i1}] + \sum_{i=1}^{n} p_{i2} \cdot (N_2 - N_{i2})$$

$$+ p_1 \cdot \{f_1(K_1, L_1) - N_1\} + p_2 \cdot \{f_2(K_2, L_2) - N_2\}$$

$$+ p_K \cdot \{K - K_1 - K_2\} + p_L \cdot \{L - L_1 - L_2\} \,,$$

oder, wenn man $p_{w1} = 1$ vereinbart:

(4.32) $\quad \Phi = \sum_{i=1}^{n} p_{wi} \cdot W_i(N_{i1}, N_{i2}) - \sum_{i=2}^{n} p_{wi} \cdot W_i^*$

$$+ p_{N1} \cdot [N_1 - \sum_{i=1}^{n} N_{i1}] + \sum_{i=1}^{n} p_{i2} \cdot (N_2 - N_{i2})$$

$$+ p_1 \cdot \{f_1(K_1, L_1) - N_1\} + p_2 \cdot \{f_2(K_2, L_2) - N_2\}$$

$$+ p_K \cdot \{K - K_1 - K_2\} + p_L \cdot \{L - L_1 - L_2\} \,.$$

Durch Anwendung des Theorems von Kuhn und Tucker ergibt sich neben (4.26) bis (4.31) aus (4.32):

(4.33) $\quad \dfrac{\partial \Phi}{\partial N_{i1}} = p_{wi} \cdot \dfrac{\partial W_i}{\partial N_{i1}} - p_{N1} \leq 0 \quad (i = 1, \ldots, n)$

(4.34) $\quad \dfrac{\partial \Phi}{\partial N_{i2}} = p_{wi} \cdot \dfrac{\partial W_i}{\partial N_{i2}} - p_{i2} \leq 0 \qquad (i = 1, \ldots, n)$

(4.35) $\quad \dfrac{\partial \Phi}{\partial N_1} = p_{N1} \leq 0$

(4.36) $\quad \dfrac{\partial \Phi}{\partial N_2} = \sum\limits_{i=1}^{n} p_{i2} - p_2 \leq 0$

(4.37) $\quad \dfrac{\partial \Phi}{\partial K_j} = p_j \cdot \dfrac{\partial f_j}{\partial K_j} - p_K \leq 0 \qquad (j = 1, 2)$

(4.38) $\quad \dfrac{\partial \Phi}{\partial L_j} = p_j \cdot \dfrac{\partial f_j}{\partial L_j} - p_L \leq 0 \qquad (j = 1, 2)$

(4.39) $\quad N_{ij}, N_j, A_j, K_j, L_j \geq 0 \qquad (i = 1, \ldots, n; j = 1, 2)$

(4.40) $\quad p_1, p_{N1}, p_L, p_K, p_{wi}, p_{i2} \geq 0 \qquad (i = 1, \ldots, n)$.

(4.41) $\quad \sum\limits_{i=1}^{n} \{(p_{wi} \cdot \dfrac{\partial W_i}{\partial N_{i1}} - p_{N1}) \cdot N_{i1} + (p_{wi} \cdot \dfrac{\partial W_i}{\partial N_{i2}} - p_{i2}) \cdot N_{i2}\}$

$\quad + (p_{N1} - p_1) \cdot N_1 + (\sum\limits_{i=1}^{n} p_{i2} - p_2) \cdot N_2 = 0$

(4.42) $\quad \sum\limits_{j=1}^{2} \{(p_j \cdot \dfrac{\partial f_j}{\partial K_j} - p_K) \cdot K_j + (p_j \cdot \dfrac{\partial f_j}{\partial L_j} - p_L) \cdot L_j\} = 0$

(4.43) $\quad \sum\limits_{i=2}^{n} p_{wi} \cdot [W_i(N_{i1}, N_{i2}) - W_i^*] + \sum\limits_{i=1}^{n} p_{i2} \cdot (N_2 - N_{i2})$

$\quad + p_{N1} \cdot (N_1 - \sum\limits_{i=1}^{n} N_{i1}) + \sum\limits_{j=1}^{2} p_j \cdot \{f_j(K_j, L_j) - N_j\}$

$\quad + p_K \cdot (K - K_1 - K_2) + p_L \cdot (L - L_1 - L_2) = 0$.

Wird angenommen, daß jeder Haushalt beide Güter konsumiert, d. h. daß $N_{i1}, N_{i2} > 0$ für $i = 1, \ldots, n$ gilt, so steht in (4.33) und (4.34) jeweils das Gleichheitszeichen. Wegen $p_{w1} = 1$ und (4.25) folgt aus (4.34) für $i = 1$ dann, daß p_{N1} positiv ist, also

(4.44) $\quad p_{N1} = p_{wi} \cdot \dfrac{\partial W_i}{\partial N_{i1}} > 0 \qquad (i = 1, \ldots, n)$

Wiederum wegen (4.25) sind daher alle p_{wi} strikt positiv. Zusammen mit (4.25) und (4.34) impliziert dies, daß alle p_{i2} ($i = 1, \ldots, n$) positiv sind:

(4.45) $\qquad p_{i2} = p_{wi} \cdot \dfrac{\partial W_i}{\partial N_{i2}} > 0 \qquad (i = 1, \ldots, n)$

Nach (4.27) bis (4.29) folgt außerdem $N_1, N_2, A_1, A_2 > 0$, so daß wegen (4.41):

(4.46) $\qquad p_1 = p_{N1}$

(4.47) $\qquad p_2 = \sum\limits_{i=1}^{n} p_{i2}$

(4.48) $\qquad p_K = p_j \cdot \dfrac{\partial f_j}{\partial K_j} \qquad (j = 1, 2)$

(4.49) $\qquad p_L = p_j \cdot \dfrac{\partial f_j}{\partial L_j} \qquad (j = 1, 2)$

Schließlich gilt wegen $p_{wi} > 0$ und (4.42) bis (4.47) das Gleichheitszeichen in (4.26) bis (4.29).

In den Gleichungen (4.33) bis (4.43) sind p_1 und p_2 offenbar wieder wie in Abschnitt 2.1.2 als Schatten- oder Verrechnungspreise von G_1 bzw. G_2 zu deuten.[8] Entsprechend sind die p_K, p_L die Verrechnungspreise der beiden Produktionsmittel.

Was bedeuten jedoch p_{N1}, die p_{i2} und p_{wi} ($i = 1, 2, \ldots, n$)? Die Größe ($-p_{wi}$) mißt die Reaktion des Nutzenmaximums des betrachteten Haushalts H_1 auf Änderungen des exogen vorgegebenen Nutzenniveaus des i-ten Haushalts, W_i^*. Dies ergibt sich aus einer Differentiation des Maximalwerts der Zielgröße Φ der Lagrange-Funktion nach dem vorgegebenen Nutzenniveau W_i^*. p_{N1} und p_{i2} sind als die Verrechnungspreise von H_i für eine Einheit von G_1 und G_2 aufzufassen. Man sieht auch sofort aus Gleichung (4.46), daß $p_{N1} = p_1$ ($i = 1, 2, \ldots, n$) gilt. Die Verrechnungspreise für das private Gut G_1 sind also für alle Haushalte dem Schattenpreis der G_1 produzierenden Betriebe für dieses Gut gleich.

Anders liegen die Dinge jedoch für das öffentliche Gut G_2. Der Verrechnungspreis p_2, den die Betriebe für eine Einheit von G_2 zu berücksichtigen haben, ist nach (4.47) gleich der Summe der Schattenpreise p_{i2}, die die Haushalte für eine Einheit dieses Gutes im Optimum in Rechnung zu stellen haben.

---

[8] Wir haben hier im Gegensatz zu (2.19) bis (2.30) die optimalen Größen nicht mit dem Symbol ° gekennzeichnet.

Dieses Ergebnis ist intuitiv einleuchtend, wenn man sich klar macht, daß alle Haushalte dieselben Einheiten des öffentlichen Gutes erhalten. Die Summe der ihnen anzurechnenden Schattenpreise für eine identische Einheit entspricht dann gerade dem Verrechnungspreis für diese Einheit, den ein G_2 erzeugender Betrieb erhalten muß.[9] Beim privaten Gut dagegen bekommen die einzelnen Haushalte H_i unterschiedliche Einheiten von G_1. Der von ihnen zu verrechnende Preis p_{N1} muß daher dem Schattenpreis p_1 des produzierenden Betriebes gleich sein.

Auf eine Deutung der übrigen Gleichungen kann verzichtet werden, da diese völlig analog wie (2.13) bis (2.26) in Kapitel 2 zu interpretieren sind. Es sei nur noch erwähnt, daß die Division von Gleichung (4.44) durch Gleichung (4.45)

$$(4.50) \qquad \frac{\partial W_1/\partial N_{i1}}{\partial W_1/\partial N_{i2}} = \frac{p_{N1}}{p_{N2}} \qquad (i=1,\ldots,n)$$

ergibt. Die Grenznutzen von G_1 und G_2 verhalten sich für jeden Haushalt H_i wie die Verrechnungspreise.

Die abgeleiteten Ergebnisse für eine Pareto-optimale Situation der betrachteten Zentralgeleiteten Verwaltungswirtschaft implizieren nun, daß in einer Marktwirtschaft ebenso wie im Konkurrenzsozialismus die einzelnen Haushalte regelmäßig mit verschieden hohen Beiträgen zur Finanzierung der vom Staat für sie bezogenen Menge des öffentlichen Gutes herangezogen werden müßten, wenn eine Pareto-optimale Güterversorgung verwirklicht werden soll. Zunächst folgt ja bereits aus (4.45), daß die Haushalte H_i je bezogene Einheit von G_2 regelmäßig unterschiedliche Preise p_{i2} bezahlen müssen, wenn ihr Finanzierungsbeitrag nach ihren Präferenzen für das öffentliche Gut bemessen wird. Es ist daher naheliegend, daß bei einer Finanzierung etwa durch eine Einkommensteuer unterschiedliche Steuersätze t_i zu entrichten sind.

Der Beweis für diese Behauptung ist einfach zu führen. Da wegen Gleichung (4.28) jeder Haushalt die Menge N_2 bezieht und sein optimaler Verrechnungspreis für eine Einheit p_{i2} beträgt, lautet sein Finanzierungsbeitrag $p_{i2} \cdot N_2$. Wegen (4.45) ist dieser optimale Finanzierungsbeitrag umso größer, je höher der Grenznutzen des öffentlichen Gutes für ihn ist, d.h. je intensivere Präferenzen er für das Gut hat. Wird der Beitrag von ihm in Form einer proportionalen Steuer mit dem Steuersatz t_i von seinem Einkommen Y_i erhoben, so ergibt sich sein optimaler Steuersatz t_i^0 aus der Gleichung

$$(4.51) \qquad t_i^0 = \frac{p_{i2}}{Y_i} \cdot N_2$$

---

[9] Aus dem Euler-Theorem ist bekannt, daß bei konstanten Skalenerträgen die Erlöse gerade die Kosten decken, wenn die Faktorpreise den jeweiligen Wertgrenzprodukten entsprechen.

Da alle Haushalte die gleiche Menge N_2 beziehen sind folglich die Paretooptimalen Steuersätze t_i^0 nur dann für alle Haushalte gleich hoch, wenn p_{i2}/Y_i für alle Haushalte übereinstimmt. Das ist jedoch in der Regel nicht zu erwarten, so daß ein Pareto-Optimum durchweg mit *unterschiedlichen* Steuersätzen für die Haushalte verbunden ist.

Man erkennt schon aus der Struktur der Lösung, daß es schwierig ist, ein Verfahren für ihre praktische Realisierung zu konstruieren. Weder eine Befragung der Haushalte noch eine Abstimmung nach einem dem Markt entsprechenden Punktwahlsystem dürfte in der Form, wie sie in Kapitel 2 dargestellt wurde, Erfolg haben. Wahrheitsgetreue Auskünfte der Haushalte oder die Abgabe von Punkten entsprechend den tatsächlichen Präferenzen hätten ja zur Folge, daß die Haushalte nach der Intensität ihrer Wünsche für öffentliche Güter mit Steuern (Gebühren) belastet würden.

Das zuletzt geschilderte Problem besteht naturgemäß auch für eine Zentralgeleitete Verwaltungswirtschaft, wenn in der gesellschaftlichen Zielfunktion die Wünsche der Wirtschaftssubjekte berücksichtigt werden sollen. Der einzige Unterschied liegt hier darin, daß die zentrale Planungsstelle die optimalen Mengen für alle Güter und darüber hinaus die Verteilung der Konsumgüter auf die Haushalte festzulegen hat. Ferner werden statt der Gebühren den Haushalten unmittelbar weniger private Güter zugewiesen. Die Mengen dieser Güter müssen dabei um so kleiner sein, je intensiver ein Haushalt die öffentlichen Güter begehrt. Das hat jedoch wiederum zur Folge, daß jeder Haushalt daran interessiert ist, seine wahren Präferenzen zu verbergen.

Als praxisnahe Lösung des beschriebenen Problems bietet sich eine Entscheidung mit Hilfe des Mehrheitswahlrechts an. In einer Marktwirtschaft hätten die Haushalte z.B. zwei Fragen zu entscheiden. Erstens, welche von verschiedenen möglichen Mengenkombinationen öffentlicher Güter hergestellt und vom Ministerium für die Beschaffung öffentlicher Güter bezogen werden sollen, und zweitens, welche Steuern oder Gebühren jeder einzelne zur Finanzierung der erforderlichen Kaufsumme aufbringen soll. In der Zentralgeleiteten Verwaltungswirtschaft wäre analog mit Hilfe des Mehrheitswahlrechts zu entscheiden, welche Kombination von Mengen öffentlicher und privater Güter hergestellt werden soll und wie die privaten Güter auf die Mitglieder der Gesellschaft zu verteilen sind. Es ist zu erwarten, daß auf diese Weise getroffene Entscheidungen nur sehr grob sein können und nicht zu einer Pareto-optimalen Lösung führen. Diese Alternative wird in Abschnitt 4.2.4 systematisch analysiert werden.

Die geschilderten Schwierigkeiten haben zu zwei interessanten Vorschlägen für andersartige demokratische Entscheidungsverfahren geführt, die zur Lösung des Problems der Offenbarung von Präferenzen beitragen sollen und von denen eines im folgenden Abschnitt 4.2.3 dargestellt wird.[10] Auch diese

---

[10] Bei dem anderen handelt es sich um ein von E.A. Thompson vorgeschlagenes Entscheidungsverfahren mit Versicherung (siehe Literaturverzeichnis).

Verfahren weisen gewisse Nachteile auf, die von uns nur zum Teil erörtert werden können. Im Literaturverzeichnis (Abschnitt 4.6) weisen wir auf weitere kritische Literatur hin.

Zuvor seien noch zwei wichtige Punkte betont. Einmal impliziert die Zweckmäßigkeit der öffentlichen Beschaffung eines Gutes nicht, daß dieses auch von in öffentlichem Eigentum befindlichen oder durch eine öffentlichen Planstelle gelenkten Betrieben hergestellt werden muß. Wie wir uns überzeugen konnten, ist die Effizienz einer Dezentralisierung der Produktionsentscheidungen über den Markt völlig unabhängig von der Dezentralisierung der Beschaffungs- oder Verbrauchsentscheidungen.

Zweitens impliziert die öffentliche Bereitstellung eines Gutes nicht, daß jedes Mitglied der Gesellschaft einen Teil der Kosten tragen oder weniger von den privaten Gütern erhalten sollte. Den Vorteil eines Deichbaus genießen sicherlich nur diejenigen, die in der Nähe der Küste wohnen, den Vorteil der Feuerwehr im Ort A nur dessen Bewohner und nicht die Einwohner der weit entfernten Stadt S. Diese Tatsache legt es nahe, öffentliche Organisationen zu gründen, die je nach Art des öffentlichen Gutes auf regionaler und (oder) sachlicher Basis arbeiten, die Wünsche der in Frage kommenden Konsumenten wegen ihrer räumlichen oder sachlichen Nähe besser kennen und daher eher in der Lage sind, nur die Begünstigten möglichst gerecht im Hinblick auf die empfangenen Leistungen zu belasten.

4.2.3 Besteuerung der Abstimmenden zur Entdeckung der wahren Präferenzen

Das in diesem Abschnitt zu besprechende „Verfahren zur Aufdeckung der wahren Nachfrage" („Demand Revealing Process") soll Anreize zur Offenlegung der tatsächlichen Präferenzen der Abstimmenden setzen. Das Verfahren wurde 1971 von E. Clarke entdeckt und erstmals auf das Problem öffentlicher Güter angewendet. Unabhängig von Clarke hatte W. Vickrey bereits 1961 dieses Verfahren entwickelt, aber nur für Entscheidungen zur Allokation privater Güter verwendet.

Wir nehmen an, es gebe n Wähler H_i ($i=1,\ldots,n$) und r Alternativen a_j ($j=1,\ldots,r$), von denen eine ausgewählt werden soll. Auf das Problem der Versorgung mit einem öffentlichen Gut angewendet, spezifiziert z. B. jede Alternative zum einen die Menge des öffentlichen Gutes, die bereitgestellt werden soll, und gleichzeitig die Finanzierungsbeiträge, die die verschiedenen Haushalte dazu leisten sollen. Jeder Wähler H_i sei so gut über die Alternativen informiert, daß er jedes a_j mit einem Geldwert V_{ij} (seiner „maximalen Zahlungsbereitschaft" für a_j) belegen kann. Natürlich können einzelne dieser Werte auch negativ sein.

Zunächst einmal machen wir uns klar, daß ein Vorschlag a_j einer Alternative a_k nach dem Kriterium der potentiellen Pareto-Verbesserung überlegen ist, wenn

$$(4.52) \quad \sum_{i=1}^{n} (V_{ij} - V_{ik}) = \sum_{i=1}^{n} V_{ij} - \sum_{i=1}^{n} V_{ik} > 0$$

ist. Gilt dagegen in (4.52) das Gleichheitszeichen, so sind a_j und a_k potentiell Pareto-gleichwertig. Diese Schlußfolgerung folgt direkt aus der Definition des potentiellen Pareto-Kriteriums. Gilt z. B. das „>"-Zeichen, so hätten diejenigen Haushalte H_i, für die der Klammerausdruck auf der linken Seite von (4.52) positiv ist, so große Vorteile aus einer Entscheidung für a_j, daß sie die Haushalte H_i, für die der Klammerausdruck negativ ist, ohne weiteres durch entsprechende Zahlungen für den Verzicht auf a_k entschädigen könnten. Es könnte also jeder Haushalt besser gestellt werden, wenn a_j anstelle von a_k gewählt würde. Entsprechendes würde bei einer Entscheidung für a_k gelten, wenn in (4.52) das „<"-Zeichen gelten würde.

Bei diesem Verfahren ist es (anders als im Verfahren von Thompson) möglich, die Entscheidung über alle r Alternativen in einer einzigen Abstimmung herbeizuführen. Das Wahlverfahren beginnt damit, daß die Haushalte aufgefordert werden, ihre Bewertungen der r-Alternativen einer staatlichen Behörde mitzuteilen. Wir nennen diese Bewertungen, die ja nicht unbedingt mit den wahren Präferenzen V_{ij} übereinstimmen müssen, zur Unterscheidung B_{ij} ($i = 1, \ldots, n; j = 1, \ldots, r$). Die Wahlbehörde stellt die Summe der Werte für die einzelnen Alternativen fest und erklärt diejenige Alternative j^* als gewählt, bei der sich die höchste Summe ergibt, für die also gilt:

$$(4.53) \quad \sum_{i=1}^{n} B_{ij}^* \geq \sum_{i=1}^{n} B_{ij} \quad \text{für alle } j \neq j^* .$$

Bei wahrheitsgemäßen Angaben durch die Haushalte ($B_{ij} = V_{ij}$ für alle i, j) entspricht diese Formel wegen (4.52) gerade der Bedingung dafür, daß Alternative a_j^* gegenüber allen anderen Alternativen potentiell Pareto-superior ist.

Wie aber können die Haushalte dazu veranlaßt werden, der staatlichen Behörde die ihrer Bewertung tatsächlich entsprechenden DM-Beträge anzugeben, also ihre wahren Präferenzen zu enthüllen? Um diesen Zweck zu erreichen, wird die sogenannte Clarke-Steuer eingeführt, die jeden einzelnen Haushalt belastet, dessen Bewertung für die Entscheidung zugunsten von a_j^* ausschlaggebend ist – in dem Sinne, daß ohne seine Beteiligung eine andere Alternative als a_j^* gewählt worden wäre. Jeder dieser „ausschlaggebenden" Haushalte H_k zahlt eine Steuer in Höhe des Nachteils, den er den anderen Wählern insgesamt auferlegt, nämlich

$$(4.54) \quad C_k = \begin{cases} \max\limits_{j \neq j^*} \left[\sum\limits_{i=k} B_{ij} - B_{ij}^* \right] , & \text{falls dieses Maximum positiv ist} \\ 0 & \text{sonst.} \end{cases}$$

Zu zeigen ist, daß es sich angesichts dieser Besteuerungsregel für keinen Haushalt H_i lohnt, andere Bewertungen anzugeben, als es seinen tatsächlichen Präferenzen V_{ij} ($j = 1, \ldots, r$) entspricht. Dabei hilft uns zunächst die Beobachtung, daß gemäß (4.54) die Höhe der von einem Haushalt H_k zu entrichtenden Steuer C_k nicht von den von ihm selbst angegebenen Bewertungen abhängt (die B_{kj} kommen nicht in (4.54) vor). Lediglich die Entscheidung, welcher der Vorschläge als die Alternative a_j^* gewählt wird, und damit die Frage, ob Haushalt H_k überhaupt eine Steuer zu entrichten hat, hängt von seinen Bewertungen B_{kj} ab.

Man macht sich leicht klar, daß es nur zwei Fälle gibt, in denen Haushalt H_k eventuell eine wahrheitsgemäße Stimmabgabe bereuen könnte:

a) Haushalt H_k muß eine Clarke-Steuer zahlen, möchte diese aber durch eine niedrigere Bewertung für die Alternative a_j^* vermeiden. Gewählt wird dann Alternative a_j^0. Er spart dadurch die Clarke-Steuer in Höhe von

$$C_k = \sum_{i \neq k} B_{ij}^0 - \sum_{i \neq k} B_{ij}^* \ .$$

Dem steht ein Nutzenverlust im Wert von $V_{kj}^* - V_{kj}^0$ gegenüber. Wegen (4.52) gilt aber, wenn er selbst seine Bewertungen wahrheitsgemäß angibt,

$$(4.55) \quad \sum_{i=1}^{n} B_{ij}^* = \sum_{i \neq k} B_{ij}^* + V_{kj}^* > \sum_{i \neq k} B_{ij}^0 + V_{kj}^0 = \sum_{i=1}^{n} B_{ij}^0 \ ,$$

woraus unmittelbar folgt:

$$(4.56) \quad V_{kj}^* - V_{kj}^0 > \sum_{i \neq k} B_{ij}^0 - \sum_{i \neq k} B_{ij}^* = C_k \ ,$$

d. h. sein Verlust ist größer als seine Ersparnis.

b) H_k setzt sich mit seiner am meisten gewünschten Alternative a_j^0 nicht durch, wenn er seine Bewertungen wahrheitsgemäß abgibt. Gewählt wird statt dessen a_j^*. Durch übertriebene Angabe von B_j^0 ($B_j^0 > V_j^0$) würde es ihm aber gelingen, das Ergebnis zugunsten von a_j^0 zu ändern. Dadurch ist er jetzt verpflichtet, eine Clarke-Steuer in Höhe von

$$(4.57) \quad C_k = \sum_{i \neq k} B_{ij}^* - \sum_{i \neq k} B_{ij}^0$$

zu entrichten. Dem steht ein Nutzenzuwachs in Höhe von $V_{kj}^0 - V_{kj}^*$ gegenüber. Aus der mittleren Ungleichung in (4.55) folgt jedoch sofort

$$(4.58) \quad C_k = \sum_{i \neq k} B_{ij}^* - \sum_{i \neq k} B_{ij}^0 > V_{kj}^0 - V_{kj}^* \ ,$$

d. h. auch dieses Verhalten lohnt sich für den Betreffenden nicht.

Wir können aus diesen Ableitungen den Schluß ziehen, daß das beschriebene Verfahren tatsächlich zur Angabe der richtigen Bewertungen und damit zur

Aufdeckung seiner Präferenzen veranlaßt, egal ob die übrigen Beteiligten dies auch tun oder nicht. (Man beachte, daß in (4.55) die angegebenen Bewertungen B_{ij} der anderen Wähler und nicht die wahren V_{ij} vorkommen.) Hat aber jeder Wähler diese Anreize, so werden letztlich alle ihre Präferenzen wahrheitsgemäß angeben, und das Clarke-Verfahren wird, wie oben im Zusammenhang mit (4.53) argumentiert, einen Vorschlag auswählen, der gegenüber allen Alternative potentiell Pareto-überlegen (oder -gleichwertig ist).

Anschließend wollen wir das beschriebene Verfahren mit Hilfe eines einfachen Zahlenbeispiels illustrieren, an dem auch seine Schwächen aufgezeigt werden können.

Wir gehen aus von fünf Haushalten (Wählern) H_i ($i = 1, \ldots, 5$) und drei Alternativen a_1, a_2 und a_3, zwischen denen zu entscheiden ist. In den ersten drei Spalten von Tabelle 4.1 sind die (wahren) Bewertungen der drei Alternativen durch die Haushalte in DM angegeben. Bei wahrheitsgemäßen Angaben der Präferenzen durch die Haushalte wird die Alternative a_3 mit einer Summe von DM 120 gewählt.

Tabelle 4.1

Entscheidungsbeispiel mit Berechnung der Clarke-Steuer

| Haushalt | Alternativen | | | Alternativen | | | Steuer |
| | a_1 | a_2 | a_3 | a_1 | a_2 | a_3 | |
	Bewertung durch Haushalt H_i			Summe der Bewertungen ohne Haushalt H_i			
H_1	0	25	40	105	65	80	25
H_2	50	0	30	55	90	90	0
H_3	10	45	0	95	45	120	0
H_4	0	20	30	105	70	90	15
H_5	45	0	20	60	90	100	0
Summe	105	90	120				

Wir stellen zunächst fest, welche Haushalte dafür verantwortlich sind, daß Alternative a_3 statt a_1 oder a_2 gewählt wird. Zu diesem Zweck sind in den Spalten 4–6 von Tabelle 4.1 die für die verschiedenen Alternativen berechneten Summen nach Abzug der DM-Beträge, mit denen der jeweilige Haushalt die betrachtete Alternative bewertet, eingetragen. So ist z.B. in der vierten Spalte für H_2 55 DM eingetragen. Dieser Betrag ergibt sich durch Abzug von 50 DM (Spalte 1) von der Summe 105 DM in Spalte 1. Entsprechend ergibt sich in Spalte 6 für H_1 $120 - 40 = 80$. Bei den so erhaltenen Beträgen handelt es sich also offenbar um die Summen, die sich ergeben würden, wenn nur vier der Haushalte mitentschieden hätten. So stehen jetzt in der zu H_1 gehörenden Zeile in den Spalten 4–6 für die Alternativen a_1, a_2 und

a_3 die Werte 105, 65 und 80 DM. Diese hätten sich ohne Beteiligung von H_1 an der Entscheidung als Summen ergeben (vgl. Spalten 1–3).

Das bedeutet aber, daß ohne Beteiligung von H_1 a_1 mit 105 DM und nicht a_3 mit 80 DM gewählt worden wäre. Die Beteiligung von H_1 hat also zur Wahl von a_3 geführt. Aus diesem Grunde muß H_1 eine Clarke-Steuer entrichten. Diese wird aus der Differenz der Summen in den Spalten 4 bis 6 für die beiden fraglichen Alternativen gebildet, die mit und ohne Beteiligung von H_1 gewählt würden. Sie beträgt also 105 − 80 = 25 DM und entspricht dem Nachteil, den die Haushalte H_2, H_3, H_4 und H_5 insgesamt durch die Mitwirkung von H_1 erleiden.

Eine Überprüfung der Spalten 4–6 in den anderen Zeilen ergibt, daß außer H_1 auch noch H_4 mit seinem Verhalten für die Wahl von a_3 verantwortlich ist. Alle übrigen Haushalte sind dagegen nicht ausschlaggebend für die Wahl von a_3 und brauchen folglich keine Clarke-Steuer zu zahlen.

Um zu zeigen, daß sich tatsächlich kein einzelner Haushalt durch die Angabe falscher Bewertungen besserstellen kann, betrachten wir z. B. Haushalt H_2, der stark an Alternative a_1 interessiert ist. Wäre es nicht sinnvoll für diesen Haushalt, der staatlichen Behörde eine z. B. um 20 DM höhere Bewertung von a_1 zu melden, um dieser erwünschten Alternative zum Erfolg zu verhelfen? In diesem Fall würde man ja statt Tabelle 4.1 Tabelle 4.2 erhalten. Wie ein Vergleich der Summen der Spalten 1–3 der letzten Zeile zeigt, würde nun tatsächlich die Entscheidung zugunsten von a_1 ausfallen. Berechnet man jedoch die Clarke-Steuern für das geänderte Beispiel, so sieht man, daß H_2 eine Clarke-Steuer in Höhe von 35 DM zu zahlen hätte. Das übertrifft aber den wahren Vorteil, den er bei einer Entscheidung für a_1 statt a_3 erzielen könnte, nämlich 50 − 30 = 20 DM (vgl. Tabelle 4.1). Die Angabe einer falschen Bewertung lohnt sich also wegen der Clarke-Steuer für H_2 nicht und unterbleibt.

Umgekehrt würde es sich auch für H_4 nicht lohnen, z. B. durch die Angabe einer höheren Bewertung für a_1 oder (und) einer niedrigeren Bewertung für a_3

Tabelle 4.2

Entscheidungsbeispiel bei Angabe falscher Bewertungen durch H_2

| Haushalt | Alternativen | | | Alternativen | | | Steuer |
| | a_1 | a_2 | a_3 | a_1 | a_2 | a_3 | |
	Bewertung durch Haushalt H_i			Summe der Bewertungen ohne Haushalt H_i			
H_1	0	25	40	125	65	80	0
H_2	70	0	30	55	90	90	35
H_3	10	45	0	115	45	120	5
H_4	0	20	30	125	70	90	0
H_5	45	0	20	80	90	100	20
Summe	125	90	120				

die Clarke-Steuer zu vermeiden. In diesem Fall könnte die Entscheidung für a_1 fallen. Dadurch würde zwar H_4 die Steuer in Höhe von DM 15 vermeiden, aber wegen der Änderung des Entscheidungsergebnisses einen Verlust von DM 30 erleiden (vgl. Tabelle 4.1).

Die beschriebene Eigenschaft der Anreiz-Kompatibilität geht allerdings verloren, wenn mehrere Wähler gleichzeitig das Wahlergebnis durch Angabe falscher Bewertungen zu manipulieren versuchen. Um dies zu zeigen, nehmen wir für unser obiges Beispiel jetzt an, daß Haushalte H_2 und H_5 ihre Präferenzen für die von ihnen am meisten geschätzte Alternative a_1 um jeweils 45 DM übertreiben. (Spalte 1 in Tabelle 4.3). Die gegenüber Tabelle 4.1 geänderten Werte in Spalte 4 von Tabelle 4.3 führen nun dazu, daß niemand eine Clarke-Steuer zahlt, da kein einzelner Haushalt dafür ausschlaggebend ist, daß a_1 eine höhere Gesamtbewertung erhalten hat als a_2 oder a_3. Jeder der beiden Haushalte H_2 und H_5 hat durch das große Ausmaß seiner Überbewertung den anderen davor bewahrt, eine Clarke-Steuer entrichten zu müssen. Beim Clarke-Verfahren ist also eine Manipulation des Ergebnisses und damit eine Abweichung vom Pareto-Optimum möglich, wenn mehrere Haushalte sich verabreden, ihre Präferenzen verfälscht darzustellen.

Tabelle 4.3

Entscheidungsbeispiel bei Angabe falscher Bewertungen durch H_2 und H_5

| Haushalt | Alternativen | | | Alternativen | | | |
| | a_1 | a_2 | a_3 | a_1 | a_2 | a_3 | |
	Bewertung durch Haushalt H_i			Summe der Bewertungen ohne Haushalt H_i			Steuer
H_1	0	25	40	195	65	80	0
H_2	95	0	30	100	90	90	0
H_3	10	45	0	180	45	120	0
H_4	0	20	30	195	70	90	0
H_5	90	0	20	105	90	100	0
Summe	195	90	120				

Dabei ist andererseits wieder zu beachten, daß sich der einzelne Beteiligte an einer solchen Absprache besser stellt, wenn nur die anderen Teilnehmer die Manipulation tatsächlich durchführen, er selbst seine Präferenzen jedoch aufrichtig angibt. Die Gefahr der Manipulation ist daher in kleinen Gruppen besonders groß, in denen mit der Einhaltung solcher Absprachen gerechnet werden kann. In großen Gemeinschaften ist es zum einen schwierig, Koalitionen mit dem Zweck der gemeinsamen Verfälschung der angegebenen Präferenzen zu bilden, die groß genug sind, um das Abstimmungsergebnis zu beeinflussen. Zum anderen ist gerade bei Koalitionen mit vielen Mitgliedern der Zusammenhalt besonders lose, wenn jeder Teilnehmer einen Anreiz hat abzuspringen. Dadurch wird der genannte Einwand gegen das Clarke-Verfahren für den Fall großer Gruppen wieder abgeschwächt.

Ferner stellen auch die Einnahmen aus der Clarke-Steuer ein Problem dar. So müßte eine von der Besteuerung unabhängige Verteilung dieser Einnahmen regelmäßig zu einer Neubewertung der Alternativen durch die Beteiligten führen, so daß die ohne diese Verteilung gewählte Alternative nicht Pareto-optimal zu sein braucht. Man sollte diese Tatsache jedoch wiederum nicht überbewerten. Ihre Auswirkung ist vermutlich gering, da der Anteil der Clarke-Steuer an den Ausgaben mit zunehmender Zahl der Entscheidungsberechtigten immer kleiner und schließlich verschwindend klein wird.[11]

Ob und wieweit dieses Verfahren noch modifiziert werden könnten, um die dargestellten Mängel zu beheben, bleibt abzuwarten. Gleiches gilt für mögliche Schwierigkeiten bei einer praktischen Anwendung dieser Verfahren.

4.2.4 Die Versorgung mit einem öffentlichen Gut in einer Demokratie mit zwei Parteien

Im folgenden wollen wir untersuchen, mit welchen Ergebnissen zu rechnen ist, wenn die Versorgung mit einem öffentlichen Gut in einer indirekten Demokratie durch eine um Wiederwahl bemühte Regierung determiniert wird. Wir betrachten dazu ein einfaches politisch-ökonomisches Modell, in dem regelmäßig Wahlen stattfinden, bei denen nur zwei Parteien um die Wählerstimmen konkurrieren. Während es die einzige Funktion staatlicher Stellen ist, ein rein öffentliches Gut für die Bevölkerung am Markt nachzufragen, wird das einzige private Gut von den Haushaltungen am Markt bezogen.

Die Ausgaben für das öffentliche Gut werden durch Steuereinnahmen finanziert, wobei wir in Annäherung an die Realität davon ausgehen, daß kein Versuch unternommen wird, die einzelnen Haushalte entsprechend ihren Präferenzen für öffentliche Güter zu besteuern, sondern die Finanzierung mittels einer proportionalen Einkommensteuer vorgenommen wird. Außer zum Kauf des öffentlichen Gutes können Steuermittel möglicherweise auch für eigensüchtige Zwecke der Regierungspartei(en) verwendet werden.

4.2.4.1 Grundannahmen des Modells

In der Folge wird ein außerordentlich vereinfachtes Modell eines Zweiparteiensystems betrachtet, in dem beide Parteien vollständig über die Wünsche der mit den Wählern identischen Haushalte und über die Auswirkungen aller staatlichen Maßnahmen informiert sind. Am Anfang einer jeden Periode (Wahlperiode) finden Wahlen statt. In den Wahlprogrammen werden die Menge des öffentlichen Gutes, die von der jeweiligen Partei für die Versor-

---

[11] Vgl. T.N. Tideman, „Introduction", Public Choice 29–2 (Special Supplement), 1977, S. 1–13.

gung der Bevölkerung vorgesehen wird, und der von ihr geplante Einkommensteuersatz angegeben. Jeder Haushalt entscheidet sich gemäß seinen Wünschen durch Stimmabgabe für das von ihm präferierte Wahlprogramm.

Nach diesen Wahlen übernimmt die Partei, die die Mehrheit der Wählerstimmen erhalten hat, die Regierungsgewalt. Sie kann bis zu den nächsten Wahlen beliebige Steuern festsetzen und die Staatseinnahmen zum Kauf des einzigen öffentlichen Gutes verwenden. Erhalten beide Parteien die gleiche Stimmenzahl, so wird nach einem Zufallsverfahren entschieden, welche Partei die Regierungsgewalt übernimmt, so daß die Wahrscheinlichkeit eines Wahlerfolges in diesem Fall für jede Partei gleich groß, also gleich 1/2 ist.

Die Wähler (Haushalte) sind voll über die von den Parteien zu den Wahlen vorgelegten Programme und über die von der Regierung nach den letzten Wahlen ergriffenen Maßnahmen informiert. Eine Partei, die als Regierungspartei ihr Wahlprogramm nicht durchführt, wird von keinem Wähler wieder gewählt. Aus diesem Grunde führt die bei der Wahl erfolgreiche Partei ihr Wahlprogramm ohne Änderungen bis zu den nächsten Wahlen durch.

Neben dem öffentlichen Gut gibt es in der betrachteten Modellwirtschaft nur ein privates Gut.[12] Privates und öffentliches Gut werden von dezentralisierten Unternehmungen produziert und geliefert. Die Unternehmungen verhalten sich als Mengenanpasser, sehen den Preis also als von ihren Entschlüssen unabhängig, als gegeben an. Entsprechend verhalten sich sowohl die Regierung beim Bezug des öffentlichen Gutes, das sie anschließend den Haushalten zur Verfügung stellt, als auch die Haushalte beim Kauf des privaten Gutes.

Wir gehen von einer vorgegebenen Einkommensverteilung aus, die sich z. B. aus den am Markt erzielten Produktionsmittelpreisen und der bestehenden Vermögensverteilung in einer kapitalistischen Marktwirtschaft ergibt. Jeder Haushalt H_i $(i = 1, 2, \ldots, n)$ verfügt über ein Bruttoeinkommen Y_i, von dem er einen bestimmten Prozentsatz t $(0 \leq t \leq 1)$ an Steuern abzuführen hat. Es wird folglich der Einfachheit halber davon ausgegangen, daß von der Regierung einzig eine proportionale Einkommensteuer erhoben werden kann.[13] Zum Bezug des privaten Gutes verbleibt H_i also ein verfügbares Einkommen $(1-t) \cdot Y_i$. Bei einem Preis p_1 für das private Gut ergibt sich folglich für jeden Haushalt H_i die Budgetbedingung:

(4.59) $(1-t) \cdot Y_i - p_1 \cdot N_{i1} \geq 0$ $(i = 1, 2, \ldots, n)$.

Dabei ist N_{i1} die von H_i gekaufte Menge des privaten Gutes. Ferner gehen wir wieder von der bereits in Abschnitt 2.2.1.1 verwendeten Ziel- oder Nut-

---

[12] Diese Annahme wird getroffen, um die folgende Darstellung zu vereinfachen. Alle Beweise lassen sich analog für beliebig viele private Güter durchführen.

[13] Alle wesentlichen Schlußfolgerungen lassen sich jedoch auch für eine progressive Einkommensteuer ableiten.

zenfunktion für jeden beliebigen Haushalt H_i aus. Insbesondere gelten weiterhin die Bedingungen (4.25), (4.27) und (4.28).

Bisher haben wir keine Annahmen über die Ziele der Parteien gemacht. Zu diesem Zweck wollen wir unterstellen, daß es sich bei den beiden Parteien um eine „Linkspartei" und um eine „Rechtspartei" handelt. Die Mitglieder der Linkspartei L möchten die Versorgung mit dem öffentlichen Gut so weit wie möglich erhöhen, ohne jedoch den Wahlerfolg zu gefährden, während die der Rechtspartei R diese so klein wie möglich halten wollen, um die Steuerzahler zu schonen. Es ergeben sich daher folgende Ziele für die beiden Parteien:

(4.60) $N_{L2} = \max!$

(4.61) $N_{R2} = \min!$

Man beachte, daß die siegreiche Partei die von ihr geplante Nachfrage N_{k2} ($k=L,R$) als Regierung realisiert, so daß für sie

(4.62) $N_{k2} = N_2 \quad (k = L, R)$

gilt.

Die von den Parteien vorgeschlagene Menge N_{k2} des öffentlichen Gutes muß zum Preis p_2 bei den Unternehmungen gekauft werden. Hierfür hat die künftige Regierung einen Betrag $p_2 N_{k2}$ aufzuwenden, der durch Steuern aufzubringen ist. Das Steueraufkommen beträgt nach unseren Annahmen

$$t_k \cdot Y = \sum_{i=1}^{n} t_k \cdot Y_i ,$$

wobei t_k ($k = L, R$) der von der Partei k vorgesehene Steuersatz und Y das Volkseinkommen ist. Folglich erhalten wir für das dem Parteiprogramm entsprechende geplante staatliche Budget:

(4.63) $t_k \cdot Y - p_2 \cdot N_{k2} \geq 0 \quad (k = L, R)$.

Die Parteien sehen sich gemäß diesen Überlegungen der Aufgabe gegenüber, ihre Zielfunktion (4.60) bzw. (4.61) unter folgenden Nebenbedingungen jeweils zu maximieren bzw. zu minimieren: erstens, daß sie die Mehrheit der Wählerstimmen gewinnen, und zweitens, daß die Budgetbedingung (4.63) erfüllt ist, die vorgesehenen Staatsausgaben für das öffentliche Gut also durch die geplanten Steuereinnahmen zumindest gedeckt werden.

Daraus folgt, daß sich das Wahlprogramm einer Partei in unserem Modell aus zwei Bestandteilen zusammensetzt: einer den Wählern vorgeschlagenen Menge des öffentlichen Gutes N_{k2} und einem Steuersatz t_k, der die geplante Finanzierung der Staatsausgaben beschreibt. Es werden folglich von den

Parteien für die Wahl die Programme $P_L := (N_{L2}, t_L)$ und $P_R := (N_{R2}, t_R)$ vorgelegt.

4.2.4.2 Das Gleichgewicht bei vollständiger Information

Wir haben uns in Abschnitt 4.2.1 davon überzeugt, daß die Versorgung mit öffentlichen Gütern gar nicht oder nur unzureichend gesichert ist, wenn sie aufgrund der individuellen Nachfrage der einzelnen Haushalte erfolgt. Eine mögliche Alternative zur dort betrachteten individuellen Versorgung ist die vom Staat ausgeübte kollektive Nachfrage nach öffentlichen Gütern. Gewährleistet diese Alternative eine bessere Versorgung eines jeden Haushalts, so wird jeder Haushalt (Wähler) bereit sein, sich selbst durch den Staat notfalls zur Zahlung der erforderlichen Steuern zwingen zu lassen.[14] Er kann also den Staat und seine geschriebene oder ungeschriebene Verfassung bejahen (s. u., Abschnitt 9.1). Die entscheidende Frage dieses Abschnitts ist daher die folgende: Ermöglicht ein Staat mit einem Zweiparteiensystem unter den Bedingungen unseres Modells eine bessere Versorgung der Haushalte mit dem öffentlichen Gut, als das ohne seine Existenz der Fall wäre? Wie weit ist die Güterversorgung befriedigend, obwohl die Parteien eigene Ziele verfolgen? Ist die sich ergebende Güterversorgung Pareto-optimal oder nicht?

Bevor wir versuchen können, diese Fragen zu beantworten, müssen wir zunächst die Ergebnisse des Modells ableiten. Als erstes läßt sich zeigen, daß in Ungleichung (4.59) das Gleichheitszeichen gilt, jeder Haushalt also sein verfügbares Einkommen voll für den Kauf des privaten Gutes ausgibt. Denn nach (4.25) verbessert Haushalt H_i seine Lage, wenn er mehr von dem privaten Gut verbraucht. Dazu ist er aber bei gegebenem Steuersatz t und Preis p_1 immer in der Lage, solange in (4.59) das strikte Ungleichheitszeichen gilt.

Als nächstes läßt sich beweisen, daß in Ungleichung (4.63) ebenfalls das Gleichheitszeichen gelten muß. Die von den beiden Parteien in ihren Wahlprogrammen geplanten Steuereinnahmen dürfen nur zum Kauf des öffentlichen Gutes verwendet werden. Sie könnten also von den Parteien z.B. nicht für eigene Zwecke benützt werden, selbst wenn diese das wollten.[15] Für die Beweisführung betrachten wir Abb. 4.4. Dort sind einmal die Indifferenzkurven I_1, I_2 und I_3 des Haushalts H_i eingezeichnet. Wir wollen wie in Kapitel 2 – Ungleichung (2.3) – davon ausgehen, daß sie konvex zum Nullpunkt verlaufen.

---

[14] Wir sehen hier von der Möglichkeit ab. daß sich die Haushalte im Widerspruch zu ihren eigenen Wünschen gegen einen staatlichen Zwang aussprechen, um auf diese Weise keine oder niedrigere Steuern zahlen zu müssen. Denn da sich jeder einzelne Haushalt so verhalten würde, käme es nicht zu der erforderlichen Mehrheit für eine kollektive Nachfrage, und das Ziel dieses Verhaltens würde verfehlt.

[15] In dem betrachteten Modell haben die Parteien allerdings kein solches Ziel.

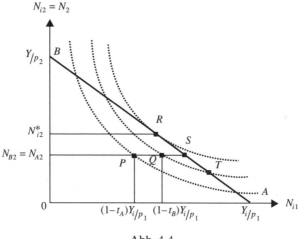

Abb. 4.4

Betrachten wir nun ein bestimmtes Wahlprogramm $P_L^1 = (N_{L2}^1, t_L^1)$ der Linkspartei, für das die Steuereinnahmen die staatlichen Ausgaben überschreiten. In diesem Fall gilt in (4.63) das strikte Ungleichheitszeichen. Die für den Haushalt H_i sich ergebende Situation wird in Abb. 4.4 bei diesem Programm durch den Punkt P beschrieben. Der Haushalt hätte bei Verwirklichung des Programms $t_L^1 Y_i$ Steuern zu zahlen. Sein verfügbares Einkommen würde sich auf $(1-t_L^1)Y_i$ belaufen, und er könnte dafür die Menge $(1-t_L^1)Y_i/p_1$ des privaten Gutes erstehen. Gleichzeitig würde er $N_{i2} = N_{L2}^1$ des öffentlichen Gutes erhalten.

Programm P_L^1 ist nun jedoch mit Steuereinnahmen verbunden, die die staatlichen Ausgaben für das öffentliche Gut übertreffen würden. Folglich könnte die Rechtspartei diesem Programm ein eigenes Programm $P_R^2 := (N_R^2, t_R^2)$ entgegensetzen, das einen niedrigeren Steuersatz bei gleich großer Menge des öffentlichen Gutes vorsieht, so daß $N_{R2}^2 = N_{L2}^1$ und $t_R^2 < t_L 1$ ist. Der Konsumplan, den Haushalt H_i bei diesem Programm verwirklichen würde, wird durch Punkt Q bezeichnet. Q wird von H_i Punkt P wegen der in (4.25) angenommenen Nichtsättigung vorgezogen; da dies für jeden Haushalt H_i ($i = 1, 2, \ldots, n$) gilt, würden bei einer Abstimmung über die Wahlprogramme P_R^2 und P_L^1 alle Wähler die Rechtspartei wählen.

Keine der beiden Parteien kann also die Wahlen gewinnen, wenn ihr Programm Steuereinnahmen vorsieht, die über die für das öffentliche Gut geplanten Ausgaben hinausgehen. Da die Parteien bei vollständiger Information über die Wählerwünsche diese Zusammenhänge kennen, werden sie also von vornherein Wahlprogramme beschließen, für die das Gleichheitszeichen in Ungleichung (4.63) gilt. Da jeder von einer Partei vorgesehenen Menge des öffentlichen Gutes, N_{k2}, folglich ein bestimmter Steuersatz t_k zugeordnet werden kann (wobei t_k mit N_{k2} steigen muß), kann ein Wahlprogramm allein schon durch Angabe von N_{k2} eindeutig charakterisiert werden.

Wir setzen nun Gleichung (4.63) in Gleichung (4.59) ein und erhalten durch Auflösen nach N_{k2}, da bei einer Realisierung des entsprechenden Wahlprogramms $t = t_k$ ist:

(4.64) $$N_{k2} = \frac{Y}{p_2} - \frac{p_1}{p_2} \cdot \frac{Y}{Y_1} \cdot N_{i1}$$

Die Gleichung (4.64) wird in Abb. 4.4 durch die Gerade AB abgebildet. Sie gibt alle Mengen des privaten Gutes an, die Haushalt H_i höchstens kaufen könnte, wenn er sein gesamtes verfügbares Einkommen ausgeben würde und wenn solche Mengen $N_{k2} = N_2$ des öffentlichen Gutes entsprechend dem Programm von Partei k vom Staate bezogen würden, bei denen der Staatshaushalt gerade ausgeglichen ist. Wie man aus (4.64) für $N_{k2} = 0$ bzw. $N_{i1} = 0$ erkennt, ist $0A$, die Menge des privaten Gutes bei einem Steuersatz von $t = 0$, gleich Y_i/p_1 und $0B$, die Menge des öffentlichen Gutes bei $t = 1$, gleich Y/p_2.

Wir können also feststellen, daß bei Betrachtung aller möglichen Wahlprogramme die für Haushalt H_i realisierbaren Konsumpläne durch die Fläche $0AB$ und die effizienten Konsumpläne durch AB angegeben werden. Wir haben also gezeigt, daß die Parteien in unserem Modell Wahlprogramme vorschlagen, die den Haushalten die Verwirklichung effizienter Konsumpläne wie z. B. von S in Abb. 4.4 erlauben. Zu beantworten bleibt die Frage, wieviel von dem öffentlichen Gut die beiden Parteien vorschlagen werden, und damit, welchen effizienten Konsumplan die Haushalte tatsächlich durchführen können.

Zur Beantwortung dieser Frage werden wir als nächstes zeigen, daß die von den Parteien in ihren Programmen vorgeschlagene Menge des öffentlichen Gutes nur von den Wählerwünschen, nicht jedoch von den durch (4.60) und (4.61) beschriebenen Zielen der Parteien abhängt. Um diese Behauptung beweisen zu können, muß zunächst festgestellt werden, welcher Partei ein beliebiger Haushalt H_i bei unterschiedlichen Wahlprogrammen, die jedoch beide die Verwendung aller Staatseinnahmen für den Kauf des öffentlichen Gutes vorsehen, seine Stimme geben würde. Zur Lösung dieses Problems betrachten wir wiederum Abb. 4.4.

Man erkennt sofort, daß Haushalt H_i seinen bei gegebener Einkommensverteilung und Betrachtung aller möglichen Wahlprogramme optimalen Konsumplan R nur verwirklichen kann, wenn vom Staat eine Menge $N_2 = N_{i2}^*$ des öffentlichen Gutes nachgefragt und zur Verfügung gestellt wird. Ferner läßt sich feststellen, daß andere Mengen des öffentlichen Gutes als N_{i2}^* effiziente Konsumpläne implizieren, die um so weniger geschätzt werden, je weiter sie auf AB in derselben Richtung vom optimalen Konsumplan entfernt liegen: S

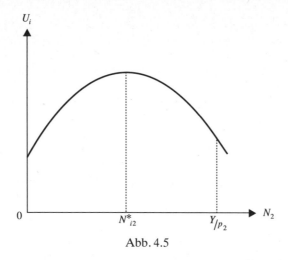

Abb. 4.5

wird also höher geschätzt als T, da er auf einer höheren Indifferenzkurve liegt als dieser. Abb. 4.5 gibt denselben Zusammenhang in einem U_i-N_2-Diagramm wieder: Die Nutzenfunktion ist bezüglich der Menge des öffentlichen Gutes konkav.

Wir können nun die n Haushalte nach der Größe der von ihnen im Optimum gewünschten Menge ordnen. Und zwar bezeichnen wir als Haushalt H_1 den Haushalt, der in seinem Optimum die größte Menge, mit Haushalt H_2 den Haushalt, der die zweitgrößte Menge beziehen möchte, usw. Haushalt H_n wünscht also die kleinste Menge des öffentlichen Gutes. Die daraus folgende Anordnung der Haushalte ist in Abb. 4.6 wiedergegeben, in der auf der Abszisse die von den Haushalten gewünschte optimale Menge des öffentlichen Gutes abgetragen ist.[16] Wir gehen zunächst davon aus, daß die Zahl der Haushalte ungerade ist und bezeichnen den Haushalt im Median als Haushalt H_m, so daß $m = (n + 1)/2$.

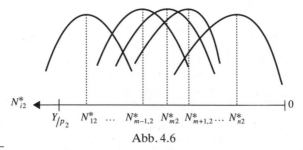

Abb. 4.6

---

[16] Die Menge des öffentlichen Gutes wird vom Nullpunkt aus nach links abgetragen, um die bildliche Vorstellung aufrechtzuerhalten, daß die Linkspartei eine größere Menge des öffentlichen Gutes anzubieten wünscht als die Rechtspartei.

Nach diesen Vorbemerkungen kann die Frage gelöst werden, ob es ein politisches Gleichgewicht gibt und wie dieses gegebenenfalls beschaffen ist. Unter einem politischen Gleichgewicht verstehen wir eine Situation, in der beide Parteien mit ihren Programmen in ihrem jeweiligen Optimum sind, d. h. daß keine von beiden durch Abänderung des Programms ihre Lage hinsichtlich der Erreichung ihres Zieles oder der Erfüllung der Nebenbedingung, eine Mehrheit der Wählerstimmen zu erhalten, noch verbessern könnte. Aus beweistechnischen Gründen wird dabei unterstellt, daß jede Partei bei der Formulierung ihres Wahlprogramms das der anderen Partei kennt.

Wir wollen im folgenden zeigen, daß ein so definiertes politisches Gleichgewicht nur dann vorliegen kann, wenn beide Parteien identische Wahlprogramme vorschlagen. Um dies zu beweisen, betrachten wir zunächst beliebige Programme der beiden Parteien. Da in (4.60) und (4.61) angenommen wurde, daß Partei L möglichst viel, Partei R dagegen möglichst wenig von dem öffentlichen Gut nachfragen möchte, können wir z. B. davon ausgehen, daß L ein $N_{L2}^1 > N_{m2}^*$ und R ein $N_{R2}^1 < N_{m2}^*$ vorschlägt (vgl. Abb. 4.6). Würde nun etwa Partei L eine Mehrheit erhalten, so könnte R durch die Wahl eines hinreichend stark geänderten Programms N_{R2}^2 mit $N_{L2}^1 > N_{R2}^2 > N_{R2}^1$ Partei L Stimmen abwerben. Denn N_{R2}^2 wird ja zumindest von allen Wählern H_i, für die $N_{i2}^* > N_{R2}^1$ ist, N_{R2}^1 vorgezogen. Zwar werden alle Wähler, für die $N_{i2}^* < N_{R2}^1$ gilt, N_{R2}^1 vorziehen. Das führt jedoch nicht zu einer Änderung ihres Wahlverhaltens, da sie N_{R2}^2 immer noch höher schätzen als das weiter von ihrem Optimum entfernte N_{L2}^1. R kann also durch eine Bewegung nach links nur Stimmen gewinnen, aber keine verlieren. Aus diesen Überlegungen folgt, daß Partei R eine Mehrheit der Wähler gewinnen kann, wenn sie ihr Programm nur genügend weit nach links bewegt, also eine hinreichende Menge des öffentlichen Gutes anbietet.

Ist die auf diese Weise vorgeschlagene Menge N_{R2}^2, wie wir annehmen wollen, noch kleiner als N_{m2}^*, so kann Partei L sich jedoch ganz entsprechend durch eine Bewegung nach rechts eine Mehrheit der Wähler sichern, da z. B. die Haushalte H_1 bis H_m eine Mehrheit darstellen und durch ein Programm $N_{L2}^2 = N_{m2}^*$ gewonnen werden könnten. Würde andererseits ein Programm mit $N_{L2}^2 > N_{m2}^*$ für einen Wahlerfolg ausreichen, so könnte wiederum Partei R sich durch eine Linksbewegung eine Wählermehrheit sichern. Ein solches gegenseitiges Übertrumpfen ist nur dann ausgeschlossen, wenn beide Parteien ein Wahlprogramm mit $N_{L2} = N_{R2} = N_{m2}^*$ vorschlagen. Umgekehrt würde jede Partei, die von diesem Wahlprogramm abwiche, Stimmen an die andere verlieren und damit bei den Wahlen unterliegen. Nur diese Kombination von Programmen stellt also ein politisches Gleichgewicht dar. Da beide Parteien jedoch nach unseren Annahmen über die Präferenzen der Haushalte voll informiert sind, werden sie von vornherein identische Programme $N_{L2} = N_{R2} = N_{m2}^*$ vorschlagen, um eine Wahlniederlage zu vermeiden.

Mit dieser Schlußfolgerung haben wir ein wichtiges Ergebnis abgeleitet. In einem Zweiparteiensystem werden beide Parteien bei vollständiger Information identische Wahlprogramme vorlegen, die dem optimalen Konsumplan des Wählers im Median entsprechen, obwohl sie beide unterschiedliche Ziele anstreben. Die Wahlen selbst werden, da die Programme für die Haushalte gleichwertig sind, durch Zufallsfaktoren entschieden. Man beachte, daß dieses Ergebnis nicht etwa dadurch zustande kommt, daß sich die Parteien offen oder stillschweigend auf ein gemeinsames Programm einigen und die Wählerwünsche nicht berücksichtigen, sondern ganz im Gegenteil die Folge davon ist, daß sie im Wettbewerb um die Übernahme der Regierungsgewalt den Präferenzen der Haushalte Rechnung tragen müssen, um die Wahlen zu gewinnen.

Ganz entsprechende Schlußfolgerungen lassen sich für eine gerade Wählerzahl ziehen.[17] In diesem Fall befinden sich sozusagen zwei Haushalte im Median. Die Parteien werden daher im für sie optimalen Gleichgewicht ein Programm vorschlagen, das dem optimalen Konsumplan eines dieser beiden Wähler entspricht oder aber zwischen diesen Konsumplänen liegt. Das bedeutet jedoch, daß sich die beiden Wahlprogramme bei einer geraden Wählerzahl geringfügig unterscheiden können.

Vergleicht man diese Ergebnisse mit den Bedingungen für ein Pareto-Optimum (Abschnitt 4.2.2), so scheint es, daß die sich im politischen Gleichgewicht ergebende Güterversorgung nicht Pareto-optimal ist. Denn in Gleichung (4.57) wurde ja abgeleitet, daß die Steuersätze für die Haushalte im allgemeinen unterschiedlich sein müssen, damit die Versorgung mit einem öffentlichen und einem privaten Gut Pareto-optimal ist.

In der Tat würden alle Haushalte, deren Position sich in Abb. 4.6 links vom Median befindet, eine größere Menge des öffentlichen Gutes der von den Parteien angebotenen vorziehen. Sie wären auch bereit, für eine Erhöhung des Steuersatzes zu stimmen, wenn sie dadurch eine größere Menge des öffentlichen Gutes erhalten könnten. Umgekehrt würden es die in Abb. 4.6 rechts vom Median befindlichen Wähler vorziehen, auf einen Teil des öffentlichen Gutes zu verzichten, wenn dafür der Steuersatz herabgesetzt würde.

Daß die Ausgangslage nicht Pareto-optimal ist, läßt sich dadurch beweisen, daß man untersucht, ob eine dieser beiden Gruppen in der Lage ist, die andere durch Transferzahlungen zu einem Entgegenkommen zu bewegen. Die links vom Median befindlichen Haushalte könnten z. B. an die rechts davon befindlichen Ausgleichszahlungen vornehmen, wenn diese mit einer größeren Nachfrage für das öffentliche Gut einverstanden wären. Dabei müßte allerdings die jedem dieser Haushalte gewährte Transferzahlung die durch die erforderliche Erhöhung des Steuersatzes t bedingte Nutzenminderung mindestens wettmachen. Ist dies möglich, so ergibt sich ein Pareto-superiorer neuer Zustand.

---

[17] Dieser Fall wird nur der Vollständigkeit halber behandelt, da lediglich bei sehr kleinen Wählerzahlen ein leicht abweichendes Ergebnis folgt.

Sollten die links vom Median befindlichen Wähler jedoch nicht bereit sein, die erforderliche Summe unter den angegebenen Bedingungen aufzubringen, so besagt das offenbar folgendes. Die rechts vom Median befindlichen Wähler sind so stark an einer Verminderung der Menge des öffentlichen Gutes interessiert, daß sie durch Transferzahlungen an die Wähler links vom Median eine Verschlechterung der Lage derselben verhindern oder deren Situation sogar verbessern könnten. In diesem Fall würde also eine Verminderung der Versorgung mit dem öffentlichen Gut zu einem Pareto-superioren Zustand führen.[18]

Nur unter sehr speziellen Umständen ist *keine* der beiden Gruppen in der Lage, die jeweils andere durch Transferzahlungen für eine Änderung der Menge des öffentlichen Gutes gegenüber dem Medianwähler-Optimum zu entschädigen, so daß dieses ein Pareto-Optimum darstellt. Die folgenden Bedingungen sind, wie Bergström gezeigt hat,[19] für diesen Fall hinreichend:
1. die Wähler-Präferenzen sind log-linear in den beiden Gütern, d.h. sie lassen sich durch die Funktion $U_i = ln\ N_{i1} + \alpha_i \cdot ln\ N_2$ ausdrücken.
2. Die Verteilung des Präferenzparameters α_i ist symmetrisch über die Wähler und unabhängig von deren Einkommen.
3. Das öffentliche Gut wird zu konstanten Stückkosten produziert.

Wenngleich diese Bedingungen nur hinreichend und nicht notwendig sind, zeigt doch ihr einschränkender Charakter, vor allem der der 2. Bedingung, wie unwahrscheinlich es ist, daß das politische Gleichgewicht ein Pareto-Optimum ist.

Andererseits konnte oben (vgl. Abschnitt 4.2.1) festgestellt werden, daß in einem rein marktwirtschaftlichen System mit Mengenanpassung ebenfalls keine Pareto-optimale Lösung, ja sogar eine ausgesprochene Unterversorgung mit dem öffentlichen Gut zu erwarten ist. Da im politischen Gleichgewicht immerhin eine Menge des öffentlichen Gutes zur Verfügung gestellt wird, die den Wünschen des Haushalts im Median entspricht, ist zu vermuten, daß die Güterversorgung in dem diskutierten politisch-ökonomischen System wenigstens für die meisten, wenn nicht für alle Haushalte besser ist als in einer Marktwirtschaft mit vollständiger Konkurrenz und ohne Staat.

Abschließend ist zu bemerken, daß es sich hierbei zunächst nur um eine erste grundlegende Betrachtung politisch-ökonomischer Zusammenhänge handeln konnte. Eine Vertiefung und Erweiterung der Analyse auf mehr als 2 Parteien, unterschiedliche Parteiziele, die Existenz parteitreuer Wähler, Restriktionen für Parteiprogramme, unvollkommene Information der Parteien über Wählerpräferenzen und die Existenz von Interessengruppen wird in den Kapiteln 14ff. vorgenommen.

---

[18] Diese Überlegungen werden in Aufgabe 4 in Abschnitt 4.5 durch ein Zahlenbeispiel illustriert.
[19] T. Bergstrom, „When does Majority Rule Supply Public Goods Efficiently?", Scandinavian Journal of Economics 81 (1979), S. 216–226.

4.3 Externe Vorteile und Nachteile

Von externen Vorteilen (external economies) und externen Nachteilen (external diseconomies) spricht man, wenn durch die Produktion in einem Betrieb oder den Verbrauch in einem Haushalt anderen Betrieben oder Haushalten Vor- oder Nachteile entstehen. Einige Beispiele mögen verdeutlichen, was damit gemeint ist. Ein Betrieb leitet Abwässer in einen Fluß. Dadurch wird der Fischbestand und das Fangergebnis eines Fischereibetriebs vermindert. Es liegt ein Fall externer Nachteile vor, der sich dadurch auszeichnet, daß der Betrieb, der die Abwässer erzeugt, den eintretenden Schaden in seiner Planung nicht berücksichtigt. Ein anderes Beispiel für externe Nachteile sind von einem Produktionsbetrieb in die Luft geleitete Abgase, die nicht nur Kleidung und Fenster der umliegenden Haushalte beschmutzen, sondern vor allem die Qualität der Luft verschlechtern und dadurch das Wohlbefinden der Betroffenen herabsetzen. Entsprechend bringt die Benutzung eines Autos durch einen Haushalt wegen der Auspuffgase und der Erhöhung der Verkehrsgefahren externe Nachteile für andere Haushalte mit sich.

Externe Vorteile sind ebenfalls häufig zu beobachten. Ein Imker erhöht durch seine Bienenzucht den Ertrag von Obstgärten, ohne diese zusätzlichen Erträge in Rechnung stellen zu können. Das von Herrn Meier in der Silvesternacht abgebrannte Feuerwerk erfreut mit seiner Farbenpracht auch die zuschauenden Bewohner seiner Umgebung.

Das Feuerwerk von Herrn Meier verdeutlicht ebenso wie die externen Nachteile, die mit dem Gebrauch eines Autos verbunden sind, daß eine Abgrenzung der externen Vor- und Nachteile gegenüber den öffentlichen Gütern nicht immer leicht, ja manchmal sogar unmöglich ist. Das Autofahren produziert sozusagen ein anderes „Gut" (oder besser, ein „Übel"), von dessen Konsum andere Wirtschaftssubjekte nicht ausgeschlossen werden können und sich nicht einmal selbst auszuschließen vermögen. Das Ausschließungsprinzip gilt also nicht. Ähnlich verhält es sich mit dem Feuerwerk von Herrn Meier, das jeder in einem bestimmten Umkreis betrachtet. In diesem Fall ist es außerdem möglich, daß das Feuerwerk wegen des mit ihm verbundenen Lärms für manche Mitbewohner nicht einen externen Vorteil, sondern eine externen Nachteil, ja ein „öffentliches Übel" bedeuten kann. Dadurch wird deutlich, daß es auch von sozialen Normen, die wir meist im Laufe unserer Erziehung übernommen haben, abhängen kann, ob wir bestimmte Dinge als externe Vorteile oder Nachteile oder als keines von beiden ansehen.

Wegen der engen Beziehung, die zwischen öffentlichen Gütern und externen Vorteilen oder Nachteilen besteht, die durch den Gebrauch oder Verbrauch eines Konsumgutes bei anderen Haushalten hervorgerufen werden, soll in der Folge nur noch die Bedeutung von solchen externen Vor- oder Nachteilen näher erörtert werden, die durch die Güterproduktion hervorgerufen werden. Damit soll nicht bestritten werden, daß die durch den Verbrauch bestimmter Güter von den Haushalten verursachten externen Nachteile heute außerordentlich bedeutsam sind. Ferner wollen wir uns auf die Analyse externer Nachteile beschränken. In einem ersten Modell werden diese von einem Betrieb bei einem anderen und in einem zweiten Modell durch einen Betrieb bei den Konsumenten verursacht. Die gewählten Modelle lassen sich jedoch durch kleine Änderungen auch auf den Fall externer Vorteile anwenden.

4.3.1 Externe Effekte in der Produktion

Wir nehmen wie in Abschnitt 4.1 an, daß es nur einen knappen Produktionsfaktor (Arbeit) gibt, von dem die Gesamtmenge L zur Verfügung steht und der von zwei Betriebe verwendet wird, die je ein Konsumgut produzieren. Jede Unternehmung arbeitet mit einer linear-homogenen Technologie, jedoch hängt die Grenz- und Durchschnittsproduktivität der Arbeit in der zweiten Firma davon ab, wieviel die erste Firma produziert. Bezeichnen L_1 und L_2 die in den beiden Firmen eingesetzten Arbeitsmengen und A_1, A_2 die Ausbringungsniveaus, so gilt daher für die Produktionsfunktionen:

(4.65) $A_1 = \alpha_1 \cdot L_1$

(4.66) $A_2 = g(A_1) \cdot L_2$ mit $\dfrac{dg}{dA_1} < 0$.

Zusammen mit der Produktionsmittel-Restriktion (4.6) ergibt sich daraus die Bedingung

(4.67) $L_1 + L_2 = \dfrac{A_1}{\alpha_1} + \dfrac{A_2}{g(A_1)} \leq L$

Zunächst wollen wir zeigen, daß – ähnlich wie im Falle zunehmender Skalenerträge – die Menge produzierbarer (A_1, A_2)-Güterbündel, die (4.67) erfüllen, nicht konvex und damit die gesamtwirtschaftliche Transformationskurve nicht konkav ist. Zum Beweis verwenden wir die in der Definition konvexer Mengen enthaltene Eigenschaft, daß zu je zwei Elementen A' und A'' der Menge auch jede Linearkombination

$$A^* = k \cdot A' + (1-k) \cdot A'' \text{ mit } 0 < k < 1$$

zur Menge gehört.

Wir wählen dazu die Güterbündel A' mit $A_1' = 0$, $A_2' = g(0) \cdot L$ und A'' mit $A_1'' = \alpha_1 \cdot L$, $A_2'' = 0$, die offensichtlich (4.67) erfüllen, und betrachten die Linearkombination (mit $k=1/2$)

$$A_1^* = \alpha_1 \cdot L/2 \; ; \qquad A_2^* = g(0) \cdot L/2 \; .$$

Setzt man diese Gütermengen in Bedingung (4.67) ein, so erhält man

(4.67′) $\qquad L_1^* + L_2^* = \dfrac{L}{2} + \dfrac{g(0)}{g(\alpha_1 \cdot L/2)} \cdot \dfrac{L}{2} > L \; ,$

da g streng monoton fallend und $\alpha_1 \cdot L/2 > 0$ ist. Folglich ist das Güterbündel A^* nicht produzierbar, die Menge unter der Transformationskurve ist nicht konvex (Abb. 4.7).[20]

Ökonomisch kann man sich diese Tatsache wie folgt plausibel machen: Bei linearer Technologie und nur einem primären Produktionsfaktor wäre die Transformationskurve linear, wenn es keine externen Effekte gäbe (vgl. die gestrichelte Kurve in Abb. 4.7). Negative externe Effekte bedeuten, daß sich die Herstellungsprozesse der beiden Güter (gegenseitig oder – wie hier – in einer Richtung) stören. Diese Störungen werden aber nur dann relevant, wenn beide Produkte tatsächlich in positiven Mengen hergestellt werden. Sie fallen naturgemäß weg, wenn entweder das „störende" oder das „gestörte" Produkt nicht hergestellt wird. Daher sind die Achsenschnittpunkte der beiden Transformationskurven identisch. Bei positiven Mengen beider Güter bewirken die Störungen cet. par. eine Produktionseinbuße bei Gut 2, so daß die durchgezogene Transformationskurve ansonsten vollständig unterhalb der gestrichelten liegt.[21]

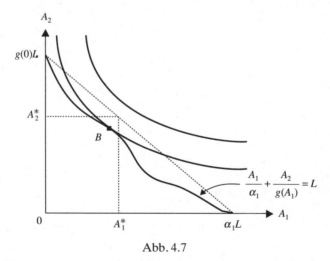

Abb. 4.7

---

[20] Es kann sogar gezeigt werden, daß die Transformationskurve durchgehend konvex zum Ursprung verläuft, falls $g''(A_1) \geq 0$ ist. Der Beweis sei dem Leser überlassen.
[21] Diese strikte Aussage verliert ihre Gültigkeit, wenn es zwei (oder mehr) Produktionsfaktoren

Das Lagrange-Verfahren, das einen Tangentialpunkt einer sozialen Indifferenzkurve an die gesamtwirtschaftliche Transformationskurve berechnet, liefert bei einer nicht-konkaven Transformationskurve nur dann ein Wohlfahrtsmaximum, wenn im Berührpunkt die Indifferenzkurve stärker gekrümmt ist als die Transformationskurve, d. h. wenn (4.16) gültig ist.

Wir nehmen an, es gebe einen solchen Berührpunkt (Punkt B in Abb. 4.7), in dem beide Güter produziert werden und (4.16) erfüllt ist. Dann können wir die Lagrange-Funktion aufstellen, die die soziale Zielfunktion (4.1) unter den Nebenbedingungen (4.7) und (4.67) maximiert:

(4.68) $\quad \Phi = W(N_1, N_2) + p_1 \cdot (A_1 - N_1) + p_2 \cdot (A_2 - N_2)$

$\quad\quad\quad\quad + p_L \cdot [L - \dfrac{A_1}{\alpha_1} - \dfrac{A_2}{g(A_1)}]$,

wobei p_j ($j = 1, 2$) und p_L wieder Lagrange-Multiplikatoren mit der üblichen Interpretation darstellen. Die Optimalbedingungen erster Ordnung für eine innere Lösung lauten dann

(4.69) $\quad \dfrac{\partial \Phi^0}{\partial N_j} = \dfrac{\partial W^0}{\partial N_j} - p_j^0 = 0 \quad (j = 1, 2)$

(4.70) $\quad \dfrac{\partial \Phi^0}{\partial A_2} = p_2^0 - p_L^0 \cdot \dfrac{1}{g(A_1^0)} = 0$

(4.71) $\quad \dfrac{\partial \Phi^0}{\partial A_1} = p_1^0 - p_L^0 \cdot [\dfrac{1}{\alpha_1} - A_2^0 \cdot \dfrac{g'(A_1^0)}{g^2}] = 0$.

Die bekannte Gleichung (4.69) besagt, daß der Preis jedes Konsumgutes gleich der von ihm gestifteten Grenzwohlfahrt ist. Gleichung (4.70) verlangt, daß der Preis des 2. Konsumguts den Grenzkosten seiner Herstellung entspricht. Diese ergeben sich als das Produkt aus dem Lohnsatz p_L^0 und dem Kehrwert der Grenzproduktivität der Arbeit, wobei letztere, wie betont, mit der Produktion in der 1. Firma variiert. Den analogen Zusammenhang für das 1. Gut fordert Gleichung (4.71). Hier setzen sich die Grenzkosten der Herstellung zusammen aus den direkten Grenzkosten, $p_L^0 \cdot 1/\alpha_1$, und den indirekten Grenzkosten, die sich aus einem Mehrbedarf an Arbeit in der 2. Firma ergeben. Denn je Einheit der Ausbringungsmenge A_2^0 werden zusätzlich –

---

gibt und die beiden Produktionsfunktionen sich hinsichtlich ihrer partiellen Produktionselastizitäten voneinander unterscheiden, so daß *ohne* externe Effekte die Transformationskurve strikt konkav verliefe. Liegen in diesem Fall externe Nachteile vor, so *kann* die Menge der produzierbaren Konsumgütervektoren konvex sein, dies ist aber auch hier nicht gesichert.

$g'(A_1^0)/[g(A_1)]^2$ Einheiten Arbeit zum Lohnsatz von p_L^0 benötigt, wenn A_1 um eine (marginale) Einheit erhöht wird.[22]

Welche Konsequenzen lassen sich daraus für die Realisierung einer möglichst guten Güterversorgung in den verschiedenen Wirtschaftssystemen ableiten, wenn externe Nachteile in der Produktion vorliegen? Keine Schwierigkeiten ergeben sich in der Zentralgeleiteten Verwaltungswirtschaft, wenn die zentrale Planstelle – wie in diesem Kapitel zunächst noch unterstellt – über Art und Ausmaß der vom 1. Produktionsprozeß hervorgerufenen externen Nachteile voll informiert ist. In diesem Fall kann sie die zu erzeugenden Mengen A_1^0 bzw. A_2^0 der Konsumgüter und die dazu benötigten Mengen der Produktionsmittel bei Vorhandensein ausreichender Rechenkapazität berechnen und entsprechende Anweisungen an die Betriebe und die Besitzer der Produktionsmittel geben.

Im Konkurrenzsozialismus ermittelt die zentrale Planstelle die zum Wohlfahrtsoptimum gehörigen Verrechnungspreise und gibt diese den Betrieben bekannt mit der Anweisung, so viele Produktionsmittel zu beziehen und Konsumgüter zu produzieren, daß der Gewinn maximiert wird. Dabei erhält jedoch der die externen Effekte verursachende 1. Betrieb die Mitteilung, daß er außer den Kosten für die verwendeten Produktionsmittel für jede Einheit des von ihm erzeugten Konsumguts eine Abgabe in Höhe von $p_m^0 = -p_L^0 \cdot A_2^0 \cdot g'(A_1^0)/[g(A_1)]^2$ zu entrichten hat. Unter diesen Voraussetzungen wird er im Gewinnmaximum die optimale Produktionsmenge A_1^0 wählen.

In Marktwirtschaften kommt es zu einer Fehlallokation der Produktionsmittel, da die 1. Firma bei der Bestimmung eines gewinnmaximierenden Verhaltens nur ihre direkten Grenzkosten $p_L \cdot 1/\alpha_1$ berücksichtigen und diese dem Produktpreis p_1 anpassen wird. Es ergibt sich somit ein Widerspruch zu der Bedingung für ein soziales Optimum, (4.71).

Eine Korrektur dieser Fehlallokation ist möglich, wenn auch in einer Marktwirtschaft eine staatliche Stelle (z. B. ein „Umweltministerium") errichtet wird, die zur Durchführung wirtschaftspolitischer Eingriffe befugt ist. Diese Behörde könnte zum einen dem 1. Betrieb eine Abgabe in Höhe von p_m^0 je produzierter Gütereinheit auferlegen, oder sie könnte ihm explizit die Auflage erteilen, nicht mehr als A_1^0 Einheiten des 1. Gutes zu produzieren. Diese beiden Lösungen unterscheiden sich voneinander vor allem in ihren Verteilungswirkungen, denn im Falle einer Auflage entstehen dem 1. Betrieb, da (4.71) weiterhin gültig ist, Gewinne in Höhe von

$$p_m \cdot A_1^0 = \{-p_L^0 \cdot A_2^0 \cdot g'(A_1^0)/[g(A_1)]^2\} \cdot A_1^0 ,$$

falls er in beiden Fällen dieselbe (wohlfahrtsoptimale) Ausbringungsmenge A_1^0 realisiert. Man beachte, daß in beiden Fällen die staatliche Behörde praktisch

---

[22] Man beachte, daß dieser Ausdruck wegen $g'(A_1)<0$ größer als null ist.

dieselben Informationen besitzen muß wie das Planungsbüro in einer Zentralverwaltungswirtschaft, wenn sie die optimale Höhe der Abgabe, p_m^0, oder das optimale Produktionsniveau A_1^0 errechnen will.[23]

Stattdessen könnte jedoch auch den Eigentümern des 2. Betriebs durch die Wirtschaftsverfassung das Recht eingeräumt werden, vollen Schadenersatz für die zusätzlich entstandenen Kosten von der 1. Firma einzuklagen. Hierbei ergibt sich die Notwendigkeit, die Gestalt der Funktion g genau zu ermitteln und gegebenenfalls vor Gericht zu belegen, damit die Schadensersatzforderung die zur Erreichung eines sozialen Optimums erforderliche Höhe $p_m^0 \cdot A_1^0$ hat.

Besteht kein solches Recht auf Einklagung eines Schadensersatzes, so verbleibt den Eigentümern des 2. Betriebs die Möglichkeit, die 1. Firma durch das Angebot von Kompensationszahlungen zur freiwilligen Einschränkung ihrer Produktion auf ein niedrigeres Niveau zu bewegen. Das von dem Chicago-Ökonomen Ronald Coase formulierte und nach ihm benannte „Coase-Theorem" besagt, daß in Abwesenheit von Transaktionskosten (d.h. Informations- und Verhandlungskosten) die beiden zuletzt geschilderten Rechtssituationen bei eigennützigem Verhalten der Beteiligten zu derselben sozial optimalen Lösung A_1^0 führen wie eine vom Staat erhobene optimale Abgabe. Unterschiede ergeben sich lediglich bezüglich der Höhe der realisierten Gewinne: Der Verursacher steht sich naturgemäß im Falle freiwilliger Kompensationszahlungen seitens der Geschädigten besser, als wenn er diesem gegenüber schadenersatzpflichtig ist.

Das Coase-Theorem greift auf die uns aus dem 2. Kapitel bekannte Aussage der Optimalität der Allokation bei Existenz vollkommener Märkte zurück, indem es einen „Markt", nämlich eine freiwillige Tauschbeziehung zwischen Verursacher und Geschädigtem einführt. Die Grenzen des Theorems liegen daher offenkundig in der mangelnden Wirklichkeitsnähe der Annahmen kostenloser Information und kostenloser Verhandlungen zwischen den Beteiligten bei in der realen Welt auftretenden externen Effekten. Ferner müßten sich, damit es gültig wäre, auch auf diesem Markt die Beteiligten wie Mengenanpasser verhalten, strategisches Verhalten („Verhandlungspoker") dürfte nicht vorkommen.

Schließlich sei geprüft, ob die Berücksichtigung des externen Nachteils auch durch einen Zusammenschluß des verursachenden und des betroffenen Betriebes und damit durch gemeinsame Gewinnmaximierung möglich ist. Bei nur zwei Firmen im Ausgangszustand würde damit die gesamtwirtschaftliche Transformationskurve in Abb. 4.7 zur Transformationskurve der durch Zusammenschluß entstandenen Unternehmung. Diese verfügt über die gesamte Menge L des einzigen Produktionsmittels und teilt diese so auf die Produktion

---

[23] Ein weiterer wichtiger Unterschied zwischen Abgaben- und Auflagenlösung wird in Abschnitt 4.3.2 behandelt werden.

der beiden Güter auf, daß ihr Erlös maximiert wird.[24] Falls jedoch die Transformationskurve nicht konkav ist,[25] so wird bei gegebenen Güterpreisen p_1 und p_2 – die Kurven gleichen Erlöses („Iso-Erlöskurven") sind hier Geraden – ein Erlösmaximum der Firma regelmäßig in einem der Randpunkte A' oder A'' erreicht und nicht in dem in Abb. 4.7 eingezeichneten Wohlfahrtsoptimum B. Gemeinsame Gewinnmaximierung vermag also das Ziel einer möglichst reichlichen Güterversorgung bei Vorliegen externer Effekte nicht generell zu realisieren.

4.3.2 Durch die Produktion bei den Verbrauchern hervorgerufene externe Nachteile

Da wir in der Folge nur externe *Nachteile* bei den Verbrauchern betrachten wollen, können wir wieder die Produktionstechnik des Modells aus Abschnitt 4.3.1 verwenden – mit dem Unterschied, daß jetzt die Grenzproduktivität der Arbeit im 2. Betrieb als konstant gleich α_2 angenommen wird. Ferner sei angenommen, daß im 1. Betrieb neben dem 1. Konsumgut ein drittes, unerwünschtes Konsumgut (oder besser: Konsum- „Übel") G_3 zwangsläufig miterzeugt wird, und zwar gemäß der technischen Relation

(4.72) $\qquad A_3 = \psi(A_1) \quad \text{mit} \quad \psi'(A_1) > 0, \quad \psi''(A_1) \geq 0.$

Man kann hier z. B. an Abgase denken, die im 1. Betrieb in Abhängigkeit von der produzierten Menge des 1. Konsumguts entstehen und von der Bevölkerung der Umgebung eingeatmet werden müssen. Die Menge A_3 muß dabei voll verbraucht werden, ob die Konsumenten wollen oder nicht:

(4.73) $\qquad N_3 = A_3.$

Da dieses dritte Gut von den Konsumenten als unangenehm empfunden wird, muß die soziale Wohlfahrtsfunktion aus Kapitel 2 modifiziert werden zu

(4.74) $\qquad W = W(N_1, N_2, N_3)$

(4.75) $\qquad \dfrac{\partial W}{\partial N_1} > 0, \; \dfrac{\partial W}{\partial N_2} > 0, \; \dfrac{\partial W}{\partial N_3} < 0.$

Die im Falle einer Planwirtschaft zu maximierende Lagrange-Funktion lautet demnach

---

[24] Bei gegebenen Faktorkosten $p_L \cdot L$ ist das Gewinnmaximum offensichtlich auch ein Erlösmaximum.
[25] Vgl. dazu Fußnote 21 auf S. 123.

(4.76) $\quad \Phi = W(N_1, N_2, N_3) + p_1 \cdot (A_1 - N_1) + p_2 \cdot (A_2 - N_2)$

$\quad\quad\quad\quad + p_3 \cdot [N_3 - \psi(A_1)] + p_L \cdot [L - \dfrac{A_1}{\alpha_1} - \dfrac{A_2}{\alpha_2}]$,

Die Bedingungen für ein inneres Optimum lauten jetzt:

(4.77) $\quad \dfrac{\partial \Phi^0}{\partial N_j} = \dfrac{\partial W^0}{\partial N_j} - p_j^0 = 0 \quad\quad (j = 1,2)$

(4.78) $\quad \dfrac{\partial \Phi^0}{\partial N_3} = \dfrac{\partial W^0}{\partial N_3} + p_3^0 = 0$

(4.79) $\quad \dfrac{\partial \Phi^0}{\partial A_2} = p_2^0 - p_L^0 \cdot \dfrac{1}{\alpha_2} = 0$

(4.80) $\quad \dfrac{\partial \Phi^0}{\partial A_1} = p_1^0 - p_L^0 \cdot \dfrac{1}{\alpha_1} - p_3^0 \cdot \psi'(A_1^0) = 0.$

Aus (4.78) und (4.80) folgt die Beziehung

(4.81) $\quad p_1^0 = p_L^0 \cdot \dfrac{1}{\alpha_1} - \dfrac{\partial W^0}{\partial N_3} \cdot \psi'(A_1^0).$

(4.81) sagt aus, daß im Optimum der Preis des 1. Gutes seinen Grenzkosten gleich ist. Diese setzen sich zusammen aus den Faktorkosten p_L^0/α_1 und dem in Wohlfahrtseinheiten bewerteten Grenzschaden der Produktion einer Einheit des Gutes G_1.

Auch bei externen Nachteilen für die Verbraucher, die durch die Produktion bestimmter Güter hervorgerufen werden, interessiert uns die Frage, durch welche organisatorischen Maßnahmen in verschiedenen Wirtschaftssystemen die optimale Güterversorgung erreicht werden kann.

Bei vollständiger Information der zentralen Planungsstelle können in der Zentralgeleiteten Verwaltungswirtschaft die optimalen Mengen der zu erzeugenden Konsumgüter und der zu verbrauchenden Produktionsmittel berechnet und den Betrieben, den Besitzern der Produktionsmittel und dem Ministerium für Konsumgüterbeschaffung entsprechende Anweisungen gegeben werden.

Im Konkurrenzsozialismus wird die zentrale Planungsstelle an Hand ihrer Informationen die optimalen Preise der Konsumgüter und der Produktionsmittel berechnen und die gefundenen Werte den Betrieben und dem Ministerium für Konsumgüterbeschaffung mit der Anweisung zuleiten, sich als Mengenanpasser bei Produktion und Konsumgüterbeschaffung zu verhalten und die Gewinne bzw. die gesellschaftliche Zielfunktion zu maximieren. Gleichzeitig erhält der 1. Betrieb die Mitteilung, daß ihm für jede produzierte Mengeneinheit des 3. Konsumgutes Kosten in Höhe von $p_3^0 = -\partial W^0/\partial N_3$ berechnet werden kann. Entsprechend wird das Ministerium für Güterbeschaffung darauf hingewiesen, daß es bei seinen Konsumgüterkäufen nicht nur über die Entgelte der Produktionsmittel und die Gewinne der Betriebe, sondern auch über die Betrieb 1 zusätzlich berechneten Kosten in Höhe von $p_3^0 \cdot N_3^0$ verfügen kann.

In Marktwirtschaften läßt sich eine ähnliche Regelung finden. Hier wird etwa von den staatlichen Stellen eine Abgabe von p_3^0 je hergestellter Einheit auf die Produktion des unerwünschten Gutes erhoben und das Aufkommen als Transferzahlung an das Ministerium für Konsumgüterbeschaffung weitergeleitet. Die Abgabe könnte natürlich auch in Höhe von $p_3^0 \cdot \psi'(A_1^0)$ je Einheit des 1. statt des 3. Konsumgutes erhoben werden. Alternativ dazu besteht für die staatlichen Stellen die Möglichkeit, der 1. Unternehmung die Auflage zu erteilen, nicht mehr als A_3^0 Einheiten des unerwünschten 3. Konsumgutes herzustellen. Diese Maßnahme ist zwar im Rahmen einer Marktwirtschaft nicht systemkonform, da praktisch eine Menge durch staatliche Anweisung fixiert wird, wird aber in der Realität in Form von Grenzwerten für den Ausstoß bestimmter Schadstoffe (in absoluter Höhe oder je Produkteinheit) sehr häufig angewendet.[26]

Ein wichtiger Unterschied in der Wirkungsweise zwischen Abgaben und Auflagen (Grenzwerten) wird erst deutlich, wenn man unterstellt, daß es mehrere Betriebe h ($h=1,\ldots,H$) in der ersten Industrie gibt, die das unerwünschte 3. Gut herstellen und daß diese über unterschiedliche Technologien ψ_h der Schadstoff„produktion" verfügen,[27] so daß die Gleichung (4.72) ersetzt werden muß durch

(4.82) $\qquad A_3 = \sum_{h=1}^{H} A_{3h} = \sum_{h=1}^{H} \psi_h(A_{1h}) \qquad h=1,\ldots,H.$

Man beachte, daß man den Ausdruck $\psi'_h(A_{1h})$ als marginale Schadstoffintensität der Produktion des 1. Gutes in der h-ten Firma interpretieren kann. Zwingt man nun jeden Betrieb dazu, die gleiche Schadstoffkonzentration $A_{3h}/A_{1h} = \beta^0$ einzuhalten, so werden die marginalen Schadstoffintensitäten i. a. zwischen den Betrieben differieren. Dies bedeutet aber nichts anderes, als daß die Gesamtemission des Schadstoffs, A_3, bei gegebener Gesamtproduktion des erwünschten 1. Gutes, $A_1 = \sum_h A_{1h}$ nicht minimal ist: Man könnte den

---

[26] Üblich ist eine Begrenzung der *Konzentration* eines Schadstoffs in der Abluft bzw. im Abwasser. Ist die Abluft- oder Abwassermenge je Produkteinheit jedoch eine Konstante, so ist ein solcher Grenzwert äquivalent mit einr Begrenzung der Schadstoffemission je Produkteinheit.

[27] In der Realität handelt es sich dabei genaugenommen um unterschiedliche Techniken zur Reduzierung des Schadstoffausstoßes.

Gesamtausstoß des Schadstoffs noch senken, wenn man die Produktion in Betrieben mit hohem ψ'_h senkte und in Betrieben mit niedrigem ψ'_h erhöhte.

Dieser Wohlfahrtsverlust wird bei Erhebung einer Abgabe in Höhe von p_3^0 je Schadstoffeinheit vermieden. Denn die Gewinnfunktion der h-ten Firma, die das 1. Gut herstellt, lautet in diesem Fall:

(4.83) $$\pi_h = p_1 \cdot A_{1h} - p_L \cdot \frac{A_{1h}}{\alpha_1} p_3^0 \cdot \psi_h(A_{1h}),$$

und Maximierung bezüglich A_1h resultiert offensichtlich in der Erfüllung der Bedingung (4.81) für jede einzelne Firma h. Daraus folgt jedoch unmittelbar, daß alle $\psi'_h(A_{1h})$ gleich hoch sein müssen.

Als letzte Möglichkeit neben Auflage oder Abgabe kann auch hier dem Ministerium für Konsumgüterbeschaffung im Rahmen der Wirtschaftsverfassung ein Schadenersatzanspruch gegen die 1. Unternehmung in Höhe von p_3^0 je hergestellter Menge des unerwünschten Konsumgutes eingeräumt werden.

Das für unser Beispiel abgeleitete Ergebnis macht deutlich, daß es durchaus sinnvoll sein kann, die Produktion des unerwünschten Gutes nicht ganz zu unterbinden, sondern nur zu verringern. So ist es denkbar, daß die völlige Beseitigung der externen Nachteile für die Verbraucher die Einstellung auch der Produktion des ersten erwünschten Konsumgutes bedeuten würde. In der Realität kann es jedoch auch sinnvoll sein, in begrenztem Ausmaß externe Nachteile (wie eine relativ geringe Wasserverschmutzung) hinzunehmen, wenn man sonst völlig auf bestimmte andere Konsumgüter verzichten müßte.

Abschließend sei kurz auf einige Probleme eingegangen, die im Zusammenhang mit externen Nachteilen für die Verbraucher bei der Bildung der gesellschaftlichen Zielfunktion oder bei einer Dezentralisierung der Nachfrageentscheidungen auf die Haushalte mit Hilfe der Märkte entstehen.

Sollen die herzustellenden Konsumgütermengen und ihre Verteilung durch Mehrheitsbeschlüsse aller Haushalte bestimmt werden, so ist zunächst einmal zu vermuten, daß Maßnahmen zur Einschränkung von externen Nachteilen nur dann getroffen werden, wenn ein genügend großer Anteil der Wähler von den Nachteilen betroffen wird und diese auch als solche auffaßt. Hält ein großer Bevölkerungsteil das betreffende Konsumgut für ein Übel, so besteht eher Aussicht für die Wahl einer Alternative durch Mehrheitsbeschluß, die eine Einschränkung der Produktion des unerwünschten Gutes impliziert.

Bei Dezentralisierung der Nachfrageentscheidungen in einer Marktwirtschaft entstehen bei externen Nachteilen ähnliche Probleme wie bei öffentlichen Gütern. Das die externen Nachteile verursachende Übel wird ja nicht über den Markt bezogen, sondern den Verbrauchern durch die Produzenten des Übels aufgezwungen.[28] Bezieht also auch nur ein Haushalt ein Gut, dessen

---

[28] In der Realität werden den Konsumenten externe Nachteile wie Abgase von Autos und Heizungen in beträchtlichem Ausmaß auch durch andere Verbraucher aufgezwungen.

Erzeugung die Herstellung des unerwünschten Konsumgutes mit sich bringt, so können andere Haushalte regelmäßig nicht vom Verbrauch desselben ausgeschlossen werden und sich nicht einmal selbst davon ausschließen. Das kann zur Folge haben, daß auch die Gewährung von Schadenersatzansprüchen durch die Wirtschaftsverfassung nicht zu einer genügenden Einschränkung der externen Nachteile führt. Der einzelne Haushalt muß zur Realisierung seines Schadenersatzanspruchs Zeit und Prozeßkosten aufwenden, die ihm gewichtiger erscheinen können als der von ihm erlittene Schaden. Daher werden die einzelnen Haushalte geneigt sein, einander bei der Beseitigung oder Minderung der externen Nachteile mit Hilfe eines Gerichtsverfahrens den Vortritt zu lassen, da sie selbst auf diese Weise die erforderliche Zeit und die Prozeßkosten sparen können. Das kann bedeuten, daß kein Verbraucher einen Prozeß anstrengt, obwohl der bei allen Konsumenten bewirkte Nachteil beträchtlich ist.

In vielen Fällen wird also nichts anderes übrigbleiben, als daß staatliche Stellen mit Hilfe eines Verbots oder einer Abgabe eingreifen. Es ist jedoch auch dann nicht zu erwarten, daß eine Pareto-optimale Entscheidung herbeigeführt wird. Um diese überhaupt erst berechnen zu können, müßte die zuständige staatliche Stelle neben allen die Produktionstechnik und die vorhandenen Produktionsmittelmengen betreffenden Informationen die Präferenzen aller Verbraucher und ihre Einkommen kennen.

Es bleibt also auch in der Marktwirtschaft nichts anderes übrig, als externe Nachteile gegebenenfalls durch politische Verfahren, also z.B. durch Mehrheitsentscheidungen zu beseitigen oder einzuschränken, wenn die Einräumung von Schadenersatzansprüchen nicht ausreicht und die Nachteile der Mehrheit der Wähler schwerwiegend genug erscheinen. Eine Pareto-optimale Lösung kann jedoch mit Hilfe eines solchen Vorgehens nicht erwartet werden, wie bereits die Erörterungen in Abschnitt 2.2.2 gezeigt haben.

4.4 Interdependenzen und Abhängigkeiten der Ziele der Haushalte

„From the viewpoint of preference theory or marginal utility theory, human desires are desires for specific goods, but nothing is said about how these desires arise or how they are changed. That, however, is the essence of the consumption problem when preferences are interdependent."

James S. Duesenberry[29]

In Abschnitt 2.2.1.1 wurde bewiesen, daß eine Dezentralisierung der Konsumentscheidungen bei vollständiger Konkurrenz zu einer Pareto-optimalen Lösung führt. Dabei wurden bestimmte Annahmen der traditionellen Haus-

---

[29] James S. Duesenberry, Income, Saving and the Theory of Consumer Behavior, New York 1967, S. 19.

halts- oder Nutzentheorie verwendet, die in den letzten Jahrzehnten auf Kritik gestoßen sind. Es ist daher zweckmäßig, kurz auf einige der mit dieser Theorie verbundenen Probleme einzugehen und zu zeigen, welche Schlußfolgerungen sich für die Politische Ökonomie ergeben, falls einige dieser Einwände berechtigt sind. Besondere Bedeutung wollen wir dabei in der folgenden Erörterung den Fragen der Abhängigkeit der Ziele der Haushalte vom Verhalten anderer Haushalte und der Möglichkeit einer Beeinflussung dieser Ziele durch Reklame oder Propaganda widmen. Zuvor ist es jedoch zweckmäßig, kurz auf einige andere Einwände gegen die Nutzentheorie einzugehen.

4.4.1 Einige grundlegende Einwendungen gegen die Nutzentheorie

Wir wollen uns nicht mit dem Vorwurf aufhalten, daß die Nutzentheorie nicht falsifizierbar sei oder gar auf einem Zirkelschluß beruhe. Diese Kritik ist unberechtigt und basiert auf einer mangelnden Kenntnis des neueren Standes der Nutzentheorie und der verschiedenen Experimente und Beobachtungen, die zu ihrer Überprüfung unternommen wurden.[30]

Ernster sind einige andere Einwände zu nehmen. So nimmt die Nutzentheorie an, daß jedes Wirtschaftsubjekt in dem Sinne rational handelt, daß seine Entscheidungen konsistent sind. Wird z. B. von den Alternativen A, B und C die Alternative B gegenüber A und die Alternative A gegenüber C vorgezogen, so muß auch B höher als C bewertet werden. Diese Annahme der Transitivität ist sehr stark. Empirische Untersuchungen scheinen zu zeigen, daß sie nur zutrifft, wenn die von Wirtschaftssubjekten zu treffende Wahl nicht zu kompliziert ist.

Welche Konsequenzen ergeben sich für die Politische Ökonomie aus der Tatsache, daß Entscheidungen der Wirtschaftssubjekte u. U. nicht konsistent sind? Zunächst einmal folgt sicherlich, daß sich bei einer Dezentralisierung der Nachfrageentscheidungen über den Markt für die gesamte Wirtschaft widersprüchliche Entscheidungen ergeben können. Daraus darf jedoch nicht der Schluß gezogen werden, daß politische Entscheidungsverfahren dem Marktmechanismus bei der Lösung der Aufgabe, die zu produzierenden Mengen der einzelnen Konsumgüter und ihre Verteilung auf die Wirtschaftssubjekte möglichst zufriedenstellend zu bestimmen, überlegen sei. Denn es ist nur dann zu erwarten, daß die Wähler bei Abstimmungen über diese Fragen konsistent handeln, wenn die zur Wahl gestellten Alternativen einfacher sind als die am Markt vorhandenen. Das ist jedoch nicht ohne weiteres der Fall, es sei denn, daß wichtige Vorentscheidungen bereits getroffen worden sind. Bezüglich dieses zuletzt genannten Falles konnte aber bereits gezeigt werden

---

[30] Vgl. Duesenberry, a.a.O., S. 6 16. Herbert A. Simon, Theories of Decision Making in Economics and Behavioral Science In: Surveys of Economic Theory, New York 1967, Vol. 111, S. 1–28, insbes. S. 4–9.

(vgl. Abschnitt 2.2.2), daß selbst eine so einfache Vorentscheidung wie die Bestimmung, daß jeder Haushalt die gleiche Menge von jedem Gut erhält, die Verwirklichung eines Pareto-Optimums verhindert. Es lassen sich also vermutlich die zur Wahl gestellten Alternativen so vereinfachen, daß die Wähler konsistent zu handeln vermögen, doch vereiteln dann die getroffenen Vereinfachungen ein bestmögliches Ergebnis.

Verzichtet man auf allgemeine Wahlen, so sind die Entscheidungen über die Produktionsmengen und die Güterverteilung entweder von einem Diktator oder einer Elite zu treffen. Diese müssen jedoch ihrerseits konsistent handeln und die Elite muß zu einer gemeinsamen Willensbildung kommen können, wenn nicht auch in diesem Fall widersprüchliche Ergebnisse möglich sein sollen. Darüber hinaus ergibt sich die schwerwiegende Frage, ob die Elite oder der Diktator das Wohl der Gesamtheit oder aber ihr eigenes verfolgen werden. Auch bleibt unklar, wie bei einer Verfolgung des Wohls aller Mitglieder der Gesellschaft die Wünsche der Gesamtheit festgestellt werden sollen.

Eine weitere Kritik an der Nutzentheorie richtet sich gegen die Voraussetzung einer beliebigen Teilbarkeit aller Konsumgüter. Diese Annahme ist jedoch für die Gültigkeit der Theorie nicht erforderlich, da die Wirtschaftssubjekte lediglich in der Lage sein müssen, die vorhandenen Alternativen ihrer Wertschätzung nach zu ordnen. Das ist aber bei den wenigen Alternativen, die bei mangelnder Teilbarkeit vorhanden sind, sogar leichter als bei vielen Alternativen.

Schließlich wird darauf hingewiesen, daß entgegen der traditionellen Haushaltstheorie die Wirtschaftssubjekte nicht alle vorhandenen Alternativen kennen oder zu bewerten vermögen, weil sie bisher noch keine Erfahrungen mit vielen dieser Alternativen gesammelt haben.

Diese Kritik ist nicht sehr schwerwiegend. Sobald ein Haushalt eine neue Alternative kennengelernt hat und sie beurteilen kann, wird er sie zu den bisher schon von ihm gemäß seinen Präferenzen geordneten Alternativen in Beziehung setzen und in Zukunft bei seinen Entscheidungen berücksichtigen können. Das hat aber zur Folge, daß der Haushalt künftig jeweils die Alternative wählt, die nach seiner augenblicklichen Kenntnis optimal ist. Lernt er später bessere Alternativen kennen, so wird er diese in gleicher Weise bewerten und realisieren, so daß sich seine Situation im Laufe der Zeit immer weiter verbessert.

Andererseits führt diese Kritik zu der wichtigen Schlußfolgerung, daß dem Staat und anderen Institutionen eine bedeutende Aufgabe bei der Verbesserung des Informationsstandes der Bevölkerung zukommt. Dieser Zusammenhang muß daher bei der Gestaltung des Bildungssystems berücksichtigt werden.

4.4.2 Die Beeinflussung der Haushalte durch Reklame und Propaganda

„Autonomous changes in taste can be produced by advertising and other sales efforts. Evaluation of the efficiency of advertising is exceedingly difficult... In the present state of our knowledge, decisions about the role of advertising must remain a matter of judgement. But although no categorical statement is possible, it seems doubtful that advertising accounts for the phenomena before us." James S. Duesenberry[31]

Die traditionelle Nutzentheorie liefert keine Erklärung für die Bildung der Präferenzen der Konsumenten. Sie kann daher den möglichen Einfluß der Reklame auf die Präferenzskalen nur in Form von Parameteränderungen der Nutzenfunktion berücksichtigen, ohne selbst aussagen zu können, ob ein solcher Einfluß überhaupt besteht und welcher Art er ist.

Es wird nun häufig behauptet, daß in entwickelten Marktwirtschaften mit Privateigentum die Wirtschaftsunternehmungen in der Lage seien, die Konsumenten weitgehend zugunsten der von ihnen hergestellten oder vertriebenen Produkte zu beeinflussen. Wäre dieser Einwand richtig, so stellte er in der Tat die Bedeutung einer zentralen Wohlfahrtsaussage aus Kapitel 2 in Frage; denn die Pareto-Optimalität einer Dezentralisierung der Nachfrage nach Konsumgütern durch die einzelnen Haushalte wurde unter der Voraussetzung abgeleitet, daß deren Präferenzen exogen gegeben, also nicht von außen beeinflußbar sind. Ferner dienen im Pareto-Kriterium die individuellen Präferenzen als Wohlfahrtsmaßstab. Ist dieser Maßstab selbst beeinflußbar, so verliert die Optimalitätseigenschaft an Wert.

Ein Beweis für die genannte Behauptung hat sich bisher jedoch nicht erbringen lassen, wenn man nicht schon die Tatsache als Beweis ansehen will, daß die Reklameaufwendungen in den entsprechenden Ländern stärker gewachsen sind als das Sozialprodukt.

Doch gerade dieses Argument verliert viel an Anziehungskraft, wenn man aufgrund des empirischen Materials feststellen muß, daß der Anteil der Ersparnisse am Sozialprodukt anders als der Anteil der Reklameaufwendungen im Laufe von Jahrzehnten verhältnismäßig konstant geblieben ist und folglich der gestiegene Anteil der Reklameaufwendungen nicht zu einem höheren Anteil des Verbrauchs am Volkseinkommen geführt hat. Ferner stimmt es nachdenklich, daß augenscheinlich Konjunkturrückschläge nicht durch erhöhte Reklameaufwendung verhindert werden können. Schließlich ist es allem Anschein nach auch nicht möglich, die Nachfrage nach einem Gut, das schon alle Verbraucher beziehen und für das sich daher eine gewisse Sättigung abzeichnet, nochmals in fühlbarer Weise zu erhöhen.

Die vorausgegangenen Überlegungen sind nicht so auszulegen, als ob die Reklameausgaben einer einzelnen Unternehmung, z. B. für eine Zigaretten-

---

[31] Duesenberry, a.a.O., S. 105.

marke, von ihrer Warte aus sinnlos wären. Es ist durchaus möglich, daß ohne Reklame Einbußen im Absatz hingenommen werden müßten, während sich die Nachfrage nach den Produkten der Konkurrenten aus der gleichen Branche verstärken würde. Zweifelhaft ist aber, ob durch die Reklame eines gesamten Wirtschaftszweiges, wie z. B. der Zigarettenindustrie, der Absatz desselben insgesamt, also z. B. der Zigarettenabsatz, wesentlich erhöht werden kann.

Ein weiteres Argument spricht gegen einen großen Einfluß der Reklame auf die Präferenzen der Verbraucher. Eine Unternehmung, die ihren Gewinn maximieren will, muß auch ihre Aufwendungen für Reklame effizient einsetzen. Das ist aber außer durch Reklame, die der reinen Information dient, am besten zu erreichen, wenn die Reklame auf Güterarten gerichtet wird, bei denen der innere Widerstand der Konsumenten am geringsten ist, die also bereits vorher eine so hohe Bewertung genießen, daß es nur noch eines geringen Anstoßes zum Kaufentschluß bedarf. Gehen die Unternehmungen aber auf diese Weise vor, so muß der Einfluß der Reklame auf die Präferenzen recht beschränkt bleiben.

Trotz dieser eher skeptischen Bewertung der Reklameeinflüsse wollen wir uns fragen, welche Konsequenzen bei einer starken Wirksamkeit der Reklame zu ziehen wären. Würde in diesem Fall die Schlußfolgerung erlaubt sein, daß eine Beseitigung der Dezentralisierung der Nachfrageentscheidungen über den Markt zweckmäßig ist? Schon eine kurze Überlegung zeigt die Unzulässigkeit eines solchen Schlusses. Denn wenn die Verbraucher durch Reklame sehr stark beeinflußt werden können, so kann ihnen gegenüber als Wählern auch die Propaganda mißbraucht werden, die von Parteien oder anderen politischen Institutionen ausgeht. Auf diese Weise können die Politiker die Entscheidungen über Produktion und Verteilung der Konsumgüter in eine ihnen genehme und den ursprünglichen Wünschen der Haushalte widersprechende Richtung lenken. Ist eine starke Beeinflußbarkeit der Menschen gegeben, so gilt das nicht nur für Entscheidungen am Markt, sondern auch für politische Entscheidungsverfahren.

Eine Lösung des Problems der Reklame und Propaganda läßt sich daher wohl nur auf folgende Art erreichen. Einmal kann man versuchen, die Widerstandskraft der Individuen gegen an Emotionen appellierende Beeinflussungsversuche mit Hilfe einer besseren Aufklärung während ihrer Erziehung zu stärken. Das ist jedoch sicherlich ein langfristiger Prozeß. Zweitens können Reklame und Propaganda, die über die reine Information hinausgehen, verboten werden. Für letzteres würde, selbst bei Abwesenheit einer fühlbaren Wirksamkeit von Reklame und Propaganda, die Erwägung sprechen, daß auf diese Weise die Vergeudung von knappen Produktionsmitteln vermieden werden könnte. Zu fragen bleibt allerdings, ob und wie sich ein solches Verbot politisch durchsetzen ließe und welche Instanz bestimmen sollte, ob und wann konkrete Fälle von Reklame und Propaganda über die reine Information hinausgehen und daher unterbunden werden müssen. Schließlich muß gefragt werden, wer die zuständige Instanz kontrollieren soll.

4.4.3 Interdependenzen zwischen den Zielen der Haushalte

Die traditionelle Haushaltstheorie ist von begrenztem Wert, weil sie, wie bereits erwähnt, von gegebenen Präferenzen der Wirtschaftssubjekte ausgeht und nicht zu erklären vermag, wie diese Präferenzen zustande kommen. Dabei dürfte feststehen, daß die Präferenzen eines einzelnen sich im Laufe der Zeit mehr oder minder am Verhalten der Personen in seiner Umgebung orientieren und seine Wertvorstellungen besonders während Kindheit und Jugend auf diese Weise geformt werden.

Geht man einmal davon aus, daß die Einflüsse, die von den Verbrauchsgewohnheiten anderer ausgehen, sich nur allmählich bemerkbar machen, die Präferenzskalen sich also nur langsam ändern, so wird die Nutzentheorie wegen des Vorhandenseins von Interdependenzen nicht wertlos. Sie kann dann zwar nicht für mittel- und langfristige Voraussagen benutzt werden, da sie die Änderung der Präferenzen nicht vorauszusagen vermag. Wohl aber ist sie wegen der nur langsamen Änderung der Präferenzordnungen für kurzfristige Voraussagen geeignet. Schließlich bleibt auch die Pareto-Optimalität der vollständigen Konkurrenz weitgehend unberührt, wenn das Wirtschaftssystem in der Lage ist, sich dem allmählichen Wandel der Präferenzskalen in verhältnismäßig kurzer Zeit anzupassen.

Anders liegen die Dinge, wenn das Konsumverhalten der Haushalte bzw. ihre Bewertung der gegebenen Alternativen ohne wesentliche Verzögerung von dem Verhalten anderer abhängt. Um uns die in diesem Fall auftauchenden Probleme zu verdeutlichen, seien zwei Haushalte H_1 und H_2 betrachtet. Wir nehmen an, daß für die Bewertung der verschiedenen Konsummöglichkeiten durch diese Haushalte nicht nur die eigenen Bezüge an Konsumgütern, sondern auch die des anderen Haushalts bedeutsam sind. Diese Zusammenhänge lassen sich für Haushalt H_i durch folgende Zielfunktion ausdrücken:

(4.84) $\quad W_i = W_i(N_{i1}, N_{i2}, N_{i1}/N_{k1}, N_{i2}/N_{k2}) \quad i=1,2; k=1,2; k \neq i$

(4.85) $\quad \dfrac{\partial W_i}{\partial N_{ij}} > 0 \quad i=1,2; j=1,2$

(4.86) $\quad \dfrac{\partial W_i}{\partial (N_{ij}/N_{kj})} \gtreqless 0 \quad \text{wenn} \quad \dfrac{N_{ij}}{N_{kj}} \lesseqgtr 1 \quad j=1,2.$

Nach (4.84) ist der Nutzen des Haushalts H_i nicht nur von den verbrauchten Mengen N_{ij} der beiden Güter, sondern auch von dem Verhältnis derselben zu den vom anderen Haushalt bezogenen Mengen, also von N_{ij}/N_{kj} abhängig. In

(4.86) haben wir weiter angenommen, daß für $N_{ij}<N_{kj}$ die Wohlfahrt des i-ten Haushalts bei einer Vergrößerung von N_{ij}/N_{kj} wächst. Das bedeutet aber u. a., daß eine Güterversorgung (N_{i1}, N_{i2}) von Haushalt H_i um so ungünstiger beurteilt wird, je geringer das Verhältnis zu dem höheren Verbrauch (N_{k1}, N_{k2}) des k-ten Haushalts an beiden Gütern ist. Der ärmere Haushalt richtet seine Bewertung also auch am Konsumverhalten des reicheren Haushalts aus. Seine Wohlfahrt wird möglicherweise von Neidgefühlen beeinflußt.

Anders sieht die Situation aus, wenn der i-te Haushalt eine bessere Güterversorgung als der k-te erhält: $N_{ij}>N_{kj}$ ($j=1,2$). Für diesen Fall haben wir angenommen, daß er seine eigene Lage um so ungünstiger beurteilt, je weniger der ärmere Haushalt im Verhältnis zu ihm selbst erhält. Haushalt H_i nimmt sozusagen inneren Anteil an der Lage des anderen, sie bedrückt ihn, er macht sich vielleicht sogar Gewissensbisse, weil es ihm selber besser geht.

In der Folge sei geprüft, welche Konsequenzen sich für die Pareto-Optimalität aus der gegenüber unseren früheren Annahmen geänderten Beschaffenheit der Zielfunktion (4.84) ergeben. Wir stellen uns zu diesem Zweck eine Situation vor, die nach den früher betrachteten Nutzenfunktionen der Haushalte nicht Pareto-optimal ist und in der Haushalt H_1 von beiden Gütern kleinere Mengen als Haushalt H_2 erhält. In diesem Fall kann bei fehlender Interdependenz zwischen den Haushalten entsprechend dem Sinn des Pareto-Optimums eine bessere Situation für die Gesellschaft bei unveränderter Lage aller übrigen Haushalte erreicht werden, wenn allein Haushalt H_2 von einem oder beiden Konsumgütern mehr erhält, da Haushalt H_1 dadurch seine Lage nicht verschlechtert.

Anders liegen die Dinge bei Gültigkeit der durch (4.84) bis (4.86) charakterisierten Nutzenfunktionen. In diesem Fall wird die Lage des Haushalts H_1 verschlechtert, da N_{1j}/N_{2j} sich verkleinert. Die geänderte Situation wäre also für die Gesellschaft insgesamt nicht besser. Überdies ist nicht einmal sicher, ob Haushalt H_2 die neue Situation für besser hält. Zwar beurteilt er die Verbesserung der eigenen Güterversorgung nach (4.85) positiv, doch wird die relative Verschlechterung der Lage des anderen Haushalts von ihm wegen (4.86) negativ bewertet.

Wie kann man unter diesen Umständen zu einer Verbesserung der Lage kommen, wenn der gesamten Gesellschaft noch zusätzliche Gütermengen zur Verfügung stehen? Zunächst sieht man sofort, daß eine bessere Situation immer dann erreicht wird, wenn der Haushalt, der bisher von beiden Gütern kleinere Mengen als der andere bezog, jetzt größere Konsumgütermengen erhält. Dagegen wird eine günstigere Lage durch eine Erhöhung der Konsumgütermengen bei beiden Haushalten nur erreicht, wenn der bisher schlechter mit Gütern versorgte Haushalt H_i wenigstens so viel mehr von den Konsumgütern bekommt, daß sich das Verhältnis N_{ij}/N_{kj} nicht verkleinert, die Versorgung von Haushalt H_i also im Verhältnis zu Haushalt H_k wenigstens gleich gut bleibt.

Unsere Überlegungen machen deutlich, daß das Kriterium des Pareto-Optimums Gesichtspunkte der Einkommens- und Güterverteilung berücksichtigt, wenn die Zielfunktionen der Haushalte die Annahmen (4.84) bis (4.86) erfüllen. So wird ein eindeutig besserer Zustand nur dann erreicht, wenn die Einkommens- bzw. Güterverteilung dadurch nicht ungleichmäßiger wird.

Diese Ergebnisse lassen erkennen, daß es unter dem Aspekt der in Kapitel 1 diskutierten Ziele ziemlich gleichgültig ist, ob wir die in (4.84) bis (4.86) zum Ausdruck kommenden Interdependenzen zwischen den Präferenzen der Haushalte berücksichtigen oder nicht, solange das Ziel einer möglichst gleichmäßigen Verteilung der Einkommen genügend stark in der politischen Willensbildung zum Ausdruck kommt. Allerdings wird bei Vorliegen von Interdependenzen zwischen den Nutzenfunktionen eine gleichmäßige Verteilung der Einkommen gegenüber einer Einkommensverteilung nach den Leistungen (vgl. Kapitel 8) größeres Gewicht erhalten, als wenn diese Interdependenzen nicht vorhanden wären.

4.5 Aufgaben

1. Nach dem Eulerschen Theorem gilt für homogene Produktionsfunktionen vom Grade b folgende Beziehung zwischen dem Output und den Grenzprodukten der Faktoren:

$$L \cdot \frac{\partial F(K,L)}{\partial L} + K \cdot \frac{\partial F(K,L)}{\partial K} = b \cdot F(K,L).$$

a) Nehmen Sie an, die Faktoren werden nach dem Wertgrenzprodukt entlohnt. Welche Beziehung besteht dann zwischen dem Erlös und den Faktorkosten einer Firma, die mit
   1. abnehmenden Skalenerträgen
   2. konstanten Skalenerträgen
   3. zunehmenden Skalenerträgen
   arbeitet? (Verwenden Sie die Symbole p_L, p_K für die Faktorpreise, p für den Produktpreis.)
b) Zeigen Sie anhand der Produktionstechnologie $A_1 = \alpha_1.L_1$, daß eine Produktionsfunktion mit zunehmenden Skalenerträgen fallende Grenzkosten aufweist.
c) In einer Marktwirtschaft arbeite eine Firma mit konstanten, die (einzige) andere mit zunehmenden Skalenerträgen. Muß letztere notwendigerweise subventioniert werden, damit die Gesellschaft ihr Optimum erreichen kann?

2. In einer Gemeinde mit 3 Haushalten H_i ($i=1,2,3$) soll mit Hilfe des Clarke-Verfahrens darüber entschieden werden, ob ein Hallenschwimmbad errichtet werden soll (Alternative a_1) oder nicht (Alternative a_0). Die Netto-Vorteile von a_1 gegenüber a_0 betragen für die drei Haushalte +30, −40, +20.

a) Ermitteln Sie, welche Alternative sich durchsetzt und bei welchem(n) Haushalt(en) Clarke-Steuern in welcher Höhe erhoben werden, wenn alle ihre Präferenzen wahrheitsgemäß angeben.

b) Untersuchen Sie, ob diejenigen Haushalte, die mit einer Clarke-Steuer belastet werden, diese
  1. durch eine isolierte Manipulation
  2. durch eine abgesprochene Manipulation
  der offenbarten Präferenzen vermeiden könnten, ohne sich selbst zu schaden.

c) Zeigen Sie, daß mit zunehmender Gruppengröße das Aufkommen der Clarke-Steuer abnimmt. Verändern Sie dazu das Beispiel derart, daß Sie annehmen, von jedem der Typen H_1, H_2, H_3 gebe es nicht nur einen, sondern zwei (drei) Haushalte.

3. In einer Wirtschaft gebe es ein privates (G_1) und ein öffentliches Gut (G_2). Die n Haushalte besitzen die Nutzenfunktionen

$$W_i = (N_{i1} + d_{i1}) \cdot (N_{i2} + d_{i2}) \qquad (i = 1,\ldots,n).$$

Zur Finanzierung des öffentlichen Gutes, das vom Staat (als Mengenanpasser) zum Preis p_2 gekauft wird, diene eine proportionale Einkommensteuer mit dem Steuersatz t. Das private Gut wird von jedem Haushalt (als Mengenanpasser) zum Preis p_1 bezogen. Das Bruttoeinkommen des Haushalts H_i betrage $Y_i = \alpha_i \cdot Y$, wobei Y das Volkseinkommen bezeichnet.

a) Stellen Sie die Budgetrestriktion $N_{i2} = N_{i2}(N_{i1})$ auf, die angibt, welche Mengenkombinationen aus der Sicht des Haushalts H_i zulässig sind.

b) Bestimmen Sie die für H_i optimale Menge des öffentlichen Gutes, N_{i2}^*, und zeigen Sie, daß diese mit wachsendem Einkommen Y_i zunimmt.

4. Angenommen, die Parameter in Aufgabe 2 hätten für eine Gesellschaft mit $n=5$ Wählern die folgenden Werte: $p_1=1/2$, $p_2=6$, $d_{i1}=d_{i2}=-12$ ($i=1,\ldots,5$), $Y=240$, $\alpha_1=\alpha_2=1/10$, $\alpha_3=1/6$, $\alpha_4=3/10$, $\alpha_5=1/3$.

a) Wie groß ist die vom Wähler im Median gewünschte optimale Menge des öffentlichen Gutes G_2?

b) Wie hoch ist der Einkommensteuersatz t und wie groß die Menge des öffentlichen Gutes G_2, welche in einer Demokratie mit zwei Parteien die beiden Parteien im politischen Gleichgewicht vorschlagen?

c) Wie hoch ist das verfügbare Einkommen von H_i ($i=1,\ldots,5$) bei Durchführung der optimalen Parteiprogramme?

d) Wie groß ist die Gesamtnachfrage aller Haushalte nach dem privaten Gut, wenn die optimalen Parteiprogramme durchgeführt werden?

e) Nehmen Sie an, Wähler H_5 mache den übrigen den Vorschlag, einen Steuersatz von $t=0{,}58$ und eine Menge des öffentlichen Gutes $N_2=23{,}2$ zu akzeptieren, und biete folgende Kompensationszahlungen an: je 0,045 Geldeinheiten an die Haushalte H_1 und H_2 sowie 0,01 Geldeinheiten an H_3. Berechnen Sie für jeden der 5 Haushalte den Wert der Nutzenfunktion, der sich ergibt, falls dieser Vorschlag realisiert wird, und vergleichen Sie diese Werte mit denen, die sich aus den Antworten zu den Teilen a) bis d) ergeben. Was folgt daraus für die Pareto-Optimalität des politischen Gleichgewichts?

5. Ein Haushalt besitzt einen privaten Landeplatz mit häufig benutztem Hubschrauber. Der Hubschrauber stört durch seinen Lärm die benachbarte Bevölkerung. Handelt es sich in diesem Beispiel um ein öffentliches Gut, um externe Nachteile oder um beides?

6. Halten Sie es für denkbar, daß eine sehr weitgehende Unteilbarkeit eines Konsumguts den Eingriff öffentlicher Stellen notwendig machen könnte, selbst wenn das Ausschließungsprinzip anwendbar wäre?

7. Eine Zwei-Güter-ein-Faktor-Ökonomie sei durch die Produktionsfunktionen $A_1 = 0{,}5\,L_1$, $A_2 = L_2/(1+A_1)$ und die vorhandene Faktormenge $L=16$ gekennzeichnet. Die gesellschaftliche Zielfunktion laute $W(N_1,N_2) = N_1 \cdot N_2$.

a) Bestimmen Sie die Transformationskurve der Wirtschaft und zeigen Sie, daß diese konvex zum Ursprung ist.

b) Ermitteln Sie mit dem Lagrange-Verfahren den optimalen Produktions- und Verbrauchsplan und die optimalen Verrechnungspreise p_1^0, p_2^0 und p_L^0 sowie den von der 1. Firma je Produkteinheit zu leistenden Abgabesatz p_m^0.

c) Berechnen Sie die entsprechenden Werte A_1^M, A_2^M, p_1^M, p_2^M, p_L^M eines Konkurrenzgleichgewichts in einer Marktwirtschaft, wenn beide Betriebe als Gewinnmaximierer nach der Regel „Preis gleich Grenzkosten" produzieren, das Beschaffungsministerium die o.a. Zielfunktion maximiert und alle drei Märkte geräumt werden.

d) Vergleichen Sie die in b) und c) erhaltenen Lösungen hinsichtlich des Wertes der Wohlfahrtsfunktion W.

8. Es sei das Modell in Abschnitt 4.3.2 betrachtet, die gesellschaftliche Zielfunktion jedoch durch

$$W = (N_1 + \frac{6}{5}) \cdot (N_2 + \frac{11}{5}) + \frac{12}{25} \cdot N_3^2$$

präzisiert, wobei $N_3 = 2 \cdot A_1$ gilt.

a) Werden unter diesen Bedingungen die Verbraucher ebenfalls durch externe Nachteile betroffen?

b) Wie könnte in diesem Fall in einer Marktwirtschaft eine optimale Güterversorgung herbeigeführt werden?

9. Es sei von dem in 4.4.3 betrachteten Beispiel bezüglich der Interdependenzen zwischen den Zielen von zwei Haushalten ausgegangen. Nehmen Sie an, daß in (4.86) statt

$$\frac{\partial W_i}{\partial (N_{ij}/N_{kj})} < 0 \text{ die Annahme } \frac{\partial W_i}{\partial (N_{ij}/N_{ki})} > 0 \text{ gilt, wenn } \frac{N_{ij}}{N_{kj}} > 1 \text{ ist.}$$

a) Wie ist diese Annahme ökonomisch zu deuten?
b) Ausgehend von einer gegebenen Situation können noch zusätzliche Mengen der Konsumgüter verteilt werden. Unter welchen Bedingungen könnte in diesem Fall eine nach dem Kriterium von Pareto bessere gesellschaftliche Lage erreicht werden?

4.6 Literatur

Unteilbarkeiten und zunehmende Skalenerträge werden behandelt in:

J. FINSINGER, Wettbewerb und Regulierung, München 1991.

Die mit der Existenz öffentlicher Güter verbundenen Probleme werden untersucht von

W.H. OAKLAND, Theory of Public Goods, in: A.J. Auerbach und M.S. Feldstein (Hrsg.), Handbook of Public Economics, Vol. II, Amsterdam u. a. 1987,
W. BLÜMEL, R. PETHIG und O. V.D. HAGEN, The Theory of Public Goods: A survey of recent issues, Journal of Institutional and Theoretical Economics 142 (1986), S. 241–309,
V. ARNOLD, Theorie der Kollektivgüter, München 1992.

Die erste genaue Formulierung und eine Lösung des Problems einer Pareto-optimalen Versorgung mit öffentlichen Gütern findet sich bei

PAUL A. SAMUELSON, The Pure Theory of Public Expenditure, Review of Economics and Statistics 36 (1954), S. 387–389.

Zu dem in Abschnitt 4.2.3 beschriebenen Verfahren zur Offenbarung der Präferenzen im Hinblick auf öffentliche Güter siehe

E.H. CLARKE, Multipart Pricing of Public Goods, Public Choice 11 (1971), S. 17–33,
T.N. TIDEMAN und G. TULLOCK, A New and Superior Process for Making Social Choices, Journal of Political Economy 84 (1976), S. 1145–1159,
T.N. TIDEMAN (Hrsg.), Public Choice 29–2, Special Supplement 1977,
J. GREEN und J.J. LAFFONT, Incentives in Public Decision-Making, Amsterdam u. a. 1979.

Ein alternatives Verfahren, bei dem die Individuen ihre Präferenzen durch Kauf von Versicherungspolicen offenbaren sollen, beschreibt

E.A. THOMPSON, A Pareto-Optimal Group Decision Process, Papers on Non-Market Decision Making (jetzt: Public Choice), Charlottesville/Va. 1966, S. 133–140

Grundlage der Theorie der Versorgung öffentlicher Güter in einer Demokratie mit zwei Parteien ist das Buch von

A. Downs, An Economic Theory of Democracy, New York 1957, deutsch: Ökonomische Theorie der Demokratie, Tübingen 1968.

Die Theorie wurde ausgebaut und formalisiert u.a. von

O.A. Davis und M.J. Hinich, A Mathematical Model of Policy Formation in a Democratic Society, in: J.L. Bernd (Ed.), Mathematical Applications in Political Science, Bd.II, Dallas 1966.

Eine Anwendung der Theorie auf die Versorgung mit öffentlichen Gütern findet sich bei

M. Shubik, A Two-Party System, General Equilibrium, and the Voters' Paradox, Zeitschrift für Nationalökonomie 28 (1968), S. 141–154.

Eine Diskussion der neueren Entwicklung des Begriffs der externen Vorteile und Nachteile bietet:

E.J. Mishan, The Postwar Literature on Externalities: An Interpretative Essay, Journal of Economic Literature 9 (1971), S. 1–28.

Die Möglichkeit der Verletzung von Konvexitätseigenschaften bei externen Effekten zeigt

W. Baumol, External Economies and Second-Order Optimality Conditions, American Economic Review 54 (1964), S. 358–372.

Die Korrektur des durch externe Effekte bedingten Marktversagens durch Steuern diskutiert derselbe Autor in

W. Baumol, On Taxation and the Control of Externalities, American Economic Review 62 (1972), S. 307–322.

An neuerer Literatur über externe Effekte, vor allem im Hinblick auf die Umweltproblematik sind zu empfehlen

S.A.Y. Lin (Hrsg.), Theory and Measurement of Economic Externalities, New York 1976,
W.J. Baumol und W.E. Oates, The Theory of Environmental Policy, 2. Aufl., Englewood Cliffs (N.J.) 1988,
H. Siebert, The Economics of the Environment, 2. Aufl., Berlin u.a. 1987.

Das sogenannte „Coase-Theorem" geht zurück auf

R.H. Coase, The Problem of Social Cost, Journal of Law and Economics 3 (1960), S. 1–44.

Es wird diskutiert in

A. Endres, Die Coase-Kontroverse, Zeitschrift für die gesamte Staatswissenschaft 133 (1977), S. 637–651,
H.W. Sinn und U. Schmoltzi, Eigentumsrechte, Kompenstaionsregeln und Marktmacht, Jahrbücher für Nationalökonomie und Statistik 196 (1981), S. 97–117,
M. Adams, Ökonomische Analyse der Gefährdungs- und Verschuldenshaftung, Heidelberg 1985.

Einwände gegen das Rationalitätspostulat in der Theorie des Konsumentenverhaltens diskutieren

H.A. SIMON, Theories of Decision Making in Economics and Behavioural Science, in: Surveys of Economic Theory, herausgegeben von American Economic Association und Royal Economic Association, New York 1957, S. 1–28,

O. BECKER, Die wirtschaftlichen Entscheidungen des Haushalts, Berlin 1967.

H. SIMON, Rationality as Process and as Product of Thought, American Economic Review 68 (1978), Papers and Proceedings, S. 1–16,

J. MARCH, Bounded Rationality, Ambiguity, and the Engineering of Choice, Bell Journal of Economics 9 (1978), S. 587–608.

Interdependenzen zwischen den Zielfunktionen der Haushalte werden ausführlich erörtert in

J. S. DUESENBERRY, Income, Saving and the Theory of Consumer Behavior, Cambridge (Mass.) 1949,

H. LEIBENSTEIN, Bandwagon, Snob, and Veblen Effects in the Theory of Consumers Demand, Quarterly Journal of Economics 64 (1950), S. 183–207.

Ihre Bedeutung für die Anwendung des Pareto-Kriteriums auf Verteilungsfragen unterstreichen

G. DALY und F. GIERTZ, Benevolence, Malevolence, and Economic Theory, Public Choice 13 (1972), S. 1–19,

J.D. RODGERS, Distributional Externalities and the Optimal Form of Income Transfers, Public Finance Quarterly 1 (1973), S. 266–299,

G. BRENNAN, Pareto-Optimal Redistribution: A Perspective, Finanzarchiv 33 (1975), S. 236–271.

Kapitel 5

Probleme der Informationsvermittlung

Im bisherigen Verlauf unserer Erörterungen sind wir meist von der Annahme ausgegangen, daß in jedem Wirtschaftssystem alle erforderlichen Informationen irgendwo vorhanden sind und ohne Einsatz von knappen Produktionsmitteln in den Besitz der zentralen Planungsstelle oder anderer Behörden gelangen können. Darüber hinaus wurde angenommen, daß die öffentlichen Stellen ausreichende Kapazitäten zur Aufnahme und Verarbeitung aller Informationen besitzen.

Es bedarf keiner langen Darlegungen, um zu zeigen, daß diese Voraussetzungen unrealistisch sind. Weder sind alle Informationen bei den Wirtschaftseinheiten des Systems vorhanden, noch können sie von öffentlichen Stellen ohne Verwendung knapper Produktionsmittel erlangt werden, noch sind auch diese öffentlichen Stellen in der Lage, selbst mit den modernsten Großrechnern und Speicheranlagen, die Milliarden Daten aufzunehmen und zu verarbeiten, die für die optimale Planung einer modernen Wirtschaft benötigt werden.

Da die Beschaffung, Weitergabe und Verarbeitung von Informationen Aufwendungen von Produktionsmitteln erforderlich macht, ist es im Grunde notwendig, diese Aufwendungen bei der Bestimmung des Optimums z.B. einer Zentralgeleiteten Verwaltungswirtschaft zu berücksichtigen. Aufwendungen für Zwecke der Informationsgewinnung und der Informationsverarbeitung dürfen nur insoweit gemacht werden, als die je zusätzlich verwendeter Einheit der fraglichen Produktionsmittel gewonnenen zusätzlichen Informationen wegen einer sich ergebenden Planverbesserung eine größere Erhöhung der gesellschaftlichen Wohlfahrt herbeiführen, als durch den Ausfall dieser Produktionsmitteleinheit für die Produktion verlorengeht.

Hier ergibt sich jedoch ein Dilemma. Ohne ausreichende Informationen kann die zentrale Planungsstelle nicht mit Sicherheit bestimmen, wieviel zusätzliche Informationen sie zur Realisierung des Optimums bei Berücksichtigung der Aufwendungen für Informationszwecke noch gewinnen, weiterleiten oder verarbeiten soll. Sie kann also nur Entscheidungen unter Risiko oder Unsicherheit treffen. Die Berechnung eines optimalen Planes, der auch die Aufwendungen für Informationen einbezieht, ist selbst bei Vorhandensein aller Informationen bei irgendwelchen Wirtschaftssubjekten nicht eindeutig möglich.

Angesichts dieser Sachlage ist es naheliegend, daß eine optimale Güterversorgung in dem bisher verwendeten Sinn bestenfalls näherungsweise erreicht werden kann und diese Annäherung vermutlich um so geringer sein wird, je umfangreicher die Informationserfordernisse eines bestimmten Wirtschaftssystems bei sonst gleichen Bedingungen sind.

Eng verbunden mit dem Problem der Informationen ist die Frage der dynamischen Stabilität von Wirtschaftssystemen. Besitzt z. B. in einer Zentralverwaltungswirtschaft die zentrale Verwaltungsstelle nicht alle benötigten Informationen, so kann sie die optimalen Mengen der zu produzierenden Konsumgüter und der zu verbrauchenden Produktionsmittel nicht berechnen. Folglich sind die berechneten Mengen nicht optimal. Werden diese nun den einzelnen Betrieben als Zielgrößen mitgeteilt, so wird das häufig zur Folge haben, daß die gesetzten Ziele von den Betrieben nicht erreicht oder aber übererfüllt werden. Erfährt die zentrale Planungsstelle von diesen Diskrepanzen, so wird sie sich zu einer Korrektur der Planungsgrößen entschließen usw. Die entscheidende Frage ist nun, ob erstens das gewählte Korrekturverfahren im Laufe der Zeit bei unveränderten Umweltbedingungen zu einem Zustand führt, in dem keine größeren Planrevisionen mehr erforderlich sind, das System also dynamisch stabil ist, und ob sich zweitens die produzierten und verbrauchten Mengen immer mehr dem Optimum nähern oder nicht.

Ein völlig analoges Stabilitätsproblem besteht im Falle der Koordination der wirtschaftlichen Aktivitäten über Märkte. Wie oben in der Darstellung des Marktmechanismus als Wahlverfahren (Abschnitt 2.2.2) klargeworden ist, setzt eine gleichzeitige Realisierbarkeit aller individuellen Produktions- und Verbrauchspläne voraus, daß das geschilderte Verfahren der Preisanpassungen dynamisch stabil ist, d. h. zu den Gleichgewichtspreisen konvergiert.

Ein dynamisches System liefert jedoch nur dann optimale Werte, wenn der Gleichgewichtszustand, also z. B. in einer Marktwirtschaft das Konkurrenzgleichgewicht, erreicht worden ist. Bis zu diesem Zeitpunkt treten vom Standpunkt der Gesellschaft Wohlfahrtsverluste auf. Diese werden in der Regel um so größer sein, je stärker und je länger die im Verlauf des dynamischen Prozesses für Verbrauch und Produktion erzielten Mengen der verschiedenen Güter bzw. ihre Preise von den Werten des Optimums abweichen. Daneben ist auch zu beachten, daß bei längeren und stärkeren Schwankungen wirtschaftlicher Größen, wie z. B. der Zahl der Beschäftigten oder der Preise, das Kriterium der Sicherheit verletzt werden dürfte.

Aus diesen Überlegungen ergibt sich, daß nur ein Vergleich der ersparten Informationsaufwendungen bzw. der dadurch ermöglichten größeren gesellschaftlichen Wohlfahrt mit den bei einem dynamischen Prozeß sich ergebenden Wohlfahrtsverlusten ein Urteil darüber erlaubt, ob die Ersetzung hoher Informationsaufwendungen durch die Verwendung eines informationssparenden dynamischen Systems gerechtfertigt ist.

5.1 Das Informationsproblem in Wirtschaften mit zentraler Planung

Das Informationsproblem bei zentraler Mengenplanung besteht in Wirklichkeit nicht nur aus einem Problem, sondern aus einer Reihe verschiedener Probleme. Es lassen sich unterscheiden:
1. Das Problem der reinen Komplexität aufgrund der Menge der Informationen. Zwar sind alle erforderlichen Informationen bei der zentralen Planungsstelle vorhanden, doch ist diese wegen der begrenzten Fähigkeiten oder Verarbeitungskapazitäten von Computern und menschlichen Gehirnen nicht in der Lage, die optimale Lösung zu berechnen.
2. Selbst wenn das Problem der Komplexität lösbar wäre, ist es möglich, daß die bei der Planungsstelle verfügbaren Kapazitäten nicht ausreichen, alle erforderlichen Informationen aufzunehmen bzw. abzugeben.
3. Es kann nicht oder nur verzerrt oder lückenhaft transferierbare Informationen geben.
4. Die Aufnahme, Verarbeitung und Weiterleitung von Informationen ist mit Kosten bzw. mit einem Verbrauch oder Gebrauch von Produktionsmitteln verbunden.
5. Die Aufnahme, Verarbeitung und Weiterleitung von Informationen erfordert Zeit.
6. Betriebe und Haushalte besitzen Anreize, falsche oder lückenhafte Informationen an die Planungsstelle weiterzuleiten (strategisches Informationsverhalten).
7. Bei den bisher angeführten Informationsproblemen handelt es sich durchweg um Probleme der Übermittlung und Verarbeitung von bereits im System irgendwo vorhandenen Informationen. Von diesen Problemen strikt zu unterscheiden ist jenes, wie die Schaffung und Anwendung neuer Informationen von der Wirtschaftsordnung beeinflußt wird.

In diesem Kapitel werden wir die ersten fünf Probleme etwas eingehender bezüglich ihrer Bedeutung für die Planung in der Zentralverwaltungswirtschaft erörtern. Die beiden zuletzt genannten Probleme werden dagegen im folgenden Kapitel aufgegriffen, da sie mit der Motivation der Individuen und damit auch mit der speziellen Eigentumsordnung in der Zentralverwaltungswirtschaft zu tun haben.

5.1.1 Die benötigten Aufnahme-, Abgabe- und Verarbeitungskapazitäten für Informationen unter einfachen stationären Bedingungen

Wie sieht es nun mit dem Bedarf an Kapazität zur Aufnahme, Verarbeitung und Abgabe von Informationen bei der Koordination der wirtschaftlichen Aktivitäten durch eine zentrale Planstelle, also in der Zentralverwaltungswirtschaft und im Konkurrenzsozialismus aus? Zur Beantwortung dieser Frage gehen wir davon aus, daß alle benötigten Informationen bei den Wirtschaftseinheiten, die unmittelbar Konsumgüter verbrauchen, Güter produzieren oder Produktionsmittel besitzen, vorhanden sind. Diese Annahme impliziert bereits eine Vereinfachung gegenüber der Wirklichkeit, obwohl die Wirtschaftssubjekte sicherlich am besten über den kleinen Ausschnitt informiert sind, mit dem sie selbst täglich in Berührung kommen. Ferner werde zunächst die unrealistische Annahme getroffen, daß alle Informationen kostenlos ohne Zeitverzug transferiert werden können und daß die Wirtschaftssubjekte dieselben wahrheitsgemäß und lückenlos der Planungsstelle übermitteln. Schließlich betrachten wir zunächst eine stationäre Umwelt, in der sich also die relevanten Informationen nicht ändern.

Es sei nun eine verallgemeinerte Fassung von Modell 2.1 betrachtet, in der J Konsumgüter mit S Produktionsmitteln von r Betrieben hergestellt und von n Haushalten verbraucht werden. Ferner wollen wir annehmen, daß sich die Gesamtmenge a_s ($s=1,2,\ldots,S$) des s-ten Produktionsmittels im Besitz der privaten Haushalte befindet. Öffentliche Haushalte wie Gemeinden mögen daneben, selbst in einer Zentralverwaltungswirtschaft, über Boden- und Naturschätze verfügen. Schließlich sei angenommen, daß jedes der Güter von mehr als einem Betrieb erzeugt wird. Andererseits wollen wir weiter von verbundener sowie von mehrstufiger Produktion absehen und zudem eine linear-limitationale Technik unterstellen, bei der jedes Konsumgut in nur einem effizienten Prozeß hergestellt werden kann.

Schließlich nehmen wir an, daß die zentrale Planungsstelle eine Wohlfahrtsfunktion

(5.1) $\qquad W = W(W_1, W_2, \ldots, W_n)$

mit

(5.2) $\qquad \dfrac{\partial W}{\partial W_i} > 0,$

(5.3) $\qquad \dfrac{\partial^2 W}{\partial W_i^2} < 0 \qquad (i=1,\ldots,n)$

zu maximieren sucht, in der die Argumente durch die Nutzenfunktionen der n Haushalte gegeben seien. Von diesen sei die *Form* bekannt, und zwar gelte

(5.4) $\qquad W_i = (N_{i1}+d_{i1}) \cdot (N_{i2}+d_{i2}) \cdot \ldots \cdot (N_{iJ}+d_{iJ}),$

wobei N_{ij} die von Haushalt i konsumierte Menge des j-ten Gutes und die d_{ij} Konstanten sind ($i=1,\ldots,n; j=1,\ldots,J$).

Wie man sieht, beschreibt (5.4) eine spezielle Form der Zielfunktion (2.55), die die üblichen Eigenschaften (2.56) und (2.57) besitzt. Gleichzeitig haben wir es nun allerdings mit n statt mit zwei Konsumgütern zu tun. Die Maximierung von (5.1) bedeutet wegen (5.2) offenbar, daß die Planungsstelle den Nutzen der Haushalte, wie diese ihn selbst einschätzen, bei ihrer Planung möglichst zu erhöhen sucht. (5.3) bringt zum Ausdruck, daß ein Haushalt h bei einer zusätzlichen Versorgung mit Gütern umso weniger berücksichtigt wird, je höher sein bereits erreichtes Nutzenniveau ist.

Welche Informationen würde unter diesen Voraussetzungen die zentrale Planungsstelle einer Zentralverwaltungswirtschaft für die Berechnung eines optimalen Plans benötigen, und welche Informationen müßte sie selbst an die Haushalte und Betriebe weiterleiten?

Zunächst ist einleuchtend, daß jeder der n Haushalte die Mengen der bei ihm befindlichen S Produktionsmittel und die J Parameter seiner Nutzenfunktion, d_{ij}, mitteilen müßte. Das sind insgesamt $n \cdot (S+J)$ Informationen. Von jedem Betrieb werden Angaben über die Produktionstechnik, also die Parameter seiner Produktionsfunktion benötigt: Sei k die durchschnittliche Anzahl verschiedener Konsumgüter, die ein Betrieb herstellen kann, so sind das bei S Produktionsmitteln $k \cdot S$ Daten je Betrieb und bei r Betrieben $k \cdot S \cdot r$ Informationen zur vollständigen Beschreibung der Produktionstechnik der Wirtschaft. Insgesamt muß die Planungsstelle also $n \cdot (S+J) + k \cdot S \cdot r$ Daten verarbeiten.

Hat die zentrale Planungsstelle diese Informationen erhalten, so berechnet sie den optimalen Plan und teilt anschließend jedem einzelnen Betrieb mit, wieviel er von jedem Produkt herstellen soll. Das sind $k \cdot r$ Informationen. Da wir eine limitationale Technik unterstellt haben, ist damit gleichzeitig festgelegt, welche Mengen an Produktionsmitteln dafür verbraucht werden sollen. Den Konsumenten teilt die zentrale Planungsstelle mit, welche Produktionsmittelmengen sie an welche Betriebe zu liefern haben und welche Mengen der verschiedenen Konsumgüter sie erhalten. Das sind bei n Konsumenten $n \cdot (S+J)$ Informationen.

Sind keine genügenden Anreize vorhanden, um sicherzustellen, daß Haushalte und Betriebe sich entsprechend den erhaltenen Anweisungen verhalten, so ist es notwendig, daß die zentrale Planungsstelle sich am Ende der Planungsperiode Informationen über die tatsächlich hergestellten Produktmengen, ihren Verbrauch und die wirklich gelieferten und verwendeten Produktionsmittelmengen verschafft. In den folgenden Perioden ist das geschilderte Verfahren zu wiederholen, wenn das Optimum noch nicht erreicht ist. Mit den damit verbundenen Problemen werden wir uns in Kapitel 6 noch genauer beschäftigen.

Jedoch auch bei wahrheitsgemäßer Information erkennt man aus den vorausgegangenen Überlegungen, daß das beschriebene System außerordentlich hohe Anforderungen an die Kapazität zur Erfassung und Verarbeitung von Daten stellt. Wenn man z.B. für die in unserem vereinfachten Modell auftretenden Variablen die folgenden Werte einsetzt: $n = 3 \cdot 10^7, r = 5 \cdot 10^5,$

$k = 10^2$, $J = 10^6$, $S = 10^5$, so beträgt die zu verarbeitende Zahl von Daten $3,3 \cdot 10^{13} + 5 \cdot 10^{12} = 3,8 \cdot 10^{13}$ oder 38 Billionen. Diese müssen nicht nur zusammengetragen, sondern zur Lösung eines Maximierungsproblems von gigantischen Ausmaßen verwendet werden. Hat man diese errechnet, so sind in unserem Zahlenbeispiel $3,3 \cdot 10^{13}$ Daten an die Haushalte und $5 \cdot 10^7$ Daten von der zentralen Planungsstelle an die Betriebe zurückzusenden.

Angesichts dieser enormen Datenmengen ist es naheliegend zu fragen, ob der Konkurrenzsozialismus in dieser Hinsicht besser arbeitet als die Zentralverwaltungswirtschaft. Das ist wirklich der Fall. Zwar benötigt die zentrale Planungsstelle auch hier die gleichen Informationen von Haushalten und Betrieben, um den optimalen Plan und damit die optimalen Preise berechnen zu können. Doch braucht sie selbst Haushalten und Betrieben nur die Preise der Produkte und der Produktionsmittel sowie die Einkommen mitzuteilen und gleichzeitig die Betriebe anzuweisen, als Mengenanpasser ihre Gewinne zu maximieren.

Daß auf diese Weise eine Informationsersparnis erzielt werden kann, ist offensichtlich. Denn alle Haushalte, die Konsumgüter der gleichen Art verbrauchen wollen, benötigen Informationen über die gleichen Preise. Entsprechendes gilt für alle Betriebe, die diese Konsumgüter herstellen. Schließlich brauchen auch die Betriebe, die die gleichen Produktionsmittel benutzen, Informationen über identische Verrechnungspreise. Es ist also möglich, diese Informationen z. B. durch einen Sender auszustrahlen oder durch eine Zeitung zu verbreiten, da gleiche Informationen sich an viele Empfänger richten. Aus diesem Grunde ist es nicht wie in der Zentralgeleiteten Verwaltungswirtschaft notwendig, jedem einzelnen Betrieb und jedem einzelnen Haushalt alle Informationen, die er benötigt, gesondert zukommen zu lassen, weil dort einzelne Wirtschaftssubjekte betreffende Mitteilungen einen unterschiedlichen Inhalt besitzen. Die Anzahl der von der Planungsstelle zu übermittelnden Informationen reduziert sich also auf etwa $S+J$, in unserem Zahlenbeispiel also auf $1,1 \cdot 10^6$.

Die Kontrolle der untergeordneten Wirtschaftssubjekte durch die zentrale Planungsstelle ist im Konkurrenzsozialismus nur notwendig, wenn kein genügender Anreiz für dieselben vorhanden ist. Wird das Einkommen der Betriebsleiter und der führenden Angestellten von den erzielten Verrechnungsgewinnen oder -verlusten abhängig gemacht, so wird die Kontrolle der Leistungen der Betriebe und die dafür erforderlichen vielfältigen Informationen vermutlich überflüssig sein.

5.1.2 Die Informationsproblematik bei komplexeren Bedingungen in einer sich wandelnden Umwelt

Wir haben gesehen, daß die skizzierten Informationsprobleme einer zentralen Planung selbst unter den vereinfachten Bedingungen des Modells und bei stationärer Umwelt derzeit kaum zu lösen sind. Tatsächlich war aus der früheren Sowjetunion zu erfahren, daß lediglich die Produktion von etwa 50 Gütern zentral geplant wurde.

Man kann nun einwenden, daß es möglich sein müsse, die Informationsprobleme bei genügendem Zeitaufwand zu lösen, da Aufnahme-, Verarbeitungs- und Abgabekapazität bei hinreichend verfügbarer Zeit immer ausreichen müßten. Dies mag zutreffen, wenn der erforderliche Zeitraum nicht zu lang ist und tatsächlich eine stationäre Umwelt vorliegt. Letzteres ist jedoch nicht der Fall. Das bedeutet aber nichts anderes, als daß die erforderlichen Informationen sich ändern und damit keine längeren Zeiträume für die Übermittlung, Aufnahme, Verarbeitung und Abgabe der Informationen zur Verfügung stehen.

In der Folge sollen diese und andere zusätzliche Informationsprobleme (vgl. Punkte 2.–5.) etwas genauer erörtert werden. Da es sich dabei um etwas schwierigere Zusammenhänge handelt, wollen wir schrittweise vorgehen. Es sei daher zunächst angenommen, daß sich in dem betrachteten Modell nur die Koeffizienten der Nutzen- und Produktionsfunktionen, nicht aber der Typ der Funktionen von Periode zu Periode ändern können. Die zentrale Planungsstelle müßte dann zu Beginn jeder Periode die neuen Informationen zumindest über die geänderten Koeffizienten erhalten, aufnehmen, verarbeiten und entsprechende Anweisungen abgeben. Der optimale Plan müßte jeweils neu berechnet werden, ein für komplexe Wirtschaften kaum zu lösendes Problem.

Die Situation würde noch schwieriger werden, wenn sich der Typ der Nutzen- und Produktionsfunktionen ändern und sich für verschiedene Haushalte und Betriebe unterscheiden würde. Das würde nicht nur die Zahl der zu übermittelnden Informationen erhöhen. Vielmehr würden insbesondere viele Haushalte nicht in der Lage sein, den Typ der Funktion anzugeben, selbst wenn ein solcher existieren würde. In diesem Falle würde aber nichts anderes übrigbleiben, als die notwendige Information graphisch oder numerisch mit einer großen Anzahl von Zahlenangaben zu beschreiben. Das gleiche würde gelten, wenn keine passende Funktion existieren würde. Solche Gegebenheiten würden es aber regelmäßig unmöglich machen, alle erforderlichen Informationen zu senden und aufzunehmen, oder nur die Übersendung ungenauer und unvollständiger Informationen erlauben.

Die Möglichkeit, neue Güter zu entwickeln und einzuführen, kompliziert die Situation weiter. In diesem Fall wissen die Betriebe nichts über die Produktionsfunktion, sondern besitzen nur vage Vorstellungen darüber, solange sie nicht tatsächlich mit der Herstellung der neuen Güter experimentiert haben. Analog wissen die Konsumenten nicht, wie sie ein neues Gut bewerten sollen, bevor sie es tatsächlich benutzt oder verbraucht haben. Eine Nutzenfunktion, die das neue Gut einschließt, existiert also bis zu dieser Zeit nicht. Die von der zentralen Planungsstelle benötigte Information ist demnach also erst nach der Einführung des neuen Gutes verfügbar. Das gilt insbesondere bezüglich der benötigten Produktionsmittelmengen und der Präferenzen der Haushalte.

Mit neuen Gütern – und nicht nur mit Konsumgütern – sind weitere Informationsprobleme verbunden. Da sie nicht von der zentralen Planungsstelle erfunden werden, muß derselben eine detaillierte und vollständige Beschreibung ihrer Charakteristiken übermittelt werden, was oft schon wegen der begrenzten Ausdrucksmöglichkeiten der Sprache nicht gelingen kann. Gleiches gilt für neu entwickelte Fähigkeiten der Arbeitskräfte. Wie würden die Fähigkeiten einer neuen Art Ingenieure für Zellbiologie und ihre mögliche Verwendung in verschiedenen Produktionen der Planungsstelle und ihren Computern übermittelt werden können? Außerdem würden die Mitglieder der Planungsbehörde vermutlich die neue mikrobiologische Terminologie nicht verstehen, die zur Übermittlung der Information erforderlich wäre.

Es gibt zusätzliche Gründe dafür, daß Koeffizienten von Produktionsfunktionen unter Umständen nicht im voraus bekannt sein können. So ist bekannt, daß sie in der Landwirtschaft von den Wetterbedingungen abhängig sind und nicht vorausgesagt werden können. Die zentrale Planungsstelle kann daher nur wahrscheinliche Ergebnisse berechnen. Gleiches trifft zu, wenn die Qualität und die verfügbare Quantität von Produktionsmitteln, besonders von Arbeitsleistungen variabel ist. Es kann sogar sein, daß diese Variabilität mit der bürokratischen Organisation der Wirtschaft und der Art der Pläne selbst zusammenhängt (siehe Kapitel 6).

Man muß sich fragen, ob angesichts dieser gerade geschilderten Probleme eine zentrale Planungsstelle je in der Lage sein wird, ihre ökonomische Planung den sich stetig ändernden Gegebenheiten anzupassen. Man wird dies bezweifeln müssen.

In einer sich ändernden Umwelt und bei Abwesenheit konstanter Skalenerträge stellen sich noch weitere Probleme. Angesichts möglicher neuer Güter und Produktionsprozesse müßten neue Betriebe und Industrien geschaffen, andere geschlossen werden. Wie und woher könnte die Planungsstelle Informationen zur Lösung dieser Probleme bekommen? Bei verschiedenen und wechselnden Produktionsfunktionen werden die Größen der Firmen und die Industriestruktur zum Problem. Das gleiche gilt bei Berücksichtigung von Externalitäten. Neue Güter und sich ändernde Präferenzen der Haushalte führen ebenfalls zu der Frage, welche Betriebe oder Industrien erweitert, verkleinert, geschlossen oder neu geschaffen werden sollen. Und wir haben bereits gesehen, daß die zentrale Planungsstelle unter diesen Bedingungen die Informationen für eine verläßliche Ex-ante-Planung nicht erhalten kann.

Bei all dem wurde bisher von den Kosten der Informationsübermittlung, -aufnahme, -verarbeitung und -weitergabe abgesehen. Es versteht sich von selbst, daß diese in Grenzen gehalten werden müssen, um den Verbrauch und

Gebrauch der dafür benötigten Produktionsmittel nicht zu groß werden zu lassen.

Obwohl wir uns mit den Anreizen für die Wirtschaftssubjekte, der Planungsstelle lückenhafte oder falsche Informationen zu geben (Punkt 6.), generell erst im nächsten Kapitel beschäftigen wollen, sei bezüglich der Haushalte eine Ausnahme gemacht. Zu fragen ist hier, ob diese wahrheitsgemäße Angaben über ihre Nutzenfunktionen machen werden, wenn die zentrale Planungsstelle eine Wohlfahrtsfunktion von Typ (5.1) zu maximieren sucht, deren Argumente die Nutzen aller Haushalte bilden. Würde der Haushalt i also beispielsweise den Koeffizienten d_{ij} korrekt angeben? Man überzeugt sich leicht, daß in dem beschriebenen System selbst bei Abwesenheit von öffentlichen Gütern ein Anreiz besteht, für diese Koeffizienten kleinere als die tatsächlichen Werte anzugeben. Denn dadurch wird W_i in den Augen der Planungsstelle kleiner. Sie wird daher wegen (5.3) den Haushalt stärker bei den zuzuteilenden Konsumgütern berücksichtigen. Würde dagegen ein Haushalt k im Gegensatz zu den anderen Haushalten die d_{kj} wahrheitsgemäß angeben, so würde er zugunsten der anderen weniger gut bei der Konsumgüterzuteilung abschneiden. Die zentrale Planungsstelle würde zwar vermutlich diese Zusammenhänge kennen oder kennenlernen, doch ist nicht zu sehen, wie sie sie im Sinne einer optimalen Planung korrigieren könnte.

5.1.3 Ein informationssparendes adaptiv-dynamisches Planungssystem

5.1.3.1 Der Modellansatz

Aufgrund der oben dargestellten Probleme beim Versuch einer optimalen Planung bei vollkommener Information bietet sich als Alternative dazu ein Verfahren an, bei dem die Zentrale die Produktionstechnik nicht kennt, sondern jeweils nur über die Prozeßniveaus und die auf den Märkten herrschenden Angebots- bzw. Nachfrageüberschüsse unterrichtet wird und versucht, sich der Realisierung eines optimalen Plans mit der Zeit approximativ zu nähern. Handlungsparameter der Zentrale in dem im folgenden darzustellenden Modell ist die Vorgabe der Preise aller Güter sowie der Prozeßniveaus aller Prozesse für die kommende Periode. Da sie ihre Planvorgaben jeweils an die Verhältnisse in der abgelaufenen Periode anpaßt, kann man hier von einem adaptiv-dynamischen Modell sprechen.

Bevor wir uns der Untersuchung des Planungssystems selbst zuwenden, seien zunächst einige Voraussetzungen genannt, die unserem Modell zugrundeliegen. Die wichtigste ist die, daß wir durchweg von einer unveränderten Umwelt ausgehen. Es finden keine Änderungen der Produktionstechnik, der Zahl und Zusammensetzung der Bevölkerung bzw. der Arbeitskräfte und auch keine Änderungen der Präferenzen der Verbraucher statt. Lediglich die Lagerbestände eines Gutes können zu- oder abnehmen. Die Daten für das ökonomische System, die Gegebenheiten der Umwelt für die zentrale Planung sind also im Zeitablauf unveränderlich, sie sind stationär.

Andererseits erreicht das Wirtschaftssystem des betrachteten Modells regelmäßig nur dann einen stationären Zustand, wenn die optimalen Werte für die Angebots-, Nachfrage- und Produktionsmengen und für die relativen Preise erreicht worden sind und in der Zukunft beibehalten werden. Denn da die zentrale Planungsstelle nur über unvollständige Information verfügt, könnte nur durch einen höchst unwahrscheinlichen Zufall das optimale Gleichgewicht und damit ein stationärer Zustand der Wirtschaft von vornherein erreicht werden. Ist das jedoch nicht der Fall, so ergeben sich unerwartete Entwicklungen der Wirtschaft, die zu einer Planrevision führen. Dieser folgen wieder unerwartete Ereignisse usw., es sei denn, daß schließlich ein stationärer Zustand erreicht wird.

Es ist offensichtlich, daß eine Entwicklung der geschilderten Art nur durch ein dynamisches Modell erfaßt werden kann, dessen Variablen sich auf mehrere Perioden beziehen. Das Modell muß sowohl die Planrevisionen als Reaktion der zentralen Planungsstelle auf Änderungen wirtschaftlicher Größen in der Vorperiode als auch die Art der Ausführung der Pläne durch die Wirtschaftseinheiten angesichts der für sie vorhandenen Möglichkeiten erfassen.

Das in der Folge betrachtete Modell zeichnet sich ferner dadurch aus, daß die Planung sich jeweils nur auf die kommende Periode bezieht und nur die Erfahrungen der gerade vergangenen Periode für die Planrevision berücksichtigt werden. Die zuerst genannte Eigenschaft schließt eine intertemporale Planung (vgl. Kap.3) adaptiv-dynamischer Art aus. Dadurch wird naturgemäß das Problem der effizienten intertemporalen Allokation der Ressourcen und damit die Planung von Ersparnissen und Investitionen ausgeklammert. Das ist sicherlich ein Nachteil des zu betrachtenden Modells. Andererseits wären die bereits recht komplizierten Zusammenhänge durch eine Berücksichtigung der intertemporalen Planung noch schwieriger geworden.

Entsprechendes gilt für das auf eine Periode begrenzte Gedächtnis bei der Planrevision durch die zentrale Planungsstelle. Sicherlich ist zu vermuten, daß eine Berücksichtigung auch länger zurückliegender Erfahrungen die Qualität der Planung bei unvollständiger Information verbessern würde. Aber auch diese Vorteile würden durch den Nachteil einer wesentlichen Erschwerung der Darstellung aufgewogen. Hinter der Wahl dieser Darstellung steht ja die Absicht, den Leser erstmals an iterative Planungsverfahren heranzuführen.

In der betrachteten Wirtschaft werden zwei Konsumgüter G_1 und G_2 hergestellt, die gleichzeitig als Produktionsmittel dienen. Das dritte Gut G_3 ist ein reines Produktionsmittel, das bei der Produktion in jeder Periode verbraucht wird, gleichzeitig aber beliebig lange gelagert werden kann, während G_1 und G_2 jeweils am Ende der Periode verderben. G_3 kann also als zirkuläres Kapitalgut gedeutet werden. Beim vierten Gut G_4 handelt es sich um das Produktionsmittel Arbeit. Während G_1, G_2 und G_3 (in den Produktionsprozessen P_1, P_2 und P_3) produziert werden müssen, ist das bei der Arbeit nicht der Fall. Dauerhafte Kapitalgüter sind in der betrachteten Wirtschaft nicht vorhanden. Die Produktionstechnik sei linear-limitational, d. h. zur Erzeugung einer Einheit des j-ten Konsumguts gebe es nur einen technisch effizienten Prozeß, und die dabei für jeweils eine Outputeinheit benötigten Inputmengen seien in einem Vektor $(a_{1j}, a_{2j}, a_{3j}, a_{4j})$ zusammengefaßt, der dem Planbüro jedoch nicht bekannt ist.

Der Einfachheit halber gehen wir wieder von einer gesellschaftlichen Zielfunktion

(5.5) $\qquad W = W(N_1, N_2) = (N_1 + d_1) \cdot (N_2 + d_2),$

aus, wobei W die gesellschaftliche Wohlfahrt und N_1 bzw. N_2 die von G_1 und G_2 je Periode konsumierten Mengen bezeichnen. W wächst also mit zunehmendem Verbrauch der Konsumgüter. Auch die Parameter d_1 und d_2 seien der Planungsstelle nicht bekannt, sondern nur einem Ministerium für Konsumgüterbeschaffung.

Die Intensitäten, mit denen die drei Produktionsprozesse P_1, P_2 und P_3 betrieben werden, wollen wir mit X_1, X_2 und X_3 bezeichnen. Eine Intensität $X_2 = 10$ für den zweiten Produktionsprozeß bedeutet z. B., daß die Nettoproduktion von G_2 in diesem Prozeß $10 \cdot (1 - a_{22})$ beträgt. Gleichzeitig werden dann $10 \cdot a_{42}$ Einheiten von G_4 (Arbeitsleistungen) in Prozeß P_2 verbraucht usw.; die Intensität bezeichnet also das Ausmaß, in dem ein bestimmter Prozeß betrieben wird.

Bezeichnet A_1, A_2 bzw. A_3 die Ausbringung der Güter G_1 bis G_3, also den Teil der produzierten Menge, der nach Abzug der in der Produktion benötigten Einsatzmengen übrigbleibt, so lassen sich diese drei Größen wie folgt aus den Prozeßintensitäten X_1, X_2 und X_3 ermitteln:

(5.6) $\qquad A_1 = (1 - a_{11}) \cdot X_1 - a_{12} \cdot X_2 - a_{13} \cdot X_3 \geq N_1$

(5.7) $\qquad A_2 = -a_{21} \cdot X_1 + (1 - a_{22}) \cdot X_2 - a_{23} \cdot X_3 \geq N_2$

(5.8) $\qquad A_3 = -a_{31} \cdot X_1 - a_{32} \cdot X_2 + (1 - a_{33}) \cdot X_3.$

Die Größen A_1 und A_2 können wir als Konsumgutangebot bezeichnen, das natürlich mindestens so groß sein muß wie der tatsächliche Konsum. A_3 ist die Nettoinvestition in das Kapitalgut G_3.

Weiter wollen wir annehmen, daß je Periode Arbeitsleistungen in Höhe von L Einheiten zur Verfügung stehen – eine Zahl, die die Planungsstelle ebenfalls nicht kennt. Damit können wir das Ausmaß der Arbeitslosigkeit, u, definieren durch

(5.9) $\quad u = L - a_{41} \cdot X_1 - a_{42} \cdot X_2 - a_{43} \cdot X_3 \geq 0.$

5.1.3.2 Grundzüge der adaptiven Planung

Bei der Formulierung eines adaptiven planwirtschaftlichen Systems ist zu berücksichtigen, daß es in der Realität unmöglich ist, die ungeheure Fülle von Informationen über die Produktionstechnik und die Wünsche der Verbraucher zu erhalten, die zu einer optimalen Organisation der Wirtschaft erforderlich ist, falls das System nach den Wünschen der Bevölkerung gesteuert werden soll. Natürlich läßt sich immer auf Informationen über die Ziele der Haushalte verzichten, wenn die entscheidenden politischen oder bürokratischen Gremien unkontrolliert entweder nach den eigenen Wünschen verfahren oder nach dem, was gemäß ihrer Meinung für die Bevölkerung am besten ist. Wir wollen jedoch in diesem Abschnitt davon ausgehen, daß die Güterversorgung nach den Wünschen der Haushalte ausgerichtet werden soll.

Nun haben wir uns bereits davon überzeugen können (vgl. Abschnitt 2.2.1), daß ein politisches Abstimmungsverfahren nur dann zu einer Pareto-optimalen Versorgung mit privaten Gütern führt, wenn Stimmpunkte verwendet werden. Dabei wurde festgestellt, daß dieses Verfahren dezentralisierten Nachfrageentscheidungen durch die Haushalte bei gegebenen Einkommen und einer Koordinierung durch die Märkte entspricht. Die Kompliziertheit dieses politischen Entscheidungsverfahrens macht andererseits offensichtlich, daß eine zentrale Planstelle unmöglich alle Informationen über die Präferenzen von Millionen Haushalten erhalten und verarbeiten kann.

Aus diesem Grunde dürfte es zweckmäßig sein, in dem betrachteten adaptiven Modell mit Konsumgüterpreisen zu arbeiten, die bei Überschußnachfrage von der Planungsstelle erhöht und bei Überschußangebot gesenkt werden. Überschußnachfrage und Überschußangebot bei verschiedenen Preisen der beiden Konsumgüter G_1 und G_2 sind also wie im früher betrachteten Abstimmungsmodell die einzigen Informationen, die die Planungsstelle von den Konsumenten erhält. Trotzdem wird sie im Prozeßablauf auf diese Weise indirekt über die aggregierten Präferenzen der Haushalte unterrichtet. Für unser Vorgehen spricht auch, daß in Zentralgeleiteten Verwaltungswirtschaften der Realität die Preise auf den Konsumgütermärkten durchaus in einem gewissen Ausmaß zum Ausgleich von Angebot und Nachfrage verwendet werden, dieser also nicht nur durch Schlangestehen oder Rationierung herbeigeführt wird.

Es läßt sich nun einwenden, daß es in dem oben beschriebenen Modell ja nur eine Zielfunktion gibt, die die zentrale Planungsstelle leicht kennen könnte. Dieser Einwand ist richtig, braucht jedoch in dem hier betrachteten Zusammenhang nicht zu stören. Denn in dem adaptiven System werden nur der Planungsstelle unbekannte Nachfragefunktionen benötigt, die sich aus der Zielfunktion ergeben. Nun könnten sich die gleichen Nachfragefunktionen aber ebenso aus den Nutzenfunktionen aller Haushalte ergeben. Es ist daher nur eine Vereinfachung des Modells, wenn lediglich von einer Zielfunktion ausgegangen wird, die insbesondere die Berechnung der optimalen Werte des Modells erleichtert. Die prinzipiellen Probleme, mit denen wir uns hier zu beschäftigen haben, werden von dieser Vereinfachung nicht berührt.

Die zentrale Planungsstelle stellt am Anfang einer jeden Periode Pläne für die kommende Periode auf und teilt den betroffenen Wirtschaftseinheiten die für sie relevanten Planungsgrößen mit. Am Ende der Periode legt die Planungsstelle aufgrund der ihr berichteten Produktionsergebnisse für die folgende Periode neue Planungswerte fest. Die Planung beginnt am Ende der Periode 0, also zu Beginn der Periode 1. Anstelle der bei vollständiger Information benötigten 16 Daten (12 Produktionskoeffizienten, 2 Parameter der Zielfunktion, vorhandene Arbeitsleistung, Anfangsbestand an Gut G_3) erfährt die Zentrale zu Beginn einer jeden Periode $t+1$ ($t=0,1,2,\ldots$) nur sieben Größen, nämlich

1. die Intensitäten, mit denen die drei Produktionsprozesse in der Periode t betrieben wurden, X_j ($j=1,2,3$),
2. die Überschußnachfrage (bzw. das Überschußangebot) für die beiden Konsumgüter G_1 und G_2 sowie für das reine Produktionsmittel G_3 in Periode t,
3. die in Periode t nicht verwendeten Arbeitsleistungen (die Arbeitslosigkeit).

Außerdem sind der zentralen Planungsstelle bekannt:

4. die Preise für G_1 und G_2 in Periode t, da sie diese selbst eine Periode vorher festgelegt hat,
5. der Lagerbestand für G_3 zu Beginn der Periode $t+1$, g_{3t}, der sich aus dem Anfangsbestand g_{30} und dem Zuwachs bzw. der Abnahme in den vorausgegangenen Perioden zusammensetzt.

Diese Annahme setzt voraus, daß die Planungsstelle sich zu Beginn der Periode 1 über den Anfangsbestand g_{30} informiert hat. Hier nehmen wir an, daß $g_{30}=0$ ist.

Selbst in dem von uns betrachteten einfachen Modell erlaubt also der adaptive Prozeß eine Einsparung der je Periode aufzunehmenden und zu verarbeitenden Informationen. Diese Ersparnis nimmt außerdem, wie bereits ausgeführt wurde, erheblich zu, wenn die Präferenzen vieler Haushalte berücksichtigt werden und eine größere Anzahl von Gütern und Prozessen betrachtet wird. Nimmt etwa die Zahl der Güter in unserem System von 4 auf 11 und die der Prozesse von 3 auf 10 zu, so werden in dem adaptiven System zusätzlich 14 Informationen zu Anfang einer jeden Periode und weitere Informationen zu Beginn der Periode 1 über die vorhandenen Bestände der zusätzlichen lagerungsfähigen Güter benötigt. Die zuletzt genannten Informationen sind auch bei optimaler Planung erforderlich. Hinzu kommen bei dieser jedoch $10 \cdot 11 - 3 \cdot 4 = 98$ zusätzliche Informationen über Produktionskoeffizienten.

Die Informationsersparnis des betrachteten adaptiven Systems ist also bereits bei dieser geringen Zahl von Gütern und Prozessen außerordentlich groß. Wir werden allerdings zu prüfen haben, ob diesen Vorteilen nicht erhebliche Mängel in der Güterversorgung gegenüberstehen. Andererseits ist bei diesem Vergleich zu beachten, daß das adaptive System mit einem fiktiven System der Güterversorgung bei vollständiger Information verglichen wird, da sich eine optimale Planung mit vollständiger Information ja nie verwirklichen läßt.

Gegen den gerade vorgetragenen Vergleich der Informationserfordernisse des adaptiven und des optimalen Systems läßt sich nun einwenden, daß, abgesehen von den Nachrichten über die anfänglichen Lagerbestände, in dem adaptiven System die angegebenen Informationen in jeder Periode neu benötigt werden, während die Informationen für die optimale Planung nur einmal geliefert werden müssen. Diese Feststellung bedeutet, daß bei einer genügend großen Zahl von Perioden die Informationsbedürfnisse des adaptiven Systems insgesamt größer sind als die bei optimaler Planung. Dieser Einwand trifft zweifellos für unser Modell mit stationärer Technik, Bevölkerung und Zielfunktion zu.

Dennoch ist er aus zwei verschiedenen Gründen nicht stichhaltig. Einmal ändert sich in der Wirklichkeit die Produktionstechnik aufgrund des technischen Fortschritts, der Kapitalakkumulation usw. ebenso wie die Ziele und die Zahl der Verbraucher. Ist das aber der Fall, so müssen auch für das optimale Planungssystem alle erforderlichen Informationen jede Periode neu beschafft und verarbeitet werden. Aber selbst angesichts der Informationsbedürfnisse in einer stationären Umwelt ist der Einwand nicht aufrechtzuerhalten, denn in einer Wirtschaft mit vielen Verbrauchern, Gütern und Produktionsprozessen ist es, wie bereits betont wurde, ganz ausgeschlossen, daß alle für die optimale Planung erforderlichen Informationen auf einmal geliefert, aufgenommen und verarbeitet werden können. Trifft das aber zu, so läßt gerade das Modell mit stationären Daten einen wichtigen Zusammenhang erkennen. Das adaptive System benötigt zwar insgesamt über die Zeit mehr, je Periode jedoch erheblich weniger Informationen als das optimale Planungssystem. Es ist daher in der Lage, die in einer Periode erforderlichen Nachrichten zu erhalten, aufzunehmen und zu verarbeiten. Zwar erlaubt die begrenzte Zahl der Informationen keine optimale Güterversorgung, doch können die Mängel derselben allmählich vermindert werden durch die später zufließenden Informationen über die Auswirkungen der bisherigen Entscheidungen.

Bisher haben wir uns lediglich mit den Informationsbedürfnissen des betrachteten adaptiven Systems beschäftigt. Es ist daher an der Zeit, den Adaptions- bzw. Entscheidungsmechanismus zu skizzieren (vgl. Abb. 5.1).

Die zentrale Planungsstelle legt aufgrund der ihr zu Beginn der Periode bekannten Informationen die in der kommenden Periode zu produzierenden Gütermengen (bzw. die Intensitäten der Produktion) und die Konsumgüterpreise für die Periode fest. Diese Preise werden dem Ministerium für Konsum-

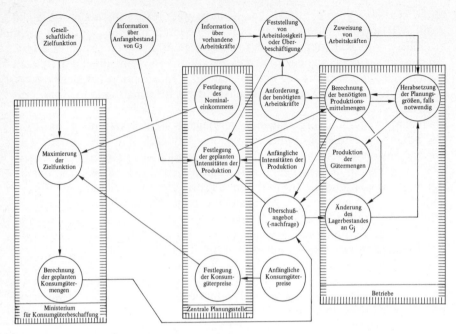

Abb. 5.1
Vereinfachte Darstellung des adaptiven Planungsmodells

güterbeschaffung, die geplanten Intensitäten der Produktion den Betrieben mitgeteilt. Das Ministerium für Konsumgüterbeschaffung berechnet anschließend aufgrund der nun vorgegebenen Konsumgüterpreise und des vorgegebenen nominellen Volkseinkommens durch Maximierung der Zielfunktion die gewünschten Konsumgütermengen und fragt diese in der kommenden Periode bei den Betrieben nach.

Die Betriebe ermitteln ihrerseits unter Verwendung der ihnen bekannten technischen Koeffizienten der Produktion den Bedarf an Produktionsmitteln, den sie bei der Verwirklichung der von der zentralen Planungsstelle vorgegebenen Intensitäten der Produktion haben. Die so ermittelten Arbeitskräfte fordern sie bei einem zentralen Arbeitsamt an. Dieses weist ihnen die gewünschte Zahl an Arbeitskräften zu, falls die Gesamtnachfrage der Betriebe nicht über das vorhandenen Arbeitspotential hinausgeht. Im letztgenannten Fall werden die Anforderungen der die Güter G_1 und G_2 herstellenden Industrien erfüllt, während die Zuweisungen an die Gut G_3 produzierende Industrie so reduziert werden, daß gerade Vollbeschäftigung der Arbeit herrscht.

Im erstgenannten Fall können alle Betriebe die geplanten Intensitäten verwirklichen und eine entsprechende Produktmenge erzeugen. Ergibt sich dabei für G_3 ein gegenüber der Nachfrage durch die anderen Industrien zu großes Angebot, d. h. tritt ein Überschußangebot auf, so wird dieses zu einer Erhöhung der Lagerbestände verwendet. Im Fall einer Kürzung der Arbeitsmenge für die G_3 erzeugende Industrie muß diese dagegen offenbar eine geringere Intensität der Produktion als geplant verwirklichen. Dadurch kann aber u. U. auch der Bedarf der G_1 und G_2 herstellenden Betriebe an dem zirkulären Kapitalgut G_3 nicht voll aus der laufenden Produktion gedeckt werden. Es ist also möglich, daß eine Überschußnachfrage nach G_3 entsteht, die dann aus den vorhandenen Lagerbeständen gedeckt werden muß.

Aus der Nachfrage nach Konsumgütern durch das Ministerium für Konsumgüterbeschaffung und dem entsprechenden Angebot der Betriebe ergibt sich das Überschußangebot (die Überschußnachfrage) für die einzelnen Güter. Dieses wird ebenso wie die verwirklichten Intensitäten der Produktion und die Arbeitslosigkeit (bzw. die Überschußnachfrage nach Arbeitskräften) von den Betrieben bzw. dem zentralen Arbeitsamt der zentralen Planungsstelle gemeldet, die daraufhin die Pläne für die nächste Periode aufstellt. In diesen werden gemäß dem aufgetretenen Überschußangebot (Überschußnachfrage) für die drei Produkte und die Arbeit die Plangrößen erhöht oder reduziert.

5.1.3.3 Formale Darstellung des Adaptionsmechanismus

Wir wollen nun den Adaptions- bzw. Entscheidungsmechanismus mit Hilfe einer formalen Darstellung genauer beschreiben. Zu Beginn der Periode $t+1$ hat die zentrale Planungsstelle Informationen über folgende Werte der Vorperiode erhalten:[1]

$$X_{jt}\ (j=1,2,3),\ N'_{jt} - A_{jt}\ (j=1,2),\ A_{3t}\ \text{und}\ u_t.$$

Dabei bedeutet N'_{jt} die Nachfragemenge des Gutes G_j in Periode t. Man beachte, daß es sich bei N'_{jt} um eine (allerdings nicht von der zentralen Planungsstelle, sondern vom Ministerium für Konsumgüterbeschaffung) geplante Größe handelt, da sie bei $N'_{jt} > A_{jt}$ nicht realisiert werden kann. $N'_{jt} - A_{jt}$ ist also die Überschußnachfrage. u_t mißt die Arbeitslosigkeit in Periode t. Die Preise der Vorperiode p_{jt} sind ebenfalls bekannt, da die Planungsstelle diese selbst festgelegt hat. Schließlich kann sie den Lagerbestand von G_3 zu Beginn der Periode $t+1$, $g_{3t} = g_{30} + \sum_{s=1}^{t} A_{3s}$ berechnen.

Die Aufgabe der zentralen Planungsstelle besteht nun in der Festlegung der für Periode $t+1$ geplanten Größen $X'_{j,t+1}$ und der Preise $p_{j,t+1}$ und in ihrer

---

[1] Im folgenden sind geplante Größen immer mit einem ' gekennzeichnet, um sie von den realisierten Größen abzugrenzen.

Weitergabe an die Betriebe. Wir nehmen an, daß die Preise für die Konsumgüter nach folgender Regel bestimmt werden:[2]

(5.10) $\quad p_{j,t+1} - p_{jt} = g_j(\overset{(+)}{N'_{jt}} - \overset{(-)}{A_{jt}}, g_{3t}) \quad (j=1,2).$

Die Änderung des Preises für G_1 bzw. G_2 wird also zum einen (positiv) von der Höhe der Überschußnachfrage für dieses Gut und zum anderen (negativ) vom Ausmaß des Überschußangebots des Produktionsmittels G_3 abhängen. Man mache sich ferner klar, daß bei einem gegebenen Volkseinkommen Y, das die zentrale Planungsstelle den Verbrauchern (oder dem sie repräsentierenden Ministerium für Konsumgüterbeschaffung) ein für allemal vorgegeben hat,[3] die Festsetzung des Preises $p_{j,t+1}$ die Nachfrage durch die Verbraucher (das Ministerium) in der kommenden Periode, $N'_{j,t+1}$, bestimmt. Wie der Leser leicht nachprüfen kann, lauten bei einer Maximierung von (5.5) unter diesen Bedingungen die Nachfragefunktionen:

(5.11) $\quad N'_{1,t+1} = \dfrac{Y - d_1 \cdot p_{1,t+1} + d_2 \cdot p_{2,t+1}}{2 \cdot p_{1,t+1}}$

(5.12) $\quad N'_{2,t+1} = \dfrac{Y + d_1 \cdot p_{1,t+1} - d_2 \cdot p_{2,t+1}}{2 \cdot p_{2,t+1}}.$

Als nächstes betrachten wir die Regeln für die Festsetzung von $X'_{j,t+1}$ ($j=1,2$), d. h. der für die Periode $t+1$ geplanten Produktion von G_j, und zwar nehmen wir an, daß die zentrale Planungsstelle die Prozeßintensitäten nach folgender Regel anpaßt:

(5.13) $\quad X'_{j,t+1} - X_{jt} = h_j(\overset{(+)}{N'_{jt}} - \overset{(+)}{A_{jt}}, u_t) \quad (j=1,2),$

d. h. eine Erhöhung der Planvorgaben für einen Produktionsprozeß gegenüber den *realisierten Werten* der Vorperiode wird es umso eher geben, je größer die Überschußnachfrage nach dem betreffenden Gut und je größer die ungenutzten Arbeitsreserven in der Vorperiode waren. Analog wird für den 3. Prozeß, in dem das reine Produktionsmittel hergestellt wird, festgelegt:

---

[2] Die in Klammern über den Variablen stehenden Vorzeichen geben die Richtung des Einflusses der jeweiligen Variablen an.
[3] Da in dem betrachteten Modell nur reale Größen bestimmt werden können, läßt sich von einem beliebigen nominellen Volkseinkommen ausgehen. Wir wählen daher der Einfachheit halber den Optimalwert für Y, obwohl dieser eigentlich unbekannt ist.

$$(5.14) \qquad X'_{3,t+1} - X_{3t} = h_3(\overset{(-)}{A_{3t}}, \overset{(+)}{u_t}, \max_{j=1,2} \{\overset{(+)}{\frac{X'_{j,t+1}}{X_{jt}}}\}).$$

Konkret könnte die Regel (5.14) so aussehen, daß bei Vollbeschäftigung die geplante Produktion von G_3 gesenkt wird, wenn in der Vorperiode ein Überschußangebot vorhanden war ($A_{3t}>0$), dagegen erhöht, wenn eine Überschußnachfrage bestand ($A_{3t}<0$). Natürlich kann $A_{3t}<0$ nur dann realisiert werden, wenn Lagerbestände von G_3 wenigstens in Höhe der Überschußnachfrage vorhanden sind. Andernfalls müßte die Produktion von G_1 und (oder) G_2 gegenüber den geplanten Größen $X'_{j,t+1}$ eingeschränkt werden. Wir werden auf dieses Problem noch zurückkommen.

Bei Unterbeschäftigung könnte dagegen gemäß (5.14) die geplante Produktion von G_3 gegenüber der Produktion der Vorperiode um den gleichen Prozentsatz erhöht werden wie die geplante Produktion desjenigen der Güter G_1 und G_2, dessen Erzeugung um den größeren Prozentsatz wachsen soll. Auf diese Weise würde sichergestellt, daß die geplante Produktion von G_3 dem gestiegenen Bedarf an Produktionsmitteln zur Herstellung der beiden Konsumgüter folgt.

Nun wird es jedoch Fälle geben, in denen die geplanten Intensitäten nicht gleichzeitig verwirklicht werden können. Denn die $X'_{j,t+1}$ ($j=1,2,3$) zusammen implizieren analog zu (5.9) eine bestimmte „geplante" Unter- bzw. Überbeschäftigung

$$(5.15) \qquad u'_{t+1} = L - a_{14} \cdot X'_{1,t+1} - a_{24} \cdot X'_{2,t+1} - a_{34} \cdot X'_{3,t+1},$$

wird doch dieser Ausdruck in der Regel ungleich Null sein. Allerdings ist die „geplante" Arbeitslosigkeit oder Überbeschäftigung der zentralen Planungsstelle nicht bekannt, obwohl sie von den geplanten Größen $X'_{j,t+1}$ impliziert wird. Diese Tatsache ist darauf zurückzuführen, daß die Planungsstelle die technischen Koeffizienten der Produktion nicht kennt.

Gilt nun bei gegebenen $X'_{j,t+1}$ ($j=1,2,3$) nach (5.15) $u'_{t+1}<0$, so sind die Planungsgrößen nach Ungleichung (5.9), die ja für jede Periode gilt, undurchführbar, und es kann wenigstens eine der geplanten Intensitäten $X'_{j,t+1}$ von den Betrieben nicht verwirklicht werden. Wir wollen daher davon ausgehen, daß bei $u'_{t+1}<0$ die realisierte Intensität $X_{3,t+1}$ gegenüber der geplanten $X'_{3,t+1}$ soweit vermindert wird, bis $u_{t+1}=0$ ist. Man kann sich zu diesem Zweck vorstellen, daß ein Arbeitsamt besteht, das den Betrieben die gewünschten und aufgrund der Anweisungen der zentralen Planungsstelle benötigten Arbeitskräfte zuweist. Überschreiten die Anforderungen der Betriebe die vorhandene Arbeitsmenge, so werden entsprechend einer Vorschrift der Planungsstelle vom Arbeitsamt zunächst die Wünsche der Industrien erfüllt, die G_1 und G_2 herstellen. Die verbleibende Arbeitsmenge erhält die dritte Industrie.

Für das tatsächlich realisierte Prozeßniveau der 3. Industrie, $X_{3,t+1}$, ergibt sich daraus:

(5.16) $\quad X_{3,t+1} = \begin{cases} X'_{3,t+1} & \text{, wenn } u'_{t+1} \geq 0 \\ \dfrac{L - a_{41} \cdot X'_{1,t+1} - a_{42} \cdot X'_{2,t+1}}{a_{43}} & \text{, wenn } u'_{t+1} < 0. \end{cases}$

Wird die tatsächliche Intensität von P_3 gegenüber der geplanten nach (5.16) verringert ($X_{3,t+1} < X'_{3,t+1}$), so besteht eine erhöhte Wahrscheinlichkeit dafür, daß der Lagerbestand des 3. Gutes aufgezehrt wird. Es muß nämlich die Restriktion

(5.17) $\quad g_{3t} - a_{31} \cdot X_1 - a_{32} \cdot X_2 + (1 - a_{33}) \cdot X_3 \geq 0$

zumindest für die realisierten Werte der drei Intensitäten erfüllt sein. Ist (5.17) dagegen für die geplanten Intensitäten $X'_{1,t+1}$ und $X'_{2,t+1}$ verletzt, so können diese nicht zugleich verwirklicht werden. Für diesen Fall nehmen wir an, daß das Management der 3. Industrie die Anweisung hat, die Produktionsmittel-Anforderungen der beiden anderen Industrien schrittweise um jeweils 1% zu kürzen, bis sie mit der geplanten Ausbringung und dem Lagerbestand an G_3 kompatibel sind. Daher ergeben sich die realisierten Intensitäten der beiden ersten Prozesse aus den geplanten Größen wie folgt:

(5.18) $\quad X_{j,t+1} = X'_{j,t+1} \cdot (0{,}99)^n \qquad (j=1,2),$

wobei n die kleinste Zahl aus $\{0,1,2,\ldots\}$ ist, so daß (5.17) erfüllt ist.

Schließlich ist zu erwähnen, daß die Ungleichungen (5.6) und (5.7), jetzt jedoch mit dem Zeitindex $t+1$ für alle Variablen, in dem betrachteten adaptiven System ihre Gültigkeit behalten. Sie beziehen sich jetzt allerdings nur auf die realisierte Konsumgüternachfrage $N_{j,t+1}$ ($j=1,2$). Daher kann die vom Ministerium für Konsumgüterbeschaffung geplante Konsumgüternachfrage $N'_{j,t+1}$ nur verwirklicht werden, wenn $A_{j,t+1} \geq N'_{j,t+1}$ ist. Es gelten daher zusätzlich die Gleichungen

(5.19) $\quad N_{j,t+1} = \min \{A_{j,t+1}, N'_{j,t+1}\} \qquad (j=1,2).$

Gegen Regel (5.19) könnte nun folgender Einwand erhoben werden: Ergibt sich für eines der Güter, etwa G_1, ein Nachfrageüberschuß, so kann das Beschaffungsministerium wegen (5.19) nicht das gesamte ihm zugewiesene Einkommen ausgeben, da ja die Einkommensrestriktion für die geplanten Größen als Gleichung erfüllt sein muß. Liegt nun gleichzeitig für G_2 ein Angebotsüberschuß vor, so könnte der Konsum und damit das Wohlfahrtsniveau noch erhöht werden, wenn abweichend von (5.19) für G_2 mehr als die geplante Menge $N'_{2,t+1}$ gekauft wird, und zwar so viel, wie es das restliche Einkommen und das noch vorhandene Angebot an G_2 erlauben.

Von dieser Möglichkeit der kurzfristigen Wohlfahrtserhöhung sehen wir in unserem Planungsmodell ab, weil dadurch ein potentiell vorhandener Angebotsüberschuß abgebaut und damit verschleiert würde. Die zentrale Planungsstelle muß jedoch daran interessiert sein, Angebotsüberschüsse in ihrem vollen Ausmaß zu erfahren, damit die Plangrößen für die darauffolgende Periode entsprechend angepaßt werden können und langfristig die Annäherung an das (unbekannte) Planungsoptimum beschleunigt wird. Allerdings verschwindet dieser Vorteil bei einer Dezentralisierung der Nachfrageentscheidungen auf viele Haushalte, da ein Haushalt – sofern wie hier Sparen nicht möglich ist – sein Einkommen immer ausgeben wird, auch wenn das von ihm am höchsten geschätzte Güterbündel durch Rationierung des Angebots nicht realisierbar ist.

5.1.3.4 Ergebnisse und Bewertung anhand eines Zahlenbeispiels

Damit haben wir das adaptive System für unser Modell voll beschrieben und wenden uns nun den Auswirkungen dieses Systems sowie seinen Vor- und Nachteilen zu. Es wäre dabei interessant zu wissen,
1. ob die adaptive Planung in einer überschaubaren Anzahl von Perioden in einen stationären Zustand einmündet und
2. ob dieser „in der Nähe" eines Planungsoptimums bei vollkommener Information liegt.

Nun wird das System selbst für eine gegebene numerische Spezifikation der Parameter des Modells (Produktionstechnik, Präferenzen, Arbeitsangebot)
– je nach den Anfangswerten der festzusetzenden Größen und
– je nach der Spezifikation der Anpassungsfunktionen g_1, g_2, h_1, h_2 und h_3
eine unterschiedliche Entwicklung im Zeitablauf nehmen. Es wäre daher im Grunde wünschenswert, die Entwicklung der Größen des Modells mit Hilfe einer Simulationsanalyse systematisch für eine Vielzahl verschiedener Konstellationen zu untersuchen. Auch dann würde es sich allerdings immer noch um ein Zahlenbeispiel mit begrenzter allgemeiner Aussagekraft handeln.

Daher soll die nachfolgende numerische Analyse lediglich den Zweck erfüllen, die obigen Ausführungen beispielhaft zu illustrieren, um einen ersten Einblick zu vermitteln, wie ein dynamischer Anpassungsprozeß bei unvollkommener Information aussehen könnte. Im folgenden soll daher für ein Zahlenbeispiel zunächst die optimale Lösung als Referenzpunkt berechnet werden. Anschließend wird dann exemplarisch für eine bestimmte Ausgangslage und eine bestimmte Spezifikation der Anpassungsregeln die Entwicklung des dynamischen Systems beschrieben.

Tabelle 5.1

Produktionsprozeß	benötigte Produktionsmittel				zur Herstellung der Menge des Gutes		
	G_1	G_2	G_3	G_4	G_1	G_2	G_3
P_1	0,1	0,2	0,3	0,4	1	0	0
P_2	0,3	0,2	0,1	0,5	0	1	0
P_3	0,1	0,2	0,675	0,6	0	0	1

Die Produktionskoeffizienten dieses Beispiels sind in Tabelle 5.1 zusammengefaßt. Die in jeder Periode verfügbare Arbeitsmenge betrage $L = 10,1$, und die Parameter der gesellschaftlichen Zielfunktion seien $d_1 = 1,385$ und $d_2 = 5$.

5.1.3.4.1 Die optimale Lösung

Wir wenden uns nun der optimalen Lösung des entsprechenden statischen Planungsproblems zu, dem sich die zentrale Planungsstelle bei vollständiger Information gegenübersieht. Dazu maximiert man die Zielfunktion (5.5) unter den Nebenbedingungen (5.6) bis (5.9), wobei am Ende von (5.8) „≥ 0" zu ergänzen ist, da im statischen Fall natürlich die Nettoproduktion des 3. Gutes, A_3, nicht-negativ sein muß. Die zu maximierende Lagrange-Funktion lautet also

(5.20) $\quad \Phi = (N_1+1,385) \cdot (N_2+5)$
$\quad\quad\quad + p_1 \cdot (0,9 \cdot X_1 - 0,3 \cdot X_2 - 0,1 \cdot X_3 - N_1)$
$\quad\quad\quad + p_2 \cdot (-0,2 \cdot X_1 + 0,8 \cdot X_2 - 0,2 \cdot X_3 - N_2)$
$\quad\quad\quad + p_3 \cdot (-0,3 \cdot X_1 - 0,1 \cdot X_2 + 0,325 \cdot X_3)$
$\quad\quad\quad + p_4 \cdot (10,1 - 0,4 \cdot X_1 - 0,5 \cdot X_2 - 0,6 \cdot X_3).$

Dabei handelt es sich bei den p_j um Lagrange-Multiplikatoren, die als Verrechnungspreise der Güter G_j zu deuten sind. Nach dem Theorem von Kuhn und Tucker ergibt sich als Lösung dieses Problems neben den Ungleichungen (5.6) bis (5.9):

(5.21) $\quad \dfrac{\partial \Phi}{\partial N_1} = \dfrac{\partial W}{\partial N_1} - p_1 = N_2 + 5 - p_1 \leq 0$

(5.22) $\quad \dfrac{\partial \Phi}{\partial N_2} = \dfrac{\partial W}{\partial N_2} - p_2 = N_1 + 1,385 - p_2 \leq 0$

(5.23) $\quad \dfrac{\partial \Phi}{\partial X_1} = 0,9 \cdot p_1 - 0,2 \cdot p_2 - 0,3 \cdot p_3 - 0,4 \cdot p_4 \leq 0$

(5.24) $\quad \dfrac{\partial \Phi}{\partial X_2} = -0,3 \cdot p_1 + 0,8 \cdot p_2 - 0,1 \cdot p_3 - 0,5 \cdot p_4 \leq 0$

(5.25) $\quad \dfrac{\partial \Phi}{\partial X_3} = -0,1 \cdot p_1 - 0,2 \cdot p_2 + 0,325 \cdot p_3 - 0,6 \cdot p_4 \leq 0$

(5.26) $\quad \displaystyle\sum_{j=1}^{2} \dfrac{\partial \Phi}{\partial N_j} \cdot N_j + \sum_{j=1}^{3} \dfrac{\partial \Phi}{\partial X_j} \cdot X_j = 0$

(5.27) $\quad p_1, p_2, p_3, p_4, X_1, X_2, X_3, N_1, N_2 \geq 0.$

Aus den Ungleichungen (5.21) bis (5.27) lassen sich die optimalen Werte für die p_j, X_j und N_j und folglich gemäß (5.6) bis (5.8) auch die Werte der optimalen A_1, A_2 und A_3 berechnen. Wir erhalten die folgenden Werte:[4]

$A_1^0 = N_1^0 = 4,\qquad X_1^0 = 7,\qquad p_1^0 = 6,$
$A_2^0 = N_2^0 = 1,\qquad X_2^0 = 5,\qquad p_2^0 = 5{,}385,$
$A_3^0 = 0,\qquad\qquad X_3^0 = 8.$

Die optimalen Preise für das reine produzierte Produktionsmittel und die Arbeit, p_3 und p_4, sind nicht angegeben, werden sie doch in dem adaptiven System, das weitgehend eine Mengenplanung benutzt, nicht verwendet.

Da in dem betrachteten statischen Modell keine Ersparnisse gebildet und keine Investitionen vorgenommen werden, wird das optimale Volkseinkommen voll für den Verbrauch verwendet. Wir können es daher in Verrechnungseinheiten wie folgt definieren:

(5.28) $\quad Y^0 = p_1^0 \cdot N_1^0 + p_2^0 \cdot N_2^0 = 29{,}385.$

Der optimale Wert der Zielfunktion beträgt $W^0 = 32{,}31$.

5.1.3.4.2 Die Regeln der adaptiven Planung im Detail

Nachdem auf diese Weise ein Vergleichsmaßstab gewonnen worden ist, können wir uns dem adaptiven System für unser Modell zuwenden. Zunächst spezifizieren wir die in den Gleichungen (5.10), (5.13) und (5.14) enthaltenen Anpassungsregeln wie folgt:

---

[4] Die Berechnung dieser Werte sei dem Leser als Aufgabe überlassen.

(5.10′) $p_{j,t+1} - p_{jt} = 0{,}2 \cdot (N'_{jt}\text{-}A_{jt}) - 0{,}3 \cdot A_{jt}$ $(j=1,2)$

(5.13′) $X'_{j,t+1} = \begin{cases} X_{jt} + 0{,}5 \cdot (N'_{jt}\text{-}A_{jt}), & \text{wenn } u_t = 0 \\ 1{,}1 \cdot X_{jt}, & \text{wenn } u_t > 0 \text{ und } N'_{jt}\text{-}A_{jt} \geq 0 \\ X_{jt}, & \text{wenn } u_t > 0 \text{ und } N'_{jt}\text{-}A_{jt} < 0 \end{cases}$
   $(j=1,2)$

(5.14′) $X'_{3,t+1} = \begin{cases} X_{3t} \cdot \max\limits_{j=1,2} \{\dfrac{X'_{j,t+1}}{X_{jt}}\}, & \text{wenn } u_t > 0 \\ X_{3t} - 0{,}5 \cdot A_{3t}, & \text{wenn } u_t = 0. \end{cases}$

5.1.3.4.3 Ausgangslage und Entwicklung des Systems

Bei dem zu betrachtenden Beispiel wird von folgenden Anfangswerten für die Prozeßintensitäten und Güterpreise in Periode 0 ausgegangen:

$$X_{10}=4,\ X_{20}=7,\ X_{30}=6;\ p_{10}=5{,}5,\ p_{20}=6{,}9.$$

Bei diesen Preisen plant das Beschaffungsministerium wegen (5.11) und (5.12) folgende Nachfrage: $N'_{10}=5{,}115$, $N'_{20}=0{,}181$. Dagegen lauten die implizierten Werte für die Nettoproduktion

$$A_{10}=0{,}9,\ A_{20}=3{,}6,\ A_{30}=0{,}05,$$

und die Arbeitslosigkeit beträgt wegen (5.12) $u_0=1{,}4$. Auf den Gütermärkten gilt:

$N'_{10}\text{-}A_{10} = 4{,}215 \to$ Überschußnachfrage

$N'_{20}\text{-}A_{20} = -3{,}419 \to$ Überschußangebot,

der tatsächliche Konsum beträgt also $N_{10}=0{,}9$ und $N_{20}=0{,}181$, woraus der Wert der Zielfunktion $W_0=11{,}839$ resultiert.

Alle Größen sind noch relativ weit von ihren optimalen Werten entfernt. Die Abweichungen betragen bei den Preisen 8 bzw. 28% von den Optimalwerten. Die Intensitäten der beiden Konsumgüterprozesse liegen um 43,4% unter bzw. um 40% über ihren Gleichgewichtswerten, die des Kapitalgutprozesses ist um 33,3% zu niedrig, und es herrscht eine Arbeitslosigkeit von 13,86%.

Betrachten wir zunächst die Entwicklung bis zur 6. Periode (Tabelle 5.2). Bis dahin werden die Intensitäten stufenweise angepaßt, so daß der Abstand zu den Optimalwerten rasch reduziert wird: X_1 und X_3 liegen noch um 10,2% bzw. 6,80% darunter, X_2 um 19,7% darüber. Dadurch wird gleichzeitig die Arbeitslosigkeit ab Periode 2 auf 3% oder weniger gesenkt. Die Preise haben auf die anfänglichen Nachfrageüberschüsse für G_1 und Angebotsüberschüsse für G_2 so stark reagiert, daß p_1 nach 6 Perioden um 23% über und p_2 um 15% unter dem Gleichgewichtswert liegt. Dadurch hat sich die Nachfrage relativ rasch an die Nettoausbringung beider Konsumgüter angepaßt, und der Wert der Zielfunktion ist von 11,839 auf 28,87 gestiegen, verglichen mit einem Optimalwert von 32,31.[5]

In Periode 5 herrscht erstmalig ein Angebotsüberschuß an beiden Konsumgütern. In der Folgezeit bis Periode 22 wird daher die Nachfrage durch stetige Preissenkungen stimuliert, und der Wert der Zielfunktion steigt weiter auf W_{22}=30,175. Demgegenüber werden die Intensitäten der Konsumgüterproduktion in den Perioden 11 und 13 geringfügig reduziert, um einen negativen Lagerbestand an Gut G_3 zu vermeiden. Dadurch wiederum steigt die Arbeitslosigkeit von 0% in Periode 5 auf 2,8% ab Periode 13 an.

Im weiteren Verlauf bis Periode 30 findet keine stetige Annäherung der einzelnen Größen an die Gleichgewichtswerte mehr statt. Die Werte der Prozeßintensitäten und der Preise oszillieren vielmehr um die bis dahin erreichten Niveaus, die jeweils noch um 10% oder mehr vom Gleichgewicht entfernt sind. Insbesondere zeigen die Preise keine Tendenz der Anpassung ans Gleichgewicht, so daß die Struktur der geplanten Nachfrage mit $N'_1 \approx 3$ und $N'_2 \approx 2$ deutlich von den Werten des statischen Optimums N_1^0=4 bzw. N_2^0=1 abweicht. Der Wert der Zielfunktion steigt ebenfalls nicht mehr kontinuierlich an, sondern fällt in den Perioden 23 und 28 auf ein Niveau zurück, das zuvor seit Periode 9 nicht mehr unterschritten worden war, steigt aber jeweils wieder rasch auf Werte knapp über 30 an.

Man kann die erreichte Lage als ein Quasi-Gleichgewicht deuten. Da die Arbeitslosigkeit in fast allen Perioden nahe Null liegt und darüber hinaus keine nennenswerten Lagerbestände an Gut G_3 angehäuft werden, ist die Produktion annähernd effizient, auch wenn ihre Zusammensetzung zugunsten des Gutes G_2 und zu Lasten von G_1 vom Optimum abweicht und keine Tendenz besteht, diese Fehlallokation zu korrigieren.

Dennoch läßt sich insgesamt der Schluß ziehen, daß das betrachtete adaptive System in dem von uns gewählten Zahlenbeispiel einigermaßen befriedigende Leistungen aufweist, besonders wenn man sich vor Augen hält, daß die Informationen für eine optimale Planung gar nicht geliefert, aufgenommen und verarbeitet werden können. Dieser positive Eindruck sollte allerdings nicht überbewertet werden. Denn bei einer größeren Anzahl von Gütern und Produktionsprozessen könnten die Schwierigkeiten und Fehlfunktionen des Systems, denen sich die zentrale Planungsstelle gegenübersieht, möglicherweise wachsen. Auch die Einbeziehung der Investitionen in die Planung dürfte zusätzliche Probleme schaffen.

---

[5] Ein prozentualer Vergleich wäre hier nicht sinnvoll, da das Wohlfahrtsniveau eine ordinale Größe darstellt und das Verhältnis zweier Niveaus daher nicht interpretierbar ist.

Tabelle 5.2
Die Entwicklung des adaptiven Systems der Zentralgeleiteten Verwaltungswirtschaft über die Zeit

t	X_{1t}	X_{2t}	X_{3t}	A_{1t}	A_{2t}	A_{3t}	g_{3t}	$\hat{u}_t$	u_t
0	4	7	6	0,9	3,6	0,05	0,05	1,4	1,4
1	4,4	7	6,6	1,2	3,4	0,125	0,175	0,88	0,88
2	4,84	7	7,26	1,53	3,18	0,207	0,382	0,308	0,308
3	5,324	7	7,451	1,947	3,045	0,124	0,507	−0,321	0
4	5,911	6,158	7,389	2,733	2,267	0,012	0,519	0,224	0,224
5	6,502	6,158	7,367	3,267	2,153	−0,172	0,347	−0,456	0
6	6,287	5,986	7,453	3,117	2,040	−0,062	0,285	0,120	0,120
7	6,287	5,986	7,453	3,117	2,040	−0,062	0,222	0,120	0,120
8	6,287	5,986	7,453	3,117	2,040	−0,062	0,160	0,120	0,120
9	6,287	5,986	7,453	3,117	2,040	−0,062	0,097	0,120	0,120
10	6,287	5,986	7,453	3,117	2,040	−0,062	0,035	0,120	0,120
11	6,162	5,867	7,453	3,041	1,970	−0,013	0,022	0,120	0,230
12	6,162	5,867	7,453	3,041	1,970	−0,013	0,009	0,230	0,230
13	6,100	5,808	7,453	3,003	1,936	0,011	0,020	0,230	0,284
14	6,100	5,808	7,453	3,003	1,936	0,011	0,031	0,284	0,284
15	6,100	5,808	7,453	3,003	1,936	0,011	0,042	0,284	0,284
16	6,100	5,808	7,453	3,003	1,936	0,011	0,054	0,284	0,284
17	6,100	5,808	7,453	3,003	1,936	0,011	0,065	0,284	0,284
18	6,100	5,808	7,453	3,003	1,936	0,011	0,076	0,284	0,284
19	6,100	5,808	7,453	3,003	1,936	0,011	0,088	0,284	0,284
20	6,100	5,808	7,453	3,003	1,936	0,011	0,099	0,284	0,284
21	6,100	5,808	7,453	3,003	1,936	0,011	0,110	0,284	0,284
22	6,100	5,808	7,453	3,003	1,936	0,011	0,122	0,284	0,284
23	6,100	6,389	7,442	2,830	2,402	−0,050	0,071	−0,454	0
24	6,171	6,156	7,468	2,960	2,197	−0,040	0,032	0,073	0,073
25	6,109	6,095	7,468	2,923	2,160	−0,015	0,016	0,073	0,129
26	6,109	6,095	7,468	2,923	2,160	−0,015	0,001	0,129	0,129
27	6,048	6,034	7,468	2,886	2,124	0,009	0,010	0,129	0,183
28	6,139	5,568	7,370	3,118	1,752	−0,003	0,007	−0,507	0,439
29	6,139	6,124	7,637	2,924	2,144	0,028	0,035	−0,282	0
30	6,147	6,059	7,623	2,953	2,093	0,027	0,063	0,038	0,038
0	7	5	8	4	1	0	0	0	0

(^{0} = Werte der Optimalplanung bei vollständiger Information)

t	p_{1t}	p_{2t}	$\hat{N}_{1t}$	$\hat{N}_{2t}$	$\hat{N}_{1t}-A_{1t}$	$\hat{N}_{2t}-A_{2t}$	N_{1t}	N_{2t}	W_t
0	5,5	6,9	5,115	0,181	4,215	−3,419	0,9	0,181	11,839
1	6,328	6,201	4,079	0,576	2,879	−2,824	1,2	0,567	14,414
2	6,866	5,599	3,486	0,973	1,956	−2,207	1,530	0,973	17,412
3	7,195	5,095	3,120	1,361	1,173	−1,684	1,947	1,361	21,193
4	7,393	4,721	2,892	1,696	0,158	−0,570	2,733	1,696	27,577
5	7,421	4,604	2,838	1,808	−0,429	−0,345	2,838	1,808	28,752
6	7,386	4,586	2,849	1,819	−0,269	−0,222	2,849	1,819	28,870
7	7,351	4,561	2,857	1,838	−0,260	−0,203	2,857	1,838	29,006
8	7,318	4,539	2,866	1,854	−0,252	−0,187	2,866	1,854	29,133
9	7,287	4,520	2,875	1,867	−0,243	−0,174	2,875	1,867	29,251
10	7,257	4,504	2,884	1,878	−0,243	−0,163	2,885	1,878	29,360
11	7,229	4,490	2,893	1,887	−0,148	−0,083	2,893	1,887	29,461
12	7,203	4,478	2,901	1,895	−0,139	−0,075	2,901	1,895	29,555
13	7,179	4,467	2,909	1,903	−0,093	−0,033	2,909	1,903	29,642
14	7,157	4,457	2,917	1,909	−0,086	−0,027	2,917	1,909	29,723
15	7,137	4,448	2,924	1,914	−0,078	−0,021	2,924	1,914	29,797
16	7,118	4,440	2,931	1,919	−0,071	−0,017	2,931	1,919	29,865
17	7,100	4,433	2,938	1,923	−0,065	−0,013	2,938	1,923	29,928
18	7,084	4,428	2,944	1,926	−0,058	−0,009	2,944	1,926	29,986
19	7,068	4,422	2,950	1,929	−0,053	−0,006	2,950	1,929	30,040
20	7,055	4,418	2,956	1,932	−0,047	−0,004	2,956	1,932	30,089
21	7,042	4,413	2,961	1,934	−0,042	−0,002	2,961	1,934	30,134
22	7,030	4,410	2,966	1,936	−0,037	0,000	2,966	1,936	30,175
23	7,019	4,406	2,970	1,937	0,141	−0,465	2,830	1,937	29,239
24	7,062	4,328	2,920	2,024	−0,040	−0,173	2,920	2,024	30,241
25	7,066	4,306	2,910	2,049	−0,013	−0,012	2,910	2,049	30,275
26	7,068	4,288	2,903	2,068	−0,020	−0,093	2,903	2,068	30,306
27	7,069	4,274	2,898	2,083	0,011	−0,041	2,886	2,083	30,253
28	7,068	4,263	2,894	2,095	−0,224	0,342	2,894	1,752	28,893
29	7,025	4,333	2,941	2,014	0,017	−0,130	2,924	2,014	30,222
30	7,020	4,298	2,931	2,049	−0,021	−0,044	2,931	2,049	30,427
o	6	5,385	4	1	0	0	4	1	32,310

5.2 Das Informationsproblem in Marktwirtschaften

5.2.1 Informationserfordernisse unter statischen Bedingungen und bei Abwesenheit von Unsicherheit

Wie sieht es nun im Gegensatz zu den in 5.1 betrachteten Systemen mit den Informationsbedürfnissen der (sozialistischen oder kapitalistischen) Marktwirtschaft aus? Hier existiert keine zentrale Planungsstelle, und folglich müssen weder Informationen über die Produktionstechnologie und die Präferenzen von den Betrieben und Haushalten gesammelt noch Anweisungen an diese übermittelt werden. Daraus ergibt sich auf den ersten Blick eine enorme Ersparnis von Informationskosten.

Damit jedoch die einzelnen Wirtschaftssubjekte ihre Produktions- bzw. Konsumpläne aufstellen und diese Pläne in Übereinstimmung miteinander gebracht werden können, müssen zwei Voraussetzungen erfüllt sein: Erstens benötigt jeder Betrieb oder Haushalt zur Formulierung der von ihm gewünschten Gütertransaktionen die Kenntnis der relevanten Märkte und Preise, das heißt eine Vorstellung darüber, zu welchen Konditionen und von wem er die betreffenden Güter beziehen bzw. an wen er sie absetzen kann. Zweitens ist es notwendig, daß die geforderten Preise auf Ungleichgewichts-Situationen (Überschußnachfrage oder -angebot) reagieren, und zwar in der Weise, daß das Ungleichgewicht tendenziell abgebaut wird. Bei partialanalytischer Betrachtung eines einzelnen Marktes ist diese Eigenschaft der dynamischen Stabilität erfüllt, wenn der Preis des betreffenden Gutes bei einem Überangebot fällt, bei Übernachfrage dagegen steigt.

Die zuerst genannte Voraussetzung ist eng verknüpft mit der Frage, ob für Einheiten eines ökonomisch homogenen Gutes überall und von jedem Anbieter derselbe Preis verlangt wird, selbst wenn der Markt sich noch nicht im Gleichgewicht befindet. Die Anbieter werden jedoch kaum identische Preise verlangen, wenn die Käufer nicht vollständig über die Marktlage und über die Preise der Konkurrenten informiert sind oder gar ein Nachfrage- oder Angebotsüberschuß besteht.

Somit ist das Informationsproblem auch in Marktwirtschaften keineswegs trivial. Jeder Käufer hat es unter Umständen mit vielen Preisen für das gleiche Gut zu tun, die sich im Laufe der Zeit möglicherweise gar nicht oder nur allmählich angleichen. Folglich muß er nach preisgünstigen Angeboten suchen, da er nicht von vornherein weiß, welcher Anbieter einen günstigeren Preis bietet. Darüber hinaus läuft der Käufer das Risiko, bei einem Anbieter mit relativ niedrigem Preis nicht zum Zuge zu kommen, da sich dort eine Überschußnachfrage ergeben kann, obwohl auf dem Gesamtmarkt vielleicht ein Überschußangebot herrscht.

Umgekehrt ergibt sich für den Anbieter selbst bei vollkommener Konkurrenz die Frage, welcher Preis den größten Gewinn verspricht. Ist es besser, den Preis nach oben oder unten anzupassen oder durch eine Änderung der Lagerbestände oder des Produktionsvolumens auf Überschußnachfrage oder -angebot zu reagieren? Sind jedoch die geschilderten Verhaltensmuster von Anbietern und Nachfragern unter bestimmten Bedingungen zu erwarten, so ist weiter zu untersuchen, welche Auswirkungen sich daraus für die Entwicklung des Gesamtsystems ergeben. Besteht in diesem Fall auf allen Märkten eine Tendenz zur Anpassung der Preise für ökonomisch homogene Güter und zum Ausgleich von Angebot und Nachfrage? Nur bei einer positiven Beantwortung dieser Frage würde der informationssparende Charakter des marktwirtschaftlichen Systems einigermaßen gewahrt bleiben.

Es ist instruktiv, sich klarzumachen, daß die Prinzipien eines einheitlichen Preises für jedes Gut und der Preisanpassung als Folge von Überschußangebot und -nachfrage auf dem gesamten Markt in der Wirklichkeit eigentlich nur auf wohlorganisierten Märkten nahezu vollständig realisiert sind. Die Annahmen treffen also z. B. für Produktenbörsen, Wertpapier- und Devisenbörsen zu, sind jedoch beträchtlich von den Gegebenheiten anderer Märkte entfernt.

Fundamentaler als diese Probleme ist die Frage, was geschieht, wenn Anbieter und Nachfrager nicht wissen, wer die Güter besitzt, die sie erwerben möchten, bzw. wer die Waren kaufen möchte, die sie besitzen oder produzieren. Dieses Informationsproblem stellt sich jedem Nachfrager, der nach bisher nicht bezogenen Gütern Ausschau hält oder der in eine neue Umgebung umgezogen ist, und jedem Anbieter, der bisher nicht angebotene Güter absetzen möchte. Schließlich wissen die Nachfrager in jeder modernen Wirtschaft, daß immer wieder einmal bessere oder auch völlig neue Waren und Dienstleistungen angeboten werden. Es lohnt sich daher, gelegentlich bei möglichen Anbietern nach solchen Gütern Ausschau zu halten oder zu überprüfen, ob solche Güter in den üblichen Informationsmedien angepriesen werden.

Ein weiteres Informationsproblem ergibt sich aus der Tatsache, daß verschiedene Einheiten eines Gutes nicht von gleicher Güte zu sein brauchen. Die Möglichkeit unterschiedlicher Qualität bürdet jedoch dem Nachfrager zusätzliche Informationskosten auf, muß er doch nun Informationen über die Beschaffenheit verschiedener Produkte oder Leistungen zu erhalten suchen. In vielen Fällen handelt es sich dabei sogar, ganz abgesehen von den Kosten, um ein nur schwer oder kaum zu lösendes Problem. So mag schon die Überprüfung der Qualität eines Autos zu großen und nicht völlig lösbaren Schwierigkeiten führen. Der Vergleich der Qualität der Leistungen von zwei Ärzten ist sogar für den normalen Patienten regelmäßig unmöglich, wenn er sich nicht das Urteil anderer Fachleute (Mediziner) sichern kann.

Die Ersparnisse an Aufwendungen für Informationen, die eine Marktwirtschaft gegenüber dem Konkurrenzsozialismus mit sich bringt, können entfallen, wenn öffentliche Güter oder externe Vorteile oder Nachteile vorhanden sind. Das trifft z. B. bei Externalitäten immer dann zu, wenn die externen Vorteile oder Nachteile so schwerwiegend sind, daß sich selbst bei Berücksichtigung der für die zusätzlichen Informationen zur Bestimmung des Optimums erforderlichen Produktionsmittelaufwendungen in der Marktwirtschaft ein von diesem Optimum abweichender Produktions- und Verbrauchsplan ergibt. Wie wir gesehen haben (vgl. Abschnitt 4.3), wäre unter diesen Umständen ein Wettbewerbsgleichgewicht ganz unabhängig von seiner dynamischen Stabilität nur dann optimal, wenn zuvor bestimmte, z. B. staatliche, Maßnahmen ergriffen worden wären. Sollen diese jedoch tatsächlich einen optimalen Zustand herbeiführen, so muß sich die zuständige staatliche Stelle die gleichen Informationen wie die zentrale Planungsstelle beschaffen, um den optimalen Konsum- und Produktionsplan und damit die optimalen Maßnahmen berechnen zu können. In diesem Fall besitzt folglich die Marktwirtschaft nur noch die Informationsvorteile des Konkurrenzsozialismus gegenüber der Zentralverwaltungswirtschaft.

Man sollte jedoch nicht übersehen, daß nach den früheren Ergebnissen wohl in keinem der erwähnten Wirtschaftssysteme bei Auftreten öffentlicher Güter oder externer Vorteile oder Nachteile eine Pareto-optimale Situation erreicht werden kann. Wie wir sahen, haben unter diesen Voraussetzungen die Haushalte allen Grund, die von den zuständigen staatlichen Stellen benötigten Informationen nicht wahrheitsgetreu zur Verfügung zu stellen. Es stellt sich daher die Frage, ob die Informationsvorteile der Marktwirtschaft bei hinreichender dynamischer Stabilität nicht bewahrt bleiben und man sich damit begnügen sollte, mit Hilfe ergänzender politischer Entscheidungsverfahren die durch das Vorhandensein öffentlicher Güter und externer Vor- und Nachteile hervorgerufenen Abweichungen soweit wie möglich zu korrigieren.

5.2.2 Koordination der einzelwirtschaftlichen Pläne über die Zeit

5.2.2.1 *Informationserfordernisse für intertemporale Pläne*

Wie wir in Abschnitt 5.2.1 gesehen haben, müssen sich die Wirtschaftssubjekte in Marktwirtschaften eine Reihe von Signalen, vor allem Preissignale, auf Märkten beschaffen, um sinnvolle und realisierbare Produktions- und Konsumpläne entwerfen zu können.

Von entscheidender Bedeutung sind dabei jedoch weniger die gegenwärtigen Preise für zu beziehende oder zu verkaufende Güter sowie gegenwärtige Absatzmengen und Güterarten als die in Zukunft erzielbaren Preise, die künftige Absatzlage und die in Zukunft am Markt vorhandenen Güterarten. Die Aufstellung und Durchführung von Produktionsplänen oder die Planung von Investitionen, die zur künftigen Herstellung neuer Güterarten oder zur Installierung neuer Maschinen und Anlagen erforderlich sind, bezieht sich ja auf einen mehr oder minder langen Zeitraum, da die neuen Produktionsanlagen erst von einem späteren Zeitpunkt an Güter produzieren und mehrere Jahre lang verwendet werden können.

Gleiches gilt noch ausgeprägter für Forschungsinvestitionen, denn die mit ihrer Hilfe entwickelten neuen Produkte werden häufig erst nach einer noch längeren Zeitspanne Marktreife erreichen. Marktsignale für diese längeren Zeiträume stehen jedoch heute meist nicht zur Verfügung, so daß die Unternehmungen aufgrund der vorhandenen gegenwärtigen Marktsignale mehr oder minder willkürliche Erwartungen bezüglich der Zukunft bilden und ausgehend von diesen Erwartungen ihre Entscheidungen treffen müssen.

Es ist nun höchst unwahrscheinlich, daß die in dieser Weise gebildeten Erwartungen der verschiedenen Wirtschaftssubjekte einander entsprechen und ihre Pläne aufeinander abgestimmt sind. So mögen z.B. die meisten Produzenten eines Gutes bei einer gerade eingetretenen kräftigen Preiserhöhung erwarten, daß der Preis auch in Zukunft gleich hoch bleiben oder sogar noch weiter steigen wird. Sind sie von der Richtigkeit ihrer Erwartungen überzeugt, so werden sie sich von einer Erhöhung der künftigen Produktion eine erhebliche Vergrößerung ihres Umsatzes und Gewinnes versprechen und daher Erweiterungsinvestitionen beschließen. Nun wird jedoch die künftige Produktion des Gutes gerade wegen der Kapazitätserweiterungen bei vielen Betrieben nachhaltig wachsen und das Angebot von einem bestimmten Zeitpunkt an zunehmen. Die Folge ist eine Senkung des Preises, die die früheren Preiserwartungen als falsch erscheinen läßt. Ein großer Teil der Investitionen erweist sich als Fehlinvestition.

Man sieht sofort, daß die Fehlentwicklung in dem betrachteten Beispiel weitgehend auf die mangelhafte Abstimmung der Investitionen der beteiligten Unternehmungen zurückgeht. Gleichzeitig wären die Fehlinvestitionen jedoch bei korrekten Preiserwartungen oder bei richtiger Information über die Investitionsabsichten der anderen Unternehmungen wenigstens teilweise unterblieben. Die fehlerhafte Entwicklung ist in dem betrachteten Beispiel also auf eine ungenügende Koordinierung der Pläne der Unternehmungen zurückzuführen. Es handelt sich um ein Versagen, das bei konsistenter Planung in einer Zentralgeleiteten Verwaltungswirtschaft nicht vorkommen würde. Zwar wird auch dort eine konsistente Planung, wie wir oben gesehen haben, nur begrenzt möglich sein. Immerhin ist aber zu vermuten, daß in diesem Fall die Koordinierung der Einzelwirtschaften geringere Fehler aufweist als in der Marktwirtschaft.

5.2.2.2 Terminmärkte – ihre Wirkungsweise und die Ursachen für ihre geringe Verbreitung in der Realität

Man kann sich nun vorstellen, daß die geschilderten Informationsprobleme, die in Marktwirtschaften zu erheblichen Schwankungen der Wirtschaftstätigkeit und damit zu Wohlfahrtsverlusten führen können, bei Bestehen geeigneter Zukunftsmärkte ausgeschaltet werden könnten. Bestünden z.B. für alle Güter für alle Liefer- und Bezugsdaten heute Märkte mit Angebot und Nachfrage ausgleichenden Gegenwartspreisen, so könnten alle Produktions- und Konsumpläne voll aufeinander abgestimmt werden. Wie gezeigt wurde, entspricht ein solches System von Gegenwartspreisen einer Planung bei vollständiger Information (vgl. Abschnitt 3.3). Bei gegebenen Gegenwartspreisen für alle Güter können die Unternehmungen alle in Zukunft zu erzeugenden Produkte bereits heute zu einem feststehenden Preis verkaufen und alle Produktionsmittel ebenfalls zu gegebenem Preis kaufen. Da sie folglich die Gegenwartswerte der Gewinne aus der künftigen Produktion kennen würden, wären sie in der Lage, alle Investitionen ohne jedes Risiko zu planen. Entsprechend könnten alle Verbraucher risikolose Konsumpläne aufstellen, da sie die Preise für die von ihnen in Zukunft zu liefernden Produktionsmittel kennen und durch ihren Verkauf bereits heute die Gegenwartswerte der entsprechenden Einkommen realisieren könnten. Ganz entsprechend wäre es ihnen möglich, bereits heute die Gegenwartswerte aller Anteile an Betriebsgewinnen oder Betriebseinkommen zu beziehen. Die so erzielten Einkommen könnten schon in der Gegenwart zum Kauf oder zur Bestellung der in allen künftigen Perioden zu beziehenden Konsumgüter bei gegebenen Preisen verwendet werden.

Wie man sieht, würden bei vollständig entwickelten Zukunftsmärkten alle Kontrakte bereits heute abgeschlossen und nur ihre Ausführung der Zukunft überlassen bleiben. Nun ist es offensichtlich, daß die beschriebene Welt vollkommener Zukunftsmärkte in der Realität nicht existiert. Das gleiche gilt für Terminmärkte, die sich von Zukunftsmärkten lediglich dadurch unterscheiden, daß die Bezahlung nicht bereits bei Vertragsabschluß, sondern erst zum Zeitpunkt der (zukünftigen) Lieferung erfolgt.

Drei wesentliche Gründe dürften für die Abwesenheit von Terminmärkten für die meisten Güter und für viele Fristigkeiten maßgebend sein. Als erster Grund sind die zu hohen Kosten für die Existenz und die Benutzung aller denkbaren Terminmärkte zu nennen. Es würde einfach zu kostspielig sein, für ein bestimmtes Gut für jeden Tag in den nächsten 40 Jahren einen Terminmarkt zu unterhalten. Bei dreihundert Arbeitstagen im Jahr würde das bedeuten, daß allein für dieses Gut 12.000 Märke mit 12.000 Preisen existieren müßten, die jeden Tag neu festzulegen wären und über die sich die Teilnehmer informieren müßten. Man sieht sofort, daß das vollkommen ausgeschlossen ist. Es kann daher nicht überraschen, daß sich die Geschäfte z. B. an den Devisenterminmärkten auf 1, 2, 3, 6, 9 und 12 Monate konzentrieren. Kurse für Zwischentermine werden regelmäßig nicht gebildet und nur auf besondere Anfrage eines Kunden von einer Bank angegeben.

Ein zweiter Grund für die Abwesenheit von Terminmärkten liegt in der unerwarteten Änderung von Einkommen und Präferenzen der Konsumenten und der Menge der künftig verfügbaren Ressourcen sowie in der sich ändernden Qualität und Art vieler Güter, die sich nicht im voraus abschätzen läßt. Ein Automobil des Jahres 1992 ist etwas anderes als ein solches der Jahre 1972 oder gar 1939. Oder man stelle sich vor, eine Fluggesellschaft hätte im Jahre 1950 per 40 Jahre ein Verkehrsflugzeug der Art und Beschaffenheit des Jahres 1950 gekauft. Dieses wäre selbst bei einem Bau im Jahre 1990 im Vergleich zu den weiterentwickelten Typen dieses Jahres für die Fluggesellschaft fast wertlos gewesen. Andererseits konnte 1950 niemand die Fortschritte im Flugzeugbau so genau abschätzen, daß sich damals ein Termingeschäft über 40 Jahre für ein Flugzeug der Art und Beschaffenheit des Jahres 1990 hätte abschließen lassen. Wir kommen daher zu dem Schluß, daß bei Produkten oder Produktgruppen, bei denen ein schneller technischer Fortschritt erwartet wird, Terminmärkte weder möglich noch erwünscht sind. Angesichts dieser Tatsache kann es nicht überraschen, daß auf den vorhandenen Terminmärkten lediglich standardisierte und über die Zeit unveränderliche Waren wie Weizen, Sojabohnen, Kupfer, Zinn, Silber, Devisen usw. gehandelt werden.

Ein letzter Grund der Abwesenheit von Terminmärkten für die meisten Güter liegt in der Tatsache, daß die Kontrahenten eines Termingeschäftes häufig bei Fälligkeit nicht in der Lage sein werden, ihren Vertragsverpflichtungen nachzukommen. Diese Feststellung gilt im übrigen auch für andere langfristige Verpflichtungen wie solche aus Bausparverträgen oder aus der Aufnahme einer langfristigen Hypothek, also aus Verträgen, die in der Realität oft an die Stelle von Termingeschäften im engeren Sinne treten. Tod, Krankheit, Arbeitslosigkeit, Zahlungsunfähigkeit durch Rückgang des Absatzes, der seinerseits durch die Konkurrenz neuer Produkte bedingt sein kann, Verlust eines Teils der Ernte durch Unwetterschäden sind einige mögliche Ursachen für die Unfähigkeit, früher abgeschlossene langfristige Verträge zu erfüllen.

Schließlich ist die künftige Generation noch ungeboren. Sie kann noch keine Käufe und Verkäufe abschließen. Sollen andere dazu berechtigt sein? Aber nicht einmal die Zahl, geschweige denn die Wünsche der Ungeborenen sind bekannt. Darüber hinaus kann es Kriege, Erdbeben, Epidemien und viele andere Ereignisse geben, deren Auftreten, Zeitpunkt und Ausmaß niemand voraussehen kann.

Nun sind jedoch nicht alle unsicheren künftigen Ereignisse der Existenz von Terminmärkten notwendigerweise in gleicher Weise abträglich. Um das zu verstehen, beschäftigen wir uns im folgenden Abschnitt mit den von der ökonomischen Theorie entwickelten Überlegungen zur Möglichkeit konditionaler Güter und konditionaler Märke.

5.2.3 Koordination der einzelwirtschaftlichen Pläne bei Unsicherheit

Unsere Überlegungen im vorangegangenen Abschnitt haben gezeigt, daß unsichere Ereignisse in vielen Fällen dafür verantwortlich sind, daß Märkte für zukünftige Güter nicht zustandekommen. Insbesondere verbleibt daher vielen Produzenten das Risiko bezüglich der künftigen Höhe des Absatzes und des Preises, woraus eine starke Tendenz zur Einschränkung der Produktion und damit der Investitionen resultiert. Es läßt sich nun zeigen, daß Entscheidungen über derartige Aktivitäten durch die Einführung sogenannter Konditionalmärkte verbessert werden können, da dadurch ein Teil des Produktions-, Investitions- oder Preisrisikos von dem jeweiligen Tauschpartner auf der Marktgegenseite abgenommen wird.

Das Konzept eines Konditionalmarktes (oder: Marktes für bedingte Güter) geht von der Idee aus, daß man zukünftige Güter nicht nur durch ihre physischen Eigenschaften sowie durch Ort und Zeitpunkt ihrer Verfügbarkeit charakterisieren kann, sondern auch dadurch, welcher Zustand der Umwelt gerade herrscht. So wird ein zur wochenweisen Vermietung angebotener Strandkorb im Juli auf Sylt unterschiedlich bewertet werden, je nachdem, ob es zu Wochenbeginn regnet oder ob die Sonne scheint. Im ersten Fall werden die Strandkörbe Ladenhüter sein, und die Vermieter werden die Kosten für Lagerung, Instandhaltung und Aufstellung der Körbe nicht decken können; im zweiten Fall wird die Nachfrage zu Wochenbeginn so groß sein, daß nicht jeder Interessent bedient werden kann. Ferner sind aus der Sicht der Nachfrager kurzfristige Preiserhöhungen zu befürchten, falls der Ansturm zu groß wird.

Die möglichen negativen Auswirkungen für alle Beteiligten in den verschiedenen Situationen können durch die Einrichtung eines Marktes für das bedingte Gut „Strandkorb, falls zu Wochenbeginn die Sonne scheint" gemildert werden. Dieser Markt muß natürlich schon früher abgehalten werden, noch bevor das Wetter der betreffenden Woche hinreichend genau vorausgesagt werden kann. Gegen Zahlung eines festen Entgelts erwerben dabei die Interessenten ein Anrecht, bei Sonnenschein einen Strandkorb zur Verfügung gestellt zu bekommen. Die Gebühr für diese Option sichert dem Vermieter einen Ertrag, der ihm auch dann erhalten bleibt, wenn im Falle von Regenwetter niemand die Körbe benutzt.

Ganz analog verhält es sich mit einem Farmer, der Weizen angebaut hat, aber nicht weiß, ob ein Teil seiner Ernte durch Hagel zerstört werden wird. Will er bereits im Januar auf einem Terminmarkt für die Lieferung von Weizen im August den Ertrag seiner Ernte anbieten, so läuft er Gefahr, daß er im Falle zwischenzeitlichen Hagels bei Fälligkeit seinen Lieferverpflichtungen nicht voll nachkommen kann. Diese Schwierigkeit kann er umgehen, wenn er seine Ernte im Januar auf zwei Konditionalmärkten anbietet. Dabei wird der Weizen auf dem 1. Markt unter der Bedingung gehandelt, daß es in dem betreffenden Anbaugebiet nicht hagelt; auf dem 2. Markt wird der Weizen unter der Bedingung verkauft, daß es hagelt.

5.2.3.1 Konditionalmärkte, Kreditmärkte, Versicherungs- und Terminmärkte

Nach der Schilderung der möglichen Funktionen konditionaler Märkte ist nach ihrer Existenz in der realen Marktwirtschaft und ihrer Wichtigkeit für diese zu fragen. Hier ist nun wie bei den reinen Zukunftsmärkten auch bei den Konditionalmärkten festzustellen, daß sie sich in der beschriebenen Form in der Wirklichkeit nicht entwickelt haben. Dagegen sind Einrichtungen entstanden, die zusammen den konditionalen Märkten entsprechen, und zwar handelt es sich um eine Kombination von Kredit-, Versicherungs- und Terminmärkten.

So läßt sich der oben beschriebene Weizenverkauf durch einen Farmer auf zwei verschiedenen Konditionalmärkten, falls diese nicht existieren, durch folgende Transaktionen ersetzen: 1. Der Farmer verkauft den Weizen im Januar zum Termin im August. 2. Um jetzt schon wie am Konditionalmarkt den Erlös zu erhalten, nimmt er einen Kredit auf, dessen Höhe dem Verkaufserlös am Terminmarkt abzüglich der zu zahlenden Zinsen entspricht. 3. Da er bei einer Mißernte seinen Lieferverpflichtungen nicht nachkommen kann, schließt der Farmer eine Ernteversicherung ab, deren Prämie er im Januar aus dem aufgenommenen Kredit zahlt. Die Versicherung legt fest, daß der Farmer eine bestimmte Summe erhält, falls es vor der Erntezeit hagelt. Die Versicherungssumme ist gerade so hoch, daß der Farmer in diesem Fall die Menge Getreide hinzukaufen kann, die er zur Erfüllung seines Terminkontraktes benötigt.

Man macht sich klar, daß das Ergebnis dieser Transaktionen genau den beiden Verkäufen auf den Konditionalmärkten entspricht. Hagelt es nicht, so liefert der Farmer die größere Menge Weizen im August ab. Wurde dagegen sein Weizen verhagelt, so braucht er nach seinem Kontrakt auf dem Konditionalmarkt weniger Weizen abzuliefern, da er in diesem Fall mit einer geringeren Ernte gerechnet und weniger verkauft hat. Beim Termingeschäft muß er nun zwar ebensoviel liefern wie bei gutem Erntewetter, kann jedoch aus der Versicherungssumme die Menge, die er wegen des Hagels nicht selbst erzeugen konnte, hinzukaufen.

Ist der Erlös aus dem Termingeschäft abzüglich der Zinsen aus der Kreditaufnahme und der Prämie für die Versicherung den Erlösen auf den Konditionalmärkten gleich, so sind die verschiedenen Geschäfte für ihn gleichbedeutend. Die Geschäfte auf den Konditionalmärkten lassen sich also voll durch eine Kombination von Transaktionen auf dem Terminmarkt, Kreditmarkt und Versicherungsmarkt ersetzen.

5.2.3.2 Gründe für das Fehlen vieler Versicherungsmärkte in der Realität

Die vorausgegangenen Überlegungen haben gezeigt, daß Unsicherheit über künftige Ereignisse allein nicht genügt, um die Existenz von Zukunftsmärkten zu verhindern. Diese müßten vielmehr bei Unsicherheit lediglich entweder wie im Modell in Form von Konditionalmärkten organisiert sein, oder es müßten neben den Termin- und Kreditmärkten der Realität noch entsprechende Versicherungsmärkte für alle Risiken existieren. Nun gibt es zwar in der Wirklichkeit eine Fülle von Versicherungsmöglichkeiten, doch ist die Zahl der Versicherungsmärkte, gemessen an den verschiedenen möglichen Risiken, ähnlich wie die Zahl der Terminmärkte außerordentlich begrenzt. Man kann sich versichern gegen Feuer-, Hagel- und Wasserschäden, gegen Krankheit und Arbeitsunfähigkeit und gegen Unwetter. Man kann auch Lebens-, Alters-, Haftpflicht- und Unfallversicherungen abschließen und sich gegen Diebstahl versichern. Aber eine Unternehmung ist z.B. nicht in der Lage, sich gegen das Auftauchen neuer Konkurrenzprodukte oder gegen Schäden durch Krieg oder Revolution oder gegen Gewinneinbußen durch unerwartet erforderliche Preisreduktionen zu versichern. Sie kann sich auch nicht gegen die Unterbrechung von Rohstofflieferungen oder die mit ergebnislosen Forschungen zur Entwicklung neuer Güter oder Produktionsprozesse verbundenen Fehlinvestitionen versichern. Ebensowenig kann sich ein Arbeitnehmer gegen schlechtere Arbeitsbedingungen oder gegen einen notwendigen Berufswechsel oder ein Verbraucher gegen höhere Preise für bestimmte Güter durch eine Versicherung schützen.

Wo liegen nun die Gründe für dieses Fehlen vieler, ja der meisten denkbaren Versicherungsmärkte, das ja in vielen Fällen die Abwesenheit entsprechender Terminmärkte nach sich zieht? Zunächst handelt es sich offenbar wieder um Ursachen, die wir bereits für die Abwesenheit vieler Terminmärkte mitverantwortlich gemacht hatten: Einmal wäre es viel zu kostspielig, für alle denkbaren und möglichen Risiken aller künftigen Zeitpunkte Versicherungsmärkte zu entwickeln. Zweitens lassen sich die Risiken bestimmter negativ wirkender Ereignisse, von denen man nicht weiß, mit welcher Wahrscheinlichkeit sie in Zukunft auftreten werden, ja deren Charakter man womöglich gar nicht im voraus kennt, nicht versichern, da der Versicherer selbst ein nicht abschätzbares Risiko eingehen würde. Eine Versicherung gegen Unwetter oder Feuer läßt sich durchführen, weil die Versicherungsgesellschaft aus der Vergangenheit eine recht gute Vorstellung von der Häufigkeit hat, mit der solche Ereignisse in einem bestimmen Zeitraum auftreten. So weiß sie etwa, wie groß die Anzahl der Häuser unter den versicherten Objekten sein wird, die im nächsten Jahr in Brand geraten werden. Dagegen ist es gänzlich unmöglich, die Wahrscheinlichkeit dafür abzuschätzen, ob im nächsten Jahr ein neues Produkt oder ein neues Produktionsverfahren dieser oder jener Art entwickelt wird. Auch die Sicherheit, mit der man die Wahrscheinlichkeit politischer

Ereignisse wie Revolution, Kriege, Rohstoffboykott, Enteignungen usw. voraussagen kann, ist zu gering, um solche Risiken versichern zu können.

Ein dritter Grund für fehlende Versicherungsmärkte liegt in der Tatsache, daß der Versicherte oder der Versicherungsnehmer das Eintreten des Ereignisses, gegen das er versichert ist, selbst herbeiführen oder doch wenigstens beeinflussen kann. So kann der gegen Feuer Versicherte selbst Brand stiften, der Begünstigte einer Lebensversicherung den Versicherten ermorden, ein gegen Krankheit Versicherter durch ungesunde Lebensweise das Erkrankungsrisiko erhöhen und schließlich die Ärzte auch in Bagatellfällen aufsuchen usw. Hier liegt ein moralisches Risiko für die Versicherungen vor,[6] dem diese durch Kontrollen, durch Selbstbehalte bei Krankheits- und Unfallversicherungen und ähnliches zu begegnen suchen. Es ist offensichtlich, daß das moralische Risiko in vielen Fällen nicht nur zu einer Beschränkung der Versicherungsleistungen, wie beim Selbstbehalt bei der Kaskoversicherung oder für einen Teil der Arztkosten gegenüber der Krankenversicherung, sondern auch zu einem Fehlen entsprechender Versicherungsmärkte führt.

Ein vierter Grund für das Fehlen bestimmter Versicherungsmärkte ebenso wie verschiedener Terminmärkte mag aber einfach darin liegen, daß diese Märkte noch nicht erfunden oder eingeführt worden sind. Jeder Markt ist zudem ein öffentliches Gut, da er allen Marktteilnehmern nutzt. Seine Einführung wird folglich den privaten Innovatoren in vielen Fällen zu geringe private Vorteile bringen, als daß es angesichts der Kosten zur Entwicklung eines Marktes käme, obwohl die Vorteile für die Gesamtheit die Kosten der Errichtung und Erhaltung des Marktes weit übersteigen können. Soweit dies zutrifft, liegt demnach ein inhärenter Mangel dezentraler Marktwirtschaften vor.

5.3 Aufgaben

1. Das sogennante Informationsproblem in Zentralgeleiteten Verwaltungswirtschaften setzt sich aus mehreren Problemen zusammen. Geben Sie einige dieser Probleme an.

2. Kann das Problem der Komplexität der Informationen bei stationärer Umwelt auch heute eine Rolle spielen?

3. Wieso ist das Problem der Informationsverarbeitung durch eine zentrale Planungsstelle schwerer bei sich wandelnder als bei stationärer Umwelt zu lösen?

4. Wie kommt es, daß bei rationaler Planung die Aufnahmekapazität der Planungsstelle größer sein muß als ihre Abgabekapazität für Informationen?

---

[6] Zum Begriff des „moralischen Risikos" oder „moral hazard" vgl. z. B. C. Seidl, „Moral Hazard: Die individuelle Maximierung des Erwartungsnutzens als Quelle von Wohlfahrtsminderungen", Zeitschrift für Nationalökonomie 32 (1972), S. 425–448.

5. Gibt es Informationen, die gar nicht oder nur lückenhaft übermittelt werden können? Nennen Sie Beispiele.

6. Welche Probleme können sich bei der Übermittlung neu entdeckter Informationen (z. B. über neue Güter) an die zentrale Planungsstelle ergeben?

7. Werden die Haushalte immer motiviert sein, korrekte Informationen an die Planungsstelle zu leiten?

8. Beantworten Sie die folgenden Fragen für das in Abschnitt 5.1.2 behandelte adaptiv-dynamische Planungssystem:

a) Berechnen Sie die Werte der in Tabelle 5.2 angegebenen Variablen für $t=31$. Gehen Sie dabei von den für $t=30$ in der Tabelle enthaltenen Ausgangswerten aus und benutzen Sie die Gleichungen in Abschnitt 5.1.2.4. Diskutieren Sie die in der Modellstruktur begründeten Ursachen dafür, daß keine Änderung der Intensitäten der Produktion gegenüber Periode 30 geplant wird.

b) Berechnen Sie für die in Tabelle 5.1 gegebene Technologie und eine verfügbare Arbeitsmenge von $s=10{,}1$ die Menge der effizienten (A_1, A_2)-Güterbündel in Form einer gesamtwirtschaftlichen Transformationsfunktion $A_2 = f(A_1)$. (Hinweis: Setzen Sie in dem durch (5.2) bis (5.4) sowie (5.8) gegebenen Gleichungssystem $A_3 = 0$ und eliminieren Sie schrittweise die Variablen X_3, X_1 und X_2.)

c) Ist das im „Quasi-Gleichgewicht" des adaptiv-dynamischen Systems hergestellte Güterbündel ($A_1 = 2{,}9$; $A_2 = 2{,}1$) nach Ihren Ergebnissen aus Teil b) wenigstens approximativ effizient? Vergleichen Sie das zugehörige Preisverhältnis $p_1/p_2 = 7/4{,}2$ mit der Grenzrate der Transformation, die sich aus Ihrer Lösung zu b) ergibt!

d) Wie müßte man grundsätzlich vorgehen, wenn man die im dynamischen System beobachtete Fehlallokation durch Elemente einer Wertrechnung korrigieren wollte?

9. Überlegen Sie, ob und inwieweit das Fehlen von Termin- und Versicherungsmärkten

a) auf unvermeidliche Informationsprobleme und Risiken zurückgeht, die allen Wirtschaftssystemen gemeinsam sind;

b) auf spezifischen, nur der Marktwirtschaft eigenen Problemen beruht.

Denken Sie dabei erstens an Informationen, die in keinem Wirtschaftssystem vermittelt werden können; zweitens an Informationen, die irgendwo in der Wirtschaft bekannt sind, aber wegen der Dezentralisierung möglicherweise nicht übermittelt werden; und drittens an die Tatsache, daß Märkte wenigstens teilweise den Charakter öffentlicher Güter aufweisen.

5.4 Literatur

Für die Informationsprobleme der Zentralgeleiteten Verwaltungswirtschaft empfiehlt es sich zur Vertiefung, zunächst die grundlegenden früheren Arbeiten zu lesen:

L. v. MISES, Die Gemeinwirtschaft, Jena, 1922.
F. A. v. HAYEK, Collectivist Economic Planning, London 1935.
F. A. v. HAYEK, „The Use of Knowledge in Society", American Economic Review, 35(4), 1945, S. 519–530.
A.P. LERNER, „Statics and Dynamics in Socialist Economies", Economic Journal, 47, 1937, S. 263–267.

An späterer Literatur kann ebenfalls nur eine Auswahl erwähnt werden:

W. CHAREMZA and M. GRONICKI, Plans and Disequilibria in Centrally Planned Economies: Empirical Investigation for Poland, Amsterdam/New York, 1988.
E. FURUBOTN und S. PEJOVICH, „The Soviet Manager and Innovation. A Behavioral Model of the Soviet Firm", Revue de l'Est 3, 1972, S. 29–45.
J.P. HARDT, and C.P. MCMILLAN (Hrsg.), Planned Economies: Confronting the Challenges of the 1980s, Cambridge/New York, 1988.
P. JONAS, Essays on the Structure and Reform of Centrally Planned Economic Systems, Social Sciences Monographs, Boulder (Col.) and Columbia University Press, New York, 1990.
O. LANGE, „The Computer and the Market", in A. NOVE und D.M. NUTI (Hrsg.), Socialist Economics, Harmondsworth (Middlesex), Penguin Books, 1972, S. 158–161.
P. MURREL, „Did the Theory of Market Socialism Answer the Challenges of Ludwig von Mises?" History of Political Economy 15(1), 1983, S. 95–105.
S. PEJOVICH (Hrsg.), Socialism: Institutional, Philosophical and Economic Issues, Dordrecht/Boston/Lancaster, 1987.
A. SCHÜLLER (Hrsg.), Property Rights und Ökonomische Theorie, München, 1983.
K.A. VAUGHN, „Economic Calculation Contribution", Economic Inquiry 18(4), 1980, S. 535–554.
H.-J. WAGENER, „The Economics of Socialism As Economics of Shortage. A Critical Review", De Economist 130(4), 1982, S. 514–535.

Verschiedene der oben angegebenen Arbeiten sind auch für Kapitel 6 bedeutsam, werden aber dort nicht nochmals angeführt.

Für die Probleme des dynamischen Verhaltens von Wirtschaftssystemen, der Informationsgewinnung und -verarbeitung sowie der Unsicherheit in diesen Systemen konnten noch keine befriedigenden Antworten gefunden werden. Einen kritischen Überblick über den damaligen Stand der Diskussion speziell für die Marktwirtschaft gibt:

F.H. HAHN, „Some Adjustment Problems", Econometrica 38 (1970), S. 2–17.

Einen evolutorischen Ansatz zur Erklärung der Dynamik von Marktprozessen wählt

U. WITT, Marktprozesse. Neoklassische versus evolutorische Theorie der Preis- und Mengendynamik, Königstein 1980.

Die dynamischen Probleme auch der Planwirtschaft werden ebenso wie Informationsaspekte eingehender erörtert von

THOMAS MARSHAK, „Centralization and Decentralization in Economic Organizations", Econometrica 27 (1959), S. 399–430.

Weiter seien zu diesem Thema erwähnt:

E. MALINVAUD, „Decentralized Procedures for Planning", in: E. Malinvaud und M.O.L. Bacharach (Hrsg.), Activity Analysis in the Theory of Growth and Planning, New York 1967,
LEONID HURWICZ, „Centralization and Decentralization in Economic Systems. On the Concept and Possibility of Informational Decentralization", American Economic Review 59 (1969), Papers and Proceedings, S. 513–524.
THOMAS MARSHAK, „On the Comparision of Centralized and Dezentralized Economies", American Economic Review 59 (1969), Papers and Proceedings, S. 525–532.
G.M. HEAL, „Planning without Prices", Review of Economic Studies 36 (1969), S. 347–362.

In den 60er und 70er Jahren wurden verschiedene, darunter auch adaptivdynamische Modelle entwickelt, die das Problem einer befriedigenden oder gar optimalen Güterversorgung bei unvollständiger Information einer Lösung näherbringen sollen. Das in Abschnitt 5.1.2 dargestellte System ist durch

M. MANOVE, „A Model of Soviet-Type Economic Planning", American Economic Review 61 (1971), S. 390–406

beeinflußt worden. Manove nimmt die Konsumgüternachfrage jedoch als gegeben hin und benutzt daher auch keine Konsumgüterpreise. Zur Weiterführung dieser Problematik dienen

G.M. HEAL, The Theory of Economic Planning, Amsterdam/London/New York 1973, ibs. Kap. 3–9,
C. SEIDL, Theorie, Modelle und Methoden der zentralen Planwirtschaft, Berlin 1971,
M. WEITZMAN, „Iterative Multilevel Planning with Production Targets", Econometrica 38 (1970), S. 50–65.

Grundlegend für das Verständnis von Informationsproblemen in der Marktwirtschaft ist

K.J. ARROW, The Limits of Organization, New York 1974.

Das Problem der unvollständigen Koordination der Pläne der Wirtschaftssubjekte hat zu einer umfangreichen Literatur über das Verhalten in Ungleichgewichtssituationen geführt, die einer „Mikrofundierung" der Makrotheorie dient. Hierzu ist zu empfehlen

E.R. WEINTRAUB, „The Microfoundations of Macroeconomics: A Critical Survey", Journal of Economic Literature 15 (1977), S. 1–23.

Eine gute und verständliche Einführung in die Theorie der Konditionalmärkte findet sich bei

J. MEADE, The Theory of Indicative Planning, Manchester 1970.

Die Probleme, die mit Risiko und Unsicherheit zusammenhängen, werden von Arrow in verschiedenen Aufsätzen behandelt, die zusammengefaßt sind in

K.J. ARROW, Essays in the Theory of Risk-Bearing, Amsterdam/London 1971.

Zu dieser Thematik vgl. auch

R. RADNER, „Problems in the Theory of Markets under Uncertainty", American Economic Review 60 (1970), Papers and Proceedings, S. 454–460,
J. HIRSHLEIFER und J.G. RILEY, „The Analytics of Uncertainty and Information", Journal of Economic Literature 17 (1979), S. 1375–1421.

Kapitel 6

Probleme der Motivation in der Zentralgeleiteten Verwaltungswirtschaft

Im letzten Kapitel wurden die Informationsprobleme bei zentraler Planung der Wirtschaft erörtert. Es zeigte sich, daß diese Probleme vermutlich unlösbar sind und daher eine optimale Planung unmöglich ist. Zwar wurde (Abschnitt 5.1.3) gezeigt, daß bei Verwendung eines informationssparenden adaptiv-dynamischen Planungssystems ein positiveres Ergebnis möglich scheint, doch blieben bei dieser Analyse dauerhafte Kapitalgüter und Investitionen unberücksichtigt. Zudem wurde von einer stationären Umwelt des Systems in dem Sinne ausgegangen, daß die Bevölkerung, die Produktionstechnik und die Wünsche der Verbraucher wie auch die Art und Zahl der Güter unverändert bleibt. Die Berücksichtigung dieser zusätzlichen Faktoren muß Zweifel an der Lösung der Informationsprobleme mit Hilfe eines adaptiv-dynamischen Planungssystems aufkommen lassen, wenn man sich an die in den Abschnitt 5.1.1 und 5.1.2 erörterten Probleme erinnert.

Schließlich haben wir unterstellt, daß die einzelnen Betriebe die Planungsgrößen bestmöglich, d.h. mit dem geringstmöglichen Verbrauch an Produktionsmitteln zu verwirklichen suchen und daß zentrale Planungsstelle, Arbeitsamt und Ministerium für Konsumgüterversorgung eine möglichst gute Versorgung mit Arbeitskräften und Konsumgütern anstreben. Wir haben also implizit angenommen, daß eine hinreichende Motivation der in Betrieben und Behörden Tätigen besteht, im Sinne der ihnen vorgeschriebenen Ziele tätig zu werden.

Selbst wenn man vermutet, daß es adaptive Systeme gibt, die die Probleme einer sich ändernden Umwelt und der zukunftsorientierten Investitionen befriedigend lösen können, so gilt das sicherlich nicht für Systeme, die wie das betrachtete Modell die Motivation der Beteiligten nicht genügend berücksichtigen. Es ist daher notwendig zu prüfen, ob und wie eine Motivierung der in Betrieben und Behörden Beschäftigten erreicht werden kann, die sie zu einer Verwirklichung der zentral vorgegebenen Ziele anspornt.

Es dürfte zweckmäßig sein, dieses ebenso wie die anderen gerade genannten Probleme nicht länger im Rahmen des zuvor skizzierten adaptiven Systems, sondern unter einem allgemeineren Gesichtspunkt zu erörtern. Dies dient auch der Beantwortung der Frage, welche Konsequenzen sich für eine

Zentralgeleitete Verwaltungswirtschaft ergeben, wenn es entweder kein befriedigendes adaptives System zur Lösung des Problems der Güterversorgung gibt, oder wenn dieses aus politischen oder sonstigen Gründen nicht verwendet werden kann. Ferner ist zu bedenken, daß bei der (in Kap. 5 nicht erörterten) Einbeziehung von Investitionen in die Planung mit erheblich größeren Informationserfordernissen zu rechnen ist, da für mehrere statt nur für eine Periode geplant werden muß.

Nun gehören die Probleme der Motivation, der Investitionsplanung und der Anpassung an eine sich ändernde Umwelt möglicherweise zu den Hindernissen, die sich der Verwirklichung eines dynamisch stabilen adaptiven Systems in den Weg stellen. Es scheint daher zweckmäßig zu sein, sie zusammen mit anderen Faktoren zu behandeln, die einer vernünftigen Lösung des Problems der Güterversorgung in einer Zentralgeleiteten Verwaltungswirtschaft entgegenstehen. Dabei dürfte es sinnvoll sein, zunächst von den oben beschriebenen zusätzlichen Problemen für ein adaptives, dynamisches System auszugehen, und anschließend ideologische, politische und andere Gründe für pathologische Erscheinungen der Zentralgeleiteten Verwaltungswirtschaft zu besprechen.

6.1 Die Frage der Motivation und ihre Bedeutung für Güterproduktion und Investitionen

In dem in Abschnitt 5.1.2 erörterten adaptiven Modell waren wir davon ausgegangen, daß die einzelnen Betriebe, wenn es die Zulieferung von Produktionsmitteln erlaubt, genau die geplanten Produktionsmengen herstellen. Selbst in dem betrachteten Zahlenbeispiel hat sich jedoch gezeigt, daß die Betriebe damit rechnen müssen, die vorgegebenen Produktionspläne unter bestimmten Bedingungen nicht erfüllen zu können (vgl. Tabelle 5.2). Diese Feststellung wird nun jedoch erst recht für eine Wirtschaft gelten, in der die einzelnen Betriebe eine viel größere Anzahl von Produktionsmittel benötigen und gleichzeitig mehrere oder viele Güter oder Gütergruppen herstellen.

6.1.1 Informationsverhalten und Reaktionen der Betriebe bei zentraler Mengenplanung

Angesichts dieser Sachlage ergibt sich die Frage, wie sich die Betriebsleitungen verhalten, wenn sie wissen, daß sie trotz aller Gewissenhaftigkeit die Planziele nicht immer erfüllen können. Die Antwort auf diese Frage hängt offenbar weitgehend davon ab, wie die Planungsstelle oder die ihr übergeordneten politischen Machthaber reagieren, wenn ein Betrieb die Planziele nicht erfüllt hat. Hier ist es nun bemerkenswert, daß sich die Mitglieder der zentralen Planungsstelle ebenfalls in einem Dilemma befinden. Wegen der Informationsschwierigkeiten kennen sie ja die technischen Produktionskoeffizienten gar nicht oder haben höchstens eine vage Vorstellung davon. Auch wissen sie nicht, ob die Nichterfüllung der Produktionsziele durch bestimmte Betriebe auf Umstände zurückzuführen ist, die die Betriebe oder ihre Leiter zu verantworten haben. Die Planungsstelle kann z. B. keinesfalls beurteilen, ob eine unzureichende Produktion auf einen Mangel an Produktionsmitteln, auf schlechte Arbeitsqualität und auf Faulheit oder auf Fehler der Betriebsleitung zurückzuführen ist. Daraus folgt aber, daß die Planungsstelle selbst nicht weiß, ob die Abweichungen von den Planzielen durch einen Entzug von Belohnungen oder durch Strafen oder durch eine Korrektur ihrer eigenen fehlerhaften Planung zu korrigieren sind.

In dieser Lage kann und wird sie natürlich versuchen, zusätzliche Informationen über die Leistung der betreffenden Betriebe zu erhalten, doch ergeben sich auch bei diesem Versuch größere Schwierigkeiten. Nicht zum Betrieb gehörige Informanten können sich ebenfalls kein zutreffendes Bild über die dort herrschenden Produktionsbedingungen machen. Betriebsangehörige aber werden meist aus einer gewissen Solidarität oder Voreingenommenheit gegenüber Kollegen und dem Betrieb handeln, so daß ihr Urteil nicht ungefärbt sein wird. Hinzu kommt, daß nicht jeder Betriebsangehörige die zur Beurteilung notwendigen Kenntnisse besitzt. Schließlich darf nicht vergessen werden, daß die Beschaffung zusätzlicher Informationen mit Kosten verbunden ist und daher häufig nicht sinnvoll erscheint.

Geht man nun von der plausiblen Annahme aus, daß sich die zentrale Planungsstelle, abgesehen von ausgesprochenen Mißständen, kein zutreffendes Bild von den Ursachen einer mangelhaften Planerfüllung machen kann, so wird ihre Reaktion notwendigerweise in gewissem Maße willkürlich sein. Weder kann die Planungsstelle es sich leisten, in jedem Fall, in dem die Planziele nicht erreicht werden, Strafen zu verhängen, noch ist es ihr möglich, immer auf Strafen zu verzichten. Aber selbst wenn nur hier und da Strafen verhängt und Belohnungen entzogen werden, bleibt es nicht aus, daß in bestimmten Fällen Unschuldige getroffen werden und in anderen Fällen Schuldige ungestraft davonkommen.

Daher liegt es nahe, daß die zentrale Planungsstelle bzw. die Staatsleitung Belohnungen und Strafen so abzustufen sucht, daß sie bei ihrer Reaktion auf nicht erreichte Planziele keine zu großen Fehler begeht. Zu diesem Zweck bietet sich etwa folgendes System an. Bei Erreichen des Planzieles erhalten die Betriebsangehörigen und besonders die Manager der in Staatseigentum stehenden Betriebe einen gewissen Zuschlag zu ihren Grundgehältern. Dieser Zuschlag erhöht sich, wenn mehr produziert wird, als im Plan vorgesehen war, mit dem Ausmaß der zusätzlich erzeugten Gütermenge. Er entfällt dagegen, wenn der Plan nicht erfüllt wurde. Sind erhebliche Unterschreitungen des Solls festzustellen, so müssen die Manager mit Degradierung oder Versetzung rechnen. Bei großen und sehr großen Unterschreitungen der Zielgrößen drohen den Managern möglicherweise sogar Strafen,[1] falls sie nicht gegenüber den Behörden ihre Unschuld nachweisen können.

Wie reagieren nun die Manager auf diese Verhaltensregeln der zentralen Planungsstelle? Bei der Beantwortung dieser Frage ist zu berücksichtigen, daß selbst bei gewissenhafter Betriebsleitung die Planziele nicht immer verwirklicht werden können. Ferner ist festzustellen, daß sich die geplanten Produktionsmengen am ehesten verwirklichen oder gar übererfüllen lassen, wenn die Plangrößen nicht zu hoch liegen und die Versorgung mit Produktionsmitteln reichlich ist. Da nun die zentrale Planungsstelle die technischen Produktionskoeffizienten nicht kennt, werden die Betriebsleitungen zunächst einmal größere Produktionsmittelmengen anfordern, als sie für die vorgeschriebenen Planziele benötigen. Denn soweit ihnen diese Produktionsmittel geliefert werden, haben die Betriebe die Gewähr, auch in ungünstigen Fällen die Plangrößen erreichen oder gar überschreiten zu können, um auf diese Weise die Prämien zu erhalten. Daneben erlaubt ein solches Vorgehen gewissermaßen eine etwas gemächlichere, wenn auch technisch ineffiziente Produktion, die allen Betriebsangehörigen bei Planerfüllung ein angenehmes Leben ermöglicht. Dadurch erfreuen sich die Manager größerer Beliebtheit, was wieder eine Weitergabe negativer Informationen nach außen unwahrscheinlich macht.

Zweitens sind die Betriebe aufgrund des beschriebenen Problems an größeren Lagerbeständen von Produktionsmitteln interessiert. Denn sollten die angeforderten Mengen einmal nicht in der für die Verwirklichung der Planung benötigten Menge geliefert werden, so können bei hinreichenden Lagerbeständen trotzdem die Planziele verwirklicht werden.

Die von der zentralen Planungsstelle für eine Übererfüllung gewährte Belohnung läßt zunächst vermuten, daß die Betriebe an einer möglichst hohen Gütererzeugung interessiert sind. So allgemein dürfte das jedoch nicht zutreffen, da die Planziele der kommenden Periode – wie in unseren Modellen – jedenfalls nach den tatsächlichen Ergebnissen der Vorperiode festgelegt werden. Je mehr also die in einer Periode erzeugten Mengen die Plangrößen übersteigen, desto höher wird die zentrale Planungsstelle die Zielwerte für die folgende Periode setzen. Daraus folgt aber, daß die Manager regelmäßig bestrebt sein werden, die geplanten Werte ein wenig, aber keineswegs zu stark zu übertreffen.

Gehen die Produktionsergebnisse über die vom Plan vorgesehenen Mengen hinaus, so werden die Betriebe in vielen Fällen eine zwar über die Planziele

---

[1] So war es bereits vor dem 2. Weltkrieg in Deutschland während der nationalsozialistischen Herrschaft, in der man mehr und mehr zu einer Planwirtschaft mit Privateigentum überging, den deutschen Unternehmen bei Androhung von Geld- und Gefängnisstrafen untersagt, Arbeiter durch höhere Löhne und günstigere Arbeitsbedingungen von ihrem bisherigen Arbeitsplatz abzuwerben. Die Unternehmer waren also vielfach nicht in der Lage, sich die benötigten Produktionsmittel zu beschaffen. Vgl. C. Bresciani-Turroni, Einführung in die Wirtschaftspolitik, Bern 1948, S. 139.

hinausgehende, aber unter dem tatsächlichen Ergebnis liegende Produktionsmenge melden. Denn da mit der Möglichkeit gerechnet werden muß, daß die angeforderten Produktionsmittelmengen von der Planungsstelle nicht voll gewährt oder von den vorgelagerten Betrieben nicht in dem gewünschten Maße geliefert werden, weil diese die geplanten Mengen nicht produzieren können, hat jeder nachfragende Betrieb alles Interesse, sich eine bevorzugte Belieferung mit Produktionsmitteln zu sichern, um sein Produktionssoll erfüllen zu können. Die Manager werden daher bemüht sein, einen Teil ihrer eigenen Produktion, der über das vorgesehene Soll hinausgeht, auf dem Weg des Tausches zum Erwerb von Produktionsmitteln zu verwenden.

Benötigen etwa die Lieferanten die von dem betrachteten Betrieb erzeugten Güter, so bietet sich ein direkter Austausch der Produkte an. Trifft das dagegen, wie häufig zu erwarten ist, nicht zu, so sieht vielleicht der Lieferant eine Möglichkeit, die vom Abnehmer erzeugten Güter seinerseits für von ihm selbst benötigte Produktionsmittel einzutauschen. Insgesamt gesehen kann also erwartet werden, daß ein Tauschhandel zwischen verschiedenen Betrieben entsteht, der der Sicherung einer ausreichenden Menge von Produktionsmitteln und damit schließlich der Planerfüllung dient. Die für den Tauschhandel benötigten Gütermengen stammen aus der Übererfüllung des Plans und werden vor der zentralen Planungsstelle geheimgehalten.

Da die beschriebenen Transaktionen die Aufstellung und Realisierung eines optimalen Plans behindern, sind sie illegal und stehen daher unter Strafe. Die Betriebsleiter befinden sich jedoch in einem Dilemma. Führen sie keinen Tauschhandel durch und halten sie keine großen Lagerbestände von Gütern, die sie als Produktionsmittel oder zum Eintausch von Produktionsmittel benötigen, so laufen sie Gefahr, die Planziele nicht zu verwirklichen, was ebenfalls mit erheblichen Nachteilen für sie verbunden sein kann. Es wird daher von der relativen Härte der Strafen für illegalen Tauschhandel und für die Nichterfüllung des Plans abhängen, ob und in welchem Ausmaß die Betriebe versuchen werden, einen Teil ihres Produktionsergebnisses nicht zu melden und dafür Produktionsmittel zu erwerben.

Ein schwieriges Problem der Planwirtschaft ergibt sich auch bezüglich der Zusammensetzung der von den einzelnen Betrieben erzeugten Güter. Eine Schuhfabrik produziert ja nicht nur eine einzige Art Schuhe, sondern Schuhe verschiedener Art, Qualität und Größe. Entsprechend produziert eine Nagelfabrik ein ganzes Sortiment von Nägeln verschiedener Länge und Stärke. Nun ist es aber wegen der Fülle der andernfalls benötigten Informationen ausgeschlossen, daß die zentrale Planungsstelle vorschreibt, wieviel Schuhe oder Nägel jeder einzelnen Art hergestellt werden sollen. Trifft das aber zu, so müssen die den einzelnen Betrieben vorgegebenen Plangrößen vage bezüglich der Qualitäten, der herzustellenden Arten und der mengenmäßigen Zusammensetzung der einzelnen Gütergruppen sein. Diese Tatsache aber gibt dem Management einen weiten Entscheidungsspielraum, die Zielgrößen zu deuten. Verlangt der Plan z. B. 1.000.000 Nägel, so kann der Plan am leichtesten erfüllt werden, wenn der Betrieb nur eine Art oder, wenn nicht anders möglich, eine geringe Anzahl von Arten relativ kleiner Nägel herstellt. Auf diese Weise wird Stahl gespart und sind seltener arbeitsaufwendige Umstellungsarbeiten notwendig. Ist das Planziel dagegen in Gewichtseinheiten festgelegt, so mag es sinnvoll sein, eine möglichst geringe Zahl von Arten großer, schwerer Nägel zu produzieren. Dabei brauchen die Betriebsleitungen keine Rücksicht darauf zu nehmen, ob die hergestellten Produkte abgesetzt werden können oder nicht, solange ihre eigene Leistung nur am Ausmaß der Planerfüllung gemessen wird.

Ein weiteres Problem ergibt sich aus dem Investitionsverhalten der Betriebe. Es ist naheliegend, daß die Investitionen von den Managern der Betriebe ganz unter dem Gesichtspunkt der Planerfüllung gesehen werden. Künftige Planziele können am besten verwirklicht werden, wenn eine möglichst große Reserve an Gebäuden, Anlagen und Maschinen vorhanden ist. Die Betriebsleitungen werden daher bestrebt sein, sich möglichst große Investitionsvorhaben zur Erweiterung der bestehenden Anlagen genehmigen zu lassen. Diese Tendenz wird verstärkt durch das verständliche Bestreben, sich von Produktionsmittellieferungen anderer Betriebe so weit wie möglich unabhängig zu machen. Denn eine Verwirklichung der Planziele kann künftig leichter sichergestellt werden, wenn alle benötigten Produktionsmittel (außer der Arbeit) so weit wie möglich von dem betreffenden Betrieb selbst hergestellt werden. Das Management wird daher bei den Investitionen nicht nur eine Erweiterung der Anlagen zur Herstellung der bisher produzierten Güter, sondern auch Kapazitäten zur Erzeugung wichtiger benötigter Produktionsmittel anstreben. Wie weit allerdings die zentrale Planungsstelle für diese Absichten Lieferungen von Investitionsgütern einplant, hängt vom Grade ihrer Information und von den Gesamtanforderungen ab. Andererseits kann nicht ausgeschlossen werden, daß die Betriebe sich auf dem Wege des Tauschhandels auch Investitionsgüter zu beschaffen suchen.

6.1.2 Das Verhalten der regionalen Behörden und der Industrieministerien bei zentraler Mengenplanung

In der Realität sind die einzelnen Betriebe nun nicht direkt einer zentralen Planungsstelle oder einem leitenden Ministerrat unterstellt. Vielmehr gibt es verschiedene zwischengeschaltete Institutionen auf regionaler oder funktionaler Basis, die ebenfalls die Tätigkeit der einzelnen Betriebe in gewissem Ausmaß überwachen und koordinieren sollen. Hier ist insbesondere an regionale Planungs- und Vollzugsbehörden und an Industrieministerien zu denken, in denen die verschiedenen Betriebe eines Gebietes oder einer Branche zusammengefaßt sind. Man wird vielleicht zunächst vermuten, daß diese zwischengeschalteten Behörden wegen ihrer besseren Kenntnis der Betriebe verschiedene der beschriebenen systemimmanenten Nachteile korrigieren können. Das ist jedoch aus den folgenden Gründen zweifelhaft.

Einmal dürften auch die regionalen Behörden oder Industrieministerien nur sehr unzulänglich über die Lage der einzelnen Betriebe und insbesondere über ihre Produktionstechnik informiert sein. Zweitens wird es keineswegs immer im Interesse dieser Behörden liegen, der zentralen Planungsstelle die aufgetretenen Mängel mitzuteilen, selbst wenn sie sich bei den entsprechenden Betrieben um Verbesserungen bemühen. Denn bei einer hierarchischen Organisation sind die Industrieministerien selbst gegenüber der Planungsstelle oder dem Ministerrat für die Planerfüllung im Bereich ihrer Industrie verantwortlich. Das aber hat zur Folge, daß die Bürokraten der Industrieministerien und ähnlich die der regionalen Behörden – wie die Betriebe an nicht zu hohen Planzielen für ihren Bereich interessiert sind. Die Behörden haben also zumindest nach außen keinen starken Ansporn, die Kapazitätsschätzungen der Betriebe nach oben zu korrigieren. Da ferner ein Tauschhandel zur Erlangung der benötigten Produktionsmittel die Planerfüllung häufig erst ermöglicht oder erleichtert, sind die Industrieministerien ebenfalls nicht an einer Aufdeckung dieser illegalen Transaktionen interessiert.

Schließlich dürften Industrieministerien und regionale Behörden sehr stark daran interessiert sein, Investitionen durchzuführen, die nicht nur die vorhandenen Kapazitäten erweitern, sondern ihren Bereich von Produktionsmittellieferungen aus anderen Bereichen weitgehend unabhängig machen. Dadurch ergibt sich allerdings ein gewisser Konflikt mit den bestehenden Betrieben, die an einer Erweiterung ihrer eigenen Kapazitäten interessiert sind, während Industrieministerien und regionale Behörden dieses Ziel außer durch die Erweiterung bereits bestehender Betriebe auch durch die Schaffung neuer Werke verwirklichen können.

6.1.3 Reaktionen der zentralen Planungsstelle auf das Verhalten der Betriebe, regionalen Behörden und Industrieministerien

Wie reagiert nun die zentrale Planungsstelle auf das beschriebene Verhalten der Betriebe, der regionalen Behörden und der Industrieministerien? Bei der Beantwortung dieser Frage wollen wir von der Annahme ausgehen, daß die Planungsstelle selbst alle wesentlichen Planungsentscheidungen trifft und nicht nur Pläne ausarbeitet, die dann einem Ministerrat, Politbüro oder Parlament zur Entscheidung vorgelegt werden müssen. Ebenso soll vorausgesetzt werden, daß die zentrale Planungsstelle eine unzulängliche Planerfüllung mit Strafen ahnden und eine Erfüllung oder Überschreitung des Solls belohnen kann. Es läßt sich nun feststellen, daß die Planungsstelle trotz der angenommenen Machtfülle nur verhältnismäßig wenig zur Verhinderung der geschilderten Erscheinungen zu tun vermag. Zwar besteht die Möglichkeit, wissentlich falsche Angaben über Produktionsergebnisse von seiten der Betriebe, der regionalen Behörden oder der Industrieministerien ebenso wie festgestellte Fälle des Tauschhandels mit harten Strafen zu belegen. Jedoch sollte man die Auswirkung bezüglich der Korrektheit der Informationen nicht überschätzen. Denn an Fehlinformationen sind ja gerade diejenigen Betriebe interessiert, die das Plansoll übererfüllt haben, während eine unzulängliche Verwirklichung der Planziele ohnehin kaum verheimlicht werden kann. Nun ist es aber sicherlich schwierig, falsche Informationen von Betrieben nachzuweisen und zu bestrafen, die die Planziele erfüllt oder übererfüllt haben, zumal da die Betriebsangehörigen, die regionalen Behörden und die Industrieministerien gerade unter diesen Bedingungen keinerlei Interesse daran haben, die entsprechenden Betriebe durch die Aufdeckung fehlerhafter Informationen bei der zentralen Planungsstelle zu diskreditieren.

Aber selbst wenn man annimmt, daß die harten Strafen der Planungsstelle einen großen Teil der Fehlinformationen und des Tauschhandels unterbinden, so ist damit nur ein zweifelhafter Erfolg erreicht worden. In diesem Fall müssen ja die Betriebe häufiger mit der Möglichkeit rechnen, die Planziele nicht verwirklichen zu können. Denn stärkere Überschreitungen des Plansolls, die wahrheitsgemäß der zentralen Planungsstelle berichtet werden, führen in der nächsten Periode zu einer erheblichen Erhöhung der Plangrößen, während gleichzeitig eine Sicherung der benötigten Produktionsmittel durch den Tauschhandel erschwert oder verhindert wird. Angesichts dieser Sachlage bleibt den Managern, die einem Entzug von Belohnung oder gar Strafen entgehen wollen, gar nichts anderes übrig, als die Produktion verhältnismäßig niedrig zu halten, also die Planziele gar nicht oder nur sehr wenig zu überschreiten. Die Verschärfung der Strafen führt also nur zu einer Einschränkung der tatsächlichen Erzeugung. Natürlich kann die zentrale Planungsstelle dieser Entwicklung durch die Festsetzung höherer Planziele entgegenzutreten suchen. Da sie jedoch nicht weiß, welche Kapazitätsreserven bei den einzelnen Betrieben vorhanden sind, tappt sie dabei völlig im Dunkeln. Die Folge sind einmal zu hohe und einmal zu niedrige Ansätze, was möglicherweise ebenfalls zu Willkür bei Belohnungen und Strafen führen kann. Auf diese Weise wird eine effiziente Produktion kaum erreicht werden.

Wir haben gesehen, daß sowohl bei den Betrieben als auch bei den regionalen Behörden und den Industrieministerien ein starker Anreiz zu übermäßigen Investitionsanforderungen besteht. Dieses Vorgehen der Betriebe und Behörden beraubt jedoch die zentrale Planungsstelle wesentlicher Informationen über die tatsächlichen Investitionsbedürfnisse. Sie muß daher die Investitionen auf das mögliche Maß beschränken und Investitionsschwerpunkte festlegen, obwohl ihr wesentliche Kenntnisse für diese Aufgabe fehlen.

Besteht wenigstens ein Markt für Konsumgüter, auf dem wie in dem Modell aus Abschnitt 5.1.2 die Preise entsprechend des vorhandenen Nachfrage- oder Angebotsüberhangs festgelegt werden, so geben diese der zentralen Planungsstelle immerhin einen gewissen Hinweis bezüglich der Richtung, in der die Investitionen erfolgen sollten. Diese Informationen sind jedoch keineswegs ausreichend, da sie keinen Aufschluß darüber geben, welche Produktionstechniken in den auszudehnenden Konsumgüterindustrien effizient sind und welche Mengen an Produktionsmitteln zur Herstellung der zusätzlich gewünschten Konsumgüter tatsächlich benötigt werden. Es ist also fast ausgeschlossen, einigermaßen sinnvoll festzulegen, welche Investitionen in den den Konsumgüterindustrien vorgelagerten Industrien vorgenommen werden sollen. Aber selbst in den zu erweiternden Konsumgüterindustrien ist die Wahrscheinlichkeit von Fehlinvestitionen groß, da, wie wir gesehen haben, diese eine übermäßige Ausdehnung ihrer Kapazität und eine möglichst weitgehende Unabhängigkeit von Produktionsmittellieferungen anstreben.

6.1.4 Das Verhalten der zentralen Planungsstelle als untergeordneter Behörde

Abschließend ist der Fall zu erörtern, in dem die zentrale Planungsstelle eine mehr beratende Organisation ist, während alle wichtigen Entscheidungen in einem Ministerrat, einem Politbüro, von einem Diktator oder von einem Parlament getroffen werden. Auch in diesem Fall kann davon ausgegangen werden, daß die Mitglieder der zentralen Planungsstelle an einer Verwirklichung der von ihnen als realisierbar vorgeschlagenen Zielgrößen interessiert sind. Sollten sich nämlich die Pläne der Planungsstelle als mehr oder minder verfehlt erweisen, so ist damit zu rechnen, daß zumindest die Leiter dieser Behörde von den entscheidenden politischen Stellen zur Rechenschaft gezogen werden. Je nach dem Ausmaß ihres „Versagens" müssen sie mit einer Verminderung der Aufstiegschancen, mit einem Verlust ihrer Stellungen oder möglicherweise sogar mit härteren Strafen rechnen. Die Planer werden daher unter diesen Bedingungen bedacht sein, ihre Planziele so festzulegen, daß sie von der weitaus größten Zahl der Betriebe ohne Schwierigkeiten erfüllt werden können. Das bedeutet aber nichts anderes, als daß sie die Plangrößen nicht zu stark gegenüber den von den Betrieben gemeldeten Produktionsergebnissen erhöhen werden. Außerdem hat die zentrale Planungsstelle allen Grund, Tauschgeschäfte zwischen den Betrieben und Fehlinformationen, die die erzeugte Produktionsmenge zu niedrig angeben, zu übersehen. Denn gerade die Tauschgeschäfte mit den verschwiegenen Produktionsmengen erlauben ja den Betrieben in vielen Fällen erst die Erfüllung der Pläne. Eine Grenze für diese Duldung von Mißbräuchen durch die zentrale Planungsstelle ergibt sich erst dann, wenn damit gerechnet werden muß, daß die politische Entscheidungsgewalt davon Kenntnis erhalten kann.

Nun ist aber die politische Entscheidungsinstanz in der Regel wesentlich schlechter über die Produktionsmöglichkeiten der einzelnen Industrien informiert als die zentrale Planungsstelle. Denn diese ist ja gerade geschaffen worden, um Informationen für eine sinnvolle Planung aufzunehmen und zu verarbeiten. Liegen also die wichtigsten Entscheidungen bei einer politischen Instanz statt bei der zentralen Planungsstelle, so muß damit gerechnet werden, daß die Kontrolle des Verhaltens der Betriebe, der regionalen Behörden und der Industrieministerien sich noch weniger auf ausreichende Kenntnisse stützt, als wenn die Planungsstelle selbst die Entscheidungen fällt. Aus diesem Grunde wird die politische Instanz versuchen, sich einen eigenen unabhängigen Kontroll- und Informationsapparat zu schaffen. So kann z. B. die Partei die Überwachungsfunktion übernehmen. Auch kann die Veröffentlichung von Leserbriefen in den Massenmedien, die sich mit in der Bevölkerung bekannt werdenden Mißständen beschäftigen, von den politischen Instanzen gefördert werden.

Es ist jedoch fraglich, wie weit die beschriebenen Methoden tatsächlich erfolgreich sind. Denn es muß damit gerechnet werden, daß lokale Parteimitglieder und Informanten aus der Bevölkerung häufig den Betrieben angehören und sich daher in gewissem Ausmaß mit ihnen identifizieren. Parteimitglieder und Angehörige der Mehrheit der Bevölkerung haben meist gar keine oder doch nur geringe Kenntnisse über den Gesamtzusammenhang der Planung, von den technischen Möglichkeiten und den in den Betrieben vorhandenen Produktionsmitteln. Ihre Informationen werden daher bestenfalls einseitig und höchstens zur Aufdeckung schwerwiegender und augenfälliger Mißstände brauchbar sein. Kontrollapparate der geschilderten Art werden also die Mängel der Zentralgeleiteten Verwaltungswirtschaft nicht beseitigen, sondern bestenfalls ein wenig begrenzen können.

6.2 Probleme des technischen Fortschritts und der Innovationen

Die Zentralgeleitete Verwaltungswirtschaft dürfte auch das Problem eines befriedigenden technischen Fortschritts und eines ausreichenden Innovationstempos kaum lösen können. Die Entwicklung und Durchsetzung radikal neuer Produktionsverfahren ist auch nach dem Urteil osteuropäischer Nationalökonomen in den Planwirtschaften des Ostblocks offenbar nur selten zuerst geglückt,[2] so daß man bisher häufig auf eine Nachahmung der Innovationen in den Ländern mit kapitalistischen Marktwirtschaften angewiesen war.

Man kann sich leicht vorstellen, auf welche Besonderheiten der Zentralgeleiteten Verwaltungswirtschaft diese Schwierigkeiten zurückzuführen sind. Wir wollen diese Gründe im folgenden diskutieren, wobei wir uns zunächst denjenigen Gesichtspunkten zuwenden, die mit der zentralen Planung der Produktion zusammenhängen, und anschließend die Gründe anführen, die auf die spezifische Eigentumsordnung in sozialistischen Wirtschaften zurück-

---

[2] Vgl. hierzu die Ausführungen des ungarischen Nationalökonomen J. Kornai, Anti-Equilibrium, Amsterdam und London 1971, S. 271–279.

gehen. Diese Überlegungen werden es uns gestatten, einen Vergleich der Zentralverwaltungswirtschaft sowohl mit der sozialistischen als auch mit der kapitalistischen Marktwirtschaft hinsichtlich der Innovationsfreudigkeit vorzunehmen.

6.2.1 Zentrale Planung und Innovation

Es ist offenbar sehr schwer, wenn nicht ausgeschlossen, die Einführung noch unbekannter Produktionsprozesse oder Güter zentral entsprechend dem potentiellen Bedarf quantitativ zu planen. Entsprechend können auch keine Lohnzuschläge für die Übererfüllung von Plänen und, was wichtiger ist, keine Produktionsmittel für die möglichen neuen Produktionsprozesse und Güter vorgesehen werden. Niemand weiß ja im voraus, wo solche neuen Prozesse und Güter erfunden und ausprobiert werden könnten und welche und wieviele Produktionsmittel benötigt werden.

Diese Tatsache aber hat verschiedene negative Auswirkungen. In den einzelnen Betrieben ist einmal der Anreiz gering, radikal neue Produktionsverfahren oder Güter zu entwickeln, da dafür knappe Produktionsmittel benötigt werden, die folglich nicht für die Planerfüllung bei den bekannten Produkten zur Verfügung stehen. Das bedeutet aber, daß nur solche neuen Entwicklungen gefördert werden, die möglichst bald zu einer größeren Produktion traditioneller Güter in den betreffenden Betrieben führen können.

Die Betriebe sind also in erster Linie an Verbesserungen geringeren Ausmaßes interessiert. Tatsächlich besteht auf diesem Gebiet sogar nach unseren früheren Überlegungen ein nicht unerheblicher Druck zu Verbesserungen der Produktionstechnik. Wie gezeigt wurde, liegt es im Interesse der Manager, die vorgeschriebenen Produktionsziele bezüglich des an die Planungsstelle gemeldeten Produktionsergebnisses etwas, aber nicht zu stark zu übertreffen. Trotzdem führt auch eine nur leichte Übererfüllung der gesetzten Ziele zu einer allmählichen Erhöhung der Anforderungen durch die zentrale Planungsstelle. Ohne technischen Fortschritt bei der Erzeugung der vom Betrieb produzierten Güter würden daher die Effizienzreserven, die durch frühere Fehlinformationen geschaffen wurden, notwendigerweise schwinden.

Es besteht daher ein großer Anreiz, durch technischen Fortschritt die Kapazitätsgrenze des Betriebes und die Effizienz seiner Produktion so zu erhöhen, daß die wachsenden Planziele auch in der Zukunft bequem und selbst bei Ausfall bestimmter Produktionsmittellieferungen etwas übererfüllt werden können. Allerdings werden Manager und Betriebsangehörige zu dieser Innovationstätigkeit oft nur bereit sein, wenn die Ergebnisse der Planstelle nicht sofort bekannt werden. Denn in diesem Falle würde eine Anpassung der Plangrößen die Vorteile ihrer Anstrengungen sofort wieder beseitigen. Es läßt sich also feststellen, daß auch in der Zentralgeleiteten Verwaltungswirtschaft meist ein Anreiz für technische Verbesserungen bei der Herstellung der traditionell bereits erzeugten Güter besteht, wenn diese vor der zentralen Planungsstelle geheimgehalten werden können.[3] Ganz anders als bei den gerade beschriebenen technischen Verbesserungen der Produktionsprozesse für traditionelle Produkte ist aus den bereits kurz angedeuteten Gründen die Lage bezüglich der Erfindung und Einführung völlig neuer Produkte und Produktionsprozesse.

Grundlegend neue Güter oder Produktionsprozesse erfordern in der Regel größere Investitionen und unterschiedliche Produktionsmittel, deren Zuteilung durch die Planungsstelle genehmigt werden muß. Es stellt sich daher die Frage, welche Betriebe und Industrien die neuen Güter herstellen und die neuen Produktionsprozesse verwenden dürfen oder sollen. Betriebe, in denen die radikal neuen Verfahren und Güter entwickelt worden sind, müssen also in einem vermutlich aufwendigen bürokratischen Prozeß zunächst die regionalen Behörden und die Industrieministerien und anschließend die zentrale Planungsstelle von der Wichtigkeit der neuen Güter und Produktionsprozesse überzeugen. Außerdem werden bereits für die Entwicklung neuer Güter oder Verfahren oft hohe Forschungsaufwendungen notwendig, und es dürfte nur wenige Betriebe geben, die die notwendigen Produktionsmittel besitzen oder sie von der Planungsbürokratie erhalten können. Und ob die Manager staatlicher Betriebe das große Risiko eines Fehlschlags übernehmen werden, ist ebenfalls eine offenen Frage.

Selbst wenn die Anstrengung für eine Innovation Erfolg hat, ist damit keineswegs gewährleistet, daß der Betrieb, in dem die Entwicklung eines neuen Verfahrens oder Gutes erfolgt ist, selbst mit der Durchführung der neuen Produktionstechnik oder der Erzeugung der neuen Güter betraut wird. Gerade bei ganz neuen Gütern und zu deren Herstellung sind meist auch bisher unbekannte Verfahren erforderlich – wird die zentrale Planungsstelle häufig zu dem Schluß kommen, daß die Produktion am besten in anderen, möglicherweise neu zu errichtenden Betrieben, erfolgen sollte. In diesem Fall haben jedoch der Betrieb, in dem die Erfindung gemacht wurde, und die verantwortlichen Angehörigen außer einer einmaligen Prämie keinerlei Vorteile, während der gesellschaftliche Nutzen der Erfindung außerordentlich hoch sein kann. Ist nun die Wahrscheinlichkeit für ein solches Vorgehen der zentralen Planungsstelle groß, so wird der Anreiz zur Entwicklung bahnbrechender neuer Verfahren und Güter angesichts der erforderlichen Produktionsmittelaufwendungen und der Schwierigkeit, die Bürokratie von der Wichtigkeit der Erfindung oder gar von Entwicklungsaufwendungen zu überzeugen, gering sein. Es besteht auch nicht die Gefahr, daß andere Unternehmungen durch neue Verfahren oder Güter einen entscheidenden Vorsprung

---

[3] In gewissem Ausmaß ist es daneben auch möglich, diese Innnovationstätigkeit durch direkte Belohnungen von seiten der übergeordneten Behörden anzuregen.

gewinnen könnten, wenn man nicht selbst entsprechende Verbesserungen erzielt.

Man kann nun vermuten, daß die zentrale Planungsstelle versuchen wird, die beschriebenen Mängel durch die Errichtung von selbständigen Forschungsinstituten und von den Betrieben angeschlossenen Forschungsabteilungen auszugleichen. Ohne den Nutzen dieser Institutionen herabsetzen zu wollen, muß jedoch ernsthaft bezweifelt werden, ob ihre Tätigkeit ausreichen kann, die oben beschriebenen Nachteile zu kompensieren. Für die selbständigen Forschungsinstitute wird es ja oft schwierig sein, sich ein Bild von den bei den Betrieben vorhandenen Problemen zu machen. Es ist auch nicht einfach, wenn nicht gar ausgeschlossen, zu wissen, in welcher Richtung die für die Güterversorgung wichtigsten Entwicklungen liegen sollten, ohne selbst über ausreichenden Kontakt mit Abnehmern, Märkten und Produktionsprozessen zu verfügen.[4] Dagegen gilt für die Forschungsabteilungen der Betriebe das bereits Gesagte. Im Interesse des einzelnen Betriebes liegen nur Entwicklungen, die zu Verbesserungen bei der Produktion der traditionellen Güter des Betriebes, also bei der leichteren Planerfüllung in den kommenden Planperioden führen. Es ist daher zu vermuten, daß die Forschungsabteilungen der Betriebe ihre Tätigkeit auf dieses Ziel ausrichten werden. Es läßt sich daher der Schluß ziehen, daß selbst die Bereitstellung von ausreichenden Produktionsmittelmengen für die Verwendung in selbständigen Forschungsinstituten und in den Forschungsabteilungen der Betriebe die Mängel der Zentralgeleiteten Verwaltungswirtschaft auf dem Gebiete der Innovationen nur mildern, nicht aber beseitigen kann. Eine zentralwirtschaftliche Organisation hat also nicht nur erhebliche Probleme bei der Verarbeitung und Verwendung bereits vorhandener Kenntnisse, sondern erschwert und verlangsamt insbesondere die Gewinnung und Verwendung neuen bahnbrechenden Wissens durch die Gesellschaft.

Völlig anders sieht es dagegen mit der Innovationsneigung in Marktwirtschaften aus: Da bei dezentraler Organisation viele Unternehmungen, Organisationen und Individuen nach neuem Wissen suchen, ist die Wahrscheinlichkeit groß, daß irgend jemandem der Durchbruch zur Lösung eines Problems gelingt und die vorgeschlagene Lösung ausprobiert wird, falls sie gewinnbringend zu sein verspricht. Da außerdem eine große Zahl verschiedener Personen oder Unternehmungen Mittel besitzt, um einen Versuch zur Anwendung der Erfindung zu machen, braucht der (bzw. brauchen die) Erfinder nur einen oder einige wenige vieler in Frage kommender Interessenten von den Vorteilen seines (ihres) Projektes zu überzeugen. Schließlich haben auch die Unter-

---

[4] Es ist allerdings denkbar, daß die zentrale Planungsstelle ein Marktforschungsinstitut mit der Sammlung entsprechender Informationen beauftragt. Auch diese Möglichkeit beschränkt sich jedoch auf Verbesserungswünsche bei bereits vorhandenen Produkten und Produktionstechniken.

nehmungen oder vermögende Einzelpersonen wegen der möglichen Gewinne einen starken Anreiz, nach Erfindungen Ausschau zu halten und ein gewisses Risiko bei ihrer Verwirklichung auf sich zu nehmen. Aus diesem Grunde unterhalten ja heute besonders größere Unternehmungen durchweg ihre eigenen Forschungsabteilungen.

Ein weiterer Grund für die relativ geringe Innovationsfreudigkeit der Planwirtschaft im Vergleich zur sozialistischen oder kapitalistischen Marktwirtschaft besteht in dem Fehlen eines Innovations- und Wettbewerbsdrucks, der nur durch Märkte vermittelt werden kann. So finden in beliebigen Marktwirtschaften bei steigendem Realeinkommen je Kopf ständig Nachfrageverschiebungen zu völlig neuen Gütergruppen statt, die zu einer Stagnation oder sogar zu einem Rückgang der Nachfrage nach den traditionellen Gütern führen. Wollen die Unternehmen in dieser Lage eine immer weitere Verminderung ihrer Gewinne (bzw. des Betriebseinkommens in arbeiterselbstverwalteten Firmen, vgl. Kap.7) und schließlich gar Verluste und Konkurse vermeiden, so müssen sie versuchen, entweder die Kosten durch die Entwicklung billigerer Produktionsverfahren zu senken oder neue Produkte zu entwickeln und auf den Markt zu bringen, für die mit einer größeren und bei steigendem Realeinkommen noch zunehmenden Nachfrage gerechnet werden kann. Sind jedoch einer oder mehreren Unternehmungen entsprechende Innovationen erst einmal gelungen, so verstärkt sich der Wettbewerbsdruck auf die übrigen Unternehmungen des gleichen Wirtschaftszweiges. Diese werden also zu einer baldigen Nachahmung der Innovationen oder zur selbständigen Entwicklung anderer billigerer Produktionsverfahren oder neuer Güter veranlaßt.

6.2.2 Eigentumsrechte, Motivation und Innovationen

Die in den vorangegangenen Abschnitten beschriebenen Fehlentwicklungen, die auf die falsche Motivation der Beteiligten zurückgehen, lassen sich zum Teil jedoch auch aus einer fehlerhaften Organisation der Eigentumsrechte in allen sozialistischen Wirtschaftsordnungen erklären. Diese Fehlorganisation ist die Ursache dafür, daß die Vorteile bestimmter Verhaltensweisen für die Arbeiter, Manager und Bürokraten sich nicht mit Vorteilen für die gesamte Gesellschaft decken. Dadurch fehlt der Anreiz, sich so zu verhalten, daß eine für alle günstige Entwicklung resultiert.

Unter Eigentumsrechten seien nun alle Rechte auf Besitz, zur Umwandlung oder Zerstörung, zum Verbrauch, Gebrauch und zur Weitergabe von knappen Gütern verstanden. Auch das Recht auf die Verfügung über die eigene Person oder über fremde Personen oder über ihre Leistungen gehört zu den Eigentumsrechten. Wir können daher etwa folgende Eigentumsrechte unterscheiden:

1. Recht auf Zerstörung oder Umwandlung von Gütern (z. B. Verwendung von Rohstoffen in der Produktion).

2. Recht auf Verbrauch oder Gebrauch von Gütern. Das Recht auf den Verbrauch kann auch als ein Recht auf Zerstörung aufgefaßt werden.
3. Recht auf die Verleihung oder Vermietung von Gütern bzw. ihrer Leistungen.
4. Anrecht auf das Produkt, das mit oder aus bestimmten Leistungen oder Gütern hergestellt wird.
5. Recht auf die beliebige Abgabe oder den beliebigen Erwerb von Gütern (Kauf, Verkauf, Tausch, Schenkung) zu beliebigen Austauschbedingungen.
6. Recht auf Schadenersatz bei der Verletzung von Eigentumsrechten.

Alle diese Rechte können in mehr oder minder großem Ausmaße bestehen oder auch fehlen. Dabei ist offensichtlich, daß bei Abwesenheit dieser Rechte niemand die entsprechende Verfügungsgewalt oder die entsprechenden Ansprüche besitzt. Es herrscht also eine Rechtsanarchie. Ferner ist zu beachten, daß gesetzlich gewährte oder fehlende Rechte nicht immer mit den tatsächlichen Rechten gleichzusetzen sind. Das wird besonders dann zutreffen, wenn bestimmte Eigentumsrechte gar nicht geregelt sind. Besitzt z.B. niemand das Eigentum an einem Fluß und bestehen keine Rechtsregeln für seine Nutzung, so kann sich jeder das Recht anmaßen, dort zu fischen oder die aus seiner Produktion oder seinem Verbrauch stammenden Abwässer in den Fluß zu leiten.

In den sozialistischen Wirtschaften herrscht nun die Fiktion, daß alles Eigentum, zumindest an den Produkionsmitteln, öffentlich sei, daß also diese knappen Güter Eigentum des ganzen Volkes seien. Tatsächlich kann jedoch nicht ein ganzes Volk Verfügungen über die Verwendung bestimmter Güter treffen. Folglich müssen für die Produktion, die Lieferung, die Nutzung und den Verbrauch von Gütern bestimmte Regeln bestehen, die diesen oder jenen Arbeitern, Managern und Funktionären wenigstens eine begrenzte Verfügungsgewalt, d.h. aber begrenzte Eigentumsrechte über bestimmte Güter übertragen. Es ist nun häufig gerade diese Begrenzung oder Verdünnung der Eigentumsrechte, die die gesellschaftlichen Vorteile einerseits und die individuellen oder Gruppenvorteile andererseits auseinanderfallen läßt, und die daher ein den Interessen der Gesamtheit entgegengerichtetes Verhalten veranlaßt.

Diese Tatsache wird besonders deutlich bei der Frage der effizienten Produktion und der Innovationen. Die Manager und die Betriebsangehörigen in der sozialistischen Planwirtschaft haben ja gesetzlich nur das Eigentumsrecht, Güter und Leistungen zur Produktion bestimmter (allerdings nicht genau beschriebener) Produkte zu verwenden bzw. umzuformen. Sie haben kein Anrecht auf die hergestellten Produkte, die sie weder verkaufen noch gegen andere Güter umtauschen dürfen. Der einzige direkte Vorteil, der ihnen aus der Produktion erwächst, sind neben vorgegebenen Löhnen die mit der Plan-(über)erfüllung verbundenen Prämien. Die Beteiligten versuchen daher, Eigentumsrechte an regulären Prämien, an ihren Arbeitsplätzen und an einem Teil der produzierten Güter zu erwerben bzw. zu bewahren.

Eine ähnliche Erklärung ergibt sich bezüglich des Problems, das bei Innovationen besteht. Angesichts der herrschenden (oder besser: der fehlenden) Eigentumsrechte sind Erfindungen und Innovationen für einen Betrieb bzw. für seine Angehörigen wertlos, es sei denn, sie können verheimlicht, die zu ihrer Verwirklichung erforderlichen Güter erworben und die Verbesserungen schließlich im eigenen Betrieb verwendet werden. Nur wenn alle diese Bedingungen erfüllt sind, ist es den Betriebsangehörigen möglich, eine Innovation zu nutzen, um entweder mit weniger Mitteln und geringerer Anstrengung eine größere Produktion und damit höhere Prämien zu erzielen, ohne daß die künftige Planerfüllung gefährdet wird, oder um mehr Güter zum Tausch zur Verfügung zu haben.

Dagegen sind Erfindungen und Innovationen, die gänzlich neue Produktionsprozesse für vom Betrieb nicht produzierte Güter oder neue Produkte betreffen, für den Betrieb und seine Angehörigen wertlos. Denn weder verfügen sie über das Recht, die zur Verwendung der revolutionären neuen Produktionsprozesse erforderlichen Güter zu erwerben, noch dürfen sie andere als im Plan vorgesehene Güter herstellen, von einem Verkauf der Erfindung oder Innovation bzw. der zugehörigen Patente ganz zu schweigen. Die begrenzten Eigentumsrechte führen also hier zu einem völligen Auseinanderfallen der sozialen und der individuellen Vorteile. Es besteht wegen der Struktur der Eigentumsrechte nur ein geringer Anreiz zu durchgreifenden Innovationen.

Im Gegensatz dazu ist die Neigung zur Innovationstätigkeit in kapitalistischen Wirtschaften groß, denn hier erlauben es ausgeprägte Eigentumsrechte in vielen Fällen, daß die Erfinder neuer Verfahren und die Unternehmer und Geldgeber, die die Verwirklichung der Erfindungen in der Produktion ermöglichen, einen großen Teil der Früchte ihrer Anstrengungen und des eingegangenen Risikos in Form höherer Gewinne selbst einstreichen. Das gilt insbesondere dann, wenn durch ein geeignetes Urheber- und Patentrecht Erfindungen für eine gewisse Zeit gegen kostenlose Nachahmung geschützt werden.

6.3 Probleme der Vermeidung von Umweltschäden

Die Gestaltung der Eigentumsrechte in der Zentralgeleiteten Verwaltungswirtschaft spielt auch im Zusammenhang mit den negativen externen Effekten von Produktion und Verbrauch eine Rolle. Es ist naheliegend, daß bei einer Ausgestaltung der Eigentumsrechte, die formell das Eigentum am Produktionsvermögen dem Staat überträgt, in vielen Fällen nicht konkret geregelt ist, welchen Personen die Rechte und Pflichten zur Nutzung und zum Schutz oder zur Erhaltung bestimmter Güter zugeordnet sind. Dieser Umstand ist nun für das Ausmaß von Umweltschäden überaus wichtig. So führt ja in kapitalistischen Marktwirtschaften die Tatsache, daß es in der Regel kein Eigentum an Flüssen und Seen gibt, dazu, daß niemand bei einer Verschmutzung der Gewässer aufgrund seiner Eigentumsrechte auf Schadenersatz klagen kann, wodurch Umweltschäden vermindert oder vermieden werden könnten (vgl. Abschnitt 4.3). Hätten z. B. die Fischer oder die für die Trinkwasserversorgung auf einen Fluß angewiesenen Wasserwerke volles Eigentum mit Recht auf Schadenersatz besessen, so wären manche Wasserverschmutzungen erheblich geringer ausgefallen oder vielleicht sogar ganz unterblieben.

Probleme der gerade geschilderten Art treten nun in erheblich stärkerem Umfang in Zentralgeleiteten Verwaltungswirtschaften auf. Denn selbst wenn in anderen Fällen als denen der Gewässer bestimmte Eigentumsrechte des Staates bestehen, so sind diese doch häufig außerordentlich schwach, da sie die Frage ungeregelt lassen, welche Personen bei durch Dritte verursachten Schäden Schadenersatzansprüche für den Staat geltend machen könnten. Schließlich ist zu bezweifeln, ob selbst bei Existenz eines Rechts auf Schadenersatz die betreffenden Gemeinden, Betriebe oder Personen tatsächlich davon Gebrauch machen. Denn wegen der bestehenden Eigentumsordnung wird ja regelmäßig die Produktionsmenge oder das Einkommen der Beteiligten durch die Einklagung der Ansprüche nicht vergrößert, es sei denn, daß die externen Nachteile die Verwirklichung des Plansolls und damit die Erfolgsprämie gefährden. Ihr Interesse an der Feststellung und Kompensation von Schäden wird also meist gering sein.

Man kann nun einwenden, daß in der Zentralgeleiteten Verwaltungswirtschaft die gesamte Produktion von vornherein umweltfreundlich geplant werden könne.[5] Die zentrale Planungsstelle habe es ja in der Hand, umweltfreundliche Produktionsprozesse vorzuschreiben, selbst wenn dadurch auf mengenmäßig ergiebigere Verfahren verzichtet werden müsse. Seien keine umweltschonenden technischen Methoden bekannt, so könne sie von der die negativen externen Effekte hervorrufenden Produktion bestimmter Güter ganz absehen oder diese zumindest einschränken. Bei einer solchen Auffassung muß man jedoch von der Annahme vollständiger Information der zentralen Planungsstelle ausgehen und außerdem annehmen, daß eine umweltfreundliche Zielfunktion bereits vorhanden ist, die gesellschaftlichen Ziele also nicht erst durch einen konkreten politischen Prozeß bestimmt werden müssen.

Bei unvollständiger Information der Planungsstelle und konkreten politischen Prozessen erscheinen jedoch die Zusammenhänge in einem anderen Licht. Dann ist zunächst zu berücksichtigen, daß die zentrale Planungsstelle

---

[5] Dieser Auffassung scheint E.Hödl, „Die technokratische Lösung der Umweltprobleme in sozialistischen Ländern", in: Frankfurter Hefte, Juni 1972, S. 426–432, zu sein. Hödl weist jedoch selbst mehrfach darauf hin, daß in den sozialistischen Staaten des Ostblocks keine solche umweltfreundliche Planung der Produktion erfolgt ist.

nur vage Vorstellungen von den Produktionsverfahren der Betriebe besitzt und daher meist auch nicht weiß, wie umweltfreundlich die verwendeten Produktionsprozesse sind und ob umweltfreundlichere Verfahren zur Verfügung stehen. Auch wurde bereits gezeigt, daß die Betriebe kein Interesse daran haben, die Planungsstelle über ihre Produktionstechnik voll zu informieren. Das gleiche gilt nun auch für die mit dieser Technik verbundenen negativen externen Effekte. Eine Vermeidung oder Verminderung derselben würde ja zusätzliche Produktionsmittel erfordern und aus diesem Grunde die Verwirklichung der Planziele durch die Betriebe erschweren.

Daraus folgt, daß die zentrale Planungsstelle für Informationen über Umweltschäden hauptsächlich auf die Klagen und Beschwerden Dritter angewiesen ist, wobei es sich um geschädigte Haushalte, Betriebe und Gemeinden handeln kann. Betriebe und Gemeinden werden sich jedoch in der Regel nur dann beklagen, wenn die Verwirklichung ihrer eigenen Planziele durch die negativen externen Effekte gefährdet wird. Entsprechend dürften Haushalte nur dann aktiv werden, wenn die erlittenen Schäden schwerwiegend sind, sich eindeutig wenigen Verursachern zurechnen lassen und wenn sie nicht hoffen können, daß andere Haushalte die Mühe einer Information der zentralen Planungsstelle auf sich nehmen. Insgesamt ist also zu erwarten, daß die Planungsstelle schlecht, einseitig nur über die schwerwiegendsten Mängel und auch über diese erst dann unterrichtet wird, wenn sie bereits aufgetreten sind. Man darf also selbst bei entsprechenden staatlichen Zielen die Möglichkeit einer von vornherein umweltfreundlichen Mengenplanung nicht hoch einschätzen.

6.4 Probleme des Arbeitsangebots

Ein weiteres Problem, dem in Zentralgeleiteten Verwaltungswirtschaften besondere Bedeutung zukommt, ist die Versorgung der Wirtschaft mit Arbeitskräften. Wird zunächst einmal angenommen, daß die Löhne in den verschiedenen Wirtschaftszweigen und für verschiedene Tätigkeiten und Berufe gleich hoch bzw. nur nach der Zahl und den Bedürfnissen der zu unterhaltenden Familienmitglieder abgestuft sind, so besteht offenbar keine Möglichkeit, die Arbeitskräfte durch Lohndifferenzen in diejenigen Berufe und Wirtschaftszweige zu lenken, in denen die größte Nachfrage besteht. Unter diesen Bedingungen kann man sich kaum vorstellen, wie das zentrale Arbeitsamt die Betriebe mit den gewünschten Arbeitskräften versorgen kann, ohne direkte Anweisungen zu geben, was und in welchem Betrieb jeder einzelne zu arbeiten hat. Nur wenn Arbeitslosigkeit herrscht, wird dieses Problem nicht auftauchen, sofern ein genügend großer Unterschied zwischen den Familieneinkommen mit und ohne Arbeitstätigkeit der erwachsenen Familienangehörigen besteht. Da die Betriebe jedoch an einer reichlichen Versorgung mit Produktionsmitteln interessiert sind, ist zu erwarten, daß eine anfänglich herrschende Arbeitslosigkeit in der Zentralgeleiteten Verwaltungswirtschaft schnell verschwinden wird, zumal die zentrale Planungsstelle alles Interesse daran hat, die Arbeitslosigkeit zu beseitigen, um höhere Produktionsziele für arbeitsintensive Wirtschaftszweige setzen zu können.

Sobald jedoch alle Arbeitskräfte eine Stelle gefunden haben, läßt sich bei Aufrechterhaltung der Planziele die Zwangsverpflichtung von Arbeitern für bestimmte Berufe und Betriebe nicht mehr vermeiden. Zwar kann noch versucht werden, andere Anreize als Lohnunterschiede für die Ausübung bestimmter Tätigkeiten zu setzen, wobei die Bereitstellung von attraktiven Wohnungen, der Appell an die Opferbereitschaft gegenüber „höheren Zielen", die lobende Erwähnung in Presse, Fernsehen und Rundfunk sowie besondere Auszeichnungen eine Rolle spielen können, doch sind allen diesen Methoden mehr oder minder enge Grenzen gesetzt. Nicht jeder identifiziert sich mit vorgeblichen höheren Zielen der Gesellschaft oder des Sozialismus. Auch kann nur eine Minderheit aller Arbeitstätigen lobend erwähnt oder ausgezeichnet werden oder legt Wert auf Orden oder öffentlichen Ruhm.

Wird die Lenkung der Arbeitskräfte jedoch zwangsweise vorgenommen, so ist sie mit ernsthaften Nachteilen verbunden. Nicht nur wird notwendigerweise die Freizügigkeit eingeschränkt, sondern es leidet auch die Arbeitsfreude und die Eigeninitiative.[6] Nur wenige Arbeiter werden sich in einem Beruf, einem Wirtschaftszweig und an einem Ort anstrengen, in dem sie nicht tätig sein oder in dem sie nicht leben möchten. Sobald die Wirtschaft einen gewissen Entwicklungsstand erreicht hat und viele unterschiedliche Güter von teilweise hoher Qualität produziert werden, sind spezielle Kenntnisse und Eigeninitiative unentbehrlich. Es ist daher erklärlich, daß z. B. die Sowjetunion schon unter Stalin von dem starren System einheitlicher Löhne abgegangen ist und allmählich das System der zwangsweisen, d. h. der rein mengenmäßigen Steuerung der Arbeitskräfte aufgegeben hat.

Das Problem einer Steuerung der Arbeitskräfte läßt sich jedoch auch mit der Einführung von nach Berufen und Wirtschaftszweigen unterschiedlichen Löhnen allein nicht bewältigen. Vielmehr ist eine notwendige, wenn auch nicht hinreichende Bedingung für eine solche Steuerung, daß den unterschiedlichen Einkommen auch tatsächlich eine unterschiedliche Kaufkraft entspricht. Das trifft aber nur dann zu, wenn die Einkommen für ein genügend reichliches Sortiment von Konsumgütern ausgegeben werden können, die am Markte frei erhältlich sind.[7] Schlangestehen und Rationierung als Zuteilungs-

---

[6] Vgl. C. Bresciani-Turroni, a.a.O., S. 160f., zu den Folgen der staatlichen Lenkung der Arbeitskräfte während der nationalsozialistischen Planwirtschaft in Deutschland.

[7] Diese Bedingung ist natürlich nicht die einzige, die für die gewünschte Steuerung der Arbeit auf freiwilliger Basis erfüllt sein muß. Dafür sind vielmehr eine gewisse Freude an der zu wählenden Arbeit, ein Interesse an den mit ihr verbundenen Problemen, ein Spielraum für selbständige Entscheidungen, angenehme Kollegen, Anerkennung der eigenen Leistungen, zufriedenstellende Wohnmöglichkeiten und Schulen für die Familie u.a. erforderlich.

systeme würden daher die Wirksamkeit einer Differenzierung der nominellen Löhne für die Lenkung der Arbeitskräfte beseitigen, es sei denn, daß die zugeteilten Mengen ihrerseits nach dem Arbeitskräftebedarf abgestuft wären. Ein solches Rationierungssystem wäre jedoch mit einem erheblichen Verwaltungsaufwand verbunden.

6.5 Mitbestimmung und Entfremdung in der Zentralgeleiteten Verwaltungswirtschaft

> „In state capitalism (d. h. der Zentralgeleiteten Verwaltungswirtschaft), self-alienation reaches the ultimate possible limits" because the entire society is proletarianized."
> Branko Horvat
> (Jugoslawischer Nationalökonom und Marxist)[8]

Die Überlegungen der vorangegangenen Abschnitte lassen vermuten, daß in der Zentralgeleiteten Verwaltungswirtschaft mit Mengensteuerung weder Raum für eine Mitbestimmung der Betriebsangehörigen noch für eine Tätigkeit von Gewerkschaften besteht, die höhere Löhne und bessere Arbeitsbedingungen für ihre Mitglieder durchzusetzen versuchen. Eine freie gewerkschaftliche Tätigkeit würde die zentrale Planungsstelle bzw. die politischen Entscheidungsträger der Möglichkeit berauben, die Löhne (einschließlich der Prämien) und die Arbeitsbedingungen so zu gestalten, daß die Arbeitskräfte in die Berufe und in die Wirtschaftszweige geleitet werden, in denen sie nach dem Wirtschaftsplan benötigt werden.

Aus ganz analogen Überlegungen ist eine Mitbestimmung der Betriebsangehörigen in den Betrieben in einer Zentralgeleiteten Verwaltungswirtschaft ausgeschlossen. Eine legale Mitbestimmung, die über eine bloße Mitwirkung bei der Verwirklichung der Planziele hinausginge, würde ja voraussetzen, daß die einzelnen Betriebe hinreichende Verfügungsrechte besäßen, über deren konkrete Verwendung alle Betriebsangehörigen mitbestimmen könnten. Solche Eigentumsrechte sind jedoch, wie wir gesehen haben, nur in so begrenztem Maße vorhanden, daß die Arbeitnehmer weder Interesse an der Mitbestimmung haben, noch diese ihnen auch wesentlich nützen würde. Tatsächlich liegen ja die faktischen Verfügungsrechte über Teile der Produktion, die sich der Betrieb widerrechtlich aneignet und die er nicht an die zentrale Planungsstelle berichtet, um sie zum Erwerb von Produktionsmitteln verwenden zu können, im Interesse aller oder der meisten Betriebsangehörigen.

Darüber hinaus haben die leitenden Manager alles Interesse, die übrigen Betriebsangehörigen zufriedenzustellen und die illegitim angeeigneten Eigentumsrechte im Einklang mit ihren Interessen zu verwenden. Denn nur auf diese Weise können die verbotenen Aktionen geheimgehalten oder wenig-

---

[8] Branko Horvat, An Essay on Yugoslav Economy, White Plains (New York) 1969, S. 8.

stens vor einer zu offensichtlichen Enthüllung bewahrt werden. In diesem Sinne besteht also sicherlich eine Art Mitbestimmung der Arbeitnehmer. Sie dürfte jedoch kaum den Interessen der zentralen Planungsstelle und der leitenden politischen Instanzen entsprechen. Außerdem ist ihr Umfang naturgemäß begrenzt. Eine weitgehende, gesetzlich verankerte Mitbestimmung kann es aus diesen Überlegungen heraus nur in dezentralisierten Wirtschaftssystemen geben.

Aus den vorausgegangenen Erörterungen läßt sich der Schluß ziehen, daß in einer Zentralgeleiteten Verwaltungswirtschaft mit Staatseigentum und Mengenplanung ein hohes Maß an Entfremdung der Arbeitnehmer von ihren Produkten und ihrer Tätigkeit besteht. Karl Marx verstand bekanntlich unter Entfremdung, daß die Arbeiter in einem kapitalistischen System nicht über das Produkt ihrer eigenen Arbeit verfügen können, da dieses in das Eigentum der Kapitalisten und schließlich am Markt als Ware in das Eigentum anonymer Käufer übergeht. Die Tätigkeit der Arbeitnehmer und die Gestaltung der Arbeit sind also fremdbestimmt. Die Arbeiter haben – sieht man einmal von ihrer Funktion als Wähler oder Konsumenten ab – weder Einfluß auf die Art der herzustellenden Güter noch auf deren Verwendung. Es ist nun offensichtlich, daß entsprechende Zusammenhänge auch für eine Zentralgeleitete Verwaltungswirtschaft bestehen. Denn hier wird die Art der herzustellenden Güter und ihre Verwendung nicht von den Arbeitnehmern, sondern von übergeordneten staatlichen Behörden wie der zentralen Planungsstelle und den Industrieministerien bestimmt. Das Gefühl der Entfremdung dürfte in der Zentralgeleiteten Verwaltungswirtschaft also recht groß sein, da die Willkür der befehlenden Bürokratie wahrscheinlich häufig als sehr bedrückend empfunden wird.

6.6 Aufgaben

1. Bei der Konzeption einer vollständig zentralisierten Mengenplanung wird oft von der Annahme ausgegangen, daß die Betriebe keinen Handlungsspielraum für selbständige Entscheidungen hätten, da sie nur die Anweisungen der übergeordneten Behörden (zentrale Planungsstelle, regionale Behörden, Industrieministerien) ausführen müßten. Erläutern Sie, warum diese Auffassung bei unvollständiger Information und Informationskosten falsch ist.

2. Begründen Sie, warum es für die zentrale Planungsstelle schwierig oder unmöglich ist, festzustellen, ob die Untererfüllung von Planzielen durch bestimmte Betriebe auf Fehler der Betriebsangehörigen oder auf von diesen nicht zu vertretende Umstände zurückzuführen ist.

3. Geben Sie Gründe an, warum bei dem in diesem Kapitel behandelten Typ der zentralen Mengenplanung Manager und sonstige Betriebsangehörige

trotz Prämien für eine Übererfüllung der Pläne nicht an der Herstellung möglichst großer Produktmengen und an ihrer Meldung an die zentrale Planungsstelle interessiert sind.

4. Welche Ursachen motivieren die Manager der Betriebe, großen Wert auf eine Verbesserung der Produktionstechniken der von ihren Betrieben hergestellten Produkte zu legen, jedoch bestenfalls geringes Gewicht auf Innovationsversuche, die zu völlig neuen Produkten oder Techniken führen?

5. Aus welchen Gründen decken sich die Ziele von Industrieministerien und regionalen Behörden nicht mit denen der zentralen Planungsbehörden?

6. Welche Faktoren hemmen in einer Zentralgeleiteten Verwaltungswirtschaft mit zentraler Mengenplanung den Übergang zu einem weniger zentralisierten System, in dem wertmäßige Steuerungselemente wie Umsatz und Preise in der Produktionssphäre verwendet werden?

7. In welchem Zusammenhang steht die mangelhafte Leistungsfähigkeit der Zentralgeleiteten Verwaltungswirtschaft in bezug auf bahnbrechende Produkt- und Prozeßinnovationen mit der Ausgestaltung der verschiedenen Eigentumsrechte?

8. Gibt es Gründe dafür, daß in der Zentralgeleiteten Verwaltungswirtschaft bei Gemeinden, Betrieben, Industrieministerien und regionalen Behörden die Motivation zur Vermeidung von Umweltschäden gering sein könnte?

9. Geben Sie Bedingungen an, unter denen die zentrale Planungsstelle eine umweltschonende Produktionsplanung vornehmen würde. Denken Sie dabei insbesondere an das Problem der dieser Behörde von den politischen Instanzen gesetzten Ziele, an die Motivation der Planungsstelle und an das Informationsproblem.

6.7 Literatur

Für die Vertiefung der in Kapitel 6 angeschnittenen Fragen, die sich stark an den tatsächlichen Gegebenheiten in der Sowjetunion orientieren, sind die folgenden Arbeiten zu nennen:

GEORGE R. FEIWEL, The Soviet Quest for Economic Efficiency. Issues, Controversies and Reforms, New York/Washington/London 1972,

F. ZALESKI, Planning Reforms in the Soviet Union 1962–1966, Chapel Hill (North Carolina) 1967,

W. KEIZER, The Soviet Quest for Economic Rationality, Rotterdam 1971.

J. KORNAI, Economics of Shortages, Amsterdam 1980,

J.S. KOWALSKI, „On the Relevance of the Concept of 'Centrally Planned Economies'", Jahrbuch für Sozialwissenschaft 34 (1983), S. 255–266.

Hier wird insbesondere das Funktionieren des sowjetischen Wirtschaftssystems, seine Vorzüge und Mängel, die Reformversuche und ihre Auswirkungen beschrieben. In diesem Zusammenhang ist auch die Arbeit von

E.G. LIBERMAN, Ökonomische Methoden zur Effektivitätssteigerung der gesellschaftlichen Produktion, Akademie-Verlag, Berlin 1973,

zu nennen. Liberman war bekanntlich einer der ersten russischen Nationalökonomen, die für eine Reform des Wirtschaftssytems eintraten. Weiterhin sind zu erwähnen

B. WARD, The Socialist Economy, New York 1957.
ALEC NOVE, The Soviet Economy. An Introduction, London 1968,
HANNSJÖRG BUCK, Technik der Wirtschaftslenkung in kommunistischen Staaten, 2 Bände, Coburg 1969.
J. WILCZYNSKI, Das sozialistische Wirtschaftssystem, Köln 1974,
GÜNTER HEDTKAMP, Wirtschaftssysteme, München 1974, ibs. S. 182−204,

Eine Diskussion des weitgehend zentralgeleiteten deutschen Wirtschaftsystems mit Privateigentum zur Zeit des Nationalsozialismus findet sich in

C. BRESCIANI-TURRONI, Wirtschaftspolitik, Bern 1948, Kap.8, ibs. S. 161−169.

Zu den Problemen der Innovation in sozialistischen Ländern ist die Arbeit des Ungarn

JANOS KORNAI, Anti-equilibrium, Amsterdam/London 1971, ibs. Kap.20−22, S. 263−333,

zu erwähnen. Eine noch stärker modellmäßig formulierte Untersuchung findet sich in

E. FURUBOTN und S. PEJOVICH, „The Soviet Manager and Innovation. A Behavioral Model of the Soviet Firm", Revue de l'Est 3 (1972), S. 29−45.

Der Zusammenhang zwischen Eigentumsrechten, Motivation und Innovation kommt außer in dem letztgenannten Aufsatz von E. Furubotn und S. Pejovich in der Arbeit von

S. PEJOVICH, „Liberman's Reforms and Property Rights in the Soviet Union", Journal of Law and Economics 12 (1969), S. 155−162

zur Sprache. Allgemeinere Beiträge zur Bedeutung der Eigentumsrechte finden sich in dem Sammelband

F. FHRUBOTN und S. PEJOVICH (Hrsg.), The Economics of Property Rights, Cambridge (Mass.) 1974.

Den Zusammenhang zwischen der Wirtschaftsorganisation und der Neigung zu Innovationen diskutieren

M.I. KAMIEN und N.L. SCHWARTZ, „Market Structure and Innovation", Journal of Economic Literature 13 (1975), S. 1−37,
A. GERYBADZE, Innovation, Wettbewerb und Evolution. Tübingen 1982.

Die Probleme der Umweltbelastung und -zerstörung in Zentralgeleiteten Verwaltungswirtschaften diskutiert

MARSHALL J. GOLDMAN, „Externalities and the Race for Economic Growth in the USSR: Will the Environment ever win?", Journal of Political Economy 80 (1972), S. 314−327.

Kapitel 7

Probleme des Übergangs von einer Planwirtschaft zu einer Marktwirtschaft

Seit 1979 waren im kommunistischen China und seit Ende der 1980er Jahre in den Ländern des früheren kommunistischen Ostblocks erstaunliche Versuche zum Übergang von überwiegend zentralgeleiteten Verwaltungswirtschaften mit Staats- oder Kollektiveigentum zu Marktwirtschaften mit überwiegendem Privateigentum zu beobachten. Der umgekehrte Vorgang konnte bereits Jahrzehnte vorher studiert werden, denn alle diese Länder besaßen früher einmal eine mehr oder minder ausgeprägte kapitalistische Marktwirtschaft. Außerdem hatte auch die nationalsozialistische Regierung nach 1933 in Deutschland eine zentralgesteuerte Wirtschaft eingeführt, wobei jedoch das Privateigentum formal erhalten blieb. Schließlich ist zu beachten, daß ein Übergang von der Zentralverwaltungswirtschaft zur Marktwirtschaft für relativ entwickelte Großgesellschaften erstmals in der Geschichte versucht wurde. Hinzu kommt, daß die damit verbundenen Probleme erheblich schwieriger sind als beim umgekehrten Vorgang, da die Umstellung von einer einfacheren zu einer komplexeren Wirtschaftsordnung zu erfolgen hat.

Bei einem Wechsel der Ordnungen von der Marktwirtschaft zur Zentralverwaltungswirtschaft bedarf es „nur" der Bildung zentraler Lenkungs- und Kontrollbehörden, der Abschaffung der freien Preisbildung und der Marktinstitutionen (wie z. B. der Börsen) oder ihrer Umfunktionierung und der Verstaatlichung oder Kollektivierung zumindest des Privateigentums an Produktionsmitteln. Das sind relativ einfache Vorgänge. Allerdings bedeutet das „einfach" natürlich nicht, daß die zentrale Planung selbst einfach durchzuführen ist. Wir haben ganz im Gegenteil gesehen, daß eine optimale Planung dieser Art unmöglich ist und es daher zu Fehlentwicklungen kommen wird. Auch werden sich bürokratische freie Unternehmertätigkeiten von Betriebsleitern und Funktionären, Korruption und Schwarzmärkte entwickeln, die geradezu notwendig sind, um das System halbwegs – angesichts des unvermeidlichen Fehlplanungen – funktionieren zu lassen. Doch der Übergang selbst zur Zentralverwaltungswirtschaft ist ein relativ einfacher Vorgang, ganz im Gegensatz zur Rückkehr zur Marktwirtschaft mit Privateigentum, wie wir in der Folge sehen werden.

Angesichts der Versuche, Übergänge von der Zentralverwaltungswirtschaft zur Marktwirtschaft durchzuführen, ergeben sich nun verschiedene schwerwiegende Fragen, die in der Folge zu diskutieren sind. Eine erste Frage betrifft die Ursachen für und die Hindernisse und Widerstände gegen solche Reformversuche. Zweitens stellt sich die Frage nach den notwendigen Änderungen der Wirtschaftsordnung. Diese Frage dürfte sich eher leichter als die erste beantworten lassen. Die dritte Frage ist am schwierigsten zu lösen. Sie betrifft die Aufgabe, eine solche Zusammensetzung und Reihenfolge der zu ergreifenden ökonomischen und politischen Maßnahmen zu finden, daß ein erfolgreicher Übergang zur Marktwirtschaft mit Privateigentum angesichts der Widerstände und Hindernisse wahrscheinlich wird.

7.1 Ursachen für eine Änderung des Wirtschaftssystems und zu überwindende Widerstände

7.1.1 Einige Bemerkungen zur historischen Entwicklung sozialistischer Planwirtschaften

Die Überlegungen in den vorausgegangenen beiden Kapiteln haben eine ganze Reihe von schwerwiegenden Mängeln der Zentralgeleiteten Verwaltungswirtschaft mit Mengenplanung aufgedeckt, die auf das Zusammenspiel der notwendigerweise unzureichenden Information der zentralen Planungsstelle oder der leitenden politischen Instanzen und der fehlenden oder falsch wirkenden Motivation der Betriebsangehörigen und der Mitglieder der regionalen Behörden und Industrieministerien zurückzuführen sind. Die institutionellen und eigentumsrechtlichen Gegebenheiten führen notwendigerweise zu Fehlleitungen der Produktionsmittel und einer dem Bedarf nicht entsprechenden Zusammensetzung des Bündels der produzierten Güter, zur Ineffizienz der Produktion und zur Behinderung von wesentlichen Innovationen bei der Produktionstechnik, der Organisation und der Entwicklung neuer Güter.

Angesichts dieser Tatsachen und der daraus folgenden Überlegenheit von Marktwirtschaften, besonders mit Privateigentum, stellt sich die Frage, warum jahrzehntelang keine wesentlichen Reformen in den Staaten des ehemaligen Ostblocks, mindestens zur Einführung des Konkurrenzsozialismus oder der Marktwirtschaft mit dezentralisierten Formen des Kollektiveigentums vorgenommen wurden. Bekanntlich hatte jedoch lediglich Jugoslawien in den 50er und 60er Jahren den Übergang zu einer sozialistischen Marktwirtschaft vollzogen. Die Tschechoslowakei plante allem Anschein nach 1968 einen ähnlichen Übergang, wurde jedoch von der Sowjetunion gewaltsam an der Ausführung dieser Pläne gehindert. Ein Übergang zum Konkurrenzsozialismus wurde nirgends versucht, obwohl die Wirtschaften aller früheren Ostblockstaaten an den beschriebenen Fehlfunktionen krankten.[1]

---
[1] Vgl. hierzu für die Sowjetunion George R. Feiwel, The Soviet Quest for Economic Efficiency, New York u.a. 1972, Kap. 2 und 3.

Tatsächlich haben eine ganze Reihe östlicher Nationalökonomen versucht, solchen wertmäßigen Steuerungsfaktoren wie Preisen, Gewinnen, Zinsen und Grundrenten als Schattenpreisen und Knappheitspreisen eine größere Rolle in der Wirtschaft ihrer Länder zu verschaffen. So wurden in den sechziger Jahren Reformmaßnahmen durchgeführt, die die Verwendung dieser Wertgrößen und eine größere Entscheidungsfreiheit der Betriebe sichern sollten. Alle Maßnahmen blieben jedoch auf halben Wege stecken und ließen insbesondere das Prinzip der zentralen Mengenplanung als wichtigstes Steuerungsverfahren bestehen. Die Anreize, Gewinne zu machen, können jedoch nur in geringem Maße wirksam werden, wenn die Betriebe gleichzeitig mengenmäßig vorgegebenen Zielgrößen für ihre Produkte und einer mengenmäßigen Zuteilung von Produktionsmitteln unterworfen sind. Das gleiche gilt für die Steuerungsfunktion von Preisen, Zinssätzen und Grundrenten, wenn diese Größen nicht einigermaßen entsprechend der Knappheit der Güter festgesetzt werden. Solange jedoch mengenmäßige Restriktionen für die Betriebe bestehen, ist eine Abschwächung oder Unwirksamkeit wertmäßiger Ansätze unweigerlich die Folge.

Wo sind nun die Gründe für die Widerstände gegen eine Steuerung der Wirtschaft mit Hilfe von Preisen und anderen Wertgrößen zu suchen? Einer der Gründe dürfte ideologischer Natur sein. Die kommunistischen Wirtschaftssysteme des Ostblocks und besonders der Sowjetunion verstanden sich ja als Überwindung des kapitalistischen Systems. Nur durch die Abschaffung des Privateigentums und der Entfremdung des Menschen von den von ihm geschaffenen Produkten konnten nach dieser Auffassung eine humanere Welt geschaffen werden, in der die Ausbeutung des Menschen beseitigt ist und der Mensch zu sich selbst zurückfindet. Die Entfremdung des Menschen von den Erzeugnissen seiner Arbeit wird nun nach dieser Auffassung weitgehend durch die Produktion für anonyme Märkte und die damit verbundene Arbeitsteilung bewirkt.

Was liegt also näher, als mit dem Privateigentum auch die Märkte, das Geld, die Preise, Grundrenten, Zinsen und Gewinne abzuschaffen? Zumal da nach marxistischer Auffassung Gewinne, Zinsen und Grundrenten sich aus der Ausbeutung der Arbeiter durch die Kapitalisten erklären? Tatsächlich kann die Entwicklung im ersten Jahrzehnt der Existenz der Sowjetunion nur unter Hinzuziehung dieser ideologischen Faktoren erklärt werden.[2] Alle Institutionen und Organisationsformen, die mit dem kapitalistischen System verbunden waren, wurden zunächst beseitigt oder, wo sie nicht beseitigt werden konnten, so weit wie möglich unterdrückt. Zugeständnisse, wie sie die Neue Ökonomische Politik Lenins gewährte, wurden nur gemacht, wenn das unumgänglich zu sein schien, um das Funktionieren der Wirtschaft einigermaßen zu

---

[2] Vgl. hierzu Branko Horvath, An Essay on Yugoslav Economy, White Plains (New York) 1969, Kap. IV, Abschnitt 15.

sichern, und so bald wie möglich wieder beseitigt. So wurde die Neue Ökonomische Politik nach einigen Jahren aufgegeben, und Stalin ging zu einer völlig zentralen Mengenplanung über.

Allerdings ließ man die Existenz des Geldes weiter zu und erlaubte eine Differenzierung der Löhne, die jedoch eine zwangsweise Reglementierung der Arbeit nicht ausschloß.[3]

Beginnend in den 30er und 40er Jahren wiesen bereits einzelne russische Nationalökonomen auf die Möglichkeit und die Notwendigkeit einer rationelleren Planung hin, die man insbesondere mit Hilfe des linearen Programmierens erreichen könnte.[4] In diesem Zusammenhang wurde auch die Verwendung von Wertgrößen (im Sinne von Schattenpreisen) vorgeschlagen. Allerdings vermied man wegen der ideologischen Problematik vorerst noch eine Verwendung traditioneller „kapitalistischer" Begriffe wie Preise, Gewinne oder Profite. Auch als in den 50er und 60er Jahren die Zahl der Reformvorschläge zunahm und Begriffe wie Preise und Gewinne zum Teil wieder verwendet wurden, hielt man es für notwendig, den völlig andersartigen Charakter dieser Phänomene im Sozialismus zu betonen.[5] Schon diese terminologischen Probleme weisen natürlich auf die ideologischen Hindernisse gegen eine Verwendung von Wertgrößen zur Steuerung der Planwirtschaft hin.

7.1.2 Widerstände von Funktionären, Managern und Betriebsangehörigen gegen Reformen

Die aus der marxistischen Weltanschauung stammende ideologische Tabuisierung wertmäßiger Steuergrößen ist nicht das einzige Hindernis für den Übergang zu einer anderen Wirtschaftsordnung. Vom Standpunkt der leitenden politischen Instanzen hat die mengengesteuerte Zentralgeleitete Verwaltungswirtschaft den Vorteil, daß die führenden Funktionäre bzw. ihre Gremien fast beliebig überall in den Produktionsprozeß eingreifen können. Das bedeutet zwar keineswegs, daß die leitenden politischen Instanzen den Produktionsprozeß oder die Wirtschaft im erwünschten Sinne gestalten und kontrollieren können. Eine solche optimale Planung ist, wie sich gezeigt hat,

---

[3] Siehe George R. Feiwel, a.a.O., Kap. 1.
[4] Vgl. die Pionierarbeit von L.V. Kantorovich, Ob odnom effectivnom metode reshenia niekotorih klassov extremalnik problem. Doklodi Akad. Nauk. C.C.C.R., 1940, L.V. Kantorovich, The Best Use of Economic Resources, Oxford/London/Edinburgh/New York/Paris/Frankfurt 1965.
[5] Vgl. Wörterbuch der Ökonomie, Sozialismus, Berlin 1973, Stichwort Gewinn: „Während im Kapitalismus der Gewinn ausschließlich Effektivitätskriterium und letztlich Ziel der Produktion ist, werden die Effektivitätsziele für den sozialistischen Betrieb aus den Erfordernissen des ökonomischen Grundgesetzes des Sozialismus abgeleitet. Obgleich im Gewinn der Kombinate und Betriebe wesentliche Ergebnisse der betrieblichen Tätigkeit in zusammengefaßter Form zum Ausdruck kommen, ist es notwendig, für die Beurteilung der Gesamtheit der zu lösenden betrieblichen Aufgaben weitere differenzierte Effektivitätskriterien anzuwenden."

angesichts der unzureichenden Informationen und der fehlgeleiteten Motivation der Beteiligten ganz ausgeschlossen. Dagegen ergibt sich der Vorteil, daß die Mengensteuerung einen Vorwand für beliebige Eingriffe liefert, die dem Versuch einer Ausschaltung politischer Gegner, der Ausdehnung der eigenen Machtfülle oder der Beschaffung von Gütern zum Zweck der eigenen Verwendung dienen können. Die beschriebenen Möglichkeiten werden durch die Mängel des Systems sogar noch vergrößert. Die mangelnde Information über die wirklichen Leistungen von Managern, Betrieben und Behörden läßt häufig Eingriffe als gerechtfertigt erscheinen, die durch persönliches Interesse oder durch die Interessenlage bestimmter Behörden oder Gremien veranlaßt werden und deren Willkür bei besserer Kenntnis der Zusammenhänge leicht zu durchschauen wäre.

Natürlich ist die Macht der politischen Funktionäre auch im System der Mengensteuerung nicht unbeschränkt. Denn einmal stößt sie auf Grenzen durch den Wettbewerb, der mit anderen Funktionären um die Herrschaft stattfindet. Und zweitens wird die Lage bestimmter politischer Funktionäre immer dann gefährdet, wenn die Mißwirtschaft in den von ihnen dominierten Wirtschaftsbereichen zu groß wird bzw. die Konsequenzen ihrer Eingriffe in das System zu nachteilhaft werden. In diesem Fall wird sich bei der Bevölkerung große Unzufriedenheit ausbreiten, die wiederum von anderen Funktionären zum Sturz der vermeintlichen oder tatsächlichen Urheber der Mißstände und zum Ausbau der eigenen Macht benutzt wird. Wieweit diese Faktoren einen Machtmißbrauch ausschließen oder begrenzen, hängt allerdings weitgehend von dem herrschenden politischen System ab. Wir werden auf diese Frage in Kapitel 20 (Band 2) noch näher einzugehen haben.

Unsere Überlegungen führen zu dem Schluß, daß die politischen Funktionäre an Reformen zur Erhöhung der Effizienz oder gar an einer Steuerung der Wirtschaft mit Wertgrößen, durch die die Möglichkeit willkürlicher Eingriffe weitgehend beseitigt würde, höchstens dann interessiert sind, wenn die wirtschaftlichen Schwierigkeiten ein großes Ausmaß erreicht haben.

Stärker noch als bei den politischen Funktionären spricht das Interesse der Manager und Bürokraten gegen eine Steuerung der Wirtschaft mit Wertgrößen. Die regionalen Behörden und die Industrieministerien würden einen großen Teil ihrer Aufgaben verlieren, wenn die einzelnen Betriebe selbständig aufgrund von Preisen, die der Knappheit entsprechen, Güter produzieren, kaufen und verkaufen könnten. Denn bei einer Beteiligung am Gewinn wären die leitenden Betriebsangestellten offenbar daran interessiert, so viel und so effizient wie möglich zu produzieren. Gleichzeitig würden sie sich bemühen, diejenigen Güter herzustellen, die ihrer Art und Qualität nach von anderen Betrieben und von den Verbrauchern nachgefragt werden, um auf diese Weise ihren Absatz zu sichern. Dieses Verhalten aber hätte zur Folge, daß bei Knappheitspreisen Produktionsmittel in ausreichender Menge und in der gewünschten Art zur Verfügung stehen würden. Folglich wäre eine Überwachung der Produktion und der Lieferungen der Betriebe untereinander und an die Konsumenten nicht notwendig. Die bisherigen Aufgaben der regionalen Behörden und der Industrieministerien würden weitgehend entfallen. Es ist naheliegend, daß eine solche Entwicklung den Mitgliedern der Bürokratie mißfallen würde und sie daher der Einführung einer Marktwirtschaft offenen oder versteckten Widerstand entgegensetzen würden.

Aber auch der Betriebsleiter und sogar der überwiegende Teil der Betriebsangehörigen wird Reformen der Zentralgeleiteten Verwaltungswirtschaft in Richtung auf ein adaptives konkurrenzsozialistisches Steuerungssystem meist nicht aufgeschlossen gegenüberstehen. Den erfolgreichen Managern ist es bei Mengenplanung gelungen, sich durch ihre Politik Planziele, Kapazitäten und Produktionsmittellieferungen zu sichern, die ihnen eine Planerfüllung erlauben. Auf diese Weise haben sie sich und ihren Mitarbeitern häufig eine verhältnismäßig sichere und nicht zu anstrengende Tätigkeit verschafft. Außerdem erhalten sie Prämien für eine mäßige Übererfüllung des Plansolls.

Welches Interesse sollten unter diesen Bedingungen Manager und Betriebsangehörige an der Einführung einer wertmäßigen Steuerung mit Gewinnmaximierung haben? Diese würde sie ja zu unbequemen Umstellungen in der Produktion sowie im Bezug und der Lieferung von Gütern zwingen. Sie müßten die Konkurrenz anderer Betriebe fürchten, und ihr Erfolg oder Mißerfolg könnte wesentlich leichter an ihren Gewinn- oder Verlustziffern abgelesen werden. Auch die Rentabilität der vorgeschlagenen Investitionsprojekte könnte leichter überprüft werden, wenn diese nach wie vor von der zentralen Planungsstelle zu genehmigen wären. Das ruhigere und bequemere Leben bürokratischer Manager und in geringerem Maß auch das der übrigen Betriebsangehörigen wäre also zumindest in der Umstellungsperiode gefährdet. Es ist also damit zu rechnen, daß die Einführung einer wertmäßigen Steuerung auch bei den meisten Managern und vielen Betriebsangehörigen auf Widerstand stoßen wird.

Neben den genannten Hindernissen für eine Wirtschaftsreform muß damit gerechnet werden, daß die Funktionäre, Bürokraten und Manager sich während ihrer Tätigkeit in einer mengenmäßig geplanten Wirtschaft an eine Art zu denken und zu handeln gewöhnt haben, die in völligem Gegensatz zu dem steht, was sie bei einer wertmäßigen Steuerung zu leisten hätten. Sie würden also selbst bei bestem Willen vermutlich nur zum Teil und erst nach einer längeren Einarbeitungszeit zu einer befriedigenden Ausübung ihrer neuen unternehmerischen Aufgaben in der Lage sein. Eine erfolgreiche Umstellung würde daher die Entlassung oder Umschulung vieler altgedienter, leitender Persönlichkeiten voraussetzen. Sie würde viel Zeit erfordern und Unzufriedenheit hervorrufen. Aus diesen wie aus den vorher beschriebenen Gründen muß damit gerechnet werden, daß eine Reform nicht nur halbherzig geplant, sondern auch offen und versteckt bekämpft, ja sabotiert werden wird. Darüber hinaus kann ihr Erfolg wegen der Umstellungsschwierigkeiten erst nach längerer Zeit erwartet werden, während auf kurze Sicht sogar Nachteile auftreten können. Es ist daher wahrscheinlich, daß die entscheidenden Politiker auf halbem Weg kehrt und die nur unter großen Bedenken eingeleitete Reform rückgängig machen.

7.1.3 Ursachen für Versuche, die Wirtschaftsordnung zu ändern

Angesichts der gerade beschriebenen Hindernisse für Reformen und der Widerstände gegen sie muß es zunächst erstaunen, daß es dennoch seit 1979 in China und seit der zweiten Hälfte der 80er Jahre in den früheren kommunistischen Ostblockstaaten zu tiefgreifenden Reformversuchen kam. Wo sind die Ursachen für diese Entwicklung zu suchen?

Nach unserer Auffassung sind dafür zwei Ursachen von wesentlicher Bedeutung: Der internationale Machtwettbewerb zwischen den Staaten und die durch die modernen Massenmedien begünstigte Möglichkeit für die Bevölkerung, die Verhältnisse in ihren Zentralverwaltungswirtschaften mit denen in kapitalistischen Marktwirtschaften zu vergleichen. Letzteres betrifft insbesondere die Qualität und Quantität der Güterversorgung und das Ausmaß der individuellen Freiheit. Wie noch zu zeigen sein wird (Band 2, Kapitel 20) ist es kaum ein Zufall, daß alle historischen Zentralverwaltungswirtschaften mit totalitären, autoritären oder oligarchischen politischen Systemen verbunden waren. Ein Vergleich mußte daher zumindest bei bestimmten Kreisen nicht nur zur Unzufriedenheit bezüglich der Güterversorgung, sondern auch der persönlichen Freiheit und der Möglichkeit willkürlicher staatlicher Verwaltungen, Behinderungen und Diskriminierungen führen.

Wichtiger als diese besonders in den ehemaligen Satellitenstaaten der früheren Sowjetunion in Ost- und Mitteleuropa weit verbreitete Unzufriedenheit scheint jedoch die erstgenannte Ursache für die Einleitung von Reformen gewesen zu sein. Es dürfte kein Zufall sein, daß die Reformen in den Großmächten Sowjetunion und China von oben, d. h. von den leitenden Persönlichkeiten der kommunistischen Partei ergriffen wurden. Und erst diese in der Sowjetunion von Gorbatschow eingeleiteten Reformen erlaubten es dem Reformdruck von seiten der Bevölkerung in den verschiedenen Satellitenstaaten Zentral- und Osteuropas, sich gegen eine meist widerstrebende kommunistische Führung durchzusetzen. Welche internationalen Gegebenheiten veranlaßten nun die führenden politischen Persönlichkeiten in der Sowjetunion und China, ökonomische bzw. politische Reformen zu versuchen? Um diese Frage beantworten zu können, muß man sich klarmachen, daß besonders unter modernen Verhältnissen die wirtschaftliche Stärke eines Landes entscheidend für die relative militärische und politische Macht ist, die dieses im internationalen Kräftespiel entwickeln kann und auf die es besonders bei einer Bedrohung von außen, aber auch bei eigenen expansiven Zielen angewiesen ist. Dies ist nun vor allem für Staaten wie die Sowjetunion und China wichtig, die als Großmächte wesentliche Akteure im internationalen Machtkampf waren bzw. sind.[6]

Die Sowjetunion verfolgte ebenso wie China jahrzehntelang expansive Ziele. Die herrschende kommunistische Ideologie verlangte die Unterstützung, Vorbereitung und Einleitung der Weltrevolution durch das sozialistische Staatensystem. Unter den Herrschaft Breshnews wurde daher der Rüstungswettlauf mit den USA als zweiter Supermacht von der sowjetischen Führung verschärft. Als jedoch unter Präsident Reagan die USA ihre Rüstungsanstrengungen ebenfalls erheblich verstärkten, wurde bald klar, daß die Sowjetunion mit der Aufrüstung ihre ineffiziente und wenig innovative Zentralverwaltungswirtschaft zu Lasten der Bevölkerung überforderte und auf die Dauer im Wettlauf mit den USA nicht würde mithalten können. Dieser Zusammenhang wurde von Gorbatschow, dem neuen Generalsekretär, bereits vor Amstantritt erkannt. Er äußerte sich bereits im Dezember 1984 bei einer Konferenz dahingehend, daß Reformen unausweichlich seien, wenn man erreichen wolle, die Sowjetunion als blühende und mächtige Supermacht in das 21. Jahrhundert eintreten zu lassen.[7]

Für China war die Lage Ende der siebziger Jahre noch eindeutiger. Seine unterentwickelte Wirtschaft war nicht in der Lage, dem Großmachtanspruch die notwendige ökonomische Basis zu geben. Vielleicht noch wichtiger, die Kuomintang-Regierung auf Taiwan, die nach wie vor Anspruch auf ganz China erhob, hatte seit Ende der fünfziger, Anfang der sechziger Jahre durch entsprechende Reformen ein kräftiges Wirtschaftswachstum auf Basis einer kapitalistischen Marktwirtschaft mit zweistelligen Wachstumsraten des Sozialprodukts eingeleitet. So drohte bei weiterer wirtschaftlicher Stagnation auf dem chinesischen Festland das kleine Taiwan wirtschaftlich stärker zu werden als das kommunistische China. Außerdem war ein äußerst erfolgreiches wirtschaftliches Wachstum in Hongkong, Singapur, Südkorea und bereits vorher in Japan zu beobachten, d. h. durchweg in Ländern mit marktwirtschaftlichen Ordnung und Privateigentum. Wollte daher die kommunistische chinesische Führung ihre internationale Machtposition nicht völlig verlieren, so mußte sie notgedrungen zu Reformen der Wirtschaftsordnung in Richtung Marktwirtschaft greifen.

---

[6] Vgl. für eine eingehendere Analyse Peter Bernholz, The International Game of Power, Mouton, Berlin/Amsterdam/New York 1985.
[7] Nach einem aus der sowjetischen Presse übernommenen Bericht der Neuen Zürcher Zeitung von 13.12.1984.

7.2 Für den Übergang zu einer Marktwirtschaft erforderliche Reformen

Um eine Zentralgeleitete Verwaltungswirtschaft in eine funktionierende Marktwirtschaft umzuwandeln, müssen die meisten wirtschaftlichen Entscheidungsrechte auf Individuen, Betriebe, Haushalte und freiwillige Vereinigungen oder Verbände übertragen werden. Das bedeutet eine weitgehende Schaffung und Übertragung von Eigentums- und Verfügungsrechten zugunsten von Individuen und Organisationen, was wiederum eine entsprechende Privatrechtsordnung voraussetzt. Eigentums- und Verfügungsrechte müssen rechtlich gesichert sein, Schadensersatzrechte und strafrechtliche Bestimmungen für den Fall ihrer Verletzung eingeführt werden, das Recht auf Übertragung, Vererbung, Tausch usw. der bestehenden Rechte muß in der Rechtsordnung enthalten sein. Wenn nicht mehr vorhanden, sind Grundbuchämter, die den Eigentumserwerb von Grundstücken und Immobilien dokumentieren, Gewerberegister und ähnliches neu einzurichten. Zivilgerichte und eine hinreichende Zahl von Richtern, Rechtsanwälten und Notaren sind erforderlich. Es zeigt sich also, daß eine entwickelte Marktwirtschaft mit Privateigentum einer Vielfalt von Rahmenbedingungen und von Institutionen bedarf, um angemessen zu funktionieren.

Zweitens müssen die Märkte dereguliert werden und die Preise frei vereinbart bzw. festgesetzt werden können durch Individuen und dezentralisierte Organisationen wie Unternehmungen. Denn da nur freie Wettbewerbspreise Informationen über die relative Knappheit der Güter an die Wirtschaftssubjekte übermitteln und diese über erwartete Gewinne und Einkommen oder drohende Verluste bei weitgehenden privaten Eigentumsrechten zu effizienten Entscheidungen und zu innovativen Anstrengungen veranlassen, wird eine Marktwirtschaft umso schlechter funktionieren, je mehr Preise administrativ festgesetzt oder durch Monopole oder Kartelle beeinflußt werden. Hinzu kommt, daß nur flexible freie Preise die Wirtschaftstätigkeit der dezentralen Wirtschaftssubjekte koordinieren und Überschußangebot und Überschußnachfrage vermeiden können.

Um an Märkten tätig werden zu können, müssen die Wirtschaftssubjekte berechtigt sein, nach Belieben Kauf-, Miet-, Pacht- und Dienstleistungsverträge abzuschließen. Es muß daher ein entsprechendes Vertragsrecht vorliegen, mit dessen Hilfe notfalls auch die Einhaltung von Verträgen erzwungen werden kann. Dies ist besonders wichtig bei Verträgen, bei denen Leistung und Gegenleistung zeitlich auseinanderfallen und notwendigerweise Schulden enstehen.

Man beachte im übrigen, daß die Eigentumsrechte von Individuen oder Unternehmungen an Grund und Boden wie auch an Immobilien nicht notwendigerweise vollständig sein müssen. Sehr langfristige Miet- und Pachtverträge, die womöglich vererbbar und übertragbar sind, mögen vielfach ausreichen, um die notwendige Motivation aus Eigeninteresse zu schaffen. Allerdings dürfte die Anreizwirkung zu effizientem Wirtschaften, zu Innovationen und besonders zu angemessenen Re- und Neuinvestitionen umso größer sein, je stärker und sicherer die Eigentumsrechte sind, d. h. je mehr die Wirtschaftssubjekte damit rechnen können, daß sie selbst, ihre Angehörigen oder Nachkommen die Früchte ihre Anstrengungen und Investitionen in Form von höheren Einkommen, Gewinnen, Vermögens- oder Nutzungswerten ernten können.

Eine dritte Bedingung für eine gut funktionierende Marktwirtschaft ist ein gesundes Geld- und Kreditsystem. Die Währungsordnung ist so auszugestalten, daß die Wirtschaftssubjekte erwarten können, daß das Geld seinen Wert behält, bis es für Waren und Dienstleistungen ausgegeben wird. Anderenfalls würde der Gebrauch des Geldes und von auf Geldeinheiten lautenden Forderungen eingeschränkt werden. Solch ein Verhalten müßte jedoch ein Schrumpfen von Kapital- und Kreditmärkten, besonders für langfristige Kredite, mit sich bringen und daher zu einem Rückgang der Investitionen und zu einer Fehlallokation der Produktionsmittel führen, was beides das Wirtschaftswachstum behindern würde.

Es ist ja bekannt, daß in einer dezentralisierten Wirtschaft die Kredit- und Kapitalmärkte und ebenso Finanzinstitutionen wie Banken, Investmentfonds, Versicherungen und Börsen eine bedeutende Rolle bei der Koordination der intertemporalen Verbrauchs- und Investitionsentscheidungen von Haushalten, Unternehmungen und öffentlichen Stellen spielen. Sie sind außerdem bedeutsam bei der Verminderung von Risiken durch die Zusammenfassung vieler Risiken von Haushalten und Betrieben, die sich z.T. ausgleichen, und durch die Diversifikation von Forderungen und Aktien. Aktienmärkte erlauben nicht nur, daß eine Vielzahl von Aktionären große Unternehmungen finanziert, sondern sie helfen, schlechte Unternehmensleitungen durch die Drohung eines „feindlichen" Aufkaufs von Aktien zu kontrollieren, da schlechte Führung zu einem Fall des Aktienkurses führt.

Die Haushalte als Gruppe sind Sparer; sie verzichten auf gegenwärtigen Konsum und gewähren indirekt oder direkt Kredite an Unternehmungen (vgl. Kap. 3) oder öffentliche Stellen. Die Unternehmungen und teilweise auch die öffentliche Hand benötigen diese Kredite, um mehrergiebige und längere Produktionswege einschlagen zu können. Denn da die Erlöse aus den längeren Produktionswegen erst später anfallen, müssen heute aufzubringende Löhne und Ausgaben für andere Investitionen durch die Kredite zwischenfinanziert werden. Das heißt, daß Produktionsmittel durch die Kreditgewährung seitens der Haushalte von der Produktion von Konsumgütern zu der von Investitionsgütern umgeleitet werden, was wiederum Innovationen und ein stärkeres Wirtschaftswachstum ermöglicht.

Daraus folgt, daß die Probleme der intertemporalen Allokation der Produktionsmittel und der Koordinierung von Spar- und Investitionsplänen in einer dezentralisierten Marktwirtschaft nur mit Hilfe von Finanzmärkten und Finanzinstitutionen, die Kredite vermitteln und maßgerecht gestalten, gelöst werden können. Da jedoch Kredite in Geld ausgedrückt sind, ist ein stabiler Geldwert nicht nur eine Voraussetzung dafür, daß die Geldwirtschaft nicht mehr oder minder durch eine ineffiziente Tauschwirtschaft verdrängt wird, sondern ebenso für ein gut funktionierendes System von Kredit- und Finanzmärkten. Wegen der geschilderten Zusammenhänge ist es daher auch offenbar erforderlich, diese Märkte zusammen mit den dazugehörigen Finanzinstituten zuzulassen bzw. zu begründen und die dafür notwendigen rechtlichen Regelungen zu schaffen.

Eine vierte Voraussetzung für eine wohlfunktionierende Marktwirtschaft stellt die Einführung eines angemessenen Steuersystems mit Finanzbehörden und Steuerrecht dar. In einer zentral geleiteten Verwaltungswirtschaft befinden sich die Betriebe ja durchweg in Staatseigentum, so daß der Staat die von ihm beanspruchten bzw. benötigten Einnahmen in Form von Gewinnanteilen direkt einziehen kann. Aus diesem Grunde war das Steuersystem in allen Ländern des früheren Ostblocks und in China unterentwickelt. Steuereinnahmen machten regelmäßig nicht mehr als 25% der gesamten Staatseinnahmen aus.

Als letzte Voraussetzung für eine gut funktionierende Marktwirtschaft ist die Öffnung der Grenzen für Exporte, Importe, Kapitalbewegungen und nicht zuletzt für den freien Personenverkehr (nicht die freie Einwanderung) zu nennen. Alle Beschränkungen, wie Export- und Importkontrollen oder -bewilligungen sind daher ebenso zu beseitigen wie das meist bestehende Außenhandelsmonopol und die Devisenzwangswirtschaft. Eine Öffnung für Importe ist abgesehen von den Vorteilen, die ein freier Außenhandel durch die wohlfahrtssteigernde internationale Arbeitsteilung bietet, auch deshalb wichtig, weil es im Inland zunächst in vielen Sektoren noch an hinreichendem Wettbewerb fehlt. Da andererseits wegen der fehlerhaften Struktur der Wirtschaft in der früheren Planwirtschaft schwierige und schmerzhafte Umstellungen in vielen Industrien erforderlich sind, ist es sicherlich ratsam, für die entsprechenden Produkte für eine Übergangszeit angemessene Schutzzölle einzuführen.

7.3 Finanzielle und monetäre Gegebenheiten in Planwirtschaften vor Reformen

In den vorausgegangenen Kapiteln wurden monetäre, finanzielle und fiskalische Fragen weitgehend vernachlässigt. Ihre Berücksichtigung hätte den vorliegenden Band zu umfangreich werden lassen, ohne wesentlich zum Verständnis der verschiedenen Wirtschaftssysteme beizutragen. Jetzt wird es jedoch – wie in Abschnitt 7.2 für die Marktwirtschaft – notwendig, auf die entsprechenden Gegebenheiten in realen Planwirtschaften etwas näher einzugehen.

Wir haben in den letzten beiden Kapiteln gesehen, daß eine zentrale Mengenplanung und Mengensteuerung an Informations- und Motivationsproblemen scheitert. Lediglich eine mehr oder minder schlechte und nicht gut koordinierte Mengenplanung und Mengensteuerung ist möglich. Aus diesem Grunde haben auch die Staaten des früheren Ostblocks durchweg an dem Gebrauch von Geld, Finanzbeziehungen, an einigen Steuern und an einem rudimentären Banksystem festgehalten oder diese wieder eingeführt. Versuche zu einer Abschaffung des Geldes bald nach der Machtübernahme durch die Kommunisten in Rußland und durch die roten Khmer in Kambodscha scheiterten.

Allerdings spielen in einer Planwirtschaft Preise, Geld und Finanzierung eine durchweg untergeordnete Rolle, da mengenmäßige Produktionsziele vorgeschrieben und auch Produktionsmittel überwiegend zentral zugeteilt werden. Die vorgeschriebenen Planziele müssen realisiert werden, und es ist dabei unwichtig, ob dies zu Verlusten im Sinne einer monetären Kalkulation und damit zu Finanzierungsdefiziten führt oder nicht. Dies gilt nicht nur für Betriebe, sondern auch für Regierungsstellen, von den Gemeindeverwaltungen bis hinauf zur Zentralregierung. Verluste und Finanzierungsdefizite werden mehr oder minder automatisch durch Finanzüberweisungen gedeckt. Denn anderenfalls könnten die mengenmäßigen Planziele nicht verwirklicht werden. Die betreffenden Wirtschaftssubjekte handeln daher in einer Umwelt mit „weichen Budgetbedingungen".[8] Das Bankensystem wird neben der Kreditierung der somit erforderlichen Finanzen zur Überwachung der Betriebe mittels der erforderlichen Überweisungen benutzt. Außerdem nimmt es kurzfristig fällige Spareinlagen des Publikums an und leitet sie weiter. Bemerkenswert ist noch, daß die Zahlungskreisläufe für Betriebe und Haushalte in den früheren sozialistischen Planwirtschaften weitgehend getrennt waren. Bei ersteren hatten die Zahlungen untereinander bargeldlos zu erfolgen, während letztere mit Bargeld zu bezahlen hatten. Schließlich ist zu erwähnen, daß neben den Banken keine anderen finanziellen Institutionen und Finanzmärkte existierten.

Viele Preise, besonders für lebensnotwendige Güter, wurden in realen Planwirtschaften unterhalb der markträumenden Höhe festgesetzt. Die sich ergebende Überschußnachfrage wurde entweder durch Schlangestehen oder andere Formen der Rationierung begrenzt. Für diese Preispolitik gab es vermutlich drei Gründe. Erstens, da auf diese Weise immer genug Nachfrage für Konsumgüter vorhanden ist, kann diese als Beweis für die korrekte Planung der Produktionsziele für die entsprechenden Güter angeführt werden.

---

[8] Dieser Begriff wurde von dem ungarischen Ökonomen Janos Kornai, Anti-Equilibrium, Amsterdam, 1971, geprägt.

Zweitens verlangt die kommunistische Ideologie, daß lebensnotwendige Güter wie Nahrungsmittel, Kleidung und Wohnung nach dem wirklichen Bedarf und nicht in Abhängigkeit vom Einkommen zugeteilt werden. Vielleicht noch wichtiger ist der dritte Grund. Die Güterknappheit, die durch zu niedrig festgesetzte Preise verursacht wird, gibt den Funktionären und Managern die Macht, einen Teil der Güter nach ihrem Belieben zuzuteilen, um sich damit politische und andere Vergünstigungen zu beschaffen, oder um dafür im Austausch andere Güter zu erhalten.

Weiche Budgetbedingungen und Preise unter dem Marktgleichgewicht führen jedoch häufig zur Notwendigkeit finanzieller Unterstützung für Betriebe und öffentliche Stellen, um Verluste, zu ambitiöse Investitionsprogramme oder die durch zu niedrige Preise bedingten Preissubventionen zu finanzieren. Andererseits werden viele Haushalte und profitable Betriebe zwar mehr Güter erwerben wollen, diese jedoch nicht erhalten können. Diese Haushalte und Betriebe sind daher gezwungen, Ersparnisse und Überschüsse zu akkumulieren. Die Ersparnisse werden entweder in bar gehortet oder zu niedrigen Zins auf Sparkonten bei der Staatsbank angelegt. Letzteres gilt auch für die Überschüsse der Betriebe, soweit sie nicht von der Regierung als Staatseinnahmen in Anspruch genommen werden. Diese Einlagen der Betriebe gehören dann zu sogenannten Investitions-, Sozial- oder Lohnfonds.

Es folgt daher, daß es einerseits zu einer Geldschöpfung kommen kann, um Verluste, übermäßige Investitionen, Preissubventionen und staatliche Defizite zu finanzieren. Und zwar ist es in dem Ausmaß der Fall, in dem die Finanzierung nicht aus staatlichen Einnahmen und aus Krediten der Staatsbank, die aus neuen bei ihr deponierten Ersparnissen stammen, gedeckt wird. Andererseits werden kurzfristig fällige Forderungen von Haushalten und Betrieben gebildet, denen keine entsprechenden Güter gegenüberstehen.

7.4 Probleme bei der Durchführung der Reformen in Richtung Marktwirtschaft

Einige wesentliche Probleme für Reformen in Richtung Marktwirtschaft ergeben sich aus den bereits besprochenen Widerständen von Funktionären, Managern und Betriebsangehörigen (vgl. Abschnitt 7.1.2). Andere ergeben sich aus der technischen Schwierigkeit der notwendigen Reformen selbst und den mangelnden Kenntnissen bezüglich derselben, die angesichts jahrzehntelanger Planwirtschaft weitverbreitet und nicht erstaunlich ist. Schon die Einführung all der rechtlichen und finanziellen Institutionen ist eine schwierige Aufgabe. Ferner darf nicht vergessen werden, daß eine Planwirtschaft an großen strukturellen Mängeln leidet, die sich aus vergangener Fehlplanung und den daraus resultierenden Fehlinvestitionen sowie der mangelnden Berücksichtigung der Wünsche der Konsumenten ergeben haben. Daraus folgt aber, daß viele der existierenden Betriebe gar nicht oder nur bei großen Umstellungen in einer Marktwirtschaft überlebensfähig sein werden. Das muß jedoch beim Reformprozeß zu hoher Arbeitslosigkeit in den entsprechenden Sektoren führen, falls die Arbeitslosen nicht überwiegend bald durch neue Betriebe aufgenommen werden. Kommt dazu noch ein Rückgang der Güterproduktion aufgrund fehlerhafter Umstellungen, so wird die Fortführung der Reformen durch weitverbreitete Unzufriedenheit in der Bevölkerung gefährdet.

7.4.1 Probleme der Privatisierung

Eine Privatisierung des gesamten oder auch nur des überwiegenden Teils des Vermögens der Betriebe, des Wohnungs- und Hausbestandes und der landwirtschaftlichen Nutzfläche ist mit größeren Problemen verbunden und relativ zeitaufwendig. Als Möglichkeiten bieten sich an der Verkauf oder die Versteigerung durch eine Privatisierungsbehörde, die mehr oder minder unentgeltliche Übergabe an die Betriebsangehörigen oder Mieter und schließlich eine Übergabe an das Publikum, z. B. mit Hilfe von an dieses ausgegebene Anrechtsscheine (Voucher), die frei handelbar sind und zum Bezug von Unternehmensaktien berechtigen.

Mit der Privatisierung einhergehen sollte möglichst bzw. muß die Gewinnung eines fähigen Managements oder von zur Betriebsleitung geeigneten und motivierten Eigentümern, die Bereitstellung von Investitionsmitteln für eine etwa notwendige Sanierung und die Regelung von bestehenden Schulden und Verpflichtungen (z. B. bei einer Haftung für vom Betrieb angerichtete Umweltschäden) einhergehen.

Alle genannten Verfahren haben ihre Vor- und Nachteile. Einmal ist einsichtig, daß ein Verkauf des ganzen Volksvermögens gegen eine Nachfrage aus laufenden Ersparnissen nicht möglich ist oder auf erhebliche Schwierigkeiten stoßen dürfte, da dann die wertmäßige Nachfrage aus den neuen Ersparnissen, d. h. einer Strömungsgröße, viel zu gering wäre, um das Volksvermögen ohne erhebliche Wertverluste zu kaufen.[9] Andererseits hat ein Verkauf besonders von großen Betrieben den Vorteil, daß dabei von der Privatisierungsbehörde auf ein geeignetes Management und Investitionsmittel zur Sanierung (z. B. aus dem Ausland) geachtet werden kann. Eine Auktion kleinerer und mittlerer Dienstleistungs- und Produktionsbetriebe sowie von Einzel- und Großhandelsgeschäften kann zügig erfolgen und den Wettbewerb der Nachfrager für die Feststellung des Wertes benutzen. Auch ist zu vermuten, daß in diesem Fall regelmäßig nur geeignete Persönlichkeiten ihr Kapital aufs Spiel setzen werden.

---

[9] Dieser Effekt war nach Ansicht von Experten (z. B. Sinn und Sinn 1991) für den geringen Erlös aus den Verkäufen der Unternehmen in der ehemaligen DDR durch die Treuhandanstalt verantwortlich.

Die kostenlose oder verbilligte Ausgabe von Anteilen an die Beschäftigten oder die Abgabe von Wohnungen an die bisherigen Mieter hat den Vorteil, die Widerstände von bisherigen Managern und Betriebsangehörigen oder von Mietern gegen die Reformen zu vermindern oder zu beseitigen und dieselben zu Anstrengungen im Betrieb oder zur Instandhaltung der Wohnungen zu motivieren. Für die Betriebe werden allerdings bei diesem Verfahren keine neuen Investitionsmittel für die Restrukturierung gewonnen und kann das alte, vermutlich oft wiedergewählte Management für die neuen Aufgaben ungeeignet sein. Schließlich könnte die Enttäuschung bei den Betriebsangehörigen groß werden, wenn sich herausstellen sollte, das ein Betrieb trotz aller Anstrengungen nicht überlebensfähig ist. Nicht nur Arbeitslosigkeit, sondern auch ein Verlust des Werts der Anteile wären die Folge. Solche Entwicklungen könnten wegen der Verbitterung der Beteiligten zu unerwünschten politischen Rückwirkungen führen.

Die Ausgabe von Anrechtsscheinen an die Bevölkerung hätte den Vorteil, daß diese tatsächlich am Volksvermögen beteiligt würde. Im Gegensatz zum oben erörteten Fall würde der Erwerb desselben nicht aus der Bildung von Ersparnissen finanziert werden müssen. Schließlich würden die Voucher zum Erwerb der Aktien verschiedener Betriebe verwendet werden können, so daß das Risiko für ihre Eigentümer geringer wäre. Ein kompetentes Management und Mittel für die Restrukturierung wären damit jedoch nicht gewonnen. Allerdings kann man argumentieren, daß Voucher und Aktien solange die Hände wechseln und vermutlich dabei an Wert verlieren würden, bis die Aktienmehrheit an Personen übergegangen wäre, die ein fähiges Management bestellen und dann auch die erforderlichen Kredite erhalten könnten.

Insgesamt gesehen wird vermutlich eine gewisse Verwendung aller drei Methoden empfehlenswert sein. Um die Reformwiderstände gering zu halten, wird es ratsam sein, einen Teil der Anteile an den größeren Unternehmungen zu Vorzugsbedingungen an die Betriebsangehörigen, die Mehrheit derselben jedoch über Voucher an die gesamte Bevölkerung abzugeben. Dies ließe die Möglichkeit offen, daß durch einen Mehrheitserwerb später eine Auswechslung des Managements erfolgen könnte.

Kleine und mittlere Betriebe wären am besten rasch zu verkaufen bzw. zu versteigern, um eine möglichst schnelle Privatisierung dieser meist anpassungfähigen Bereiche der Wirtschaft zu erreichen. Bei Vorhandensein eines Geldüberhangs in Form von Depositen und von jederzeit in Geld einlösbaren Spareinlagen sollte der Verkaufserlös für Anteile, Voucher und kleine und mittlere Betriebe sowie gegebenenfalls für Mietwohnungen diesen Überhang möglichst absorbieren (vgl. Abschnitt 7.5). Der Erlös wäre anschließend zu sterilisieren, um keinen Inflationsschub auszulösen. Besteht dagegen kein Geldüberhang, so müßte aus den angegebenen Gründen darauf geachtet werden, daß das Ausmaß der Verkäufe nicht zu groß ist.

Schließlich ist noch auf drei Punkte hinzuweisen. Erstens können recht positive Ergebnisse statt durch eine volle Privatisierung in vielen Fällen, wie in der Landwirtschaft, auch durch langfristige Pachtverträge erreicht werden. Zweitens ist die Gründung neuer privater Unternehmungen ebenso wichtig wie die Privatisierung bereits bestehender Betriebe. Aus diesem Grunde ist es ratsam, möglichst rasch günstige rechtliche und steuerliche Rahmenbedingungen für Neugründungen zu schaffen und den Erwerb von dafür benötigtem Land und Gebäuden zu ermöglichen. Drittens schafft Privatisierung allein nicht die so wichtige Konkurrenz. Auch private Monopole können hohe Preise verlangen und in gewissem Maße ineffizient und wenig innovativ sein. Es ist daher bei der Privatisierung darauf zu achten, daß möglichst keine Monopole beibehalten oder neugeschaffen werden. Sollte das nicht möglich sein, so ist es wichtig, durch eine Öffnung der Grenzen für die ausländische Konkurrenz Wettbewerbsdruck zu schaffen.

7.4.2 Monetäre und fiskalische Probleme während des Reformprozesses

Es ergibt sich aus der vorausgegangenen Analyse (Abschnitt 7.2), daß Reformen, die Preise und Märkte freigeben und die durch Privatisierung Entscheidungsrechte an Unternehmungen, Haushalte und Gemeinden übertragen, mit der Einführung von Finanzinstituten, gesunden Staatsfinanzen und einer gesunden Währung koordiniert werden müssen.

Verschiedene politisch-ökonomische Hindernisse erschweren die Schaffung einer stabilen Währung und gesunder Staatsfinanzen in einer früher zentral geplanten Wirtschaft. So fürchten sich die Reformer oft davor, alle Preisvorschriften auf einmal aufzuheben. Sie ziehen es vor, die Preise einiger lebensnotwendiger Güter auf niedrigem Niveau festzuhalten, um die Bevölkerung nicht unzufrieden zu machen und dadurch die Position von Politikern zu stärken, die gegen die Reformen sind. Es ist daher nicht überraschend, wenn der staatliche Haushalt mit erheblichen Preissubventionen belastet wird, da die Preise der Produktionsmittel für die entsprechenden Güter nun regelmäßig freigegeben wurden. Ferner fürchten die Politiker die möglichen politischen Folgen von Arbeitslosigkeit und wagen es daher häufig nicht, die Gewährung von Krediten oder Subventionen an Unternehmen einzustellen, die laufend Verluste erleiden, und sie dadurch zu zwingen, sich entweder zu reorganisieren oder bankrott zu machen. Das gilt sogar dann, wenn das Konkursrecht formal wieder eingeführt worden ist.

Da eine Privatisierung Zeit erfordert und auch auf ideologische Widerstände und auf solche der Beteiligten stoßen kann (vgl. Abschnitt 7.1.2), kommt es während des Reformprozesses möglicherweise zu einer weitgehenden Dezentralisierung ohne Privatisierung. Das heißt, Entscheidungsbefugnisse für die Betriebe werden auf die Unternehmungen selbst, auf lokale oder Provinzbehörden übertragen. Das Zögern bezüglich einer Privatisierung wird gefördert durch die Schwierigkeit, verlustbringende Unternehmungen zu verkaufen, und das Gefühl, daß man Betriebe nicht umsonst weggeben sollte.

Daraus folgt, daß oft ungenügende Maßnahmen zur Dezentralisierung ergriffen werden. So werden lokale und Provinzregierungen häufig mit einem hohen Maß von Unabhängigkeit ausgestattet und zu faktischen Eigentümern von mittleren und großen Betrieben gemacht, doch bleiben die größten und oft unrentabelsten Unternehmungen in den Händen der Zentralregierung. In solchen Fällen wird vielfach Privateigentum zunächst nur für kleinere oder neu gegründete Betriebe erlaubt. Unabhängige Bauern können Land lediglich pachten und müssen Maschinen von landwirtschaflichen Kollektivgenossenschaften mieten. Oder man gibt Unternehmungen mit Arbeiterselbstverwaltung ein gewisses Maß an Selbständigkeit, während man andere Betriebe Genossenschaften überläßt.

Die beschriebene Art der Dezentralisation mit schwachen Eigentumsrechten bedeutet jedoch nicht nur eine Schwächung der Motivation zu arbeiten, effizient zu investieren und zu innovieren. Vielmehr werden die Politiker und Bürokraten der lokalen und der Provinzregierungen bei „ihren" Unternehmungen die Erhaltung der Beschäftigung der Arbeitskräfte und die Abschöpfung von Gewinnen für öffentliche Ausgaben anstreben. Wegen des erstgenannten Ziels sind sie daher daran interessiert, den Bankrott von verlustbringenden Betrieben zu verhindern. Das zweitgenannten Ziel veranlaßt sie, die ehrgeizigen Investitionspläne gewinnbringender Unternehmungen zu unterstützen. Um die notwendigen Finanzmittel für beides zu erhalten, unterstützen daher die lokalen und Provinzbehörden die Kreditforderungen der Betriebsleiter und üben Druck auf das Bankensystem aus, diesen Forderungen nachzugeben. Dagegen sind sie nicht bereit, diese finanziellen Anforderungen „ihrer" Betriebe aus ihren eigenen Budgets zu finanzieren, da die erforderliche Verminderung anderer Ausgaben politisch unvorteilhaft wäre.

Ein ähnliches Verhalten kann bei den Funktionären, Bürokraten und Politikern der Zentralregierung erwartet werden. Auch sie müssen nach finanziellen Mitteln Ausschau halten, um Verluste und große Investitionsanforderungen der ihnen unterstellten Betriebe zu finanzieren. Hinzu kommen die Ausgaben für die Preissubventionierung.

Die beschriebene Dezentralisation zusammen mit einem unterentwickelten Steuersystem führen außerdem tendenziell zu einer Verschlechterung der staatlichen Budgets, zumindest während der ersten Stufen des Reformprozesses. Sobald Betriebe dezentralisiert, in arbeiterselbstverwaltete Unternehmungen oder Genossenschaften umgewandelt oder in Eigentum von Kommunen oder Provinzen übergegangen sind, können ihre Gewinne nicht mehr automatisch zu einem großen Teil als Staatseinnahmen von der Zentralregierung abgeführt werden. Und selbst wenn hohe Gewinnsteuern sofort eingeführt werden könnten, würden diese die gewünschte erhöhte Motivation zu effizienterem Arbeiten und zur Innovation, die Ziele der Dezentralisierung sind, beseitigen. Daher können nun Gewinne nur zu einem geringen Teil als Staatseinnahmen beansprucht werden, selbst wenn die Betriebe sich noch in Staateigentum befinden.

Da nun neue Steuern wegen technischer und politischer Schwierigkeiten nur allmählich eingeführt werden können, wird das staatliche Budgetdefizit während des Reformprozesses zunehmen. Unter den technischen Schwierigkeiten für neue Steuern sind dabei die Notwendigkeit einer angemessenen Buchhaltung, die Errichtung oder Umgestaltung von Finanzämtern, ausgebildete Finanzinspektoren und die Einführung brauchbarer Definitionen von Einkommen, Gewinn und Wertschöpfung zu nennen. Allerdings kann die Einführung einiger Steuern einfacher als die anderer sein. So sind Umsatz- oder Verkaufssteuern leichter zu definieren und zu erheben als Einkommens- und Gewinnsteuern. Sie führen außerdem zu hohen Steuererträgen und können auf alle Unternehmungen unabhängig von den Eigentumsverhältnissen angewendet werden. Da sie weniger fühlbar sind, werden sie vermutlich bei der Bevölkerung auf geringeren Widerstand stoßen als eine Einkommenssteuer.

Es hat sich gezeigt, daß aus verschiedenen Gründen während und als Folge des Reformprozesses Verluste bei vielen Unternehmungen, übermäßige Kreditanforderungen für Investitionen und Budgetdefizite von Gemeinden, Provinzen und Zentralregierung zu erwarten sind. Es wird sich daher ein starker Druck auf das Bankensystem ergeben, entsprechende Kredite zu gewähren. Und selbst wenn diese ganz oder teilweise durch Ersparnisse finanziert werden könnten, würde ihre Verwendung für die Abdeckung von Verlusten und Budgetdefiziten nicht zu einer entsprechenden Produktionserhöhung führen. Der Geldüberhang, der meist bereits vor den Reformen existiert, würde also weiter erhöht werden, es sei denn die Preise würden überwiegend freigegeben und würden entsprechend steigen (siehe unten).

Soweit die gewährten Kredite nicht durch neue Ersparnisse finanziert werden, wird der Druck auf die Banken sich auf die Zentralbank ausdehnen, da die ersteren sich bei dieser refinanzieren müssen.

Es ist nun wenig wahrscheinlich, daß die Banken dem Druck zur Kreditgewährung, der von Managern und einflußreichen lokalen und Provinzpolitikern und -bürokraten ausgeht, widerstehen können. Denn diese können ja darauf hinweisen, daß das Überleben von Unternehmungen, die Beschäftigung von Personal und die finanzielle Leistungsfähigkeit von Gemeinden und Provinzen auf dem Spiel stehen. Außerdem wird die Widerstandsfähigkeit der Banken dadurch geschwächt, daß regelmäßig Mitglieder von wichtigen Unternehmungen, von Gemeinde- und Provinzregierungen in ihrem Aufsichtsrat sitzen werden. Werden ferner die Banken nicht vom Konkurs bedroht, weil sie eine Refinanzierung durch die Zentralbank erwarten können, so wird ihr Widerstand weiter abnehmen.

Die Zentralbank befindet sich in einer ähnlichen Lage. Wie kann sie die

Refinanzierungswünsche der Banken ablehnen, wenn diesen der Konkurs droht? Wie kann sie sich weigern, die Kreditwünsche der Zentralregierung zu erfüllen, die zusammen mit den wichtigsten Banken in ihrem Aufsichtsrat vertreten ist und die womöglich das Recht hat, die Direktoren der Bank abzusetzen, falls diese das Budgetdefizit nicht durch Kredite abdeckt?

Insgesamt ergibt sich also folgende Lage: In der Regel existiert ein Budgetdefizit und ein substantieller Geldüberhang bereits vor Einleitung der Reformen. Es hat sich also bei Preisfixierung eine zurückgestaute Inflation aufgebaut. Die Reformen erhöhen aber eher das Budgetdefizit, die Preissubventionen und die Verluste vieler Unternehmungen. Diese Finanzierungsdefizite führen zusammen mit übermäßigen Investitionsprojekten zu weiterer Geldschöpfung, da die notwendigen Kredite nur zu einem Teil aus neuen Ersparnissen finanziert werden können.

Da inzwischen viele Preise freigegeben wurden sind, beginnt daher nun die offene Inflation. Diese wird verständlicherweise von der Bevölkerung auf die Reformen zurückgeführt, zumal die Inflation zeitlich auf die Preisfreigabe folgt. Reformgegner können die sich ergebende Unzufriedenheit benutzen, um eine Aufschiebung oder Rücknahme der Reformen zu verlangen. Als Folge besteht ein starker Druck, die Unabhängigkeit von Unternehmungen, möglicherweise auch von Gemeinden und Provinzen wieder einzuschränken, wesentliche Preise wieder zu fixieren und die Privatisierung aufzuschieben.

Es ist jedoch auch möglich, daß die Gefahr einer offenen Inflation zu anderen politischen Reaktionen führt. So mögen Politiker, die entsprechende Ereignisse bereits in anderen Ländern beobachtet haben, wegen der möglichen politischen Reaktion gar nicht erst wagen, die Preise freizugeben, oder aber übermäßig vorsichtig dabei vorgehen oder schließlich nur administrative Preiserhöhungen statt einer Preisfreigabe vornehmen. Eine solche Politik muß jedoch den Reformprozeß gefährden.

Zweitens ist es denkbar, daß die Regierung mit einer zeitweisen Kreditrationierung auf die überbordende Kreditnachfrage und die inflationären Entwicklungen antwortet. Sobald sich dadurch Wirtschaftstätigkeit und Inflation abgekühlt haben, wird die Kreditvergabe wieder freigegeben. Auf diese Weise gelingt es, die Inflation auf längere Sicht einzudämmen, nicht jedoch, sie zu beseitigen. Man bemerke, daß das grobe Instrument der Kreditrationierung angewendet werden muß, weil anfangs noch keine Geldmärkte existieren, die eine feinere Geld- und Zinspolitik, z.B. durch Offenmarktpolitik erlauben würden.

Eine dritte Reaktionsmöglichkeit besteht in der Radikallösung, bei freien Preisen den Geldüberhang durch eine vorübergehende (Hoch-)Inflation zu beseitigen und diese dann durch Begrenzung der Budgetdefizite und der Geldschöpfung unter Kontrolle zu bringen. Ob eine solche radikale Reform über eine Hochinflation gelingt, ist jedoch fraglich. Denn einmal werden dadurch Inflationserwartungen geweckt, die die Umlaufgeschwindigkeit des

Geldes, wie die deutsche Hyperinflation der 20er Jahre gelehrt hat, mindestens bis auf das zwanzigfache erhöhen können und daher ihrerseits ein erhebliches Inflationspotential schaffen. Zweitens ist bekannt, daß bei hoher Inflation das Budgetdefizit zu steigen tendiert, da von der Steuerveranlagung über die Steuerzahlung bis zur Ausgabe dieser Mittel eine Entwertung derselben stattfindet. Aber selbst wenn es gelingt, Budgetdefizit und Geldschöpfung unter Kontrolle zu bringen, wird eine schwere Depression und ein Rückgang der Reallöhne sowie große Arbeitslosigkeit die Folge sein, falls hohe Inflationserwartungen bestehen und diese nicht auf einen Schlag durch eine Währungsreform mit institutionellen Reformen gebrochen werden. Solche Entwicklungen können jedoch wegen der Reaktion der Bevölkerung eine Weiterführung der Reformen politisch unmöglich machen oder sogar eine (teilweise) Rücknahme erzwingen.

7.5 Art und zeitliche Folge erfolgversprechender Reformen

Unsere Analyse hat gezeigt, daß die politisch-ökonomischen Zusammenhänge und Rückwirkungen des Reformprozesses einschließlich der monetären und fiskalischen Zusammenhänge keine sehr optimistische Prognose für den Erfolg von Reformen in früheren Planwirtschaften erlauben. Andererseits legt sie gewisse Schlußfolgerungen nahe, wie die Gefahren des Reformprozesses durch angemessene und zeitlich vernünftig angeordnete Maßnahmen begrenzt werden können.

Um den Widerstand gegen Reformen zu vermindern und ihre Erfolgsaussichten durch das Zusammenspiel der verschiedenen Maßnahmen zu erhöhen, sollten diese möglichst zügig und soweit wie möglich in einem Zeitpunkt erfolgen. Letzteres ist allerdings sicherlich nicht möglich bezüglich der Privatisierung, der (Wieder-)Einführung einer Privatrechtsordnung (falls diese nicht aus früheren Zeiten einfach übernommen werden kann) und der Einrichtung gewisser Institutionen, wie z.B. von Börsen und Grundbuchämtern.

Andererseits kann und sollte eine Sanierung der Währung nach gewissen Vorbereitungen auf einen Schlag gleichzeitig mit der Preisfreigabe erfolgen, da andernfalls beide Maßnahmen weitgehend ihren Sinn verlieren würden. Denn ohne Preisfreigabe hat ein stabiles Geld wenig Bedeutung, und ohne eine einigermaßen stabile Währung verlieren freie Preise weitgehend ihre Informations- und Lenkungsfunktion. Zu den Voraussetzungen einer Währungssanierung gehört nun vor allem eine Beseitigung der Budgetdefizite und der Finanzierung von Unternehmensverlusten und Kreditanforderungen für Investitionen, soweit diese über die Neubildung von Ersparnissen hinausgehen. Denn nur auf diese Weise kann die inflationäre Geldschöpfung beendet werden. Schließlich muß im Zuge der Reform ein etwa bestehender Geldüberhang beseitigt werden.

Zur Beseitigung des Budgetdefizits ist es allerdings notwendig, rechtzeitig vor der Sanierung der Währung Steuern, wie z. B. eine Umsatz- oder Verkaufssteuer, einzuführen, die leicht zu handhaben, einfach zu verwalten, zu erheben und aufkommensstark sind sowie auf verhältnismäßig geringen politischen Widerstand stoßen. Bei der Währungsanierung selbst sind mit der gleichzeitigen Preisfreigabe und Beendigung der Rationierung Preissubventionen und Subventionen an verlustbringende Unternehmungen soweit wie möglich einzustellen oder zumindest so zu reduzieren, daß sie zusammen mit den anderen öffentlichen Ausgaben aus den ordentlichen Steuereinnahmen gedeckt werden können. Verlustsubventionen sollten nur noch an sanierungsfähige Betriebe gewährt werden.

Eine Währungsreform im engen Sinne des Wortes zur Beseitigung der zurückgestauten Inflation ist nur bei einem allerdings meist gegebenen Geldüberhang notwendig. Zu dessen Beseitigung bestehen verschiedene Möglichkeiten: Eine Abwertung der kurzfristig in Geld umwandelbaren Guthaben auf einen nicht inflationären Restbestand; eine Umwandlung der Guthaben in langfristige, verzinsliche Staatsanleihen; oder schließlich eine Blockierung der Guthaben mit der Maßgabe, daß diese später bei der allfälligen Privatisierung zum Erwerb von Unternehmungen oder von Anrechten (Vouchern) zum Erwerb von Aktien verwendet werden können. Da die Abwertung zu einer starken Unzufriedenheit bei der Bevölkerung führen kann und die Verzinsung der Staatsanleihen den zu sanierenden Staatshaushalt belastet, ist es ratsam, in der Regel der dritten Alternativen den Vorzug zu geben.

Zusammenfassend läßt sich also sagen, daß die Blockierung des Geldüberhangs, die Preisfreigabe, das Ende der Rationierung sowie die Beendigung oder zumindest eine ausreichende Reduzierung von Preissubventionen und Subventionen an verlustmachende Unternehmungen möglichst am selben Tag erfolgen sollten. Dadurch würde insbesondere die psychologische Wirkung der Reformen erhöht werden. Dem gleichen Zweck kann auch die Einführung einer neuen Währung zum gleichen Datum dienen, falls die alte bei der Bevölkerung als wertlos oder inflationär diskreditiert ist.

Diese Maßnahmen sind jedoch für die Sicherung einer langfristigen Stabilität der Währung nicht ausreichend. Dazu müssen vielmehr vor dem genannten Stichtag weitere institutionelle Vorkehrungen getroffen werden, die spätestens mit der Währungsreform wirksam werden. Um eine übermäßige Geldschöpfung und damit eine Inflation auch in Zukunft zu verhindern, bestehen verschiedene Möglichkeiten. Einmal kann eine von der Regierung unabhängige Zentralbank geschaffen werden, die durch Gesetz oder (besser noch) Verfassung verpflichtet ist, ein möglichst stabiles Preisniveau zu sichern und der öffentlichen Hand weder direkt noch indirekt Kredite zu gewähren. Ihre Direktoren sollten unabhängig und unabsetzbar sein, es sei dann, sie hätten das näher zu spezifizierende Ziel der Preisstabilität verfehlt.

Eine zweite Möglichkeit besteht in der Errichtung einer unabhängigen

Währungsbehörde (Currency Board), die gemäß Gesetz oder Verfassung nur neues heimisches Geld ausgeben darf, wenn sie dafür zu einem festen Kurs Devisen einer relativ wertstabilen ausländischen Währung aufkauft.

Schließlich impliziert auch die bloße Festlegung eines festen Wechselkurses zu einer relativ wertbeständigen ausländischen Währung, daß die Zentralbank oder die Regierung die inländische Geldmenge nicht beliebig ändern können. Das setzt allerdings voraus, daß es beiden untersagt sein muß, den Wechselkurs nach Belieben abzuwerten. Es versteht sich von selbst, daß Kombinationen dieser verschiedenen institutionellen Regelungen möglich sind.

Angesichts der aus Wettbewerbsgründen und zur Ermutigung ausländischer Investitionen wünschenswerten baldigen Aufhebung der Devisenzwangswirtschaft und von Einfuhren und Ausfuhren behindernden Vorschriften ist bei der Festlegung eines festen Wechselkurses oder bei der Wechselkurspolitik bei flexiblen Kursen besondere Vorsicht angebracht. Angesichts der ererbten Strukturschwäche der Wirtschaft sollte eine gewisse Unterbewertung der einheimischen Währung für eine gewisse Zeit angestrebt werden, um den Umstrukturierungsprozeß zu erleichtern. Sollte die Inflationsrate trotz der geschilderten Maßnahmen anfänglich höher sein als für die stabilsten ausländischen Währungen, so ist bei festem Wechselkurs von Zeit zu Zeit eine kleine Abwertung erforderlich.

Bezüglich der Privatisierung wurde bereits festgestellt, daß diese zwar zügig erfolgen sollte, doch daß sie trotzdem Zeit erfordern wird. Mit den oben geschilderten Maßnahmen kann also keineswegs bis zu deren Abschluß gewartet werden, obwohl freie Märkte ohne Privatisierung sich weniger günstig auswirken werden.

Selbst wenn die Reformmaßnahmen zügig durchgeführt werden und zeitlich gut aufeinander abgestimmt sind, werden sich wegen der notwendigen Umstrukturierung der Wirtschaft Schwierigkeiten und Härten, wie Konkurse und Arbeitslosigkeit, für eine Übergangszeit kaum vermeiden lassen. Eine möglichst frühe Einführung von obligatorischer Arbeitslosen- und Rentenversicherung und die Weitergewährung einer existenzsichernden Rente an die bereits Pensionierten muß daher rechtzeitig erfolgen. Allerdings sollte das Ausmaß dieser Leistungen bescheiden bleiben, um einmal das staatliche Budget nicht defizitär werden zu lassen und um zweitens nicht die Wettbewerbsfähigkeit der Unternehmungen und die Motivation der Erwerbstätigen durch zu hohe Lasten zu beeinträchtigen.

7.6 Reformen und politisches System

Angemessene Reformen zur Überführung einer Planwirtschaft in eine wohlfunktionierende Marktwirtschaft sind nicht nur schwierig und stoßen auf Widerstand bei den Betroffenen. Vielmehr muß es auch Politiker, politische und bürokratische Institutionen geben, die die erforderlichen Maßnahmen kennen und genügende Macht besitzen, um sie zielstrebig, entschlossen und zügig gegen alle Hindernisse durchzusetzen.

Daraus folgt, daß politische Systeme, die selbst im Reformprozeß zerfallen oder ihre Macht verlieren, keine größeren Erfolgsaussichten für ökonomische Reformen bieten. Auch ist zu bezweifeln, ob demokratische politische Systeme für solch entscheidende Umgestaltungen besonders geeignet sind, da sie stark auf die unmittelbaren Wünsche der Bevölkerung und von speziell durch die notwendige Strukturwandlung betroffenen Gruppen reagieren (vgl. zu den politisch-ökonomischen Tendenzen in einer Demokratie Kap. 16–19). Die notwendige Umgestaltung der Wirtschaft bringt jedoch notwendigerweise wenigstens für eine Übergangszeit Konkurse, Arbeitslosigkeit, Anpassung von subventionierten Preisen, vielleicht auch eine gewisse Inflation hervor und stellt hohe Anforderungen an die Bevölkerung, neu zu lernen, sich anzupassen und Eigeninitiative zu entwickeln. All das wird sich vielfach negativ auf das Wahlverhalten der Betroffenen auswirken, es sei denn, mit Hilfe früh sichtbarer Erfolge könnten die Erwartungen günstig beeinflußt werden. Andernfalls müssen Regierungsparteien und -politiker mit Niederlagen im Parlament und (oder) bei Wahlen rechnen, zumal der Widerstand vieler (früherer) Politiker, Manager und Funktionäre sicher scheint. In einer Demokratie kann daher wohl nur mit in absehbarer Zeit erfolgreichen Reformen gerechnet werden, wenn einsichtige und starke Persönlichkeiten als Politiker diese gut planen, durchführen und der Bevölkerung erklären sowie schon bald auf erste Erfolge verweisen können.

Nun ist regelmäßig zu erwarten, daß Zentralgeleitete Verwaltungswirtschaften vor Beginn der Reformen kein demokratisches und rechtsstaatliches politisches System aufweisen (vgl. Band 2, Kapitel 20). Vielmehr ist eher mit dem Vorhandensein eines totalitären Regimes zu rechnen, dessen Ideologie die zentrale Planung und möglicherweise das öffentliche Eigentum an den Produktionsmitteln rechtfertigt. Die Reformpolitiker gehören daher der herrschenden Partei an und müssen ihre Ideologie vertreten. Sie sehen sich daher mit ihren Reformabsichten einer äußerst schwierigen politischen Aufgabe gegenüber: Die Rechtsstaatlichkeit muß für eine funktionierende Marktwirtschaft wenigstens auf wirtschaftlichem Gebiet hergestellt werden, was eine Machtbeschränkung für Partei und Regierung bedeutet. Die Ideologie ist allmählich so umzudeuten, daß Märkte und möglichst weitgehendes Privateigentum damit zu vereinbaren sind. Schließlich ist die Macht der Reformgegner in Partei und Regierung zu brechen oder zu begrenzen, was möglicherweise nur durch Änderungen des politischen Systems erreicht werden kann.

Hinzu kommt das Verlangen weiter Kreise der Bevölkerung nach Rechtsstaatlichkeit und Freiheit, wobei darunter überwiegend ein demokratisches politisches System verstanden wird. Alle diese Faktoren zusammen können jedoch zu einer Lockerung, ja zu einem Zerfall des bisherigen politischen

Systems und zu einer Auswechslung der Politiker führen, ohne daß dabei die stabilen und entscheidungsfähigen demokratischen Strukturen enstehen, die – wie oben gezeigt – für erfolgreiche Wirtschaftsreformen in einer Demokratie notwendig sind. Kommen noch andere, die politischen Strukturen auflösende Faktoren, wie z. B. bisher unterdrückte nationalistische Strömungen hinzu, so werden diese Verfallserscheinungen die Fähigkeit zu Reformen wegen der für die Entwicklung neuer Institutionen benötigten Zeit vorerst vollends zunichte machen.

Es ergibt sich also, daß ein erfolgreicher und zügiger Übergang zur Marktwirtschaft mit Privateigentum auch wegen der politischen Zusammenhänge schwierig und nicht sehr wahrscheinlich ist. Die größten Erfolgsaussichten weisen vermutlich einmal totalitäre Parteien auf, die die alten politischen Strukturen wie in China (bis heute, 1993) bei Uminterpretation der Ideologie und teilweisem Übergang zum Rechtsstaat aufrechterhalten und daher institutionell die Wirtschaftsreform durchführen können. Andererseits scheinen gute Erfolgsaussichten nur in von starken und kenntnisreichen Politikern geführten Demokratien wie der Tschechischen Republik (1993) zu bestehen. Bei anderen Gegebenheiten muß mit einem lang anhaltenden ökonomischen Niedergang in schlecht funktionierenden Marktwirtschaften mit administrativen Eingriffen, Arbeitlosigkeit, Inflation und Stagnation und instabilen politischen Verhältnissen gerechnet werden.

7.7 Aufgaben

1. Welche Reformen müssen in einer realen Zentralgeleiteten Verwaltungswirtschaft durchgeführt werden, um diese in eine Marktwirtschaft mit Privateigentum umzuwandeln?
2. Welche Rolle spielen Geld und Banken vor Einleitung von Reformen in einer realen Zentralgeleiteten Verwaltungswirtschaft?
3. Wieso entwickelt sich in dieser regelmäßig ein (potentieller) Geldüberhang und damit eine zurückgestaute Inflation?
4. Geben Sie Gründe dafür an, daß viele Preise in einer Zentralgeleiteten Verwaltungswirtschaft meist unter dem markträumenden Niveau liegen.
5. Was sind die Gründe dafür, daß das Steuersystem in einer solchen Wirtschaftsordnung unterentwickelt ist?
6. Welche Möglichkeiten der Privatisierung bestehen, und wieso kann diese nicht auf einen Schlag erfolgen?
7. Welche Reformmaßnahmen können und sollten zusammen an einem Tag erfolgen? Welche vorbereitenden Maßnahmen sind vorher zu treffen, um ein Gelingen der Reformen wahrscheinlich zu machen?
8. Aus welchen Gründen können sich während des Reformprozesses politi-

sche Widerstände gegen Reformen ergeben und wie können diese vermindert werden?

9. Welche politischen Systeme sind am besten geeignet, die Reformmaßnahmen zur Umgestaltung der Wirtschaftsordnung erfolgreich durchzuführen?

7.8 Literatur

Die Aktualität und Bedeutung der Transformationsproblematik hat zu einer kaum überschaubaren Flut an Publikationen geführt. Gute Dienste für eine erste Orientierung leisten

A. BOHNET und C. OHLY, Zum gegenwärtigen Stand der Transformationstheorie – eine Literaturstudie, Zeitschrift für Wirtschaftspolitik 41 (1992), Heft 1, S. 27–50.

Eine breite Übersicht über die konkreten Probleme der Transformation sowie mögliche Lösungsansätze geben

P. MARER und S. ZECCHINI (Eds.), The Transition to a Market Economy. Vol. I: The Broad Issues. Vol. II: Special Issues. Paris: OECD (1991).
The Journal of Economic Perspectives, Vol. 5, No. 4, Fall 1991.
Oxford Review of Economic Policy. Microeconomics of Transition in Eastern Europe. Vol. 7, No. 4, Winter 1991. Macroeconomics of Transition in Eastern Europe. Vol. 8, No. 1, Spring 1992.
K.-H. HARTWIG und H.J. THIEME (Hrsg.), Transformationsprozesse in sozialistischen Wirtschaftssystemen. Ursachen, Konzepte, Instrumente. Berlin/Heidelberg: Springer Verlag (1991).

Für den Bereich der Währungskonvertibilität seien speziell erwähnt

J. WILLIAMSON (Ed.), Currency Convertibility in Eastern Europe. Washington DC: Institute for International Economics (1991).
J.E. GREENE und P. ISARD, Currency convertibility and the transformation of centrally planned economies. Occasional paper No. 81. Washington DC: International Monetary Fund (1991).

Mit der Sequenzproblematik befassen sich

H. GENBERG, On the Sequencing of Reforms in Eastern Europe. Discussion Papers in International Economics, December. Genève: Institut universitaire de hautes Etudes internationales (1990).
D.M. NEWBERY, Sequencing the transition. Discussion Paper No. 575. Centre for Economic Policy Research (1991).
T. APOLTE, Politische Ökonomie der Systemtransformation. Hamburg: Steuer- und Wirtschaftsverlag (1992).

Die Ursachen für Transformationsversuche allgemein werden eingehender erläutert in

P. BERNHOLZ, On the Political Economy of the Transformation of Political and Economic Regimes. Fairfax: Center for Study of Public Choice (1992).

Zu Privatisierungsproblemen nehmen Stellung:

G. und H.-W. SINN, Kaltstart, Tübingen 1991.

Kapitel 8

Marktsozialismus und die arbeiterselbstverwaltete Firma

In Kapitel 6 wurde dargelegt, welche Probleme und Fehlentwicklungen sich bei dem Versuch einer zentralen Mengenplanung in der Zentralgeleiteten Verwaltungswirtschaft mit Staatseigentum an den Produktionsmitteln ergeben. Die Effizienz der Güterversorgung ist gering, die Mitglieder der Gesellschaft werden zu Adressaten bürokratischer Anweisungen, die Möglichkeiten zur Mitbestimmung fehlen weitgehend, die Freiheit des einzelnen ist außerordentlich beschränkt.

Angesichts dieser Sachlage ist zu fragen, ob die beschriebene Situation durch die Einführung einer sozialistischen Marktwirtschaft mit dezentralisierten Konsumentscheidungen verbessert werden könnte. Eine Dezentralisierung mit Hilfe der Märkte bei Konsumentensouveränität erhöht den Einfluß der Gesellschaftsmitglieder als Verbraucher auf Richtung und Ausmaß der Güterproduktion. Da die Mengensteuerung der Produktion durch den Staat entfällt, hat der einzelne darüber hinaus die Möglichkeit, selbst über die Wahl des Arbeitsplatzes zu entscheiden. Diese Faktoren vergrößern den Bereich der eigenen Angelegenheiten, die der Betroffene selbst entscheiden kann, und die Bedeutung der individuellen Mitbestimmungsrechte. Außerdem wird wegen der Dezentralisierung von Produktions- und Verbrauchsentscheidungen das Informationsproblem gemildert, wodurch die Effizienz der Güterproduktion zunimmt. Allerdings trifft das nur zu, wenn hinreichender Wettbewerb herrscht und das Problem der öffentlichen Güter, der Externalitäten und der dynamischen Stabilität einigermaßen gelöst ist, was u. U. geeignete staatliche Eingriffe erfordert.

Die Freiheit der Gesellschaftsmitglieder wird jedoch in der sozialistischen Marktwirtschaft nicht nur durch die Begrenzung der Staatstätigkeit und die Konsumentensouveränität erhöht. Sie wächst auch durch die Übertragung von Verfügungsrechten an den Produktionsmitteln an die Betriebsmitglieder. Zwar stehen in der von uns zu betrachtenden Marktwirtschaft, die sich an das frühere jugoslawische Muster anlehnt, Betriebsanlagen und Maschinen im Eigentum des Staates. Doch haben die Betriebsangehörigen als Kollektiv unter Wahrung des Wertes dieses Bestandes und bei Zahlung eines Zinses an den Staat für das überlassene Kapital das Recht, Maschinen und Anlagen beliebig zur Produktion zu verwenden, Produkte und Produktionsmittel zu verkaufen bzw. zu kaufen und das Betriebseinkommen für Löhne oder Investitionen zu verwenden.

Auf diese Weise hat der einzelne Betriebsangehörige einen direkten oder, bei der Wahl von Firmenleitung und Betriebsrat, einen indirekten Einfluß auf die Entscheidungen seiner Unternehmung. Er kann also an einem Orte, an dem er einen großen Teil seines Lebens verbringt, mitbestimmen und dies bei Angelegenheiten, die für ihn besonders wichtig sind, da sie sich auf die Gestaltung seines Arbeitsplatzes, auf seine zwischenmenschlichen Beziehungen im Betrieb, auf sein künftiges Einkommen und die Sicherheit seiner Stellung beziehen.

Darüber hinaus gibt ihm die Arbeiterselbstverwaltung die Möglichkeit und den Anreiz, seine eigenen Fähigkeiten bei der Lösung gemeinschaftlicher Angelegenheiten zu entwickeln und sich besser über den Betrieb und seine Probleme zu informieren. Es wird ihm also auch eine Chance zur Entfaltung und Entwicklung seiner eigenen Persönlichkeit geboten. Seine Freiheit ist in dieser Beziehung nicht nur größer als die seines Kollegen in der mengengesteuerten Planwirtschaft, sondern auch als die des Arbeitnehmers in der Marktwirtschaft mit Privateigentum. Allerdings muß einschränkend darauf hingewiesen werden, daß die Bedeutung der Mitbestimmungsrechte eines einzelnen Betriebsangehörigen naturgemäß mit wachsender Größe des betreffenden Betriebes abnimmt.

Ein Miteigentum am Betrieb erweitert nun nicht nur die Mitbestimmungsrechte, sondern erhöht auch die Arbeitsmotivation der Betriebsangehörigen. Diese sind ja unmittelbar am Einkommen der Unternehmung beteiligt und werden sich wegen der Teilnahme an den Entscheidungsprozessen stärker mit dieser identifizieren, als das sonst der Fall wäre. Es wäre denkbar, daß die Produktivität der Arbeit in der sozialistischen Marktwirtschaft unter sonst gleichen Bedingungen größer wäre als in der kapitalistischen.

Andererseits ist sorgfältig zu untersuchen, ob die sonstigen Bedingungen tatsächlich gleich sein können. Wir werden daher in diesem Kapitel die allokativen Probleme erörtern, die sich aus der speziellen Eigentumsordnung der sozialistischen Marktwirtschaft ergeben, und dabei einen Vergleich von kapitalistischer und sozialistischer Marktwirtschaft hinsichtlich der Effizienz der Güterproduktion anstreben.

8.1 Ordnungsprinzipien der sozialistischen Marktwirtschaft

Wie die Überlegungen von Abschnitt 6.3 gezeigt haben, ist die Annahme, daß in einem Wirtschaftssystem öffentliches Eigentum herrscht, außerordentlich vage. Die Annahme muß also genauer spezifiziert werden, da unter der Bezeichnung „öffentliches Eigentum" eine Fülle verschiedenartiger Regelungen der Verfügungsrechte verstanden werden kann. Die Auswahl ganz bestimmter Regelungen ist daher mehr oder minder willkürlich. Es empfiehlt sich aus diesem Grunde, sich an Systeme anzulehnen, die in der Realität tatsächlich vorkommen. Auf diese Weise können die abgeleiteten Schlußfolgerungen besser mit den Beobachtungen der Realität verglichen werden. Andererseits bleibt es in diesem Fall dem Leser überlassen, selbst die Auswirkungen andersartiger Regeln für die Eigentumsrechte abzuleiten.

Das einzige Beispiel für das System des Marktsozialismus ließ sich bis etwa 1990 in Jugoslawien finden. Wir werden uns daher bezüglich unserer Annahmen an die seinerzeit dort bestehenden Eigentumsrechte anlehnen. Dabei wird zunächst einmal unterstellt, daß alle Produktionsmittel Eigentum des Staates sind, dieser jedoch die Verfügungsgewalt über die Produktionsmittel gegen die Zahlung von Zinsen weitgehend an die Betriebe abgegeben hat. Die Betriebe, die von den Betriebsangehörigen nach demokratischen Regeln geleitet und kontrolliert werden, können die ihnen überlassenen Produktionsmittel zur Erzeugung von Produkten gebrauchen bzw. verbrauchen. Weiter ist ihnen gestattet, Produkte und Produktionsmittel beliebig zu kaufen oder zu verkaufen. Auch über ihre Einnahmen aus Güterverkäufen können die Betriebe innerhalb gewisser Grenzen frei verfügen.

Bei diesen Einschränkungen handelt es sich um folgende Regeln: Das Betriebskapital muß voll erhalten bleiben, weder Abschreibungen noch Verkäufe von Produktionsmitteln oder Produkten dürfen zu einer Verminderung des Wertes des Betriebskapitals führen. Es sind also in ausreichendem Maße Reinvestitionen vorzunehmen und verkaufte Produktionsmittel im Laufe der Zeit durch Neuanschaffungen in gleichem Wert zu ersetzen. Bis zum Zeitpunkt dieser Neuanschaffungen oder Reinvestitionen müssen die entsprechenden Beträge in der Verfügung des Betriebes bleiben und dürfen nicht an die Betriebsangehörigen verteilt werden. Sie sind also z. B. als langfristige Guthaben bei Banken zu halten. Durch neue, auch eigenfinanzierte, Investitionen geschaffene dauerhafte Produktionsmittel gehen ebenfalls in das Eigentum des Staates über und sind entsprechend zu behandeln.

Abgesehen von diesen Begrenzungen hat der Betrieb volle Verfügungsgewalt über die Überschüsse aus seiner Produktion, d. h. über die erzielte „Wertschöpfung", die der Lohnsumme und den Gewinnen einer kapitalistischen Unternehmung entspricht, da die Zinsen für das Betriebskapital vorher abzuziehen sind. Wir wollen es in der Folge vorziehen, vom „Betriebseinkommen" statt von der Wertschöpfung zu sprechen, da dieser Begriff in der volkswirtschaftlichen Gesamtrechnung der westlichen Industriestaaten anders definiert wird. Das Betriebseinkommen kann ganz oder teilweise dem Lohnfonds und (oder) dem Betriebsfonds zugewiesen werden. Im ersteren Fall fließt er den Betriebsangehörigen als laufendes Einkommen zu, während er im letzteren Fall für Neuinvestitionen verwendet wird.

In den Betrieben herrscht Demokratie in dem Sinne, daß alle Betriebsangehörigen und nur sie über je eine Stimme bei den wichtigsten Betriebsentscheidungen verfügen. Insbesondere haben die Mitglieder des Betriebs das Recht, das Management und den Betriebsleiter zu wählen und über die Verteilung des Betriebseinkommens auf Lohnfonds und Betriebsfonds zu entscheiden. Man beachte, daß ein Arbeitnehmer nach Ausscheiden aus dem Betrieb außer evtl. Pensionsansprüchen weder ein Recht auf Mitbestimmung noch auf Anteile an künftigen Betriebseinkommen behält. Die Aufteilung des Lohnfonds auf die Belegschaft erfolgt nach dem Gleichheitsgrundsatz, d. h. jeder Arbeiter wird nach dem Anteil bezahlt, den die von ihm erbrachte Arbeitsleistung an der gesamten Arbeitszeit des Kollektivs ausmacht. Andere Kriterien wie die Dauer der Betriebszugehörigkeit dürfen keine Rolle spielen.

Wichtig für das Funktionieren des Marktsozialismus ist das Bankensystem. Da die Konsumenten ihre Ersparnisse in der Form von verzinslichen Sparguthaben, über die sie nach Ablauf der Anlagefrist frei verfügen dürfen, bei den Banken anlegen können, wird im Unternehmungssektor notwendigerweise ein Finanzierungsdefizit entstehen. Es ist daher notwendig, daß die Banken den Unternehmungen Kredite gewähren, die dieses Finanzierungsdefizit ausgleichen. Außerdem ist es möglich, daß bestimmte Betriebe ihre frei verfügbaren Mittel nicht selbst investieren wollen, während andere Betriebe die Investitionen erheblich erhöhen möchten. Auch in diesem Fall ist eine Vermittlung durch das Bankensystem notwendig, zumal keine organisierten Märkte für festverzinsliche Wertpapiere bestehen. Schließlich muß daran erinnert werden, daß die Zeitspanne, während der die einzelnen Konsumenten ihre Mittel auf Sparkonten anlegen möchten, und der Zeitraum, den die Unternehmungen für die Amortisation ihrer Investitionen vorsehen, in der Regel nicht übereinstimmen werden. Es fällt daher den Banken die wichtige Aufgabe der Fristentransformation zu, indem sie den Unternehmungen Kredite für eine längere Frist zur Verfügung stellen, als die Spareinlagen gebunden sind. Das Bankensystem hat also die Aufgabe der zeitlichen Koordinierung der Pläne von Haushalten und Unternehmungen auch in der sozialistischen Marktwirtschaft zu übernehmen.

8.2 Analyse des Marktverhaltens selbstverwalteter Firmen bei statischer Betrachtungsweise

„... by the mid-sixties the Yugoslav firm had emerged with substantial freedom from administrative control.... The policies followed must tend to be those that conduce to the welfare of the workers comprising the collective... The difficulty with this arrangement, however, is that the collective may find it advantageous to take actions that are inconsistent with efficient allocation of the nations resources or with community welfare"

Eirik G. Furubotn[1]

---

[1] „Bank Credit and the Labor-Managed Firm: The Yugoslav Case". In: Eirik G. Furubotn und Svetozar Pejovich: The Economics of Property Rights, Cambridge (Mass.) 1974, S. 257f.

In den folgenden Abschnitten wird ein einfaches Modell einer Unternehmung des Marktsozialismus untersucht, das die oben skizzierten Eigentumsrechte berücksichtigt. Wir betrachten dabei zunächst die kurzfristigen Aspekte; danach wenden wir uns in Abschnitt 8.3 der Berücksichtigung der Investitionen zu.

Bei der untersuchten Firma handelt es sich um eine Einprodukt-Unternehmung, die zur Herstellung ihres einzigen Gutes zwei in sich homogene Produktionsmittel verwendet, nämlich Arbeit und ein produziertes Produktionsmittel („Kapital"). Im Unterschied zu den Modellen in Kapitel 2 gehen wir hier nicht von fest vorgegebenen Faktoreinsatzverhältnissen aus, sondern unterstellen die Möglichkeit der Substitution zwischen den beiden Produktionsfaktoren. Wir verfolgen damit das Ziel, zu ermitteln, ob es Konsequenzen für den relativen Einsatz der Produktionsfaktoren hat, wenn einem der Faktoren die Verfügungsrechte über die Produktion zugewiesen werden.

Die technologischen Möglichkeiten der Firma seien daher durch die neoklassische Produktionsfunktion

(8.1) $\quad A = F(K, L)$

beschrieben, die zweimal stetig differenzierbar sei und positive, aber abnehmende Faktorgrenzprodukte aufweise. Ferner seien die beiden Faktoren komplementär zueinander, d. h. die Grenzproduktivität reagiere positiv auf die Menge des jeweils anderen Faktors:[2]

(8.2) $\quad F_L, F_K > 0, F_{LL}, F_{KK} < 0, F_{KL} = F_{LK} > 0.$

Dabei bezeichnet A die Produktmenge, L den in Stunden gemessenen Arbeitseinsatz in der betrachteten Periode und K den Kapitaleinsatz in Maschinenstunden. Die Firma stehe in vollständiger Konkurrenz, d. h. sowohl der Produktpreis p als auch der Kapitalnutzungspreis r sei für sie gegeben.[3] Das an die Arbeiter zu verteilende Betriebseinkommen g ergibt sich dann als Differenz zwischen geplanten Verkaufserlösen und Kapitalkosten:

(8.3) $\quad g := pA - rK.$

Ein wesentlicher Aspekt bei der Bestimmung der Ziele, die die Firma ihren Produktionsentscheidungen zugrundelegt, ist die institutionelle Regelung der Länge des Arbeitstages sowie der Zugehörigkeit von Arbeitern zu den Betrieben. Jede dieser beiden Fragen kann entweder (z. B. durch gesetzliche Be-

---

[2] Wir schreiben F_L für $\partial F/\partial L$ usw.
[3] Dieser Preis ergibt sich als Produkt des Wertes einer eingesetzten Maschine mit dem vom Staat erhobenen Zinssatz.

stimmungen) fest geregelt sein oder aber der Entscheidung der einzelnen Firmenkollektive offenstehen. Folglich können aus der Sicht der Firma vier verschiedene Situationen bezüglich der Variabilität des Arbeitseinsatzes herrschen (vgl. Tabelle 8.1)

Ist die Arbeitszeit des einzelnen Kollektivmitglieds institutionell fixiert, so ist der Arbeitseinsatz L proportional zur Anzahl der Arbeiter, und ein naheliegendes Firmenziel besteht in der Maximierung des Pro-Kopf-Einkommens

(8.4) $$v := \frac{g}{L} = \frac{pA - rK}{L} = \frac{p \cdot F(K,L) - rK}{L}.$$

Ist darüber hinaus auch die Größe und Zusammensetzung des Firmenkollektivs gegeben (d. h. kann das Kollektiv weder Mitarbeiter entlassen noch neue anwerben), so ist L in Gleichung (8.4) eine Konstante, und Maximierung von v ist äquivalent der Maximierung des absoluten Betriebseinkommens g. Letzteres unterscheidet sich jedoch seinerseits nur durch die additive Konstante wl vom Profit einer entsprechenden kapitalistischen Firma,

(8.5) $\pi = pA - rK - wL.$

Die arbeiterselbstverwaltete Firma verhält sich also wie eine profitmaximierende Firma, so daß dieser Fall (linkes oberes Feld in Tabelle 8.1) an dieser Stelle nicht näher untersucht zu werden braucht.

Tabelle 8.1

Variabilität des Faktors Arbeit und Firmenziele

Arbeitszeit	Anzahl der Mitarbeiter fest	variierbar
fest	Profitmaximierung	Maximierung des Betriebseinkommens pro Kopf
variierbar	Maximierung des Nutzens aus Einkommen und Freizeit	

Andererseits sind bei frei wählbarer Arbeitszeit je Arbeiter grundsätzlich deren Präferenzen hinsichtlich der Abwägung zwischen einem höheren Einkommen und mehr Freizeit zu berücksichtigen. Dies kann mit Hilfe eines Nutzenmaximierungs-Kalküls geschehen, das in den beiden in der unteren Zeile von Tabelle 8.1 aufgeführten Fällen grundsätzlich ähnlich aussieht.

Um die Darstellung übersichtlich zu gestalten, beschäftigen wir uns in den folgenden Abschnitten mit den zwei zueinander polaren Fällen, die in Tabelle

8.1 dem rechten oberen und dem linken unteren Feld entsprechen. Wir untersuchen jeweils, wie sich die unterstellte Zielsetzung der Firma in ihrem Marktverhalten äußert und welche Schlußfolgerungen sich daraus für das Marktergebnis, d. h. seine allokative Effizienz und dynamische Stabilität ableiten lassen.

8.2.1 Das Grundmodell: Feste Arbeitszeit – variable Mitarbeiterzahl

8.2.1.1 Kurzfristiges Unternehmensgleichgewicht

Im Grundmodell der arbeiterselbstverwalteten Firma ist die Arbeitszeit jedes einzelnen Arbeiters institutionell fixiert und damit kein Aktionsparameter der Firma. Der Arbeitseinsatz L kann lediglich durch Entlassungen oder durch Neueinstellung von Mitarbeitern variiert werden, die die Mehrheit des Kollektivs beschließen kann. Auf die Problematik dieser letzten Annahme werden wir in Abschnitt 8.2.1.4 näher eingehen.

Kurzfristig sei der Kapitaleinsatz auf K^* Einheiten fixiert und nur der Arbeitseinsatz L durch Variation der Mitarbeiterzahl von der Firma zu beeinflussen.[4] Ein Maximum der Zielgröße „Betriebseinkommen je Arbeiter" in (8.4) ergibt sich dann durch Nullsetzen der 1. Ableitung von v nach der Variablen L,

(8.6) $\qquad \dfrac{\partial v}{\partial L} = \dfrac{1}{L^2} \cdot [L p F_L - (pA - rK^*)] = \dfrac{1}{L^2} \cdot (L p F_L - g) = 0$

(8.7) $\qquad p F_L = \dfrac{g}{L} = v,$

es sind also so viele Arbeiter zu beschäftigen, daß das Wertgrenzprodukt je Arbeiter gerade der Entlohnung entspricht. Ökonomisch ist diese Rekrutierungsregel unmittelbar einsichtig: Aus dem Grundsatz des gleichen Anteils am Betriebseinkommen folgt, daß ein zusätzlich eingestellter Arbeiter g/L Geldeinheiten als Entgelt bekommt, während die Firma durch ihn einen zusätzlichen Erlös in Höhe von pF_L erwirtschaftet. Stimmen beide Werte überein, so wird das ursprüngliche Kollektiv indifferent gegenüber der Neueinstellung sein. Analoge Überlegungen gelten im Falle eines Personalabbaus.

Abb. 8.1 stellt den ermittelten Zusammenhang graphisch dar. Die g/L-Kurve, die das Betriebseinkommen je Arbeiter in Abhängigkeit vom Arbeitseinsatz mißt, erreicht ihr Maximum im Schnittpunkt mit der Wertgrenzproduktkurve der Arbeit.

---

[4] Im folgenden nehmen wir an, die Länge des Arbeitstages sei auf eine Zeiteinheit normiert, so daß L die Anzahl der Mitarbeiter selbst mißt.

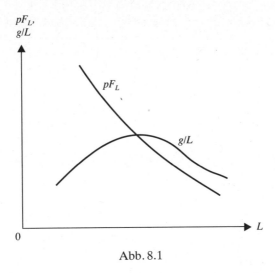

Abb. 8.1

Das beschriebene Maximierungsverhalten hat jedoch nachteilige Konsequenzen für die gesamtwirtschaftliche Effizienz des Marktgleichgewichts. Verfügen nämlich zwei Firmen, die das gleiche Produkt herstellen, über verschieden hohe (fixe) Kapitalausstattungen oder über unterschiedliche Produktionsfunktionen, so werden die Wertgrenzprodukte der Arbeit nicht notwendigerweise einander angeglichen. Die mit mehr Kapital oder einer günstigeren Technologie ausgestattete („reiche") Firma wird in ihrem Gleichgewicht ein höheres Pro-Kopf-Einkommen und daher ein größeres Wertgrenzprodukt der Arbeit realisieren als die „arme" Firma. Eine solche Situation kann gesamtwirtschaftlich nicht effizient sein, da die Gesamtausbringung der beiden Firmen sich erhöhen ließe, wenn Arbeiter von der Firma mit geringerer zu derjenigen mit größerer Grenzproduktivität der Arbeit wanderten. Eine solche Anpassung ist jedoch nicht zu erwarten, da sich ja beide Firmen in ihrem jeweiligen Pro-Kopf-Einkommensmaximum befinden und somit keinerlei Anreiz haben, ihre Mitarbeiterzahl zu verändern.

Eine profitmaximierende Firma in einer kapitalistischen Marktwirtschaft würde dagegen – bei vollständiger Konkurrenz auf dem Arbeitsmarkt – den herrschenden Lohnsatz als gegeben hinnehmen und so viele Arbeiter beschäftigen, daß das Wertgrenzprodukt der Arbeit diesem Lohnsatz entspricht. Da der Lohnsatz für alle Firmen derselbe ist, werden durch diesen Mechanismus die Grenzproduktivitäten der Arbeit einander angeglichen und so gesamtwirtschaftliche Effizienz erreicht.

Ein weiterer Unterschied zur profitmaximierenden Firma betrifft die Reaktion der selbstverwalteten Firma auf Änderungen der beiden exogenen Parameter, des Produktpreises p und des Kapitalnutzungspreises r. Um zu ermitteln, wie der optimale Arbeitseinsatz L und die optimale Ausbringungsmenge A auf Variationen des Produktpreises p reagieren, stellen wir zunächst fest, daß aus der Optimalbedingung (8.7) eine kurzfristige Faktornachfragefunktion $L=L(p,r)$ abgeleitet werden kann. Setzt man diese in (8.7) ein, so ergibt sich

$$(8.8) \qquad pF_L[K,L(p,r)] = \frac{1}{L(p,r)} \cdot [pF(K,L(p,r)) - rK].$$

Der gesuchte Effekt $\partial L/\partial p$ läßt sich hieraus errechnen, wenn man beide Seiten von (8.8) nach der Variablen p differenziert und (8.7) sowie (8.6) einsetzt:

$$(8.9) \qquad pF_{LL} \cdot \frac{\partial L}{\partial p} + F_L = \frac{1}{L^2} \cdot (LpF_L \cdot \frac{\partial L}{\partial p} + LA - g \cdot \frac{\partial L}{\partial p})$$

$$= \frac{1}{L^2} \cdot (LpF_L \cdot \frac{\partial L}{\partial p} + LA - LpF_L \cdot \frac{\partial L}{\partial p}) = \frac{A}{L},$$

d. h., aufgelöst nach $\partial L/\partial p$:

$$(8.10) \qquad \frac{\partial L}{\partial p} = \frac{A/L - F_L}{pF_{LL}} < 0,$$

denn der Zähler der rechten Seite von (8.10) ist positiv, da bei abnehmenden Grenzerträgen das Durchschnittsprodukt eines Faktors immer größer ist als sein Grenzprodukt, und der Nenner ist negativ wegen (8.2). Je höher der Produktpreis p, desto geringer ist also der optimale Arbeitseinsatz L und somit – da der Kapitaleinsatz als konstant vorausgesetzt wurde – auch die Ausbringungsmenge. Kurzfristig ist daher die Angebotskurve der selbstverwalteten Firma „pervers", da die Angebotsmenge auf Preisänderungen gegenläufig reagiert.

Bleibt die Anzahl der Firmen kurzfristig konstant, so ist folglich auch die Produktangebotskurve auf dem Gesamtmarkt fallend. Ist nun die Nachfrage nach dem betreffenden Produkt relativ unelastisch, so kann dies dazu führen, daß das Marktgleichgewicht dynamisch instabil ist (Abb. 8.2): Bei exogenen Störungen findet das System nicht von selbst wieder ins Gleichgewicht zurück, da ein zu hoher Preis ($p>p^*$) einen Nachfrageüberhang und somit weitere Preissteigerungen zur Folge hat und umgekehrt.

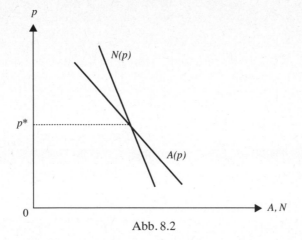

Abb. 8.2

8.2.1.2 Langfristiges Unternehmensgleichgewicht

Langfristig kann auch der Kapitaleinsatz von der betrachteten Firma frei gewählt werden, d. h. ihre Aktionsparameter sind L und K. Die Zielgröße v in (8.4) muß daher nach beiden Variablen partiell differenziert werden, will man ein Maximum des Betriebseinkommens pro Kopf ermitteln. Nullsetzen der Ableitung nach L liefert wieder die Bedingung (8.7), während Differenzieren nach K und Nullsetzen

$$(8.11) \qquad \frac{\partial v}{\partial K} = \frac{1}{L} \cdot (pF_K - r) = 0$$

und daher

$$(8.12) \qquad pF_K = r$$

ergibt. Der fremdbezogene Faktor Kapital wird also – wie von einer profitmaximierenden Firma – in dem Umfang eingesetzt, bei dem sein Wertgrenzprodukt gerade dem Nutzungspreis r entspricht.

Die abgeleiteten Maximierungsbedingungen (8.7) und (8.12) sind jedoch nicht generell und unabhängig voneinander erfüllbar. Um dies zu zeigen, setzen wir (8.7) und (8.12) in die Definitionsgleichung für das Betriebseinkommen, (8.4), ein und erhalten

$$(8.13) \qquad pLF_L + pKF_K = pA$$

bzw. bei positivem Produktpreis p

(8.14) $\quad LF_L + KF_K = A = F(K,L)$.

Die linke Seite von (8.14) ist identisch mit der linken Seite der bekannten Euler-Gleichung, die besagt, daß für homogene Funktionen vom Grade b die Summe der mit ihren partiellen Ableitungen bewerteten unabhängigen Variablen den b-fachen Funktionswert ergibt:

(8.15) $\quad LF_L + KF_K = bA = b \cdot F(K,L)$.

Handelt es sich daher bei F um eine linear-homogene Produktionsfunktion, d. h. liegen konstante Skalenerträge vor, so gilt $b=1$, und Bedingung (8.14) ist wegen der Gültigkeit der Euler-Gleichung immer erfüllt. Die Maximierungsregeln (8.7) und (8.12) sind folglich nicht unabhängig voneinander: Erfüllung der einen ist äquivalent mit der Erfüllung der anderen. Beide können lediglich dazu verwendet werden, ein optimales Einsatzverhältnis der beiden Produktionsfaktoren festzulegen, der absolute Einsatz und die Ausbringungsmenge bleiben dagegen unbestimmt. Daher kann für den Fall konstanter Skalenerträge auch keine Aussage darüber getroffen werden, wie die Firma langfristig auf eine Änderung der Preise reagiert, d. h. ob die Angebotskurve normal oder „pervers" geneigt ist.

Ist andererseits der Homogenitätsgrad b von 1 verschieden, so steht Bedingung (8.14) im Widerspruch zur Euler-Gleichung (8.15), kann also selbst nie erfüllt sein, d. h. es existiert kein inneres Firmenoptimum mit positiven, aber endlichen Werten der Entscheidungsvariablen K und L.

Ökonomisch bedeutet dies, daß die selbstverwaltete Firma bei homogener Produktionsfunktion mit *zunehmenden* Skalenerträgen ebenso wie eine entsprechende profitmaximierende Firma (vgl. Abschnitt 4.1) einen Anreiz hat, über alle Grenzen hinaus zu expandieren, da die Zielgröße v eine wachsende Funktion der Faktoreinsätze ist. Bei *abnehmenden* Skalenerträgen ist v dagegen eine fallende Funktion der Einsatzmengen, so daß das Pro-Kopf-Einkommen der Arbeiter sein theoretisches Maximum bei einem Arbeitseinsatz von Null annimmt. Dieses Ergebnis wirft ein ungünstiges Licht auf das gewählte Ziel einer Maximierung des Pro-Kopf-Einkommens, da sich zu seiner Erreichung die Belegschaft nach und nach auflösen müßte und sich nur noch der letzte verbliebene Arbeiter an dem schließlich erreichten hohen Pro-Kopf-Einkommen erfreuen könnte. Wir werden auf die Problematik dieses Modellergebnisses im Rahmen der Kritik der Annahmen in Abschnitt 8.2.1.4 zurückkommen.

Eine Selbstauflösung des Arbeiterkollektivs bei abnehmenden Skalenerträgen kommt dann (auch theoretisch) nicht in Betracht, wenn die Firma an den Staat unabhängig vom Ausbringungsniveau eine feste Abgabe R entrichten muß. Die entsprechend modifizierte Zielgröße

(8.16) $$v^* = \frac{g^*}{L} = \frac{pA - rK - R}{L}$$

wird bei hinreichend kleinen Faktoreinsatzmengen L und K negativ, so daß hier auch bei abnehmenden Skalenerträgen die Existenz eines inneren Optimums gesichert ist. Die Marginalbedingung (8.12) bleibt in diesem Fall weiterhin gültig, während (8.7) durch

(8.17) $\quad pF_L = g^*/L$

ersetzt wird. Folglich modifiziert sich (8.13) zu

(8.18) $\quad pLF_L + pKF_K = pA - R,$

so daß sich unter Verwendung von (8.15)

(8.19) $$A = \frac{R}{p(1-b)} > 0$$

wegen $b<1$ ergibt.

Das in der kurzfristigen Analyse gefundene Resultat einer perversen Angebotsreaktion gilt also in diesem Fall auch langfristig, da die Ausbringungsmenge A sich umgekehrt proportional zum Produktpreis verhält: Bei Existenz einer festen Abgabe wird die Produktion auf Preisänderungen hin so variiert, daß der Verkaufserlös immer konstant bleibt. Auch hier ist also die dynamische Stabilität des Marktgleichgewichts gefährdet.

In die gleiche Richtung wie die Ausbringungsmenge muß sich auch der Arbeitseinsatz bewegen. Denn die Erfüllung der Bedingung (8.12) erfordert, daß bei steigendem Produktpreis p und konstantem Kapitalnutzungspreis r die Grenzproduktivität des Kapitals, F_K, sinken muß. Da gleichzeitig, wie eben gezeigt, das Produktionsniveau sinkt, bedeutet dies (wegen $F_{KL}>0$) notwendigerweise eine Erhöhung der Kapitalintensität, d. h. der Arbeitseinsatz muß noch stärker zurückgehen als die Ausbringung. Wie im kurzfristigen Unternehmensgleichgewicht wird also auch hier weniger gearbeitet, wenn sich die Marktbedingungen für die Firma verbessern.

Schließlich sei der Fall betrachtet, daß die Produktionsfunktion F nicht homogen, aber weiterhin homothetisch ist. Homothetizität bedeutet, daß entlang eines beliebigen Strahls durch den Ursprung im Faktormengen-Diagramm alle Isoquanten die gleiche Steigung aufweisen. Bezüglich der Skaleneigenschaften sei ein ertragsgesetzlicher Verlauf der Produktionsfunktion angenommen, d. h. es gelten zunächst steigende und von einem bestimmten Niveau A^* an abnehmende Skalenerträge. Dies ist in Abb. 8.3 dargestellt, in

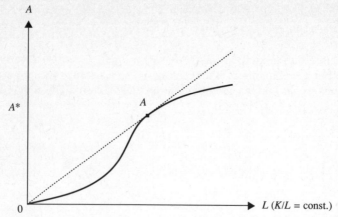
Abb. 8.3: *Niveauertragsfunktion zu einer homothetischen Produktionsfunktion*

dem das Produktionsniveau zur Menge eines Faktors (hier: Arbeit) bei fester Kapitalintensität (K/L) in Beziehung gesetzt ist („Niveauertragsfunktion").

In diesem Fall folgt aus der Optimierungsbedingung (8.14), daß genau dasjenige Outputniveau gewählt wird, bei dem lokal konstante Skalenerträge vorliegen, also genau bei dem schon erwähnten Produktionsniveau A^*, bei dem ein Strahl durch den Ursprung tangential an die Niveauertragsfunktion verläuft (Punkt A in Abb. 8.3). Dieses Niveau A^* wird, wie man an (8.14) erkennt, unabhängig vom Produktpreis p gewählt, d. h. die Produktangebotsfunktion ist starr.

Das bedeutet jedoch nicht, daß auch die Faktoreinsatzmengen gegenüber Variationen des Produktpreises invariant sind. Es kann vielmehr gezeigt werden, daß mit steigendem Produktpreis die Produktionsmenge je Arbeiter, A/L zunehmen muß. Ein eleganter Beweis dieser Behauptung stützt sich auf das Konzept der „indirekten Zielfunktion", die das maximal erreichbare Pro-Kopf-Einkommen v als Funktion der exogenen Parameter p und r ausdrückt:

$$(8.20) \quad v^0(p,r) = \frac{p \cdot F[K^0(p,r), L^0(p,r)] - rK^0(p,r)}{L^0(p,r)}$$

Nach dem Envelope-Theorem[5] gilt für die partielle Ableitung dieser Funktion nach dem Parameter p:

$$(8.21) \quad \frac{\partial v^0}{\partial p} = \frac{F(K,L)}{L} = \frac{A}{L}.$$

---

[5] Vgl. etwa H.R. Varian, Microeconomic Analysis, 2. Aufl., New York 1984, S. 327ff.

Ferner läßt sich zeigen, daß die indirekte Zielfunktion konvex in p ist,[6] so daß ihre zweite partielle Ableitung nach p positiv ist, d. h. es gilt:

(8.22) $\quad \dfrac{\partial^2 v^0}{\partial p^2} = \dfrac{\partial (A/L)}{\partial p} > 0,$

womit die aufgestellte Behauptung bewiesen ist. Da die Produktionsmenge selbst jedoch, wie oben gezeigt, konstant bleibt, muß folglich bei steigendem Produktpreis der Arbeitseinsatz abnehmen! Das für das kurzfristige Unternehmensgleichgewicht in (8.10) abgeleitete Ergebnis $\partial L/\partial p < 0$ gilt also bei homothetischer Produktionsfunktion auch langfristig.

8.2.1.3 Auswirkungen auf den Arbeitsmarkt

Nachdem wir die Auswirkungen der angenommenen Ausgestaltung der Eigentumsrechte und der Arbeitszeitregelung für die Produktmärkte besprochen haben, wenden wir uns in diesem Abschnitt einer kurzen Diskussion der Folgen auf dem Arbeitsmarkt zu. Mit Hilfe von Abb. 8.4 wird zunächst der Arbeitsmarkt einer kapitalistischen Marktwirtschaft unter Annahme vollständiger Konkurrenz besprochen, und anschließend werden durch eine Gegenüberstellung die besonderen Verhältnisse bei sozialistischer Marktwirtschaft herausgearbeitet.

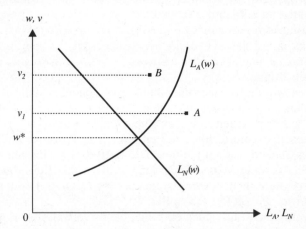

Abb. 8.4: *Der Arbeitsmarkt bei sozialistischer und bei kapitalistischer vollständiger Konkurrenz*

---

[6] Vgl. N.J. Ireland und P.J. Law, The Economics of Labour-Managed Enterprises, London 1982, S. 34.

Auf der Ordinate von Abb. 8.4 sind der Lohnsatz je Stunde, w, und das Betriebseinkommen je Arbeitsstunde, v, abgetragen. Auf der Abszisse sind das gesamtwirtschaftliche Arbeitsangebot, L_A, und die gesamtwirtschaftliche Nachfrage nach Arbeit, L_N, angegeben. Die letztere ist gleich der Summe der Arbeitsnachfragen aller Betriebe. Das Arbeitsangebot ist die Summe der Arbeitsangebote aller Haushalte.

In der kapitalistischen vollständigen Konkurrenz sind sowohl Arbeitsangebot als auch Arbeitsnachfrage von der Höhe des Lohnsatzes abhängig. Es ergibt sich also:

(8.23) $\quad L_A{}^{kap} = L_A(w)$

(8.24) $\quad L_N{}^{kap} = L_N(w)$

Beide Funktionen sind in Abb. 8.4 dargestellt. Es läßt sich leicht beweisen, daß die Arbeitsnachfrage jeder einzelnen Firma mit steigendem Lohnsatz abnimmt.[7] Da diese Schlußfolgerung für jede einzelne Unternehmung gilt, verkleinert sich auch die gesamtwirtschaftliche Arbeitsnachfrage mit steigendem Lohnsatz. Folglich fällt die Kurve $L_N(w)$ in Abb. 8.4 von links oben nach rechts unten.

Für die Gesamtangebotskurve für Arbeit, $L_A = L_A(w)$ wurde der in Abb. 8.4 angegebene Verlauf angenommen. Dieser unterstellt, daß das Arbeitsangebot mit steigendem Lohnsatz zunimmt, weil die schon tätigen Arbeitnehmer bei höherem Lohn mehr arbeiten und bisher nicht erwerbstätige Personen eine Berufstätigkeit aufnehmen möchten.[8]

Im Schnittpunkt der Angebots- und Nachfragekurve ergibt sich der Gleichgewichtslohnsatz, w^*, bei vollkommener Konkurrenz auf dem Arbeitsmarkt. Arbeitsangebot ist gleich Arbeitsnachfrage, $L_A = L_N$, und es gibt keine unfreiwillige Arbeitslosigkeit.

Vergleichen wir diese Zusammenhänge mit denen in der sozialistischen Marktwirtschaft. Es läßt sich nun zeigen, daß es selbst bei vollständiger Konkurrenz auf dem Arbeitsmarkt zu einem Ungleichgewicht kommen kann, da kein Lohnsatz existiert, durch dessen Änderung Angebot und Nachfrage einander angeglichen werden können. Die Betriebsangehörigen beziehen ja für eine Arbeitsstunde keinen Lohnsatz, sondern das Betriebseinkommen dividiert durch die Zahl der Arbeitsstunden, $v = g/L$. Diese Größe unterscheidet sich in der Regel von Betrieb zu Betrieb.

Die geplante Nachfrage jedes einzelnen selbstverwalteten Betriebs nach Arbeitskräften, die sich aus der Erfüllung der Optimalbedingungen, insbeson-

---

[7] Vgl. z.B. M. Neumann, Theoretische Volkswirtschaftslehre II, 3. Aufl., München 1991, S. 86.
[8] Eine umgekehrte Reaktion des Arbeitsangebots ist jedoch bei hohem Ausgangsniveau des Lohnsatzes auch denkbar. Vgl. dazu Abb. 8.5 in Abschnitt 8.2.2.

dere (8.7), ergibt, ist anders als bei einer profitmaximierenden Firma eine feste Größe und keine Funktion des zu zahlenden Lohnsatzes. Ferner kann die Firma das Entgelt nicht von den Bedingungen am Arbeitsmarkt abhängig machen, sondern dies ist durch das Maximum des Pro-Kopf-Einkommens v fest determiniert. Die Nachfrage nach Arbeit kann daher als punktförmig beschrieben werden. Aggregiert man die punktförmigen Nachfragen der einzelnen Betriebe, so ergibt sich eine gleichfalls punktförmige Gesamtnachfrage nach Arbeit. Die Mengenkomponente (Abszissenwert in Abb. 8.4) ist dabei einfach die Summe der festen Nachfragemengen der einzelnen Firmen. Die Preiskomponente (Ordinatenwert) ist schwieriger zu bestimmen. Denn, wie erwähnt, bieten die Betriebe unterschiedliche Stundenentgelte an, da sie verschieden hohe maximale Pro-Kopf-Einkommen erwirtschaften können. Wir wollen das niedrigste Pro-Kopf-Einkommensmaximum aller Betriebe als den Nachfragepreis nach Arbeit verstehen.

Es liegt auf der Hand, daß die punktförmige Arbeitsnachfrage nur zufällig mit einem Punkt auf der Arbeitsangebotskurve übereinstimmen kann. In Abb. 8.4 sind zwei alternative gesamtwirtschaftliche Arbeitsnachfrage-Punkte A bzw. B eingezeichnet, für die dies nicht zutrifft. In der durch Punkt A symbolisierten Situation ist die geplante Arbeitsnachfrage größer als das bei dem zugehörigen Entgelt v_1 geplante Arbeitsangebot der Haushalte. Es herrscht Vollbeschäftigung mit Rationierung des Faktors Arbeit, denn nicht alle Betriebe können die für ihre geplante Produktion benötigten Arbeitskräfte erhalten. Umgekehrte Schlußfolgerungen ergeben sich für die in Punkt B dargestellte Arbeitsnachfrage: Zu dem von den Betrieben (mindestens) angebotenen Stundenentgelt v_2 wollen mehr Personen arbeiten, als die Betriebe einzustellen planen, es herrscht also Arbeitslosigkeit. Wie man aus der Abb. 8.4 ferner erkennt, würden viele Arbeitslose zwar auch bei einem geringeren Lohnsatz als v_2 arbeiten wollen. Auch wären sicherlich Unternehmungen bereit, zu einem Lohnsatz $w<v_2$ zusätzliche Arbeitskräfte einzustellen, sofern diese keine Eigentumsrechte im Betrieb erwerben würden und nur Anspruch auf den Stundenlohn w hätten. Das ist jedoch nach der Rechtsordnung, speziell nach dem Gleichheitsgrundsatz nicht zulässig, und die Arbeitslosigkeit bleibt daher erhalten.

Bei diesen Überlegungen sind wir stillschweigend von einer fest vorgegebenen Anzahl von Firmen ausgegangen. Diese Annahme ist bei kurzfristiger Betrachtungsweise sicher gerechtfertigt. Unsere Analyse impliziert, daß auch dann, wenn einmal ein Gleichgewicht auf dem Arbeitsmarkt herrscht, eine exogene Störung (z.B. eine Rechtsverschiebung der Arbeitsangebotskurve) zu einem Ungleichgewicht führt, das durch Reaktionen bestehender Firmen nicht beseitigt werden kann. Langfristig ließe sich die erwähnte Unterbeschäftigung in Situation B beseitigen oder zumindest verringern, wenn sich Gruppen von Arbeitslosen zusammentun und neue Firmen gründen könnten. Der Staat müßte dafür jedoch dazu bereit sein, jeder Gruppe von Arbeitern, die eine Firmengründung wünscht, die benötigten Gebäude, Maschinen und Anlagen zur Verfügung zu stellen. Wir werden unten (Abschnitt 8.5) auf die Problematik und die Grenzen dieser Lösungsmöglichkeit näher eingehen.

8.2.1.4 Kritik an den Annahmen des Grundmodells

Die in den vorangegangenen Abschnitten aufgezeigten negativen Konsequenzen des Verhaltens selbstverwalteter Firmen auf die Effizienz und dynamische Stabilität des Marktgleichgewichts sowie auf die Vollbeschäftigung müssen relativiert werden, wenn man die Annahmen des bis hierher behandelten Grundmodells einer kritischen Analyse unterzieht. Diese beinhalten ja eine institutionell fixierte Arbeitszeit jedes Arbeiters und eine frei variierbare Mitarbeiterzahl jeder Firma. Bei beiden Aspekten ist, wie im folgenden zu zeigen sein wird, der Realitätsbezug fragwürdig.

Zum einen ist es nicht plausibel, daß die Verfügungsrechte über die einzelne Firma, die das jeweilige Mitarbeiterkollektiv in der sozialistischen Marktwirtschaft erhält, nicht auch die Regelung der Arbeitszeit einschließen soll. Eine realistischere Beschreibung der Firmenstruktur bei Arbeiterselbstverwaltung hätte demgegenüber davon auszugehen, daß die Kollektivmitglieder entsprechend ihren Präferenzen für Einkommen und Freizeit die Arbeitszeit selbst regeln dürfen (vgl. Abschnitt 8.2.2). Im Hinblick auf die Eigentumsrechte an der Firma noch problematischer ist jedoch die Annahme (auch kurzfristig) freier Variierbarkeit des Mitarbeiterstamms. Das Hauptproblem bei Neueinstellungen besteht darin, ob in Abwesenheit eines perfekten Arbeitsmarkts überhaupt jederzeit neue Arbeitskräfte angeworben werden können. Es muß daher stillschweigend unterstellt werden, daß auf dem Arbeitsmarkt wie in Situation B in Abb. 8.4 ständige Unterbeschäftigung herrscht. Außerdem wird eine Firma angesichts der noch zu diskutierenden Schwierigkeiten beim Abbau von Arbeitskräften nur dann zu Neueinstellungen bereit sein, wenn die sie auslösenden Änderungen der Marktparameter als permanent angesehen werden. Bei dieser Strategie kann eine Firma jedoch nicht ständig in ihrem jeweiligen Gleichgewichtspunkt sein, so daß die Angebots- und Nachfragereaktionen in der Realität wesentlich träger sein werden, als sie in den Modellableitungen oben beschrieben wurden.

Noch gravierender ist die Problematik der Entlassung von Kollektivmitgliedern, falls dies bei exogener Parameteränderung erforderlich ist, um ein neues Firmenoptimum zu erreichen. So liefert die Theorie keine Antwort auf die Frage, welche Arbeiter aus einem Kollektiv ausscheiden sollen. Sieht man von beiderseits freiwilliger Trennung von Arbeitskräften einmal ab und betrachtet nur Entlassungen gegen den Willen des Betroffenen, so müssen dazu zwei Voraussetzungen erfüllt sein:

1. die Anwendung einer Entscheidungsregel im Kollektiv unterhalb der Einstimmigkeitsregel, denn bei Einstimmigkeit hätte ja jeder potentiell Betroffene ein Veto, und ein Personalabbau käme nie zustande.

2. die bereits vor der Abstimmung feststehende Reihenfolge der potentiell zu Entlassenden, z. B. nach dem Anciennitätsprinzip (entlassen werden immer nur die zuletzt ins Kollektiv Aufgenommenen).

In diesem Fall wüßten die 51% „dienstältesten" Mitglieder der Firma, daß sie nicht von einer Entlassung betroffen sein werden, und sie können sich tatsächlich so verhalten, als ob ihre Zielgröße das Pro-Kopf-Einkommen der *verbleibenden* Kollektivmitglieder ist.

Man kann sich nun bei genereller Unterbeschäftigung vorstellen, daß von einer Kündigung betroffene Arbeiter, die keine alternative Anstellung in Aussicht haben, ihre ehemaligen Kollegen durch Kompensationszahlungen zur Rücknahme der Entlassung zu bewegen versuchen. Eine solche Lösung, die de facto auf eine Einkommensdifferenzierung innerhalb des Kollektivs hinausläuft, stellt jedoch einen Verstoß gegen den oben postulierten Grundsatz der gleichmäßigen Aufteilung des Betriebseinkommens unter den Firmenangehörigen dar. Sind Ausgleichszahlungen erst einmal zugelassen, so ist damit der Ausbeutung einer Minderheit der Kollektivmitglieder durch die Mehrheit mittels der Androhung von Entlassung Tür und Tor geöffnet. Von dort ist kein weiter Schritt mehr zur befristeten Vergabe von Lohnarbeit an Außenstehende zu einem geringeren Entgelt als dem Einkommen der dauernden Mitarbeiter (vgl. Abschnitt 8.4).

Da die beschriebenen Tendenzen zum einen den Grundprinzipien der sozialistischen Marktwirtschaft zuwiderlaufen und zum anderen ein ständiges Konfliktpotential in den einzelnen Betrieben schaffen, ist zu erwarten, daß die Arbeiter in einem solchen System entweder betriebsinterne oder – durch den politischen Prozeß – gesetzliche Regelungen durchsetzen werden, die eine Entlassung gegen den Willen des betroffenen Mitarbeiters verbieten. Eine Verminderung der Zahl der Arbeitnehmer wird dann hauptsächlich nur im Wege des natürlichen Ausscheidens möglich sein. Die Konsequenz wird eine äußerst rigide Haltung der Firmenkollektive gegenüber Neueinstellungen sein, so daß man im Endergebnis von einer nahezu fest vorgegebenen Anzahl von Mitarbeitern je Firma ausgehen kann.

Eine weitere Alternative zur Regel 2. lautet, daß bei Änderungen der Marktpreise zunächst über die Zahl der etwaigen Entlassungen abgestimmt wird und erst anschließend per Losentscheid die Namen festgelegt werden. Dieses Verfahren ändert das Maximierungskalkül des repräsentativen Mitglieds im kurzfristigen Fall (konstanter Kapitaleinsatz K^*) wie folgt. Es sei L_0 die Mitarbeiterzahl in der Ausgangslage, und der Produktpreis steige von p_0 auf p_1. Ferner erhalte jeder Entlassene aus anderen Quellen ein Einkommen von w (z. B. Arbeitslosenunterstützung). Dabei wird angenommen, daß w höchstens so groß ist wie das ursprüngliche Pro-Kopf-Einkommen in der Firma, weil es sich sonst für keinen gelohnt hätte, in der Firma zu bleiben, und daß jenes in der Ausgangslage maximiert war:

(8.25) $$w \leq \frac{p_0 F(L_0, K^*) - rK^*}{L_0} = p_0 F_L(L_0, K^*)$$

Ist dann die neue „optimale" Mitarbeiterzahl durch L ($< L_0$) gegeben, so beträgt bei einem fairen Losverfahren die Entlassungswahrscheinlichkeit für jedes ursprüngliche Kollektivmitglied $(L_0 - L)/L_0$. Folglich beträgt der Erwartungswert des Pro-Kopf-Einkommens:

(8.26) $$E(v) = \frac{L}{L_0} \cdot \frac{p_1 F(L, K^*) - rK^*}{L} + \frac{L_0 - L}{L_0} \cdot w \quad \text{falls } L < L_0.$$

Bildet man die erste Ableitung von $E(v)$ nach L, so ergibt sich:

(8.27) $$\frac{dE(v)}{dL} = \frac{p_1 F_L(L, K^*) - w}{L_0} \geq \frac{p_1 F_L(L_0, K^*) - w}{L_0},$$

solange $L \leq L_0$ angenommen wird, da $F_{LL} < 0$ gilt. Der Zähler des rechten Bruchs in (8.27) ist jedoch wegen (8.25) und $p_1 > p_0$ eindeutig größer als null. Damit ist gezeigt, daß im betrachteten Bereich das erwartete Pro-Kopf-Einkommen, bezogen auf alle ursprünglich Beschäftigten, mit der Höhe der Mitarbeiterzahl zunimmt, und Entlassungen aufgrund einer Produktpreiserhöhung können daher niemals optimal sein. Stattdessen würde die Mitarbeiterzahl und damit auch das Produktionsniveau kurzfristig gegenüber dem Produktpreis starr sein.

Das abgeleitete Ergebnis[9] ist jedoch insofern problematisch, als es mit der ihm zugrundeliegenden Annahme, in der Ausgangslage sei das Pro-Kopf-Einkommen maximiert, nicht kompatibel ist. Wenn bei Produktpreissteigerungen keine Arbeiter entlassen werden, kann die Mitarbeiterzahl nicht in jedem Zeitpunkt gerade die optimale Höhe haben. Dafür spricht auch, daß eine Firma auch umgekehrt bei Preissenkungen nicht sofort ihren Mitarbeiterstamm erhöhen würde, wenn sie damit rechnen müßte, ihn bei späteren Preiserhöhungen wegen des beschriebenen Zufallsverfahrens nicht wieder auf das „optimale" Maß senken zu können.

Wir fassen unsere Überlegungen in diesem Abschnitt zu der Schlußfolgerung zusammen, daß eine realitätsnahe Theorie des Verhaltens arbeiterselbstverwalteter Firmen im Gegensatz zum Grundmodell auf den Annahmen einer festen Mitarbeiterzahl, aber einer frei variierbaren Arbeitszeit je Arbeiter basieren sollte. Ein Modell mit diesen Eigenschaften betrachten wir im folgenden Abschnitt 8.2.2.

---

[9] Es geht auf ein Modell von A. Steinherr und J.-F. Thisse, „Are Labor-Managers Really Perverse?", in Economics Letters 2 (1979), S. 137–142 zurück.

8.2.2 Variable Arbeitszeit und feste Mitarbeiterzahl

Sieht man von Entlassungen und Neueinstellung von Arbeitern ab und betrachtet die Belegschaft einer selbstverwalteten Unternehmung als gegeben, so kann der Arbeitseinsatz nur noch durch Variation der Länge des Arbeitstages jedes einzelnen Arbeiters beeinflußt werden. Anders als bei der Entscheidung über die Größe des Kollektivs ist bei der Entscheidung über die Arbeitszeitregelung die Maximierung des Pro-Kopf-Einkommens kein sinnvolles Ziel. Denn dies würde ja bei positiver Grenzproduktivität der Arbeit bedeuten, daß der Arbeitstag bis zu seiner maximal möglichen Länge ausgedehnt wird – unabhängig von der relativen Wertschätzung der Arbeiter für ein höheres Einkommen (höheren Konsum) oder mehr Freizeit.

Die Einkommens-Freizeit-Präferenzen der Mitarbeiter müssen explizit in die Analyse einbezogen werden, wenn man die Abstimmung im Kollektiv über die Arbeitszeitregelung analysiert. Dieser Entscheidung können nun zwei verschiedene Voraussetzungen zugrundeliegen, nämlich

a) alle Mitarbeiter müssen sich auf *dieselbe* Stundenzahl einigen, oder
b) jeder Mitarbeiter kann seine Stundenzahl individuell bestimmen.

Betrachten wir zunächst die unter a) genannte Situation. Die Einigung ist in diesem Fall leicht möglich, sofern alle Mitglieder des Kollektivs identische Präferenzen bezüglich der realisierbaren Einkommens-Freizeit-Kombinationen besitzen. In diesem Fall kann die gesamte Belegschaft wie eine einzelne Person behandelt werden, die ihre Arbeitszeit selbständig und unter Beachtung ihrer Einkommensrestriktion regelt. Sind dagegen die Präferenzen verschieden, so wird sich bei Anwendung der Mehrheitsregel bei der Abstimmung im Kollektiv derjenige Arbeiter durchsetzen, der bezüglich der relativen Wertschätzung der Freizeit „mittlere" Präferenzen besitzt (vgl. die analoge Situation, die in Abschnitt 2.2.2.2 untersucht wurde). Auch in diesem Falle reicht es also aus, die Präferenzen einer Person der Auswahlentscheidung zugrundezulegen.

Da die Anzahl der Mitarbeiter exogen gegeben ist, kann die Variable L in der Produktionsfunktion (8.1) alternativ als Anzahl der Arbeitsstunden des Kollektivs insgesamt oder jedes einzelnen Arbeiters gedeutet werden. Dasselbe gilt analog auch für die Einkommensvariable g in Gleichung (8.3). Wir werden die zweite Deutungsmöglichkeit verwenden. Der Nutzen des repräsentativen Arbeiters sei durch die Funktion

(8.28) $U = U(g,L)$ mit $U_g > 0$, $U_L < 0$

gegeben. Dabei drückt der negative Grenznutzen einer Arbeitsstunde die Freizeitpräferenz des Arbeiters aus. Berücksichtigt man (8.1) und (8.3), so lautet die Lagrange-Funktion zur Bestimmung eines Maximums von U

(8.29) $\quad \Phi(g,L,K,\lambda) := U(g,L) + \lambda \cdot [pF(K,L) - rK - g]$.

Die Ableitung von (8.29) nach den Variablen g, L und k ergibt die Marginalbedingungen für ein inneres Optimum

(8.30) $\quad \dfrac{\partial \Phi}{\partial L} = U_L + \lambda p F_L = 0$

(8.31) $\quad \dfrac{\partial \Phi}{\partial g} = U_g - \lambda = 0$

(8.32) $\quad \dfrac{\partial \Phi}{\partial K} = \lambda(pF_K - r) = 0$.

Bedingung (8.32) kennen wir bereits aus der Betrachtung des Optimums einer Firma mit fester Arbeitszeit und variabler Mitarbeiterzahl (Gleichung (8.12), Abschnitt 8.2.1.2): Der marktbezogene Faktor Kapital muß nach seinem Wertgrenzprodukt entlohnt werden. Die beiden übrigen Gleichungen ergeben

(8.33) $\quad pF_L = -\dfrac{U_L}{U_g} = \dfrac{dg}{dL}\bigg|_{U=\text{const.}}$,

d. h. die Länge des Arbeitstages wird so gewählt, daß das Wertgrenzprodukt der Arbeit gerade der Grenzrate der Substitution zwischen Einkommen und Freizeit entspricht.

Welche Auswirkungen hat bei dieser Lösung eine Produktpreiserhöhung auf die Wahl der optimalen Arbeitszeit je Arbeiter und auf das Niveau der Produktion? Die Auswirkung auf die Arbeitszeit läßt sich in zwei Komponenten zerlegen, einen Substitutions- und einen Einkommenseffekt. Der Substitutionseffekt besagt, daß die Produktpreiserhöhung den impliziten Lohnsatz erhöht und damit die Freizeit „verteuert" – ein Anreiz, die Arbeitszeit auszudehnen. Der Einkommenseffekt wirkt dem jedoch entgegen (sofern Freizeit kein inferiores Gut ist), denn infolge der Produktpreiserhöhung ist die Menge erreichbarer Einkommens-Freizeit-Kombinationen ausgeweitet worden, so daß jetzt ein höheres Einkommen auch bei mehr Freizeit realisiert werden kann. Der Nettoeffekt hängt von der speziellen Form der Nutzenfunktion U ab, sein Vorzeichen ist daher nicht allgemein bestimmbar.

Selbst wenn der Arbeitseinsatz invers auf Produktpreisänderungen reagieren sollte, so bedeutet das nicht notwendigerweise, daß auch das Produktangebot eine perverse Reaktion aufweist. Wegen Bedingung (8.32) muß ja bei einem Anstieg von p die Grenzproduktivität des Kapitals entsprechend gesenkt werden. Bei nicht zunehmenden Skalenerträgen bedeutet dies entweder eine Ausweitung der Produktion oder zumindest eine Erhöhung der Kapitalintensität, die ebenfalls die Auswirkung einer eventuellen Verminderung des Arbeitseinsatzes auf die Ausbringungsmenge ausgleichen könnte. Eine generelle Aussage über das Vorzeichen der Angebotsanpassung kann aus diesen Überlegungen also nicht abgeleitet werden. Damit ist die dynamische Stabilität des Marktgleichgewichts auch in diesem Fall zumindest nicht eindeutig gesichert.

Wir wenden uns nun der Situation b) zu, in der jeder Arbeiter seine Arbeitszeit individuell bestimmen kann. Da die Höhe des Stundenentgelts, $v=g/L$, für die Entscheidung des einzelnen eine Rolle spielen wird, kann man diese Entscheidungen für die Mitglieder des Kollektivs insgesamt zu einer Arbeitsangebotsfunktion

(8.34) $L_A = L_A(v)$

zusammenfassen, die in Abb. 8.5 dargestellt ist. Aus den oben angestellten Erwägungen heraus kann diese Kurve für hohe Werte des „Lohnsatzes" v negativ geneigt sein, sofern der Einkommenseffekt einer „Lohn"-Erhöhung den Substitutionseffekt übersteigt.

Ferner ist in Abb. 8.5 die aus Abb. 8.1 bekannte g/L-Kurve eingezeichnet, die für jeden Arbeitseinsatz L die Höhe des Stundenentgelts bei optimalem Kapitaleinsatz und gleichmäßiger Aufteilung des Betriebseinkommens nach geleisteten Arbeitsstunden angibt. Diese Kurve kann als Arbeitsnachfragekurve der Firma, $L_N(v)$, interpretiert werden. Der Schnittpunkt A beider Kurven stellt ein Gleichgewicht der Firma in dem Sinne dar, daß die individuellen Arbeitszeitentscheidungen der Arbeiter miteinander kompatibel sind:

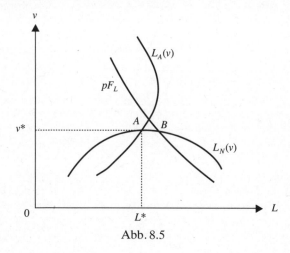

Abb. 8.5

Zum Stundenentgelt v^* werden insgesamt L^* Arbeitsstunden angeboten, die gerade ausreichen, um ein Betriebseinkommen je Arbeitsstunde von v^* zu erbringen.

Eine exogene Erhöhung des Produktpreises p verschiebt die L_N-Kurve nach oben, so daß die Angebotsreaktion der Firma zumindest dann normal ist, wenn der Schnittpunkt A sich im aufsteigenden Teil der L_A-Kurve befindet. Eine generelle Aussage über die Neigung der Produktangebotskurve der Firma und damit über die Stabilität des Marktgleichgewichts ist jedoch auch hier aus analogen Gründen wie in Fall a) nicht möglich.

Ein Problem bei der hier aufgezeigten Gleichgewichtslösung ist, daß sie im allgemeinen aus der Sicht des Kollektivs kein Pareto-Optimum darstellt. Liegt nämlich der Gleichgewichtspunkt A, wie in Abb. 8.5 eingezeichnet, links vom Maximum der Pro-Kopf-Einkommenskurve, Punkt B, so ist die Entlohnung je Arbeitsstunde geringer als das Wertgrenzprodukt der Arbeit. Gemäß der Arbeitsangebotsfunktion L_A wären einzelne Mitarbeiter bereit, weitere Arbeitsstunden zu einer Entlohnung zu leisten, die zwar größer ist als v^*, aber geringer als das Wertgrenzprodukt der Arbeit. Die daraus entstehenden Überschüsse könnten zur Aufteilung an alle Kollektivmitglieder verwendet werden, so daß sich die Situation aller verbessern würde.

Diese Möglichkeit ist in Abb. 8.6 illustriert. Die Pareto-optimale Gesamtarbeitsmenge L_0 bestimmt sich durch den Schnittpunkt F der L_A-Kurve mit der Wertgrenzproduktkurve der Arbeit. Werden die zusätzlich geleisteten L_0-L^* Arbeitsstunden mit dem Lohnsatz v_0 entgolten, so entsteht der Firma ein Aufwand, der der Fläche des Rechtecks $CDFE$ entspricht. Die zusätzlichen Erträge lassen sich demgegenüber an der Fläche unter der Wertgrenzproduktkurve, also der Fläche der Figur $CDFG$ ablesen.

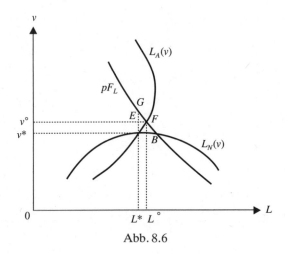

Abb. 8.6

Eine Realisierung dieses Pareto-optimalen Einsatzes von Arbeit setzt allerdings voraus, daß unterschiedliche Stundenentgelte, v^* und v_0, gezahlt werden. Dies bedeutet eine Abkehr vom Prinzip der Aufteilung des Firmeneinkommens nach der Anzahl der geleisteten Arbeitsstunden und damit vom Gleichheitsgrundsatz. Wir erkennen also auch hier wie im Grundmodell (vgl. Abschnitt 8.2.1.4) einen Widerspruch zwischen dem Ziel eines gruppenoptimalen Einsatzes des Faktors Arbeit und dem Prinzip gleicher Entlohnung innerhalb einer selbstverwalteten Firma.

Fassen wir unsere Ergebnisse zusammen: Das Marktverhalten einer arbeiterselbstverwalteten Firma bei vollkommener Konkurrenz ist verschieden von dem einer profitmaximierenden Unternehmung. Die Anpassung der Angebotsmenge an Produktpreisänderungen ist generell träger und unter bestimmten Voraussetzungen invers. Daraus kann eine negativ geneigte Angebotskurve des Gesamtmarkts resultieren mit entsprechenden Konsequenzen für die Stabilität des Marktgleichgewichts.

Das Fehlen eines Arbeitsmarktes mit einheitlichem Lohnsatz birgt die Gefahr gesamtwirtschaftlich ineffizienter Produktion in sich, da die Grenzproduktivitäten der Arbeit in den Firmen im kurzfristigen Gleichgewicht verschieden hoch sein können. Außerdem existiert bei konstanter Firmenzahl kein Regulativ zum Abbau etwaiger Unterbeschäftigung. Schließlich führt das Prinzip gleicher Entlohnung innerhalb jeder einzelnen Firma zu Widersprüchen mit dem Ziel eines für das Mitarbeiterkollektiv optimalen Einsatzes von Arbeit.

8.3 Eigentumsrechte, Kreditnachfrage und Eigenfinanzierung von Investitionen

Bei der bisherigen Analyse wurde das Problem der Finanzierung neuer Investitionen noch ausgeklammert. Da in den dabei behandelten Modellen davon ausgegangen wurde, Kapitalgüter würden zu Marktbedingungen gemietet, bedeutet dies implizit eine vollständige Fremdfinanzierung von Investitionsgütern. Neben der Fremdfinanzierung besteht jedoch auch in der sozialistischen Marktwirtschaft die Möglichkeit zur Eigenfinanzierung. Der Eigenfinanzierung kommt eine große Bedeutung zu, sobald man die Annahme vollständiger Information der Betriebe über künftige Preise, Absatzbedingungen, Ausmaß der Konkurrenz und über die künftige Produktionstechnik fallen läßt.

In diesem Fall muß die Unternehmung mit der Möglichkeit rechnen, daß ihre Erwartungen nicht erfüllt werden, der Umsatz geringer ausfällt, die Investitionen weniger ertragreich als erwartet sind usw. Diese Risiken werfen die Frage auf, wer die in einem ungünstigen Fall entstehenden Verluste zu tragen hat: Verzichtet der Staat als gesetzlicher Eigentümer oder eine Bank als

Kreditgeber vollständig oder teilweise auf eine Zahlung von Zins oder Tilgung, so bedeutet dies, daß das Firmen-Kollektiv für negative Folgen seiner eigenen Entscheidungen nicht in voller Höhe aufkommen muß, während es auf das zusätzliche Betriebseinkommen im Erfolgsfall einen ungeschmälerten Anspruch hat. Dies wäre eine ineffiziente Aufteilung der Risiken und würde die Firmen dazu verleiten, zu riskante Projekte in Angriff zu nehmen. Aus dieser Überlegung heraus wird keine Bank bereit sein, einen Kredit zu geben, wenn die Firma nicht einen bestimmten Anteil der Investitionskosten als Eigenfinanzierung beisteuert.

Andererseits gilt auch für den eigenfinanzierten Anteil einer Investition, daß das damit angeschaffte Kapitalgut zum öffentlichen Eigentum werden muß, da andernfalls sämtliche Eigentumsrechte an dem entsprechenden Investitionsgut bei den Mitarbeitern der Firma selbst lägen. Dies würde aber der Grundkonzeption des Marktsozialismus widersprechen, die ja das private Eigentum an Produktionsmitteln ausschließt und nur die Vergabe von begrenzten Verfügungsrechten an Firmen zuläßt.

Die Finanzierung von Investitionen aus eigenen Mitteln kann in der sozialistischen Marktwirtschaft nur erfolgen, wenn ein Teil des Betriebseinkommens y dem Betriebsfonds zufließt. Die Zuweisungen an den Lohnfonds und damit die den Betriebsangehörigen zufließenden Einkommen müssen folglich verringert werden. Nun haben jedoch die Mitglieder des Betriebes über den von ihnen gewählten Betriebsrat das Recht, die Verteilung des Betriebseinkommens auf Lohnfonds und Betriebsfonds zu bestimmen. Es stellt sich daher die Frage, unter welchen Bedingungen die einzelnen Betriebsangehörigen bereit sein werden, einer Reduktion des Lohnfonds zugunsten des Betriebsfonds zuzustimmen, um auf diese Weise eigenfinanzierte Investitionen zu ermöglichen.

Zur Beantwortung dieser Frage ist zunächst daran zu erinnern, daß jedem Betriebsangehörigen zwei Alternativen zur Anlage seiner Ersparnisse zur Verfügung stehen. Er kann entweder einer Investition von Eigenmitteln in seinem Betrieb zustimmen, weil er sich davon in künftigen Perioden ein höheres Einkommen verspricht. Oder er kann sein Geld bei einer Bank in Form eines mit dem Zinssatz i verzinslichen Sparguthabens anlegen. Will er den Gegenwartswert seines erwarteten Einkommens maximieren, so wird er immer dann für eigenfinanzierte Investitionen in seiner Unternehmung stimmen, wenn der Gegenwartswert des ihm zufallenden Ertrags aus diesen Investitionen größer ist als der Gegenwartswert der Erträge, die er bei Anlage des entsprechenden Betrages auf einem Sparguthaben erhalten würde.

Für die Entscheidung zwischen diesen Alternativen ist nun die unterschiedliche Form der Eigentumsrechte an Spareinlagen und an mit Eigenmitteln erworbenen Maschinen und Anlagen wichtig. Denn während die Betriebsangehörigen individuell das Recht auf Rückzahlung des Sparkapitals und auf die Zinsen haben, steht ihnen kollektiv nur das Recht auf das durch die Investition zusätzlich geschaffene Betriebseinkommen zu. Ein Anspruch auf das ursprünglich investierte Kapital bzw. die damit erworbenen Betriebsanlagen besteht nicht, da diese annahmegemäß in das Eigentum des Staates übergehen. Außerdem ist zu beachten, daß das einzelne Mitglied des Betriebs nur so lange Anrechte auf einen Anteil des erhöhten künftigen Betriebseinkommens besitzt, wie es in der Unternehmung tätig bleibt. Diese Tatsache ist besonders für ältere Betriebsangehörige von Bedeutung und für solche, die ihre Stellung in nächster Zukunft wechseln wollen.

Es ist sinnvoll, die Höhe der Erträge aus einem Sparkonto mit dem Zins i etwas genauer mit den Erträgen aus einer Investition zu vergleichen. Dabei wird der Einfachheit halber davon ausgegangen, daß jeder Betriebsangehörige im gesamten betrachteten Zeitraum den gleichen Anteil am jährlichen Betriebseinkommen erhält und folglich einen gleich großen Anteil an der eigenfinanzierten Investition der Unternehmung aufzubringen hat. Ferner sei vorausgesetzt, daß alle zusätzlichen Erträge aus dieser Investition tatsächlich dem Lohnfonds zugeführt werden.

Wir stellen zunächst fest, daß der Wert einer ersparten Summe S bei Anlage auf einem Sparkonto für n Jahre sich am Ende dieser Zeit auf

$$S \cdot (1+i)^n$$

beläuft. Alternativ dazu betrachten wir die Anschaffung eines Kapitalgutes im Wert von S durch die Unternehmung am Anfang dieses Zeitraums und nehmen an, daß diese Investition erst und nur in Periode n zu einer Erhöhung der Erlöse je Betriebsmitglied um einen Betrag Z führt, der einer internen Rendite der Investition von z nach der Formel

$$Z = S \cdot (1+z)^n$$

entspricht. Da jedoch die anfänglich für die Investition bereitgestellte Kapitalsumme S in den neuen Anlagen gebunden und somit Eigentum des Staates geworden ist, erhöht sich das Betriebseinkommen, bezogen auf den einzelnen Mitarbeiter, in der betreffenden Periode nur um den Restbetrag Z-S. Es läßt sich also feststellen, daß jedes Betriebsmitglied nur dann einer Zuweisung von Anteilen des Betriebseinkommens an den Betriebsfonds zustimmen wird, wenn

(8.35) $\quad Z - S = S \cdot (1+z)^n - S \geq S \cdot (1+i)^n,$

$\quad\quad\quad (1+z)^n \geq (1+i)^n + 1,$

$\quad\quad\quad z \geq \sqrt[n]{(1+i)^n + 1} - 1$

gilt. In Tabelle 8.2 sind die verschiedenen Mindestwerte von z angegeben, die sich bei Sparzinssätzen von $i=5\%$ und $i=8\%$ bei verschiedenen Werten von n, also für den Zeitraum ergeben, der verfließt, bis die Investition das Betriebseinkommen erhöht. Es wird also in Tabelle 8.2 die Gültigkeit des Gleichheitszeichens in (8.35) vorausgesetzt.

Man erkennt sofort, daß die interne Verzinsung des Kapitals, z, um so mehr über dem Zinssatz i für Sparguthaben liegen muß, je kürzer die Investitionsdauer ist. Kurzfristige Investitionsvorhaben müssen also schon außerordentlich ertragreich sein, wenn sie den Betriebsangehörigen vorteilhafter erscheinen sollen als Spareinlagen. Bei längerfristigen Investitionen ergibt sich ein anderes Bild. So beträgt die Differenz z-i in der Tabelle bei $n=20$ nur noch 1,69% für $i=5$ und 1,05% für $i=8\%$. Interne Zinssätze in der dazu erforderlichen Größenordnung sind nun jedoch durchaus denkbar und man könnte sich daher vorstellen, daß die Mehrheit der Betriebsangehörigen längerfristigen Investitionen aus eigenen Mitteln zustimmt. Einer solchen Zustimmung der Mehrheit stehen jedoch zwei andere Hindernisse entgegen. Erstens die Möglichkeit, daß eine Mehrheit der Betriebsangehörigen damit rechnet, vor Ablauf des Investitionszeitraums aus der Unternehmung auszuscheiden, und zweitens, daß es günstiger sein kann, fremdfinanzierte Investitionen vorzunehmen.

Tabelle 8.2: *Werte von z in %, die Gleichung (8.35) erfüllen*

n	bei $i = 5\%$	bei $i = 8\%$
1	105	108
2	45	47,19
3	29,22	31,23
5	17,88	19,82
10	10,15	12,19
15	7,79	9,99
20	6,69	9,05
25	6,09	8,59

Wir wissen aus früheren Überlegungen (vgl. Abschnitt 2.2.2.2), daß bei Mehrheitsentscheidungen regelmäßig eine Tendenz zur Entscheidung für eine Lösung besteht, die den Wünschen des Wählers im Median der Stimmberechtigten entspricht. Ferner haben wir angenommen, daß in der betrachteten sozialistischen Unternehmung jeder Betriebsangehörige gleichberechtigt an der Investitionsentscheidung beteiligt ist. Bei der von uns unterstellten gleichen Beteiligung aller Betriebsmitglieder am jährlichen Betriebseinkommen und an den zu finanzierenden Investitionen unterscheiden sich nun jedoch die Mitglieder bezüglich ihrer Ziele zunächst einmal wegen ihres unterschiedlichen Alters. Bei einem Eintritt in den Betrieb im Alter von 15 Jahren und einer Pensionierung mit 65 Jahren würde der Wähler im Median 40 Jahre alt und bei gleichmäßiger Altersverteilung der Betriebsangehörigen noch 25 Jahre im Betrieb tätig sein, falls er nicht vorzeitig stirbt, arbeitsunfähig wird oder den Betrieb wechselt. Da bei 25jähriger Laufzeit der Investitionen der interne Zinssatz für $i=5\%$ nur $z>6,09\%$ und für $i=8$ nur $z>8,59\%$ betragen muß, scheint also eine Mehrheitsentscheidung zugunsten einer Eigenfinanzierung von betrieblichen Investitionen durchaus möglich zu sein. Entsprechend würde sich bei entsprechend höherem z natürlich auch eine Mehrheit für eine 10−24jährige Investitionsdauer ergeben.

Bei der vorausgegangenen Überlegung haben wir allerdings von verschiedenen Faktoren abgesehen, die ebenfalls von Bedeutung für das Abstimmungsergebnis sein können. Einmal wurde vorausgesetzt, daß jedermann davon überzeugt ist, daß der aus den Investitionen sich ergebende zusätzliche Betriebsgewinn tatsächlich ausgeschüttet und nicht wiederum investiert wird. Da jedoch immer aus Altersgründen ein Teil der Mitglieder ausscheidet und durch jüngere ersetzt wird, müssen bei der angenommenen Verteilung der Altersgruppen die Betriebsangehörigen, die zur Zeit der Entscheidung über ein fünfzehnjähriges Investitionsprojekt 26 Jahre oder älter sind, damit rechnen, daß sie nach Ablauf der fünfzehn Jahre als einundvierzigjährige oder ältere von den jüngeren Betriebsangehörigen überstimmt und das zusätzlich erwirtschaftete Einkommen nicht wie erhofft ausgeschüttet wird. Denn wegen der unterstellten Eigentumsrechte dürfen ja nur die jeweiligen Betriebsangehörigen über die Verteilung des jährlichen Betriebseinkommens entscheiden. Abmachungen der Mehrheit der Betriebsangehörigen, daß die Erlöse der Investitionen des laufenden Jahres bei ihrem Anfall in späteren Jahren dem Lohnfonds zugewiesen werden sollen, sind also nicht zulässig. Folglich sehen sich auch die 26 Jahre alten und älteren Arbeitnehmer dem Risiko ausgesetzt, daß die Entscheidung für die Investition ihnen möglicherweise Nachteile bringt. Es ist daher zu vermuten, daß viele Betriebsangehörige sich wegen dieses Risikos gegen langfristige Investitionen aussprechen werden.

Weiterhin darf nicht übersehen werden, daß für jeden einzelnen die mehr oder minder große Wahrscheinlichkeit eines vorzeitigen Ausscheidens aus der Unternehmung wegen Invalidität oder des Übertritts in eine andere Unternehmung besteht. Da die Ansprüche auf einen Anteil am Betriebseinkommen jedoch in diesem Fall verloren gehen, würde sich der betreffende Betriebsangehörige besser gestellt haben, wenn er statt der Investitionen ein höheres Einkommen erhalten hätte. Alle diese Möglichkeiten können die Entscheidung ebenso gegen die Vornahme einer eigenfinanzierten Investition ausfallen lassen wie die Gefahr, daß die staatlichen Stellen neue Richtlinien für die Verteilung des Betriebsgewinns auf Betriebsfonds und Lohnfonds erlassen oder Zuweisungen an den Lohnfonds in Zukunft mit höheren Steuern belegen. Naturgemäß würde auch eine ungleichmäßige Altersverteilung der Betriebsangehörigen zugunsten der älteren Jahrgänge das Abstimmungsergebnis negativ beeinflussen. Dabei ist zu beachten, daß gemäß den den jugoslawischen Verhältnissen entsprechenden Annahmen pensionierte Arbeitnehmer keinen Anspruch auf das Betriebseinkommen besitzen.

Von großer Bedeutung für die Entscheidung der Betriebsangehörigen ist schließlich die Möglichkeit der Fremdfinanzierung. Liegt der Zinssatz für Bankkredite z. B. bei $r=7{,}75\%$, während $i=5\%$ beträgt, so ergibt sich aus Tabelle 8.2, daß alle Investitionen mit einer Laufzeit von 15 Jahren oder darunter nicht aus eigenen Mitteln finanziert werden, wenn die Unternehmung in beliebiger Höhe Kredite aufnehmen kann. Denn in diesem Fall würde $z>7{,}79\%$ sein müssen, um eine Investition im Betrieb so lohnend wie eine Anlage auf dem Sparkonto zu machen, da die Betriebsangehörigen kein Eigentumsrecht an dem investierten Kapital, sondern nur an dessen Erlösen erwerben. Es ist daher günstiger, statt durch eine Eigenfinanzierung die Investition durch eine Fremdfinanzierung zu 7,75% zu ermöglichen und das ausgeschüttete Betriebseinkommen auf dem Sparkonto anzulegen. Beträgt der Zinssatz für Bankkredite 6%, so werden selbst Investitionen mit bis zu 25jähriger Laufzeit, wie Tabelle 8.2 zeigt, fremdfinanziert. Es gilt dann $z>6{,}09\%$, so daß eine Fremdfinanzierung der Investition zu 6% das künftige Betriebseinkommen erhöht, während auf die Ausschüttung der sonst für die Investition zu verwendenden Eigenmittel und ihre Anlage auf individuellen Sparkonten nicht verzichtet werden muß. Daraus ergibt sich jedoch, daß die Mehrheit der Betriebsangehörigen nur dann selbst langfristige Investitionen aus eigenen Mitteln finanzieren wird, wenn die Differenz zwischen dem Zinssatz für Bankkredite und dem für Spareinlagen genügend groß ist.

Das jugoslawische Beispiel einer sozialistischen Marktwirtschaft scheint diese Ergebnisse zu bestätigen. Die Eigenkapitalbildung war gering,[10] obwohl vermutlich größer, als man nach der vorausgehenden Analyse annehmen würde. Diese Tatsache dürfte jedoch die Folge von zwei Ursachen sein, deren eine ihrerseits eine Bestätigung unserer Ergebnisse ist.

Einmal ist zu berücksichtigen, daß in der vorausgegangenen Untersuchung von einer gleichstarken Stellung aller Betriebsangehörigen ausgegangen wurde. Das ist jedoch offenbar unrealistisch. Betriebsrat, Management und Betriebsleiter haben sicherlich eine wesentlich stärkere Position als das durchschnittliche Betriebsmitglied. Diese Tatsache ergibt sich insbesondere aus der besseren Information über die Unternehmung als Gesamtheit und über ihre Umwelt. Gleichzeitig werden Betriebsrat, Management und Betriebsleiter stärker an der künftigen Entwicklung der Unternehmung und an ihren Beziehungen zu Abnehmern, Lieferanten, den für sie wichtigen Kreditinstituten und öffentlichen Organisationen interessiert sein als die übrigen Betriebsangehörigen. Denn wenn sie der Pensionierung nicht zu nahe stehen, werden sie

---

[10] Vgl. E. Furubotn, Bank Credit and the Labour-Managed Firm: The Yugoslav Case, in: F. Furubotn and S. Pejovich, The Economics of Property Rights, Cambridge (Mass.) 1974, S. 271–276.

davon ausgehen müssen, daß sie nicht nur für ungünstige Entwicklungen der Unternehmung verantwortlich gemacht werden können, sondern daß auch ihr weiterer Berufserfolg, ihr Aufstieg zu höheren Stellungen und ihr Prestige vom Erfolg der Unternehmung und der Art ihrer Wirkungen auf die unmittelbare Umwelt abhängt.

Um den für sie wichtigen Erfolg der Unternehmung gegen mögliche Risiken abzusichern, werden Manager, Betriebsrat und Betriebsleitung daher an einem größeren Umfang der eigenfinanzierten Investitionen interessiert sein und wegen ihrer besseren Kenntnis der Zusammenhänge auch einen gewissen Einfluß auf die Beschlüsse der Betriebsversammlung auszuüben vermögen. Es ist daher anzunehmen, daß dieser Einfluß zu einem etwas größeren Ausmaß der eigenfinanzierten Investitionen führen wird, als nach der früher durchgeführten Analyse zu erwarten ist.

Eine weitere Möglichkeit zur Erhöhung der eigenfinanzierten Investitionen besteht in staatlichen Maßnahmen, die speziell die Verteilung des Betriebseinkommens auf den Lohnfonds und den Betriebsfonds betreffen. Tatsächlich kann man vermuten, daß die staatlichen Stellen mit den im letzten Abschnitt beschriebenen Ergebnissen nicht besonders zufrieden sein würden. Zur Förderung der Eigenkapitalbildung bieten sich diesen Stellen insbesondere zwei Möglichkeiten an. Einmal können die dem Lohnfonds zugewiesenen Mittel mit einem höheren Prozentsatz besteuert werden als die Beträge, die dem Betriebsfonds zufließen. Auf diese Weise würde sich das Verhältnis der Erträge aus eigenfinanzierten Investitionen und der Erträge von Mitteln des Lohnfonds, die als Spargutthaben angelegt werden, zugunsten der Investitionen verschieben.

Eine dritte Möglichkeit besteht in der Verabschiedung von gesetzlichen Vorschriften, die die Verteilung des Betriebseinkommens auf Betriebsfonds und Lohnfonds in bestimmter Weise regeln oder aber gewisse obere und untere Grenzen für die Zuweisungen an den Lohnfonds festlegen. Es ist interessant und spricht für die Richtigkeit der in diesem Abschnitt abgeleiteten Ergebnisse, daß in Jugoslawien von beiden Maßnahmen Gebrauch gemacht wurde.[11] Außerdem wurde im Jahre 1972 gesetzlich bestimmt, daß Bankkredite nur an Unternehmungen gewährt werden dürfen, die wenigstens 20% der Investitionskosten aus eigenen Mitteln finanzieren.

---

[11] Vgl. E. Furubotn und S. Pejovich, Property Rights and the Behaviour of the Firm in a Socialist State: The Example of Yugoslavia, a.a.O., S. 234; dieselben, Tax Policy and Investment Decisions of the Yugoslav Firm, in: National Tax Journal 23 (1970), S. 335–348.

8.4 Längerfristige und indirekte Auswirkungen der Gestaltung der Eigentumsrechte und Korrekturmöglichkeiten

Bisher haben wir uns mit den direkten Auswirkungen der besonderen Ausgestaltung der Eigentumsrechte in der sozialistischen Marktwirtschaft und gewissen Möglichkeiten zur Korrektur der Ergebnisse beschäftigt. Es ist nun an der Zeit, die möglichen indirekten und längerfristigen Folgen dieser Organisationsform zu untersuchen.

Es wurde festgestellt, daß in der sozialistischen Marktwirtschaft eine starke Tendenz der Firmen besteht, die Anzahl der Mitarbeiter konstant zu halten und Einstellungen nur vorzunehmen, wenn Arbeitsplätze durch natürliches Ausscheiden von Kollektivmitgliedern frei werden. Das hat notwendigerweise zur Folge, daß die arbeitsfähige Bevölkerung in einem gewissen Sinne in privilegierte und 'nicht privilegierte Arbeitskräfte zerfällt. Die privilegierten Arbeitskräfte sind die in den Unternehmungen beschäftigten Arbeitnehmer, die nicht privilegierten Arbeitskräfte dagegen die Arbeitslosen. Gleichzeitig ist zu vermuten, daß sich im Laufe der Zeit eine stillschweigende Übereinkunft unter den Betriebsangehörigen herausbildet, zunächst einmal Verwandte, Freunde und Bekannte bei der Einstellung zu berücksichtigen, um sie in Zukunft vor der Arbeitslosigkeit zu bewahren.

Die gerade beschriebenen Tendenzen werden die Mobilität der Arbeit bei Arbeitslosigkeit erheblich herabsetzen, so lange die Aussichten gering sind, bei Aufgabe der Stellung in einer bestimmten Unternehmung anderswo einen neuen Arbeitsplatz zu finden. Die Immobilität der Arbeitskräfte wird jedoch auch noch aus anderen Gründen gefördert. Jeder Arbeitnehmer, der eigenfinanzierten Investitionen zugestimmt hat, wird daran interessiert sein, die Erträge des damit für ihn verbundenen Konsumverzichts abzuwarten. Er wird also seine Stellung in der Unternehmung nur dann aufgeben, wenn er sich davon Vorteile verspricht, die größer sind als die erwarteten Einkommenszuwächse.

Die beschriebenen Einflüsse dürften bei der Mehrheit der Betriebsangehörigen zu dem Versuch führen, die Arbeitsplätze in den Betrieben mehr und mehr zu einem persönlichen Eigentum und zu erblichen Stellungen auszugestalten, um auf diese Weise sowohl den Arbeitsplatz als auch die Erträge eigenfinanzierter Investitionen für sich und die eigene Familie zu sichern. Selbst Mitglieder der Betriebsleitung und des Betriebsrates werden nicht nur als Betriebsangehörige ein gewisses Interesse an einer solchen Entwicklung besitzen, da das Widerstreben der Mitglieder der Unternehmungen gegen eigenfinanzierte Investitionen auf diese Weise vermindert werden kann. Als Abschluß einer entsprechenden Entwicklung könnte man sich vorstellen, daß die Arbeitsplätze einer Unternehmung auch rechtlich Familieneigentum geworden sind. Bei fehlendem Interesse auf seiten der Kinder oder im Fall von Kinderlosigkeit könnte der entsprechende Arbeitsplatz an den Meistbietenden verkauft oder an Freunde verschenkt werden. Neugeschaffene Arbeitsplätze würden von den Betriebsangehörigen ebenfalls verkauft werden.

Ein weiteres Problem der sozialistischen Marktwirtschaft liegt in den möglicherweise recht unterschiedlichen Einkommen von Angehörigen verschiedener Unternehmungen, selbst wenn die Betriebsangehörigen ähnliche Leistungen vollbringen. In einer wachsenden Wirtschaft geraten die alten Wirtschaftszweige allmählich in eine Phase langsameren Wachstums oder der Stagnation, da sich die Nachfrage bei zunehmenden Realeinkommen zum größten Teil neuen Produkten zuwendet. Dadurch geraten die Preise der produzierten Güter, die Umsätze und die Betriebseinkommen unter Druck, mit der Folge, daß die Einkommen der Betriebsangehörigen in den stagnierenden Wirtschaftszweigen niedriger sind als in den expandierenden. Die Situation wird außerdem durch die Hindernisse gegen eine Entlassung von Betriebsangehörigen außer aus Alters- und Gesundheitsgründen erschwert. Die entstehenden Lohnunterschiede bei gleicher Arbeitsleistung können beträchtlich sein und werden vermutlich als ungerecht empfunden werden.

Von besonderer Bedeutung sind die Grenzfälle, in denen Unternehmungen so wenig verdienen, daß die Einkommen der Betriebsangehörigen niedriger oder kaum höher sind als die Arbeitslosenunterstützung. Man wird erwarten können, daß in solchen Fällen die Betriebsangehörigen ihre Stellung aufgeben, falls nicht eine unmittelbar bevorstehende Verbesserung der Lage der Unternehmung zu erwarten ist. Die Unternehmung müßte also in Konkurs gehen. Wahrscheinlicher ist allerdings, daß die staatlichen Stellen den Unternehmungen gewisse Mindestlöhne vorschreiben, die von den Einkommen der Betriebsangehörigen nicht unterschritten werden dürfen. In diesem Fall würde eine unrentable Unternehmung wegen der für sie zu hohen Mindestlöhne noch früher in Konkurs geraten, falls sie nicht vom Staat oder den Gemeinden durch Subventionen vor dem Zusammenbruch bewahrt wird.

Hier stoßen wir auf ein wichtiges Problem der sozialistischen Marktwirtschaft. Aus Gründen der effizienten Güterproduktion sollte der Zusammenbruch unrentabler Unternehmungen gefördert werden. Das Schicksal der Betriebsangehörigen wird jedoch in einer sozialistischen Marktwirtschaft bei Arbeitslosigkeit als schwerwiegend empfunden. Es dürfte daher eine starke Tendenz bestehen, daß der Staat als nomineller Eigentümer die Verluste übernimmt und die Unternehmungen auf Kosten der Steuerzahler vor dem Zusammenbruch bewahrt. In diesem Fall arbeiten die ineffizienten Unternehmungen weiter, und es kommt zu einer fehlerhaften Verwendung und daher zu einer Verschwendung von Produktionsmitteln.

Schließlich besteht für die Betriebsangehörigen von Unternehmungen mit hohem Einkommen ein starker Anreiz, möglichst viele Güter in Lohnarbeit entweder in anderen Betrieben oder in Heimarbeit herstellen zu lassen. Denn wegen der Arbeitslosigkeit und der geringeren Einkommen in anderen Betrieben ist zu vermuten, daß bestimmte Produkte außerhalb des eigenen Betriebes zu einem niedrigeren Lohnsatz hergestellt und von den rentablen Unternehmungen billig bezogen und zu einer Erhöhung ihres Betriebseinkommens verwendet werden können. Aus dem gleichen Grunde dürften die Betriebsangehörigen bestrebt sein, bisher Arbeitslose zu einem festen Lohn, der unter dem Einkommen der dauernd Beschäftigten liegt, für kurze Zeit einzustellen. Das setzt allerdings voraus, daß eine kurzfristige Einstellung von Arbeitskräften erlaubt ist, ohne daß diesen ein Recht auf Mitbestimmung im Betrieb gegeben werden muß.

8.5 Institutionelle und organisatorische Änderungen zur Beseitigung der Mängel der sozialistischen Marktwirtschaft

Die in den letzten Abschnitten beschriebenen Tendenzen der sozialistischen Marktwirtschaft legen die Frage nach der Möglichkeit einer Korrektur nahe. Wäre es z. B. nicht möglich, Investitionen aus eigenen Mitteln durch eine Änderung der Eigentums- und Verfügungsrechte zu fördern? Aus den Überlegungen in Abschnitt 8.3 ging ja hervor, daß das geringe Ausmaß der eigenfinanzierten Investitionen im wesentlichen darauf zurückzuführen ist, daß die Betriebsangehörigen nach ihrem Ausscheiden aus dem Betrieb alle Ansprüche auf die Erträge aus den mit ihren Ersparnissen getätigten Investitionen verlieren. Würden nun die Eigentumsrechte so geändert, daß den Betriebsangehörigen auch nach ihrem Ausscheiden ein Anrecht auf einen entsprechenden Anteil des erzielten Ergebnisses zusteht, so würde sich das positiv auf ihre Bereitschaft auswirken, während ihrer Zugehörigkeit zum Betriebe für die Verwendung eines Teils des Betriebseinkommens für Investitionen zu stimmen.

Eine Lösung des angeschnittenen Problems könnte z. B. mit Hilfe der Verwendung von stimmrechtslosen Aktien versucht werden. Ein neu in eine Unternehmung eingetretener Arbeitnehmer würde bei dieser Ordnung der Eigentumsrechte wie bisher sofort eine Stimme erhalten, diese jedoch nach Ablauf eines Jahres verlieren, wenn er nicht bis zu diesem Zeitpunkt aus seinem Anteil am Betriebseinkommen wenigstens eine Aktie erworben hat. Man beachte, daß das durchweg der Fall sein wird, wenn sich die Betriebsangehörigen mit Mehrheit für Zuwendungen an den Betriebsfonds, d. h. für eigenfinanzierte Investitionen entschließen. Im Laufe seiner weiteren Betriebszugehörigkeit erwirbt jedermann weitere Aktien in Höhe des auf ihn entfallenden Anteils an diesen Investitionen. Nach dem Ausscheiden aus der Unternehmung behält der bisherige Betriebsangehörige die Aktien, verliert jedoch sein Stimmrecht.

Ein Problem besteht bei einer solchen Organisation der Eigentums- und Verfügungsrechte in der Verteilung des Betriebseinkommens auf Kapitaleinkommen (Dividenden auf alle Aktien, einschließlich der Aktien von Betriebsangehörigen) und auf das Lohneinkommen der Mitglieder des Betriebes, das unabhängig von der Höhe des Aktienbesitzes ist. Diese Entscheidung kann jedoch nicht der Mehrheit der Betriebsangehörigen überlassen bleiben, da sich ein solches Verfahren höchstwahrscheinlich zu Lasten der Aktionäre auswirken würde. Es bliebe also vermutlich nichts anderes übrig, als den Anteil der Dividendenzahlungen am Betriebseinkommen gesetzlich mehr oder minder willkürlich auf z. B. 1/2 festzusetzen. In diesem Fall würde eine Hälfte des Betriebseinkommens vorweg den Aktionären in Form von Dividenden zufließen, während die andere Hälfte von den Betriebsangehörigen durch Mehrheitsentscheidungen dem Lohnfonds bzw. dem Betriebsfonds zugewiesen würde. Das Einkommen eines Betriebsangehörigen wäre also um so größer, je höher sein Aktienbesitz wäre, und er könnte auch nach seinem Ausscheiden aus dem Betrieb mit einem Dividendeneinkommen rechnen. Diese Tatsache wiederum würde seine Neigung fördern, während der Zeit seiner Betriebsangehörigkeit eigenfinanzierten Investitionen, d. h. Zuweisungen zum Betriebsfonds, zuzustimmen.

Man kann sich in diesem Zusammenhang auch fragen, ob die Aktionäre das Recht haben sollten, die Aktien im Todesfall an beliebige Personen zu vererben. Während eine solche Gestaltung der Eigentumsrechte die Neigung zu eigenfinanzierten Investitionen weiter erhöhen und die Tendenz zur Einstellung von Familienangehörigen an Stelle ausscheidender Mitglieder des Betriebes vermindern dürfte, mag von vielen bezweifelt werden, ob in diesem Fall der Rahmen einer sozialistischen Marktwirtschaft noch gewahrt bliebe. Außerdem wäre es von diesem Recht nicht mehr weit bis zum Recht auf den freien Kauf und Verkauf von Aktien und bis zum Aufbau eines organisierten Aktienmarktes.

Eine weitere Frage ergibt sich bei der Einführung von stimmrechtslosen Aktien bezüglich des Verhältnisses dieser Rechtsinstitution zu dem früher beschriebenen Eigentum des Staates an den Betriebsanlagen, den Maschinen, Grundstücken usw. Bei der beschriebenen Neugestaltung der Rechte wäre ein solches Staatseigentum nicht mehr sinnvoll, da es die Rechte der Aktionäre und damit letztlich diejenigen der gegenwärtigen und früheren Betriebsangehörigen schwächen und damit die Neigung zu eigenfinanzierten Investitionen vermindern würde. Eine Verzinsung in Höhe der Dividende bzw. des Zinssatzes für Fremdkapital würde ja nunmehr ohnehin von den Betriebsangehörigen bei ihren Entschlüssen bezüglich des im Betrieb gebundenen Kapitals in Rechnung gestellt werden, so daß dieser Grund für das Staatseigentum entfallen würde.

Wir kehren zur ursprünglich angenommenen Organisation der sozialistischen Marktwirtschaft zurück und fragen uns, ob auch in diesem Fall langfristige Tendenzen oder staatliche Eingriffsmöglichkeiten zur Beseitigung der von uns als wahrscheinlich angesehenen Arbeitslosigkeit bestehen. Es liegt zunächst einmal nahe, angesichts dieser Frage den Standpunkt zu vertreten, daß auf längere Sicht die Arbeitslosigkeit immer verschwinden würde, falls der Staat bereit wäre, jeder Gruppe von Arbeitern (und insbesondere von Arbeitslosen), die eine Unternehmung zu gründen wünscht, die benötigten Gebäude, Maschinen, Anlagen usw. zur Verfügung zu stellen. Denn die Angehörigen von Betrieben mit sehr niedrigem Einkommen je Arbeitsstunde und die Arbeitslosen müßten ja alles Interesse daran haben, Unternehmungen zu gründen, die in Konkurrenz zu Betrieben mit hohem Betriebseinkommen je Arbeitsstunde treten.

Eine genauere Überlegung zeigt jedoch, daß die Dinge nicht ganz so einfach liegen. Denn einmal sind Maschinen, Anlagen und Fabrikgebäude knapp und müssen erst einmal produziert werden. Für die erforderlichen Investitionen ist ein erheblicher Konsumverzicht erforderlich. Zweitens werden auch die in Frage kommenden Arbeitnehmer oft weder die Informationen über die Betriebseinkommen je Arbeitsstunde in anderen Unternehmungen, noch auch die für den Betrieb und die Leitung einer Unternehmung erforderlichen Kenntnisse besitzen, geschweige denn das Risiko einer Aufgabe ihres bisherigen Arbeitsplatzes übernehmen wollen, falls sie bereits beschäftigt sind. Aus diesen Überlegungen folgt jedoch, daß eine Verminderung der Arbeitslosigkeit auf diese Weise nur sehr begrenzt möglich ist.

Immerhin läßt sich denken, daß eine staatliche Stelle damit beauftragt wird, neue Unternehmungen in denjenigen Wirtschaftszweigen zu gründen, die die höchsten Betriebseinkommen je Kopf aufweisen. Dieser Behörde könnte ein bestimmter Investitionsfonds zur Verfügung gestellt werden, der aus Steuereinnahmen zu finanzieren wäre. Bei der Einstellung von Personal wären besonders arbeitslose Arbeitnehmer zu berücksichtigen. Zum Aufbau und der Leitung der Firma benötigte Arbeitnehmer mit den erforderlichen technischen und organisatorischen Kenntnissen und einer ausreichenden Risikobereitschaft könnten aus den bereits bestehenden Unternehmungen durch besondere Prämien vorübergehend oder auf Dauer abgeworben werden. Alle diese Maßnahmen werden zwar nicht zur völligen Beseitigung der Arbeitslosigkeit führen, sie jedoch vermutlich im Laufe der Zeit spürbar herabsetzen können.

8.6 Aufgaben

1. Kommt der Arbeiterselbstverwaltung in Großbetrieben eine wesentliche Bedeutung zu,
a) für den Einfluß des einzelnen Betriebsangehörigen auf die Betriebsentscheidungen;
b) auf die Verhältnisse am Arbeitsplatz;
c) auf die Motivation der Mitglieder des Betriebes und auf ihre persönliche Entwicklung?

2. Vergleichen Sie das Angebotsverhalten einer profitmaximierenden Firma in der kapitalistischen Marktwirtschaft mit dem einer selbstverwalteten Firma in der sozialistischen Marktwirtschaft, die das Betriebseinkommen je Arbeiter maximiert. Gehen Sie in beiden Fällen von der speziellen Produktionsfunktion

$$F(K,L) = L^{1/3} \cdot (K-1)^{1/3}$$

aus und nehmen Sie für die kapitalistische Marktwirtschaft an, der Lohnsatz betrage $w=1$ Geldeinheit.
a) Leiten Sie die langfristigen Produktangebotskurven beider Firmen ab, jeweils in Abhängigkeit von den Parametern p (Produktpreis) und r (Kapitalnutzungspreis).
b) Stellen Sie für $r=1$ die in a) abgeleiteten Angebotsfunktionen $y=y(p)$ graphisch dar. Zeigen Sie,
   1. daß bei allen Preisen, die einen positiven Residualgewinn erlauben, die profitmaximierende Firma eine größere Menge anbietet als die selbstverwaltete Firma,
   2. daß die Angebotskurve der selbstverwalteten Firma negativ geneigt ist.
c) Folgt aus dem Vergleich in Teil b) 1. bereits, daß in der sozialistischen Marktwirtschaft eine Tendenz zu geringerer Produktion und höherer Arbeitslosigkeit bestehen wird?

8.7 Literatur

Statische Modelle des Verhaltens arbeiterselbstverwalteter Firmen werden entworfen in

B. WARD, The Firm in Illyria: Market Syndicalism, American Economic Review 48 (1958), S. 566–589,
A.K. SEN, Labour Allocation in a Cooperative Enterprise, Review of Economic Studies 33 (1966), S. 361–371,
E.D. DOMAR, The Soviet Collective Farm as a Producer Coooperative, American Economic Review 56 (1966), S. 734–757,
J.E. MEADE, The Theory of Labour-Managed Firms and of Profit-Sharing, Economic Journal 82 (1972), S. 402–428,
A. STEINHERR und J.-F. THISSE, Are Labor-Managers Really Perverse?, Economics Letters 2 (1979), S. 137–142,
S. ESTRIN, Long-Run Supply Responses under Self-Management, Journal of Comparative Economics 6 (1982), S. 363–378,

und einen guten Überblick über diese Modelle findet man in

N.J. IRELAND und P.J. LAW, The Economics of Labour-Managed Enterprises, London 1982

Mit der Auswirkung der Gestaltung der Eigentumsrechte auf das Verhalten der Firma in der sozialistischen Marktwirtschaft, dem Eigentum an Kapital und Produktionsmitteln und der Gewährung von Bankkrediten an die von Arbeitern geleitete Firma befassen sich drei Aufsätze von E. Furubotn und S. Pejovich, A. Bajt und E. Furubotn in dem Sammelband

EIRIK G. FURUBOTN und SVETOZAR PEJOVICH (Hrsg.), The Economics of Property Rights, Cambridge (Mass.) 1974, Kap. 16–18.

Ferner beschäftigen sich mit den Investitionen und ihrer Finanzierung

H.G. NUTZINGER, Investment and Financing in a Labor-Managed Firm and its Social Implications, Economic Analysis and Workers, Management 9 (1975), S. 181–201.
ECKEHART SCHLICHT und CARL C. V. WEIZSÄCKER, Risk Financing in Labour Managed Economies: The Commitment Problem, Zeitschrift für die gesamte Staatswissenschaft, Special Issue on Profit-Sharing, herausgegeben von Heinz Sauermann und Rudolf Richter, Tübingen, 1977.

Einige empirische Studien zum Verhalten selbstverwalteter Firmen sind enthalten in dem Sammelband

J. BACKHAUS, T. EGER und H.G. NUTZINGER (Hrsg.), Partizipation in Betrieb und Gesellschaft, Frankfurt 1978.

Sachregister

Abstimmung 9, 52, 58−66, 94, 104, 106, 110, 115, 132, 155, 173, 249, 251, 259
Abwertung 227f.
Aktien 216, 220f., 227, 264f.
Anrechtsschein 220f., 227
Arbeitslosigkeit 8, 154, 156, 159, 161, 166f., 201f., 220−222, 226, 228f., 246f., 262−267
Arbeitsmarkt 239, 245−248, 255
Arbeitsteilung 16, 25, 209, 217
Arbeitswertlehre 3, 17
Auktion 220
Ausbeutung 209, 249
Ausbeutungstheorie 3, 17
Aussagen 20, 84
Aussagen, normative 4, 27
Aussagen, positive 18, 24−27
Austauschverhältnis 35
Außenhandelsmonopol 217
Außenwirtschaft 11, 30

Banken 26, 216, 218, 223−225, 230, 234f.
Behörden 6, 15, 144, 184, 187−191, 204, 211
Behörden, regionale 189−195, 204f., 208, 211f.
Behörden, staatliche 204
Belohnung 186f., 191
Betrieb 6, 8, 16, 24, 27, 30, 40−43, 48−51, 59, 69, 87f., 91−95, 99, 102−105, 121f., 125−130, 140, 145−151, 154−161, 170, 173f., 184−212, 215−224, 227, 232−238, 241, 246−249, 253−268
Betriebsangehörige 186f., 191, 194, 198f., 203f., 208, 210, 212, 219, 221, 232−234, 246, 256−266
Bevölkerung 4, 16f., 29, 47f., 51, 58, 61, 96, 98, 111f., 127, 130, 133, 140, 152, 155, 157, 184, 193, 211−214, 220−229, 262
Boden 4, 16, 25, 215
Budgetbedingung 112f., 219
Budgetbedingung, weiche 218
Budgetdefizit 224−227
Bürokratie 10, 24, 195, 204, 212

Chancengleichheit 22

Demokratie 2, 9f., 28, 52, 111, 142, 229f., 234
Devisenzwangswirtschaft 217, 228
Dezentralisierung 41, 48f., 52f., 58, 62f., 68, 71f., 93, 96, 105, 130−135, 163, 180, 222f., 232
Dreiparteiensystem 9

Effizienz 19, 105, 194, 208, 211, 232f., 238f., 248
Eigentum 8, 14−17, 49, 86, 105, 142, 146, 193, 197−209, 215f., 223f., 229, 232−236, 245−248, 255−267
Eigentum, öffentliches 233
Eigentum, privates, *s. Privateigentum*
Einkommen, verfügbares 112−116
Einkommensteuer 103, 111f.
Einkommensverteilung 9, 13, 16, 22−25, 52f., 58, 61f., 94, 98, 112, 116, 138
Einstimmigkeit 9, 61, 65, 248
Eliten, elitäre Gruppen 70, 133
Entfremdung 8, 203f., 209
Entscheidungsrechte 215, 222
Entscheidungsverfahren 4, 7, 11, 52, 104, 172
Entscheidungsverfahren, politische 6, 9, 52, 68f., 95, 98, 132, 135, 155, 172
Erbrecht 14
Ersparnis 13, 24, 83, 107, 134, 149, 153, 156, 165, 170f., 219−226, 235, 256, 264
Erwartungen 173, 225f., 229, 255
Externalitäten 151, 171, 232

Fehlplanungen 50, 207
Finanzierung 83, 95−99, 103−105, 111, 113, 218f., 224−226, 235, 255f., 259f., 268
Forderungen 82−84, 189, 191, 216, 219, 223
Fortschritt, technischer 17, 157, 175, 193f.
Freiheit 3, 10, 21−24, 29, 51f., 68, 70, 213, 229−233
Freizeit 237, 248, 251f.
Funktionäre 198, 207, 210−212, 219, 223, 229

Gebote 21
Gebühren 99, 104
Gegenwartspreise 78, 84, 174
Geld 11, 17−19, 23, 26, 58, 62, 64, 71, 78, 83, 96, 105, 199, 209 f., 216−218, 221, 225−230, 238, 256, 267
Geld- und Kreditsystem 216
Geldschöpfung 219
Geldüberhang 221, 224−227, 230
Gerechtigkeit 17, 21−24, 29, 51
Gewalt 8, 112, 119, 192, 198, 208, 234
Gewerkschaften 203
Gewinn 39, 41, 46, 49, 59, 91, 125, 135, 170, 211, 224
Gewinnmaximierung 47, 69, 93, 126 f., 212
Gleichgewicht 23, 40−45, 84, 114, 118−120, 145, 153, 166 f., 170, 180, 239 f., 246−248, 253−255
Gleichgewicht, politisches 118
Grenzen, Öffnung der 217, 222
Grenzertrag 88, 240
Grenzkosten 49, 86, 93 f., 124 f., 128, 138, 140
Grenznutzen 35, 38, 40, 48, 70, 96, 103, 251
Grenzproduktivitätstheorie 16 f., 25
Grenzrate der Substitution 35, 77−80, 252
Grenzrate der Transformation 35, 76, 78, 89, 180
Grenzwohlfahrt 35, 38, 49, 89, 94, 124
Güter, freie 12
Güter, öffentliche 7, 29, 95 f., 104, 111, 141, 171
Güter, private 104
Güterversorgung 4 f., 13, 17−24, 29 f., 34 f., 40 f., 44, 47−53, 58, 60, 68, 72 f., 83−86, 93, 103, 114, 119 f., 125−128, 137, 140, 145, 155, 157, 182, 185, 196, 213, 232
Güterversorgung, intertemporale 73
Güterversorgung, optimale 17, 30, 40., 50 f., 58, 60, 72, 86, 103, 128, 140, 145, 157

Haushalt 6−9, 14−17, 31, 40 f., 50−72, 86, 93−122, 130−156, 163, 170, 172, 180, 201, 215−219, 222, 235, 246 f.

Ideologie 24, 214, 219, 229 f.
Import 14, 217
Indifferenzkurve 31 f., 35, 39, 45, 64−67, 74−81, 90, 114, 117, 124
Industrieministerium 189, 195, 204 f., 208, 211 f.
Inflation 18 f., 26, 221, 225−230
Inflation, offene 225

Inflation, zurückgestaute 225, 230
Information 7, 69, 86, 92, 115, 119 f., 126, 128, 135 f., 148−157, 163 f., 173 f., 182, 189, 200 f., 204, 208, 211, 255, 260
Informationskosten 7, 29, 170 f., 204
Innovation 8, 11, 181, 193−199, 205−208, 216, 223
Institution 4, 8−18, 30, 98, 133, 135, 141, 181, 189, 196, 209, 215, 218 f., 226, 229 f., 264
Interdependenz 7, 30, 86, 131, 136−138, 141, 143
Interessenverbände 10
Investitionen 6, 8, 13, 21, 24, 73, 75, 153, 165, 167, 172−176, 184 f., 189−192, 195, 216, 219, 224, 226, 228, 233−236, 255−268
Kapital 16, 33, 38, 220, 232, 239, 241, 252, 257, 268
Kapitalgut 153 f., 159, 166, 256 f.
Kartell 13 f., 215
Knappheit 14−18, 48, 209, 211, 215
Kollektiveigentum 17, 207 f
Konditionalmarkt 176 f.
Konjunkturschwankungen 10
Konkurrenz 5, 30, 40 f., 48 f., 51, 58, 63, 69, 83, 87, 93, 120, 131, 136, 170, 175, 212 f., 239, 245 f., 255, 266
Konkurrenzgleichgewicht 40 f., 47, 50, 53−58, 62, 72, 83, 140, 145
Konkurrenzsozialismus 6 f., 30, 49, 69, 86 f., 92, 103, 125, 128, 146, 149, 171 f., 208
Konkurs 197, 222−225, 228 f., 263
Konsumenten 13, 69 f., 95, 105, 122, 127, 131, 134 f., 148, 150, 155, 174, 204, 212, 219, 235
Konsumentensouveränität 68−70, 232
Konsumplan 35, 52, 62, 80, 115 f., 119
Konsumplan, optimaler 116, 119
Kontrolle 97, 149, 179, 193, 225 f.
Kredit 177, 256
Kreditmarkt 84, 177
Kreditrationierung 225
Kreditsystem 216, 219
Krieg 49, 175, 178 f.
Kuhn-Tucker-Theorem 36, 100, 164

Lagerung 176
Lagrange-Verfahren 33, 36 f., 44, 78, 88, 90, 100, 102, 124, 127, 140, 164, 251
Lohnfonds 219, 234 f., 256−261, 265

Macht 2, 185, 190, 211−214, 218 f., 229
Machtwettbewerb 213

Sachregister

Management 162, 188f., 220f., 235, 260, 267f.
Markt 6, 13–15, 41, 52, 58, 62, 71, 83, 93, 96, 104f., 111f., 126, 130, 132, 135, 170–172, 176, 179, 191, 197, 204
Marktpreise 40, 57, 71, 249
Marktsozialismus 30, 49f., 232–236, 256
Marktwirtschaft mit Privateigentum 13, 16, 24, 51, 207f., 215, 230, 233
Marktwirtschaft, kapitalistische 6, 50, 207, 233, 239, 245, 267
Marktwirtschaft, sozialistische 233, 235, 245–249, 255f., 260–267
Massenmedien 193, 213
Mehrergiebigkeit längerer Produktionswege 76, 79–81, 84f.
Mehrheit 10, 52, 61f., 67f., 70, 112f., 118, 131, 193, 221, 238, 249, 258–265
Mehrheitwahlrecht 61, 66, 94, 104
Mehrwert 3
Mengenplanung 6f., 146, 165, 185, 189, 201, 204f., 208–212, 218, 232
Mengensteuerung 203, 211, 218, 232
Minderheit 52, 58, 60, 68, 70, 202, 249
Mißwirtschaft 211
Mitbestimmung 8, 203f., 232–235, 264
Monopol 93, 215, 222
Motivation 8, 47, 50f., 146, 184f., 197, 205–208, 211, 216, 218, 223, 228, 266

Neue Ökonomische Politik 209f.
Neugründungen 222
Normen 14, 18, 26, 121
Nutzenfunktion 31, 50, 53f., 61, 67, 99, 113, 134, 137f., 147–152, 156, 252
Nutzentheorie 132–136

Oligopol 93
Optimalität 9, 53, 55, 58, 62, 126, 134–137
Optimum 35–38, 48, 50, 58, 62, 65, 71, 89, 99, 102, 104, 110, 117–120, 125–128, 133, 137f., 144f., 148, 167, 172, 243, 252, 254
Organisation der Wirtschaft 2f., 7, 68, 72, 82f., 98, 151, 155

Pachtverträge 215, 222
Pareto-Kriterium 19, 21, 53–68, 96–114, 119f., 131–143, 155, 172, 254f.
Parlament 190, 192, 229
Parteien 9f., 52, 111–120, 135, 142, 230
Patentrecht 199
Planung 4, 7, 10, 40, 73, 92, 121, 144–157, 163–167, 172–174, 179, 184–187, 192–194, 207, 210, 218, 229
Planungsoptimum, *siehe Optimum*
Planungsproblem 36, 48, 78, 164
Planungsstelle, zentrale 3, 6–8, 29f., 48–51, 62, 69, 73, 87, 92, 104, 128, 144–172, 179f., 184–196, 200–205, 208, 212
Planwirtschaft 3–7, 15, 17, 40, 43, 50, 73, 77, 81, 127, 181f., 188, 193, 197f., 207–210, 217–219, 226, 228, 233
Planziele 185–194, 201–204, 212, 218
Politbüro 3, 190, 192
Präferenzen 9, 25, 50, 60, 64, 66, 96, 98, 103–111, 118–120, 131–141, 151f., 155f., 163, 170, 174, 237, 248, 251
Präferenzfunktion 65f., 85
Preis 35, 38–42, 48, 93, 96, 103, 112–114, 124, 128, 140, 170–174, 240
Preisanpassung 145, 171
Preisbildung 207
Preisfreigabe 225–227
Preissubventionen 219, 222, 225, 227
Preissystem 84, 86
Preistheorie 40
Privateigentum 6, 13–17, 24, 30, 49–51, 69, 134, 206–209, 214f., 223, 229f., 233
Privatisierung 220–231
Produktion 15, 21, 24, 29–40, 49f., 53, 65–69, 73, 75, 82, 86–88, 92, 94, 99, 121–130, 135, 144–147, 150, 153f., 158–161, 167, 173–176, 180, 186, 191–200, 208f., 212, 216, 232, 236, 243, 247, 253, 255, 267
Produktionsfunktion 32, 39, 70, 87, 99, 122, 138, 140, 148, 150f., 236, 239, 242–245, 251, 267
Produktionskoeffizient 156, 164, 186f.
Produktionsplan 34, 48, 66, 74–76, 80, 205
Produktionsplan, optimaler 34f., 79, 81, 172
Produktionsprozeß 125, 154, 160, 164, 210
Produktionstechnik 30, 32, 41, 48, 50, 86, 99f., 127, 131, 148, 152–157, 163, 184, 190–195, 201, 205, 208, 255
Programmierung, lineare 210
Propaganda 7, 132–135

Rahmenbedingung 7, 215, 222
Rationierung 17, 67, 155, 163, 202f., 218, 227, 247
Rechtsordnung 14, 21f., 96, 215, 247
Rechtsstaat 229f.
Refinanzierung 224f.
Reformen 8, 208–231

Regierung 10, 15, 111–113, 207, 214, 219, 225–229
Reklame 7, 132–135
Rentabilität 212
Restrukturierung 221
Revolution 23, 178f.
Risiko 144, 174f., 178f., 182, 195, 197, 221, 259, 266
Rohstoff 178f., 197
Rüstungswettlauf 214

Sanierung 220, 226f.
Schadenersatz 126, 130f., 198, 200
Schattenpreis 36, 40, 49, 102f., 209f.
Schutzzölle 217
Sicherheit 14, 23f., 29, 51, 95, 144f., 178, 233
Sozialprodukt 46, 134, 214
Staat 2, 10, 94, 103, 114, 116, 126, 133, 199f., 217, 232, 242, 247, 255, 263, 266
Staatsausgaben 113
Staatseigentum 186, 204, 217, 232, 265
Staatseinnahmen 112, 116, 217, 219, 223f.
Stabilität 7, 23, 51, 69, 145, 170, 172, 227, 232, 238, 243, 248, 253–255
Steuern 94, 104, 109, 112–115, 139, 142, 218, 224, 227, 259
Steuersätze 103f., 119
Steuersystem 217, 223, 230
Steuerungsfaktoren, wertmäßige 209
Strukturen, demokratische 230
Strukturen, politische 230
Subventionen 94, 222, 227, 263
System, politsch-ökonomisches 4, 11, 120

Tausch 199, 215
Tauschgeschäfte 67, 192
Technologie 74, 88, 122f., 129, 180, 239
Teilbarkeit der Güter 97f., 133
Terminmärkte 173–179
Theorie, marxistische 2–4
Transformationskurve 33, 35, 57, 65, 67, 70–81, 89f., 122–127, 140
Transitivität 132

Umschulung 212
Umstellungsschwierigkeiten 212
Umwelt 7, 150–153, 157, 176, 179, 184f., 218, 261
Umweltschäden 8, 199–201, 205, 220
Unsicherheit 144, 170, 175, 178, 181f.
Unternehmungen 8, 14, 40–43, 47–51, 59f., 69, 83f., 93f., 112f., 135, 173f., 195–197, 215f., 221–228, 235, 247, 261–266
Unzufriedenheit 23, 211–213, 220, 225, 227

Übergabe, unentgeltliche 220
Übergang zwischen Systemen 8, 205–210, 215, 230

Verbände 16, 52, 215
Verbote 21
Verbrauchsplan 34, 67, 140, 172
Verfassung 21, 114, 227f.
Verfügungsrechte 8, 14, 203, 215, 232f., 236, 248, 256, 264
Verkauf 50, 174, 177, 198–221, 224, 227, 236, 243, 265
Vermögensverteilung 17, 26, 112
Verrechnungspreise 3, 35f., 48f., 78, 81f., 91f., 102f., 125, 140, 149, 164
Versicherung 177f.
Verstaatlichung 207
Versteigerung 220
Vertragsrecht 215
Vollbeschäftigung 24, 26, 158, 161, 247f.
Voucher, s. Anrechtsschein

Wachstum 21, 81, 214, 263
Wahlen 58, 61, 67, 111f., 115, 118f., 133, 229
Wähler 10, 58, 61f., 67f., 105, 108–120, 130–133, 204, 258
Wählersouveränität 68
Wahlprogramme 111, 114–119
Wahlverfahren 6, 58–60, 71, 106, 145
Währung 222, 226–228, 231
Währungsbehörde 228
Währungsordnung 216
Währungsreform 226f.
Währungssanierung 226f.
Wechselkurs 228
Weltrevolution 214
Wertgröße 78, 209–211
Werturteil 2, 4, 17–19, 24–27
Wettbewerb 119, 141, 206, 217, 220, 232
Wettbewerbsgleichgewicht 43, 172
Widerstände 8, 208–210, 213, 219–222, 231
Willensbildung 6, 51, 133, 138
Wirtschaftsordnung 15, 18–20, 29, 48, 50, 69, 146, 197, 207–210, 213, 214, 230f.
Wirtschaftsorganisation 49, 72, 206
Wirtschaftspolitik 2, 28, 72, 94, 206, 231
Wirtschaftssystem 4–10, 13–20, 25, 29, 51f.,

69−72, 86f., 125, 128, 136, 144f., 153, 172, 180f., 205−209, 217, 231, 233
Wirtschaftsverfassung 126, 130f.
Wirtschaftswachstum 214, 216
Wohlfahrt 18, 28, 31f., 39−41, 44, 47, 51, 53, 56, 64, 79−81, 87−94, 124−130, 134, 137, 140, 144−147, 152, 154, 162f., 173
Wohlfahrt, gesellschaftliche 31, 35, 48−50

Zentralbank 224, 227f.
Zentrale Planungsstelle 7f., 29f., 49f., 51, 62, 69, 73, 87, 92, 104, 128, 144−172, 179f., 184−196, 200−205
Zentralgeleitete Verwaltungswirtschaft 6, 15, 30, 49, 86f., 92, 94, 104, 126, 145−149, 172, 185, 193f., 204, 207, 210, 213−215, 229
Zentralisation 49
Ziele 3−7, 10, 12, 19f., 26−29, 48, 51f., 58, 68, 70, 86, 113f., 119, 131f., 138, 145, 155, 157, 184, 194, 200, 205, 213f., 223, 258
Zielfunktion 6, 29−31, 34, 36, 39−53, 70−77, 80, 86−90, 99, 104, 113, 124, 129f., 136−140, 143, 147, 154−158, 164−167, 200, 244f.
Zielkonflikt 20, 24, 28
Zins 3, 17, 25, 81, 219, 256f.
Zukunftsmärkte 83f., 173f., 177f.
Zwang 8, 202
Zweiparteiensystem 9, 111, 114, 119

The New Institutional Economics

A Collection of Articles from the Journal of Institutional and Theoretical Economics. Introduced and edited by Eirik G. Furubotn and Rudolf Richter

The Methodology of the New Institutional Economics
Terence W. Hutchison: Institutionalist Economics Old and New – *Louis de Alessi:* Development of the Property Rights Approach – *Oliver E. Williamson:* The Economics of Governance: Framework and Implications – *Ian R. Macneil:* Reflections on Relational Contract – *Benjamin Klein:* Self-Enforcing Contracts – *Paul L. Joskow:* Long Term Vertical Relationships and the Study of Industrial Organization and Government Refulation – *Oliver E. Williamson:* A Comparison of Alternative Approaches to Economic Organization – *Siegwart Lindenberg:* A New Push in the Theory of Organization

The Modern Theory of the Firm
Armen A. Alchian/Susan Woodward: Reflections on the Theory of the Firm – *Eirik G. Furubotn/Steven N. Wiggins:* Plant Closings, Worker Reallocation Costs and Efficiency Gains to Labour Representation on Boards of Efficiency Gains to Labour Representation on Boards of Directors – *Holger Bonus:* The Corporative Association as a Business Enterprise: A Study in the Economics of Transactions

The New Institutional Approach to Economic History
Douglass C. North: Transaction Costs, Institutions, and Economic History – *Gary D. Libecap:* Distributional Issues in Contracting for Property Rights – *Erich Kaufer:* The Incentives to Innovate under Alternative Property Rights Assignments with Special Reference to the Patent System

On Problems of Political Institutions
Douglass C. North: A Transaction Cost Approach to the Historical Development of Polities and Economies – *Barry R. Weingast:* The Political Institutions of Representative Government: Legislatures – *Rudolf Richter:* The Louvre Accord From the Viewpoint of the New Institutional Economics

Formal Approaches to Institutional Economics
Urs Schweizer: Externalities and the Coase Theorem: Hypothesis or Result? – *Hal R. Varian:* Monitoring Agents With Other Agents – *Bengt Holmström/Paul Milgrom:* Regulating Trade Among Agents – *Eirik G. Furubotn:* Different Approaches to the Economic Analysis of Institutions: Some Concluding Remarks – *Leonid Hurwicz:* Different Approaches to the Economic Analysis of Institutions: Concluding Remarks

1991. VIII, 376 Seiten. Fadengeheftete Broschur.

J. B. C. Mohr (Paul Siebeck) Tübingen

Ökonomische Analyse des Rechts

mit Beiträgen von Coase, Posner und anderen
Herausgegeben von Heinz-Dieter Assmann, Christian Kirchner
und Erich Schanze

Inhaltsübersicht:

Vorwort – Einleitung zur Neubearbeitung – *Erich Schanze:* Ökonomische Analyse des Rechts in den USA. Verbindungslinien zur realistischen Tradition – *Heinz-Dieter Assmann:* Die Transformationsprobleme des Privatrechts und die Ökonomische Analyse des Rechts. Chancen und Grenzen der privatrechtlichen Verwertbarkeit der Ökonomischen Analyse des Rechts – *Christian Kirchner:* Ökonomische Analyse des Rechts: Interdisziplinäre Zusammenarbeit von Ökonomie und Rechtswissenschaft – *Richard A. Posner:* Recht und Ökonomie: Eine Einführung – *A. Mitchell Polinsky:* Ökonomische Analyse als ein potentiell mangelhaftes Produkt: Eine Verbraucherinformation zu Posners „Ökonomische Analyse des Rechts" – *Ronald H. Coase:* Das Problem der sozialen Kosten – *Guido Calabresi:* Die Entscheidung für oder gegen Unfälle: Ein Ansatz zur nichtverschuldensbezogenen Allokation von Kosten – *Frank I. Michelman:* Umweltverschmutzung als unerlaubte Handlung: Eine nicht-zufällige Betrachtung von Calabresis „Unfallkosten" – *Harold Demsetz:* Wirtschaftswissenschaft als Leitfaden für die Antitrustregelung. Mit Anmerkungen von Kenneth W. Dam – *Richard A. Posner:* Markt, streitiges Verfahren und Gesetzgebung als Methoden der Ressourcenallokation (Auswahl)

1993. Ca. 368 Seiten (UTB 1685). Broschur.

J. B. C. Mohr (Paul Siebeck) Tübingen

Jahrbuch für Neue Politische Ökonomie

Herausgegeben von Philipp Herder-Dorneich, Karl-Ernst Schenk
und Dieter Schmidtchen

Neue Politische Ökonomie greift den Gedanken der grundsätzlichen Interdependenz zwischen Politik und Markt wieder auf und knüpft bewußt an die Tradition der klassischen ‚Political Economy‘ an.

Neue Politische Ökonomie versucht, in einer breiteren Betrachtungsweise in einem neuen interdisziplinären Ansatz mit neuentwickelten theoretischen Instrumenten das gesamte Phänomen des Wirtschaftens zu erfassen. Sie will dabei, von der Volkswirtschaftslehre ausgehend, auch politologische, betriebswirtschaftliche, juristische, soziologische und sozialphilosophische Fragestellungen umgreifen.

Bis 1993 sind 12 Bände erschienen.

J. B. C. Mohr (Paul Siebeck) Tübingen

Wegbereiter der Neuen Politischen Ökonomie

Gary S. Becker: **Der ökonomische Ansatz zur Erklärung menschlichen Verhaltens.** Übersetzt von Monika und Viktor Vanberg
2. Auflage 1993. VI, 351 Seiten (Die Einheit der Gesellschaftswissenschaften 32). Fadengeheftete Broschur.

James M. Buchanan: **Die Grenzen der Freiheit zwischen Anarchie und Leviathan**
1984. XIV, 272 Seiten (Die Einheit der Gesellschaftswissenschaften 38). Broschur und Leinen.

Geoffrey Brennan / James M. Buchanan: **Die Begründung von Regeln** Konstitutionelle Politische Ökonomie. Übersetzt von Monika Vanberg, mit einer Einleitung herausgegeben von Christian Watrin
1993. XXVI, 201 Seiten (Die Einheit der Gesellschaftswissenschaften 83). Broschur und Leinen.

Anthony Downs: **Ökonomische Theorie der Demokratie**
Herausgegeben von Rudolf Wildenmann. Übersetzt von Leonhard Walentik
1968. XIV, 303 Seiten (Die Einheit der Gesellschaftswissenschaften 8). Broschur und Leinen.

Douglass C. North: **Theorie des institutionellen Wandels**
Eine neue Sicht der Wirtschaftsgeschichte. Übersetzt von Monika Streißler
1988. XII, 228 Seiten (Die Einheit der Gesellschaftswissenschaften 56). Broschur und Leinen.

Douglass C. North: **Institutionen, institutioneller Wandel und Wirtschaftsforschung.** Übersetzt von Monika Streißler
1992. VIII, 180 Seiten (Die Einheit der Gesellschaftswissenschaften 76). Broschur und Leinen.

Mancur Olson: **Die Logik des kollektiven Handelns**
Kollektivgüter und die Theorie der Gruppen
3. Auflage 1992. XIV, 181 Seiten (Die Einheit der Gesellschaftswissenschaften 10). Broschur und Leinen.

Mancur Olson: **Aufstieg und Niedergang von Nationen**
Ökonomisches Wachstum, Stagflation und soziale Starrheit. Übersetzt von Gerd Fleischmann
2. Auflage 1991. XVII, 328 Seiten. (Die Einheit der Gesellschaftswissenschaften 42). Broschur und Leinen.

Mancur Olson: **Umfassende Ökonomie.** Übersetzt von Monika Streißler
1991. IX, 415 Seiten (Die Einheit der Gesellschaftswissenschaften 68). Broschur und Leinen.

Oliver E. Williamson: **Die ökonomischen Institutionen des Kapitalismus** Unternehmen, Märkte, Kooperationen. Übersetzt von Monika Streißler
1990. XV, 382 Seiten (Die Einheit der Gesellschaftswissenschaften 64). Broschur und Leinen.

J. B. C. Mohr (Paul Siebeck) Tübingen